Grammaire Espagnole

GRAMMAIRE ESPAGNOLE

Classes Supérieures
de l'Enseignement Secondaire

PRÉPARATION A LA LICENCE

par

Jean BOUZET
Professeur agrégé au Lycée Jacques Decour

8, rue Férou - 75006 Paris

ISBN 2-7011-0032-1

PRÉFACE

La Grammaire que nous offrons aujourd'hui au public s'adresse, en principe, à des élèves qui ont déjà une certaine connaissance de l'espagnol, c'est-à-dire à nos élèves des classes supérieures et aux étudiants qui, après le baccalauréat, désirent poursuivre l'étude de cette langue.

Nous croyons qu'elle répond à un réel besoin de notre enseignement et aux vœux d'un grand nombre de nos étudiants et de nos collègues. Les grammaires espagnoles parues jusqu'à ce jour, toutes estimables à divers points de vue, visent surtout à initier les débutants ; elles renferment habituellement une morphologie assez complète et les règles essentielles de la Syntaxe. Elles donneront toujours d'excellents résultats pendant une première étape de deux ou trois années, tant que l'étude de la langue n'a pour objet que de permettre à l'élève d'exprimer sa pensée sous une forme simple et correcte.

Mais ces premières notions s'avèrent insuffisantes dès que l'élève est appelé, soit à nuancer sa pensée, soit à faire des exercices de version et de thème basés sur de vrais textes littéraires. Une connaissance plus approfondie de la Syntaxe lui permettra d'éviter beaucoup de contresens et de déceler bien des nuances du texte qui, autrement, passeraient pour lui inaperçues. Mais c'est surtout dans le thème que le rôle de la grammaire devient important. La moindre phrase française peut présenter pour lui les problèmes les plus divers et les plus délicats à résoudre : choix du mode ou du temps dans les verbes, choix de l'auxiliaire, choix des prépositions, etc., et dans des circonstances qui ne sont pas toujours prévues dans son manue grammatical ou qui s'y trouvent exposées d'une façon trop sommaire. S'il est louable dans un ouvrage d'initiation de ne pas étouffer les règles essentielles sous une masse d'exceptions ou de cas particuliers, il arrive cependant, au cours des études, un moment où la connaissance de ces détails devient indispensable.

Notre premier but a donc été de combler cette lacune et de présenter une grammaire *complète*, ou tout au moins *plus complète* qu'aucun des ouvrages similaires parus jusqu'à ce jour, car ce mot n'a jamais qu'une valeur relative. Ce que nous avons cherché surtout à développer dans la mesure où le besoin s'en faisait sentir, c'est la Syntaxe, partie sur laquelle il était difficile jusqu'à présent de trouver des renseignements sûrs et précis. Les grammaires espagnoles les plus autorisées, celle de l'Académie, par exemple, ou celle de Bello, complétée par R. Cuervo effleurent à peine ou passent même sous silence tout un ensemble de questions, comme l'emploi de *ser* ou *estar*, l'omission de l'indéfini *un*, la substantivation de l'infinitif, la construction de certains régimes directs avec *a*, les valeurs diverses de l'article *lo*, et bien d'autres, qui semblent choses toutes naturelles aux espagnols, mais qui précisément constituent pour les étrangers les particularités les plus délicates à comprendre et à s'assimiler. Cette langue qui possède un vocabulaire extrêmement vaste, dispose d'une égale richesse de formes et de constructions grammaticales. Tout en bornant notre étude à celle de l'espagnol moderne, nous avons cru bon de montrer sa Syntaxe sous son aspect de diversité, car les étudiants ont trop souvent tendance à considérer une langue comme un code ou un répertoire de formes « omnibus », alors qu'elle varie selon les circonstances et les milieux ; aussi, chaque fois que l'occasion s'en est présentée, nous avons signalé les formes et les constructions qui appartiennent exclusivement à la langue littéraire, les modes d'expression qui constituent le langage de la bonne société et des gens cultivés, et que nous adoptons comme norme, enfin les mots et les tournures qui caractérisent le parler populaire et dont l'emploi n'est pas à conseiller.

L'explication de certains auteurs classiques : Cervantès, Guillen de Castro, Lope de Vega, etc., prévue dans nos programmes secondaires, nous faisait un devoir de donner une idée de la langue du XVIIe siècle. Nous avons indiqué en passant les principales particularités de cette époque qu'il convenait de connaître, mais nous nous sommes abstenu de remonter plus loin, si ce n'est exceptionnellement, pour mentionner des archaïsmes que l'on peut retrouver encore sous la plume d'auteurs classiques ou modernes.

Le plan que nous avons suivi dans notre Grammaire est dans ses grandes lignes identique à celui des ouvrages analogues. Si dans la Syntaxe nous avons à plusieurs reprises rompu l'ordre traditionnel, c'est afin de pouvoir réserver un développement spécial à certaines particularités de l'espagnol ou afin de les grouper sous un point de vue inconnu du français. Nous n'avons pas oublié que l'exposé grammatical d'une langue étrangère, si rigoureusement que soient présentés les rapports de la pensée et de l'expression, ne saurait se contenter d'être purement objectif, mais qu'il était souvent plus utile d'établir un parallèle entre le mode d'expression français et le mode d'expression espagnol d'une même pensée ; aussi verra-t-on parfois dans le cours d'un exposé se succéder ces deux points de vue différents qui se complètent l'un l'autre : certains paragraphes auront comme point de départ un hispanisme à expliquer, d'autres, un gallicisme à traduire. D'autre part, afin de faciliter les recherches ou de regrouper toutes les particularités qui se rapportent à un même mot ou à un même sujet, nous avons placé à la fin du volume un index alphabétique très détaillé, à la fois français et espagnol.

Enfin, nous avons eu le souci continuel d'énoncer les règles d'une façon aussi précise que possible, en indiquant bien toutes les conditions et les circonstances de leur emploi, de manière à ne point laisser de place à l'équivoque. Nous les avons toujours fait suivre d'exemples assez variés pour que chaque règle s'y révèle sous les divers aspects où elle a été envisagée. C'est aussi à dessein qu'un très grand nombre de ces exemples a été choisi dans les recueils de textes ou dans les auteurs que nos élèves ont d'habitude entre leurs mains : car le meilleur moyen de retenir une règle, c'est de pouvoir l'associer à tel passage conservé dans la mémoire.

Un auteur est toujours animé d'intentions excellentes, mais ce sont surtout les moyens mis en œuvre pour les réaliser qui comptent aux yeux du public. La difficulté du but que nous poursuivions ne nous a échappé à aucun moment ; nous avons conscience de n'avoir rien négligé pour l'atteindre. Ce livre n'est pas une simple compilation, mais le fruit d'une longue expérience et, sur de nombreux points, de recherches personnelles Nous l'avons élaboré posément, patiemment, avec le seul désir de faire mieux connaître une langue que nous aimons et que nous avons toujours cherché à faire aimer autour de nous. Il s'y trouve encore des lacunes et des imperfections ; aussi serons-nous reconnaissant à tous ceux qui voudront bien nous les signaler en vue d'améliorations ultérieures. Tel qu'il se présente aujourd'hui, nous voulons espérer que ce livre ne décevra pas ceux qui nous ont fait confiance depuis *Por buen Camino* et *Adelante* et qu'il sera considéré par les grands étudiants comme un instrument de travail adapté à leurs besoins, un guide pratique qu'ils pourront toujours consulter avec profit.

Il nous est agréable de remercier ici notre jeune collègue G. Garson et le savant professeur espagnol J. M. Quiroga Pla, qui nous ont apporté leur précieux concours dans la tâche ingrate et difficile de la correction des épreuves.

J. Bouzet.

LIVRE I

CHAPITRE PREMIER

LECTURE

1. ALPHABET ESPAGNOL

a	*a*	**m**	*eme*
b	*b*	**n**	*ene*
c	*ce*	**ñ**	*eñe*
ch	*che*	**o**	*o*
d	*de*	**p**	*pe*
e	*e*	**q**	*cu*
f	*efe*	**r**	*erre*
g	*ge*	**s**	*ese*
h	*ache*	**t**	*te*
i	*i*	**u**	*u*
j	*jota*	**v**	*ve*
k	*ka*	**x**	*equis*
l	*ele*	**y**	*i griega*
ll	*elle*	**z**	*zeta*

En principe, **toutes les lettres d'un mot espagnol doivent être prononcées.** Jamais un son simple n'est transcrit par deux signes, exception faite des groupes **qu, gu, ch** et **ll.**

Le nom des lettres est féminin en espagnol. On dit : **una a, una be, una che,** etc.

2. *Voyelles.*

a, e, i, o, u

(équivalent en français)

a, e fermé, i, o, ou

Ces voyelles conservent leur son fondamental dans toutes les positions, soit devant nasale : **en, in, un ;** soit devant une autre voyelle : **au** *(aw)*, **eu** *(ew)*, **ai, ay** *(aï)*, **ei, ey** *(eï)*, **oy** *(oï)* : **causa, reuma, aire, seis, ley, voy, soy.**

Dans chaque mot de plus d'une syllabe, il y a toujours une voyelle **accentuée** (ou tonique) qui doit être prononcée avec plus d'intensité et sur un ton plus élevé que les autres.

3. *Consonnes.*

B, V.

Les Espagnols ne font aucune différence entre ces deux lettres.

Au début du mot ou après une autre consonne, prononcez-les comme dans les mots français *bien*, *membre*: **bien, vino, miembro.**

Si elles se trouvent entre deux voyelles, rapprochez seulement les lèvres sans les fermer complètement : **labor, cavar, lavar, deber.**

S.

Cette lettre n'est jamais doublée dans l'écriture, mais elle a toujours la force de nos deux **ss : casa** *(cassa)*, **cosa** *(cossa)*, **pasar** *(passar)*. L'**s** castillan se prononce le bout de la langue relevé et appuyé contre l'alvéole des incisives supérieures.

Z, et **C** devant *e*, *i* **(za, zo, zu, ce, ci).**

Il faut différencier nettement de l'**s** ce son spécial qui est voisin du *th* anglais. Pour bien le prononcer, placez le bout de la langue entre les dents légèrement écartées : **cazar, azul, placer, decir.**

D.

Cette lettre se prononce comme en français, sauf dans les cas suivants :

a) Dans la terminaison **-ado (cantado, parado, nublado),** esquissez seulement l'articulation de **d** sans que la langue arrive à toucher le palais : **canta-o, para-o, nubla-o.**

b) Quand le **d** est final **(salud, usted, libertad),** on peut le prononcer comme un **z** très affaibli, à peine esquissé. Il est admis aussi de ne pas le prononcer du tout.

H.

L'**h** est toujours muet : **honor, hombre, haber, hacer.**

J, et **G** devant *e*, *i* **(ja, jo, ju, ge, gi).**

Ces deux lettres représentent un son (appelé **jota**) inconnu en français, mais analogue au *ch* dur allemand. Prononcez-les comme un *h* fortement aspiré, et en comprimant le fond de la gorge : **bajo, caja, justo, coger, regir.**

R, RR.

L'**r** ne doit pas être prononcé à la parisienne, avec le dos de la langue, ce qui risquerait de le confondre avec la *jota* que nous venons de voir.

L'**r** espagnol est rendu par le contact du bout de la langue contre le palais (à un point très voisin du *d*) et doit, comme l'*l*, produire l'effet d'une vibration : **para, pero, caro, mirar.**

L'**r** initial et les deux **rr** sont plus forts et comportent plusieurs vibrations : **parra, perro, carro, rato, rana.**

X.

Entre voyelles se prononce comme en français : **existir, conexo** ; mais se réduit à **s** devant une autre consonne : **texto, expone, extremo.**

LL.

Cette lettre double représente l'*l* mouillé français : **calle, pollo, sello, llave.**

Ñ.

L'**ñ** surmonté du signe qu'on appelle *tilde* équivaut au *gn* français d'*agneau:* **España, año, cañón.**

CH.

Ce groupe représente le son du *ch* anglais de *much, such (= tch):* **mucho, techo, dicho, muchacho.**

Dans les dictionnaires espagnols les signes **ll, ñ** et **ch** ont leur place à part après les lettres *l*, *n* et *c*.

GU.

L'**u** de **gu** est muet, comme en français, devant **e, i : guerra, sigue, seguir, distinguir.**

Mais l'**u** se prononce devant un **a** et un **o** : **agua, legua, Guatemala, antiguo, exiguo.**

On met un trema sur l'**u** lorsqu'on veut qu'il soit prononcé devant les voyelles **e, i : vergüenza, ungüento, argüir.**

TI, GN.

Les deux éléments des groupes **ti, gn** conservent toujours leur valeur propre : **patio, sitio, digno, signo.**

QU.

Ce groupe, où l'**u** est toujours muet, fonctionne comme une lettre simple avec la valeur de *k* : **quinta, querer, tranquilo, que.**

Voyelles consécutives et diphtongues.

4. *a*) Lorsque les voyelles **a, o, e** se trouvent placées consécutivement : **caer, arrear, roer, loar, acaecer,** etc., chacune d'elles compte pour une syllabe : **ca-er, arre-ar, ro-er,** etc.

Si l'une de ces dernières voyelles est en contact avec un **i** ou un **u**, il y a *diphtongue*, c'est-à-dire une seule émission de voix ou une seule syllabe pour l'ensemble : c**au**sa, **ai**re, **Eu**ropa, ac**ei**tuna, s**oi**s, etc. L'élément prépondérant de ces diphtongues est toujours **a, o, e.** Dans l'état actuel de la langue, c'est le second élément qui est prépondérant dans les combinaisons **ui** et **iu** : **cui**dado, **muy, ciu**dad, etc. ; anciennement : m**u**y, v**í**uda, c**i**udad, etc.

b) L'**i** et l'**u** sont en réalité des demi-consonnes. Leur valeur consonantique apparaît plus spécialement lorsqu'elles précèdent une autre voyelle : **ye**ma, p**ia**no, acc**ió**n, h**ue**so, c**ua**tro, etc. Les combinaisons **ia, ie, io, iu, ua, ue, ui** sont communément, mais improprement, appelées des diphtongues.

c) On peut aussi trouver des groupes de trois voyelles *(triphtongues)* se prononçant en une seule syllabe lorsque le premier élément est un **i** ou un **u** non accentué, c'est-à-dire consonantique : b**uey**, Parag**uay**, camb**iéis**, estud**iáis**, etc. La voyelle prépondérante est en pareil cas celle du milieu : u**e**y, u**a**y, i**e**i, i**a**i.

Les voyelles consécutives appartiennent à des syllabes différentes dans : pod**í**ais, hu**í**an, o**í**a, etc. (pod**í**-ais, hu**í**-an, o-**í**-a).

LA LIAISON DES MOTS

Voyelles.

5. Entre la voyelle finale d'un mot et la voyelle initiale du mot suivant, il n'y a pas à proprement parler d'élision.

Dans le débit normal et les mots n'étant pas séparés par une pause,

a) s'il y a contact de deux voyelles identiques, elles se fondent en un son unique : **¡ quita allá !** = qui-*ta*-llá (3 syllabes) ; **parte en dos..** = par-*ten*-dos ; **un cuarto oscuro** = un cuar-*tos*-cu-ro, etc. ;

b) si les deux voyelles sont différentes, elles conservent en grande partie leur timbre propre, mais elles se prononcent dans une seule émission de voix *(diphtongue)*: **allá en la Habana** = a-*llaen*-la-ba-na (5 syllabes) ; **y es la noche** = *yes* la no-che ; **no hay placer** = *noay*-pla-cer ; **mira y verás** = mi-*ray*-ve-rás, etc.

Dans la mesure des vers, les voyelles finales et initiales en contact ne comptent ordinairement que pour une seule syllabe. Cette sorte de fusion partielle s'appelle *synalèphe*. Mais l'articulation en deux syllabes (Cf. *dierèse*, 19, *b*) est également admise.

Dans un débit rapide et négligé, la contraction et la fusion des voyelles peuvent être poussées plus loin : **¿ no te acuerdas ?** = no-*ta*-cuer-das ; **sólo un rato** = so-*lun*-ra-to ; **que pueda escapar** = que-pue-*das*-ca-par.

L'apostrophe, que la grammaire espagnole ne connaît pas officiellement, est employée par certains auteurs pour noter la prononciation particulière des gens du peuple : **¿ ya l'as visto ?** — **¿ No t'acuerdas ?**

6. *Consonnes.*

S. — En contact avec la voyelle initiale du mot suivant, l'**s** final conserve la valeur forte du français *ss:* **los otros** = *lossotros;* **es eso** = *essesso;* **vas allá** = *bassallá.*

D. — Le **d** final n'est pas articulé comme un *d*, mais comme un **z** affaibli (Cf. § 3) : **verdad es** = *berda-zès;* **salud y pesetas** ; *sa-luzi-pessetas.*

N. — L'**n** n'est pas nasalisé, mais articulé comme entre deux voyelles à l'intérieur du mot : **mi buen amigo** = *mi bue-na-migo;* **un gran orador** = *un gra-no-rador.*

L'ACCENT TONIQUE

7. Dans tout mot espagnol de plus d'une syllabe, il y a toujours une syllabe *accentuée* et une ou plusieurs syllabes *atones.*

En réalité, ce sont les voyelles du mot qui sont surtout affectées par l'accentuation, et il est plus exact de parler de *voyelles toniques* et de *voyelles atones.*

La voyelle accentuée ou tonique du mot est prononcée non seulement avec plus d'intensité, mais surtout *sur un ton de voix plus élevé* que les voyelles voisines.

Classement des mots d'après leur accentuation.

8. D'après leur accentuation, les mots espagnols sont classés en **agudos,** *oxytons,* **llanos,** *paroxytons* et **esdrújulos,** *proparoxytons.*

Les mots **agudos** ont l'accent tonique sur la *dernière syllabe* : pa**pel,** co**lor,** pa**red.**

Les mots **llanos** ont l'accent tonique sur l'*avant-dernière syllabe* : **cla**ro, **re**gla, dife**ren**te.

Les mots **esdrújulos** ont l'accent tonique sur l'*antépénultième syllabe :* **pá**gina, **sí**laba, ma**yús**culo.

Les combinaisons de verbes et de pronoms enclitiques peuvent produire des mots **sobresdrújulos,** où l'accent tonique occupe une place encore plus reculée par rapport à la finale : in**dí**caselo, *indique-le-lui;* de**vuél**vemelas, *rends-les-moi.*

Dans les adverbes en **-mente,** il y a en réalité deux accents toniques, l'un sur l'adjectif, à sa place normale, l'autre sur la terminaison -men**te** : comple**ta**men**te**, ir**ó**nica**mente.** De même dans les mots composés comme : **rom**peca**be**zas, **bar**bilam**pi**ño, où chaque élément conserve son accent propre.

Règles pour la lecture et l'écriture.

9. *a*) L'accent tonique a la forme de l'*accent aigu* français et s'écrit sur la voyelle accentuée du mot ; mais il n'est marqué que dans les mots qui font exception aux deux règles suivantes :

1° Les mots terminés par *une voyelle* ou par les consonnes *s*, *n*. sont accentués sur l'*avant-dernière syllabe* **(llanos)**.

Accentuation normale :	*Accentuation anormale* (agudos) :
cua**der**no, ven**ta**na, **mue**ble	ca**fé**, so**fá**, Jo**sé**
tra**ba**ja, a**pren**de, es**cri**be	can**tó**, co**mió**
los cua**der**nos, las ven**ta**nas, los **mue**bles	el com**pás**, el inte**rés**, un in**glés**
tra**ba**jan, a**pren**den, es**cri**ben	tam**bién**, car**tón**, holga**zán**

2° Les mots terminés par *une consonne* autre que **s** ou **n** sont accentués sur la *dernière syllabe* **(agudos)**.

Accentuation normale :	*Accentuation anormale* (llanos) :
pa**red**, vir**tud**, facili**dad** ;	**hués**ped, **cés**ped ;
profe**sor**, traba**jar**, apren**der** ;	ca**rác**ter, **pró**cer ;
ani**mal**, pa**pel**, me**tal**.	**ár**bol, **dó**cil, **fá**cil.

L'exception établie dans les deux règles précédentes en faveur des consonnes **s, n,** s'explique par le fait que ces deux lettres sont les marques du pluriel, la première pour les noms et adjectifs, la seconde pour les verbes, et qu'il est normal de retrouver au pluriel des mots la même accentuation qu'au singulier :

Sing.	*Plur.*
El a**lum**no tra**ba**ja, a**pren**de y es**cri**be.	Los a**lum**nos tra**ba**jan, a**pren**den **y** es**cri**ben.

b) Pour l'accentuation, les voyelles en contact avec un *i* ou un *u* **(ai, ei, ia, io, ie,** etc.) ne comptent que pour une seule. Il faut donc considérer comme des mots llanos normaux en vertu de la première règle :

co**mer**cio, **ju**lio, **gre**mio, **te**dio, no**ta**rio, Ger**va**sio, in**ge**nio ; san**da**lia, **gra**cia, A**ma**lia, **se**rie, in**dus**tria, **pa**tria, que es**tu**die ; con**ti**nuo, in**ge**nuo, a**si**duo, an**ti**guo, e**xi**guo, **a**gua, **le**gua, **te**nue, - et de même, avec un *s* final dans les *verbes :*

can**ta**bais, can**ta**rais, can**ta**seis, co**mie**rais, co**mie**seis, etc.

c) Par contre, si l'une des deux voyelles est tonique du mot, il faudra qu'elle porte l'accent écrit :

armon**ía**, iron**ía**, man**ía**, geograf**ía**, carnicer**ía**, joyer**ía**, galer**ía**, etc. ;
frío, **río**, vocer**ío**, rega**dío**, en**vío**, monte**pío**, va**río** *(je varie)*;
ríe *(il rit)*; que va**ríe** *(que je varie)*; vari**é** *(je variai)*;
contin**úo**, *je continue*; contin**úa**, *il continue*; contin**úe**, *qu'il continue*; continu**é** *(je continuai)* continu**ó** *(il continua)*;
et dans les verbes, 2e pers. plur. :
can**táis**, ha**bláis**, co**méis**, per**déis**, canta**réis**.

d) Les mots *esdrújulos* et *sobresdrújulos* portent toujours l'accent écrit : mate**má**tico, **pá**gina, **sí**laba, **ín**timo, hipo**té**tico, **dán**dole, devolv**ién**domelo, arre**glán**dotelas.

L'accent grammatical.

10. L'accent écrit joue en espagnol un second rôle, qui est celui de distinguer des mots (la plupart des monosyllabes) de forme identique, mais dont la fonction grammaticale est différente. C'est toujours celui qui joue un rôle principal dans la phrase qui porte l'accent.

Avec accent.	*Sans accent.*
él, pronom : *il*, *lui*	**el**, article : *le*
mí, pron. : *moi*	**mi**, adj. : *mon*, *ma*
tú, pron. : *tu*	**tu**, adj. : *ton*, *ta*
sé, verbe : *je sais*	**se**, réfléchi : *se*
sí, adv. : *oui* et réfléchi : *soi*	**si**,, conjonction : *si*
té, nom : *le thé*	**te**, pronom : *te*
dé, verbe : *que je donne*	**de**, préposition : *de*
más, adverbe : *plus*	**mas**, conj. : *mais*
¡ hé !, exclamation : *hé !*	**he**, verbe : *j'ai*
sólo, adv. : *seulement*	**solo**, adj. : *seul.*

L'adverbe **aun**, *encore*, ne porte pas d'accent et a comme voyelle dominante **a**, lorsqu'il est placé devant un mot qu'il modifie : **aun** más, **aun** dices... Placé après le verbe ou le mot qu'il modifie, il porte l'accent tonique sur l'**u** : más **aún**, no ha venido **aún**.

L'accent est encore écrit :

1° sur les démonstratifs, quand ils sont employés comme *pronoms* : **éste**, *celui-ci* : **ése**, *celui-là* ; **aquéllos**, *ceux-là* ;

2° sur les adverbes et pronoms qui introduisent une *interrogation* ou une *exclamation* : **¿ quién ?** *qui* ; **¿ qué ?** *quel ? que ?* ; **¿ cuál ?** *lequel ?* ; **¿ Cómo ?** *comment ?* ; **¿ cuándo ?** *quand ?* ; **¿ dónde ?** *où ?*.

CHAPITRE II

ORTHOGRAPHE

En principe, l'orthographe espagnole ne transcrit que les sons qui doivent être prononcés.

11. *Lettres muettes.*

H.

Les graphies françaises et latines *th*, *rh*, *ph* sont réduites à **t, r, f** : **teatro, teoría, reuma** *(rhumatisme)*, **ron** *(rhum)*, **física,** etc.

L'**h** initial étymologique n'est pas transcrit dans les mots d'origine populaire : **aliento,** *haleine;* **azar,** *hasard;* **armonía**, *harmonie;* **arpa,** *harpe;* **arenque,** *hareng;* **invierno,** *hiver;* **abra,** *havre*, etc. Mais il persiste dans les mots savants : **héroe, hierático, hipérbole, hipótesis, adherir,** etc.

L'**h** est également transcrit quand il correspond à un *f* primitif, qui persiste en français et, sous la forme d'un *h aspiré*, dans l'Espagne méridionale : **hacer,** *faire;* **halcón,** *faucon;* **hebra,** *fibre;* **hilo,** *fil;* **hender,** *fendre;* **horca,** *fourche*, etc.

U.

L'**u** n'est muet que dans les graphies *gue, gui, que, qui* (Cf. § 3) : **sigue, seguir, toque, aquí.**

Le trema (en esp. *la diéresis*) sert à maintenir le son **u** dans les combinaisons *gue, gui :* **agüilla,** *diminutif de* agua ; **que averigües,** *que tu vérifies* (subj.).

J.

Le *j* final est muet dans le singulier **reloj,** *horloge*, mais non dans le pluriel **relojes** et les dérivés **relojero, relojería.**

La graphie **reló** pratiquée par Pereda n'est pas à imiter.

12. *Confusions à éviter.*

V. B.

Pour ce qui concerne l'emploi du *v*, il y a très souvent accord entre l'orthographe française et l'orthographe espagnole : **vecino,** *voisin;* **lavar,** *laver;* **voz,** *voix;* **vivir,** *vivre;* **olivo,** *olivier*, etc.

Mais il faut prévoir des exceptions, car l'espagnol moderne écrit toujours **b**, lorsque ce son remonte à un *b* ou un *p* du latin : **haber**, *avoir* (habere) ; **deber**, *devoir* (debere) ; **recibir**, *recevoir* (recipere) ; **saber**, *savoir* (sapere), etc.

C. S.

Il n'y a pas de confusion possible si l'on prononce correctement ces deux lettres.

L'**s** correspond ordinairement à *s* ou *ss* du latin et du français : **ocasión**, *occasion;* **consejo**, *conseil;* **decisión**, *décision;* **pasión**, *passion*, etc.

Le **c** a pour correspondant en français et en latin soit un *c*, soit la graphie *ti* devant voyelle : **decidir**, *décider;* **fruncir**, *froncer;* **función**, *fonction;* **lección**, *leçon;* **nación**, *nation*, etc.

Cependant le **z** qui transcrit le même son devant *a* et *o* peut correspondre parfois à des *s* du français : **abrazar**, *embrasser;* **cazar**, *chasser;* **razón**, *raison*, etc.

Les semi-consonnes en U, I, Y.

13. Directement initial, le son *ie* est transcrit tantôt par **hie** : **hielo**, *gel;* **hierro**, *fer;* **hiel**, *fiel;* **hiedra** (et **yedra**), *lierre;* **hierba** (et **yerba**), *herbe*, etc.

tantôt par **ye** : **yema**, *jaune d'œuf;* **yesca**, *amadou;* **yerno**, *gendre;* **yeso**, *plâtre*, etc.

Directement initial, le son *ue* est toujours transcrit par **hue** : **hueso**, *os;* **huevo**, *œuf;* **hueco**, *creux;* **huella**, *trace;* **hueste**, *armée*, etc.

Dans la plupart de ces cas, l'*h* n'est pas étymologique et n'a jamais été aspiré. Il a été autrefois un simple signe graphique destiné à conserver le son vocalique *i*, *u* à ces deux lettres qui au Moyen Age pouvaient se lire indifféremment *i* ou *j*, *u* ou *v*.

14. L'**y** des graphies savantes, *cycle*, *type*, *physique*, *lyre*, etc., est toujours rendu en espagnol par un *i :* **ciclo**, **tipo**, **físico**, **lira**, etc.

L'**y** en espagnol joue toujours le rôle d'une consonne et ne transcrit le son d'une voyelle que dans le seul cas de la conjonction **y**, *et.*

En conséquence, on aura *y* :

1° à l'initiale du mot :

ya, **yugo**, **yo**, **yunta**, **yema** (Cf. § 13) ;

2° comme initiale de syllabe après une voyelle :

(ca-iese) **cayese** ; (le-ió) **leyó** ; (o-iendo) **oyendo** ; (constru-iese) **construyese**, etc. ;

3° à la fin du mot, comme deuxième élément de diphtongue : **ley, rey, doy, estoy, muy,** etc. Mais à l'intérieur, on garde l'*i :* **aire, aceite, paisaje.**

Perte d'un I.

15. Contrairement à l'usage du français *(nous riions, que vous priiez)*, l'espagnol remplace par un seul **i** deux *ii* consécutifs qui appartiennent, le premier à un radical **(ri-, fri-),** le second à une terminaison (**-ió, -iendo, -iese,** etc.) : (riió) **rió**, (fri-iendo) **friendo** ; (ri-iese) **riese.**

L'*i* consonantique des terminaisons **-ió, -iendo, -ieron, -iese,** etc., n'est pas transcrit non plus, parce qu'il est muet et pratiquement imprononçable dans cette position, après les consonnes mouillées **ñ, ll, ch,** ni après la consonne **j** (qui jusqu'au XVIIe siècle était écrite **x** et se prononçait comme le *ch* français) : (riñ-iendo) **riñendo** ; (tiñ-ió) **tiñó** ; (hinch-iendo) **hinchendo** ; (dix ieron, dij ieron) **dijeron,** etc.

Consonnes doubles.

16. Les consonnes doubles *bb, dd, ff, mm, pp, ss, tt* sont absolument inconnues.

Les graphies *ll* **(pollo)** et *rr* **(perro)** transcrivent des sons différents de *l* **(polo)** et *r* **(pero)** (Cf. § 3).

On ne trouve *cc* que si le premier *c* est guttural (= *k*) et le second interdental *(ci)* : **ac-ción, lec-ción, instruc-ción.** Mais on écrira : **acusar,** *accuser;* **acumular,** *accumuler.*

Le groupe *nn* n'existe que dans le mot savant **perenne,** *persistant*, et dans le cas où le premier *n* appartient au préfixe **en-, in-,** le second étant initial du mot simple : **in-novar, en-negrecer, ennoblecer,** etc.

L'*n* de ce préfixe devient comme en français *m* devant les labiales *p, b :* **imperfecto, impersonal, embarcar, empedrar.**

Mais, au lieu de *mm*, l'espagnol écrit toujours *nm :* **inmenso, inmoral, inmundo, inmóvil, conmover,** etc.

Équivalences graphiques.

17. D'après la règle générale, une consonne finale de radical (se**c**-, bra**z**-, co**g**-, etc.) doit toujours conserver la même valeur pour l'oreille, quels que soient les terminaisons ou les suffixes qui la suivent. Il y aura donc lieu, en conséquence, de faire alterner à la même place certaines consonnes **(c, g, z, j)** avec leurs équivalents graphiques, selon qu'elles se trouveront suivies des voyelles **a, o, u,** ou des voyelles **e, i.**

ca, co, cu — que, qui	se**co** — se**que**dad, se**quí**a. to**car** — un to**que,** yo to**qué.**
za, zo, zu — ce, ci	bra**zo** — bra**ci**to, un bra**ce**ro. vo**z** — las vo**ces,** vo**ce**ar, vo**ce**río. re**zar,** un re**zo** — re**ce** Ud, yo re**cé.**
ga, go, gu — gue, gui	ami**go** — ami**gui**to. lle**gar,** lle**go**—lle**gué,** lle**gue** Ud. distin**go** — distin**guir.**
gua, guo — güe, güi	a**gua** — a**güi**lla. anti**guo** — anti**güe**dad.
(ja, jo, ju) — ge, gi	prote**jo,** prote**ja** Ud — prote**ger.**

18. Cette dernière équivalence ne se pratique pas d'une façon absolue. L'alternance **g, j** n'est observée que si on part d'une forme en **ge, gi** comme co**ger,** prote**ger,** ele**gir,** re**gir :** co**jo,** prote**jo,** eli**jo,** ri**jo,** etc.

Mais si nous partons d'un mot simple écrit avec un *j*, ce *j* persiste devant toute terminaison : ca**ja,** *caisse;* ca**jero,** *caissier;* — co**jo,** *boiteux;* co**jear,** *boiter;* — ba**jo,** *bas;* ba**jar,** *baisser, descendre ;* ba**je** Ud ; *descendez.*

Le **j** et le **g** ne se sont identifiés pour prendre le son actuel de *jota* qu'à la fin du XVIe siècle ou au début du XVIIe. Auparavant, le *j* de **caja, cojo** était représenté par un **x** prononcé comme le *ch* français (**caxa, coxo**), tandis que le **g** de **proteger, regir** était l'équivalent de notre *j* et devait se prononcer sensiblement comme dans les mots français correspondants.

La coupe syllabique.

19. *a*) La *diérèse*, c'est-à-dire la séparation en deux syllabes de deux voyelles consécutives, n'est indiquée dans l'orthographe habituelle que si la seconde voyelle est un *i* ou un *u* accentués ; elle est marquée non par un *tréma*, mais par l'accent tonique : **laúd**, *luth* ; **ataúd,** *cercueil;* **el oído,** *l'ouïe;* **caíste,** *tu tombas;* **leímos,** *nous lûmes*, etc.

b) Mais dans les vers, lorsqu'on veut faire compter pour deux syllabes deux voyelles consécutives qui se prononcent ordinairement en une, on met un tréma *(diéresis)* sur la première : **vïuda** (= vi-u-da), **incrüento** (= in-cru-en-to).

c) Lorsqu'au bout d'une ligne, il y a lieu de couper un mot à la fin d'une syllabe, il ne faut jamais séparer les groupes *rr* et *ll* (comme dans le français : *bel-le*, *ter-rain*), mais on fera la coupure avant ces lettres : **be-llo, ca-llar, te-rreno, Nava-rra,** etc.

La ponctuation.

20. Les signes de ponctuation sont les mêmes qu'en français :

.	**el punto**	...	**los puntos suspensivos**
,	**la coma**	« »	**las comillas**
;	**el punto y coma**	—	**el guión**
:	**los dos puntos**	( )	**entre paréntesis**
¿...?	**signos de interrogación**	¡...!	**signos de admiración**

Outre les points d'interrogation (?) et d'exclamation (!) placés à la fin de la phrase, l'espagnol place un point d'interrogation ou d'exclamation renversé devant le mot qui introduit la phrase interrogative ou exclamative.

¡ Qué tarde has llegado !	*Que tu es arrivé tard !*
Si tú nos abandonas, **¿ qué va a ser de nosotros ?**	Si tu nous abandonnes, *qu'allons-nous devenir ?*

CHAPITRE III

LE VOCABULAIRE

Le castillan et l'espagnol.

21. L'espagnol est aussi appelé castillan (*castellano*), parce qu'il représente en principe le dialecte de la Vieille Castille, devenu pour des raisons politiques et littéraires langue officielle du pays.

Le castillan était, comme le français, l'italien et les autres dialectes voisins, un parler roman, c'est-à-dire issu du latin apporté dans la Péninsule par les soldats, les marchands, les fonctionnaires venus d'Italie dès le Ier siècle avant notre ère, après la conquête du pays par les Romains. Ces premiers colonisateurs ne parlaient pas le latin classique que nous connaissons, mais un langage négligé et incorrect appelé le **latin vulgaire,** qui devait être vis-à-vis de la langue de Cicéron ce que le parler d'un ouvrier français est vis-à-vis de la langue de Racine. La romanisation de l'Espagne fut complétée heureusement par une forte organisation administrative, politique et religieuse sur le modèle de la métropole, par la mise en valeur des ressources du pays et surtout par l'établissement d'écoles où étaient enseignés la langue, la littérature et tout ce qui constituait la civilisation romaine ; si bien que, dès le Ier siècle de notre ère, l'Espagne produisait déjà des écrivains de premier ordre comme les deux Sénèque, Lucain, Quintilien. Columelle, etc. Le latin devait garder de longs siècles encore son prestige et être l'unique instrument de la législation, de la justice, de la religion, de la science et de l'enseignement.

Le latin vulgaire avait été adopté par le peuple sur toute l'étendue du territoire (1), mais cet idiome primitif, d'abord uniforme, s'était

(1) La conservation **du basque** présente un cas tout à fait spécial. En réalité, le territoire des anciens Vascons, aujourd'hui *Provincias Vascongadas*, fut aussi profondement romanisé que les régions avoisinantes. Leur langue, peut-être différente de l'*ibère*, incorpora à son vocabulaire primitif et sommaire un grand nombre de mots latins ; elle n'a d'ailleurs cessé depuis lors de faire des emprunts constants aux idiomes voisins (castillan, gascon, français), si bien que son vocabulaire est devenu en quelque sorte celui d'une langue romane. Ce qui lui conserve sa profonde originalité, c'est sa structure grammaticale, extrêmement différente, non seulement des autres langues romanes, mais aussi des langues indo-européennes.

peu à peu différencié selon les régions, constituant trois grands groupes dialectaux : à l'est, le *catalan* et le *valencien*, apparentés à nos parlers méridionaux (languedocien, provençal) ; au centre, le **castillan** ; à l'ouest, le *galicien* et le *portugais*.

Le *bable asturien*, le *léonais*, le *salmantin* (charruno ou sayagués) et l'*extrémenien* représentent des variétés intermédiaires entre le castillan et le portugais ; le *navarrais* et l'*aragonnais*, aujourd'hui presque complètement disparus, offraient des traits communs avec le catalan et le gascon. Ces divers parlers étaient désignés au Moyen Age sous le nom de **romances**.

La prépondérance du dialecte castillan.

22. La prépondérance du dialecte castillan sur les autres parlers est due à l'hégémonie grandissante de la Castille à partir du XIIIe siècle ; à l'usage que firent de ce romance les rois Ferdinand III et surtout Alphonse X le Sage, le substituant au latin pour la rédaction des documents officiels et des Codes (*Las Siete Partidas*, 1263) ; et enfin au prestige des premiers chefs-d'œuvre de la littérature castillane : *Cantar de Mio Cid* et autres poèmes épiques ; œuvres de *Gonzalo de Berceo*, de l'infant *don Juan Manuel*, de l'*Arcipreste de Hita*, etc. (fin du XIIIe siècle et première moitié du XIVe). Néanmoins, la poésie lyrique primitive s'exprimait en galicien (*Cantigas de Santa María*), et le catalan était cultivé par de grands poètes comme *Raymond Lull* (1235-1315), et *Auzias March*. Mais, au XVIe siècle, ces deux dialectes ont cessé de produire ; les écrivains et les grammairiens emploient déjà le terme de langue espagnole, considérant le castillan comme l'idiome littéraire de toute l'Espagne, et il est adopté effectivement par *Boscán* (1490-1542), qui est un Catalan de Barcelone et par *Gil Vicente*, *Fr. Saa de Miranda*, *J. de Montemayor*, l'auteur de la *Diana* (1558), qui sont Portugais. Si le Portugal arrive cependant à se créer une littérature indépendante, l'espagnol, par contre, va s'étendre sur les vastes territoires de l'Amérique récemment découverts et conquis ; à cette expansion extraordinaire s'ajoute encore la merveilleuse floraison littéraire du siècle d'Or, qui assoit définitivement le prestige du castillan dans la Péninsule et dans le monde entier. Le castillan, répandu ainsi dans toute l'Amérique du Sud, sauf le Brésil qui parle portugais, dans toute l'Amérique centrale et dans tout le Mexique, est devenu actuellement la langue de près de cent millions d'hommes.

Aujourd'hui, grâce au développement de l'instruction publique et des communications, le castillan est connu de tous les Espagnols de la Péninsule. Si, dans les provinces, les anciens dialectes continuent à être parlés par le peuple, si même le catalan et le galicien ont connu récemment une brillante renaissance littéraire, il n'en résulte aucun inconvénient ni pour la langue ni pour la culture, et il n'est pas même à souhaiter que les dialectes disparaissent : ils sont comme une source où l'espagnol se retrempe et s'enrichit continuellement. Le castillan, en effet, au lieu de s'isoler des parlers populaires, comme l'a fait le français, est toujours resté en contact avec eux et leur a fait volontiers des emprunts chaque fois qu'il y trouvait un mot plus précis, une expression plus pittoresque ou une nuance de la pensée qu'il ne possédait pas. Les meilleurs stylistes espagnols de la littérature moderne, *Pereda*, *Valle Inclán*, *Gabriel Miró*, etc., sont tout imprégnés de dialectalismes.

Aussi, le terme de *castillan* appliqué à la langue n'est plus vrai aujourd'hui qu'en partie : l'espagnol est resté castillan par sa phonétique et par sa grammaire, mais par son vocabulaire, extrêmement vaste, il embrasse plutôt toute l'Espagne, on pourrait même dire tous les pays de langue espagnole ; on ne saurait donc parler que d'un vocabulaire *espagnol.*

Origine du vocabulaire.

23. Les mots **d'origine latine** forment la partie de beaucoup la plus importante du vocabulaire espagnol.

a) Un grand nombre de ces mots, ceux qui constituent le castillan primitif, remontent au latin vulgaire dont nous avons parlé ; ils sont dits de *formation populaire.* Bien que leur prononciation et, par suite, leur forme aient évolué au cours des siècles, ils sont cependant restés assez près de leur origine pour qu'il soit plus facile de les identifier que les mots français correspondants, plus évolués et plus déformés. A ce vocabulaire primitif appartiennent : **vida** (l. vita), **tela** (tela) **campo** (campu), **solo** (solu), **puerta** (porta), **rueda** (rota), **deber** (debere), **crecer** (crescere), etc., etc., en français : *vie*, *toile*, *champ* *seul*, *porte*, *roue*, *devoir*, *croître*, etc.

b) Une nouvelle série très importante de mots espagnols est entrée plus tardivement et à diverses époques dans le vocabulaire espagnol sous l'influence de la prédication chrétienne, des hommes de loi, des poètes, des savants et des lettrés : ce sont les *mots savants* **(voces cultas).** Ils sont calqués de très près sur le latin classique ; la formation savante respecte en effet les terminaisons *a*, *e :* **columna, profeta, gloria, serie, molicie, transparente, urgente,** etc. ; elle transforme en *o* les finales *-us*, *-um :* **médico, discípulo, recto, rígido, ángulo, férreo, ebúrneo,** etc., et adapte seulement la terminaison des mots aux formes déjà existantes : **liberalidad,**

libertad, electricidad, dimensión, persuasión, disensión, locutorio, inventario, etc. (Cf. *Suffixes*, § 40.)

c) Des parlers **ibériques** antérieurs à la conquête romaine, il n'est demeuré dans le vocabulaire courant qu'un nombre insignifiant de mots : **páramo, nava, vega,** peut-être aussi **pizarra, cerro, guijarro.** Le mot **izquierdo,** *gauche*, souvent revendiqué comme ibérique, que l'on retrouve en basque et en gascon sous la forme *eskerra*, semble plutôt se rattacher au latin *scaevu*, de même sens. Les traces des parlers ibériques sont sûrement plus nombreuses dans les termes toponymiques de la Péninsule, malheureusement indéchiffrables.

d) Quelques mots **grecs** qui existaient déjà dans le latin populaire sont restés dans la langue courante : **tomillo, greda, gruta, golpe, bodega, yeso, escuela, huérfano, cuévano,** etc. Mais c'est surtout le vocabulaire scientifique qui a fait des emprunts à cette langue, **sistema, enigma, dogma, axioma, problema, tesis, mecánica, categoría, crisis,** etc. ; nous retrouvons d'ailleurs ces mêmes mots savants dans le français.

e) Le vocabulaire espagnol contient une centaine de mots **germaniques,** dont la plupart ne sont pas dus à la domination des Wisigoths ; ils avaient déjà circulé dans le latin populaire à travers tout l'Empire romain, car on les retrouve aussi bien en France qu'en Italie et dans les autres pays de langue romane. Citons au hasard : **rico, fresco, blanco, gris, guerra, brida, estribo, espuela, guardar, guarnecer, guante, guisa, danza, arpa, orgullo,** etc.

Les mots arabes et américains.

24. Le nombre plus important de mots arabes demeurés dans le vocabulaire espagnol s'explique par le long séjour des Maures dans la Péninsule. Ces mots se réfèrent aux branches les plus variées de l'activité et présentent une physionomie particulière qui les rend reconnaissables ; beaucoup même ont conservé l'article arabe *al.*

Plantes : **la albahaca,** *le basilic;* **el albaricoque,** *l'abricot;* **la alcachofa,** *l'artichaut;* **el azahar,** *la fleur de l'oranger.*

La maison et la construction : **la alcoba,** *la chambre à coucher;* **la alcantarilla,** *l'égout;* **una aldaba,** *un marteau de porte;* **una alfombra,** *un tapis;* **una almohada,** *un oreiller;* **el alféizar,** *l'embrasure;* **el zaguán,** *le vestibule;* **la azotea,** *la terrasse;* **un almacén,** *un dépôt;* **un alcázar,** *un palais*, etc.

Métiers ou fonctions : **un albañil,** *un maçon;* **un albéitar,** *un vétérinaire;* **el alcalde,** *le maire;* **el alcaide,** *le gouverneur* d'une place forte ; **un alfarero,** *un potier*, etc.

Équipement : **las alforjas,** *la besace;* **la albarda,** *le bât :* **el albornoz,** *le burnous,* etc.

Divers : **el alboroto,** *le bruit;* **las albricias,** *les étrennes;* **una algazara,** *une clameur;* **el almíbar,** *le sirop;* **la alberca,** *la citerne;* **la noria,** *la noria;* **el álgebra,** *l'algèbre;* les noms de mesures : **una azumbre, una arroba, una fanega,** etc.

La colonisation de l'Amérique a enrichi la langue surtout de noms de plantes et d'animaux qui appartenaient aux parlers indigènes et qui, par l'espagnol, se sont ensuite répandus dans les autres langues européennes : **colibrí, jaguar, cóndor, alpaca, puna, loro, vicuña, llama, maíz, cacahuete, cacao, chocolate, patata, tabaco, pampa, cacique, canoa, huracán,** etc.

Emprunts aux idiomes étrangers.

25. *a*) Parmi les langues étrangères auxquelles l'espagnol a fait des emprunts, il faut citer en premier lieu le français. Ces emprunts, connus sous le nom de **gallicismes**, apparaissent déjà dès le XIIIe siècle dans les premiers monuments de la littérature espagnole et il s'en est produit plus ou moins à toutes les époques jusqu'à nos jours ; beaucoup n'étaient parfois (notamment au XVIIIe siècle) qu'affaire de mode littéraire et n'ont pas persisté dans le vocabulaire.

Parmi les plus anciens qui sont demeurés d'usage courant, citons : **jefe, paje, jardín, ligero, reloj, jamón, jornal, forja, reproche, menaje, chapa, chapuz, cofre, trinchar, bajel** *(vaisseau),* **jaula** *(geôle),* etc., où le *j* et le *ch* français sont représentés par **j,** et autrefois aussi par **x,** qui avaient une prononciation analogue. Depuis que ces deux lettres ont pris en espagnol le son de *jota,* le *j* et le *ch* français ont été transcrits indifféremment par **ch,** parfois par **s** : **charol, charretera, coche, ficha, plancha, pichón, bisutería** ; le mot *jaquette* a donné une première fois **chaqueta,** *veston,* à une époque où la syllabe muette finale était encore sensible pour l'oreille d'un Espagnol, et plus récemment **chaqué,** *jaquette,* où la finale n'est plus transcrite ; il en est de même dans **charré,** *charrette.* Citons encore parmi les gallicismes en usage : **maleta, silueta, cuplé, minué, satén, blusa, corsé, hotel, garaje, potaje, menú, asamblea,** etc.

b) Les emprunts à l'italien datent surtout de l'époque de la Renaissance et nous retrouvons à peu près les mêmes en français : **carroza, medalla, capricho, estuco, boceto, fachada, soneto, terceto, escopeta, centinela, alerta, parapeto, banca, piloto, fragata, gaceta, charlatán, escuadra, emboscada, esgrima, artesano, comparsa, gruta, bandido, favorito, pintoresco,** etc.

c) Les quelques mots anglais qu'on trouve dans le vocabulaire espagnol semblent y avoir pénétré par l'intermédiaire du français : **raile, vagón, franela, panfleto, mítin, tanque, bistec** ou **biftec, rosbif, fútbol, paquebote, cheque, ron, túnel, tranvía, trusto, turismo, flirteo**, etc.

d) Pour ce qui concerne les emprunts aux autres parlers de la Péninsule, nous avons déjà dit que le castillan a absorbé dans son vocabulaire tout ce qui pouvait être intéressant dans les dialectes immédiatement voisins. Mais, comme ceux-ci avaient une phonétique peu différente de la sienne, il est souvent difficile de discerner dans le vocabulaire actuel les mots qui primitivement devaient appartenir au léonais, au navarrais, à l'aragonais, etc. Seuls les mots provenant des dialectes extrêmes de l'est et de l'ouest se trahissent par leur forme : nous savons ainsi que **morriña, chubasco, chopo, arisco, payo** sont galiciens ou portugais, que **añorar, paella, retor, seo, nao** sont catalans ou valenciens.

CHAPITRE IV

CARACTÈRES PHONÉTIQUES DU CASTILLAN

LES VOYELLES LATINES

26. L'**a** est la voyelle latine qui s'est le mieux conservée, quelle que fût sa position :

avant l'accent		*accentué*		*final*	
arena*m*	**arena**	sanu*m*	**sano**	rana*m*	**rana**
catena	**cadena**	granu	**grano**	gallina	**gallina**
amare	**amar**	calvu	**calvo**	scala	**escala**

L'évolution des autres voyelles a été conditionnée par :

1° **leur position par rapport à la tonique.** Les voyelles accentuées se sont toujours maintenues, tandis que les autres ont pu s'effacer ;

2° **leur qualité de longues ou brèves.** Les longues ont conservé leur timbre primitif **e, i, o, u** ; tandis que les brèves se sont ouvertes et ont pu changer de timbre.

27. Voyelles longues accentuées.

ī *long*		ū	
vīta*m*	**vida**	lūce*m*	**luz**
vīvu	**vivo**	crūce	**cruz**
nīdu	**nido**	dūru	**duro**
amīcu	**amigo**	salūte	**salud**
lībru	**libro**	ūva	**uva**
pīnu	**pino**, etc.	obscūru	**obscuro**, etc.

ē		ō	
tēla*m*	**tela**	hōra*m*	**hora**
vēna	**vena**	vōce	**voz**
cēna	**cena**	mōdu	**modo**
rēge	**rey**	sōlu	**solo**
lēge	**ley**	sōle	**sol**
dēbere	**deber**, etc.	pastōre	**pastor**, etc.

28. *Voyelles brèves accentuées.*

L'**i** en s'ouvrant s'est confondu avec l'**e** et l'**u** avec l'**o.**

lĭttera	**letra**	lŭpu	**lobo**
sĭccu	**seco**	gŭtta	**gota**
nĭgru	**negro**	bŭcca	**boca**
mĭnus	**menos**	trŭncu	**tronco**
vĭce	**vez**	cŭrro	**corro** *(verbe)*
pĭsce	**pez**	mŭsca	**mosca**
pĭlu	**pelo**	rŭmpo	**rompo**
capĭllu	**cabello,** etc.	sŭrdu	**sordo,** etc.

29. *La diphtongaison.*

L'ĕ et l'ŏ en position accentuée auraient dû donner des voyelles plus ouvertes que ces dernières *e*, *o* de **letra** et de **lobo.** L'effort avorté pour y parvenir et pour éviter la confusion a provoqué en castillan la production de sons primitivement complexes **éè, uó, uá** qui se sont finalement résolus en **ie** pour l'*e* et **ue** pour l'*o*. La production de ces diphtongues **(diphtongaison)** est un des traits les plus caractéristiques de la langue et s'observe dans tous les mots, quelle que soit leur catégorie. (Pour son rôle dans la conjugaison, cf. § 229-232.)

ŏ		ĕ	
bŏnu*m*	b**ue**no	t**ĕ**rra*m*	t**ie**rra
p**ŏ**rta	p**ue**rta	d**ĕ**nte	d**ie**nte
h**ŏ**rtu	h**ue**rto	f**ĕ**sta *(pl. n.)*	f**ie**sta
s**ŏ**rte	s**ue**rte	h**ĕ**rba	h**ie**rba
sch**ŏ**la	esc**ue**la	m**ĕ**tu	m**ie**do
r**ŏ**ta	r**ue**da	n**ĕ**gat	**niega** *(verbe)*

Le mot **frente** (lat. *fronte*) est une réduction d'une ancienne forme *fruente*, et **silla** (lat. *sella*) était autrefois *siella.*

Si nous considérons les dérivés des exemples précédents où l'**e** et l'**o** ne sont pas accentués, nous ne trouvons plus qu'un **e** ou qu'un **o** au lieu de la diphtongue : b**o**ndad, p**o**rtal, h**o**rtelano, esc**o**lar, t**e**rrestre, d**e**ntadura, f**e**stivo, etc.

Réduction de diphtongues.

30. La diphtongue latine **au** a donné **o**, comme en français : causa, **cosa** ; paucu, **poco** ; tauru, **toro** ; caule, **col,** etc. Le résultat est identique lorsque l'*u* provient de la vocalisation d'un *l* + *consonne :* alteru (auteru), **otro** ; saltu (sautu), **soto** ; falce (fauce), **hoz,** etc.

Un *i* attiré d'un hiatus à la syllabe suivante (primariu, *primairu*) ou produit par l'évolution spéciale d'un *c* + *consonne* (lacte, *laite*) a provoqué la diphtongue **ai** qui s'est résolue en **e** : primairu, **primero** ; laite, **leche** ; basiu (baisu), **beso** ; caseu (caisu), **queso** ; caldariu (caldairu), **caldero,** etc. (Cf. suffixe **-ero,** § 40.) La forme **-ario** ne se trouve que dans les mots savants.

31. *Les voyelles latines finales.*

L'*a* final s'est toujours conservé (Cf. § 26.)

L'*o* et l'*u* ont persisté également sous la forme de **o** :

dico,	**digo**	libru(m)	**libro**
lego,	**leo**	malu(m)	**malo**
legendo	**leyendo**	manu(m)	**mano**

L'*e* final ne se conserve d'une façon constante que :

1° dans les **pluriels :** colores, voces, paredes, etc. ;

2° dans la **terminaison des verbes :** debe *(indic.)*, que ame *(subj.)*. Mais au singulier des noms et adjectifs, il a disparu généralement lorsqu'il n'était précédé que d'une consonne simple :

voce*m*	**voz**	ratione*m*	**razón**	amare	**amar**
luce	**luz**	salut	**salud**	habere	**haber**
cane	**can**	sole	**sol**	sentire	**sentir**

Il est resté comme voyelle de soutien lorsqu'il se trouvait placé après deux consonnes :

carne*m*	**carne**	ponte*m*	**puente**	amabile*m*	**amable**
parte	**parte**	nocte	**noche**	valle	**valle**

Cas de chute des voyelles latines.

32. Il est deux positions où les voyelles latines (à l'exception de l'**a**) se sont ordinairement effacées, entraînant la chute de la syllabe entière. C'est :

1° lorsqu'elles se sont trouvées entre la voyelle initiale et la voyelle accentuée du mot *(position protonique) :*

bon(i)tate(m)	**bondad**	comp(u)tare	**contar**
ver(i)tate	**verdad**	sept(i)mana	**semana**
coll(o)care	**colgar**	hon(o)rare	**honrar**

2° lorsqu'elles se sont trouvées entre la tonique et la voyelle finale *(position postonique) :*

tab(u)la	**tabla**	dig(i)tu	**dedo**
litt(e)ra	**letra**	hum(e)ru	**hombro**
pop(u)lu	**pueblo**	ven(e)ris	**viernes,** etc.

Les exceptions sont rares : **árbol** (árbore), **orden** (ordine), **joven** (júvene), **huésped** (hospite), etc.

Les mots **esdrújulos**, c'est-à-dire ceux qui conservent à la fois la postonique et la finale, sont à peu près tous des mots savants : **físico, víspera, ánimo, décimo, rápido, número, discípulo, cátedra,** etc.

LES CONSONNES

Remarques sur leur origine.

33. En général, les consonnes doubles du latin se trouvent représentées en espagnol par des consonnes simples :

cuppa	**copa**	flamma	**llama**	siccu	**seco**
gutta	**gota**	bucca	**boca**	vacca	**vaca**

Les consonnes **p, t, c,** se sont affaiblies en **b, d, g,** lorsqu'elles se trouvaient placées entre voyelles (mais non à l'initiale du mot) :

sapore	**sabor**	vita	**vida**	securu	**seguro**
lupu	**lobo**	metu	**miedo**	lacu	**lago**

Malgré la confusion très ancienne entre le *v* et le *b*, l'espagnol conserve habituellement dans son orthographe le **v** étymologique :

vicinu	**vecino**	nave	**nave**	ave	**ave**
vivere	**vivir**	nove	**nueve**	lavare	**lavar**

L'*f* initial du latin est devenu **h** (aspirée autrefois et actuellement muette, sauf en Andalousie) :

farina	**harina**	ficu	**higo**	formosu	**hermoso**
facere	**hacer**	ferire	**herir**	furnu	**horno**

Mais il y a des nombreuses exceptions, même dans les mots populaires : **fuego** (focu), **fuerte** (forte), **fuente** (fonte), **fiesta** (festa), etc.

ch correspond la plupart du temps au groupe *ct* du latin :

pectu	**pecho**	dictu	**dicho**	strictu	**estrecho**
tectu	**techo**	factu	**hecho**	octo	**ocho**

Le **z** et le **c** interdental correspondent soit au *c* latin, soit à *ti-* ou *te-* placés devant une voyelle :

pace	**paz**	lancea	**lanza**	puteu	**pozo**
voce	**voz**	tristitia	**tristeza**	ratione	**razón**
voces	**voces**	facere	**hacer**		

Au lieu du *j* actuel (*jota*), l'ancien espagnol possédait :
soit un **x** (prononcé comme le français *ch*) provenant de l'*x* latin :

maxilla	**mexilla**	exemplu	**exemplo**	dixi	**dixe**
proximum	**próximo**	axe	**exe**	traxi	**traxe**

(aujourd'hui : **mejilla, prójimo, ejemplo, eje, dije, traje**),
soit un **j** (analogue au *j* français) provenant d'un *l* mouillé par contact avec *i*, ou du groupe **cl** :

filiu	**hijo**	consiliu	**consejo**	alliu	**ajo**
alienu	**ajeno**	folia	**hoja**	apic(u)la	**abeja**

L'orthographe primitive de *Don Quijote* (paru en 1605) était **Don Quixote.** Traduit en 1615 par C. Oudin, il a conservé chez nous la prononciation de l'**x** par **ch** : *Don Quichotte.* Quelque temps plus tard, Corneille, en adaptant *Las Mocedades del Cid* de Guillén de Castro, a transcrit par *Chimène* le nom de **Ximena.**

La répugnance à commencer un mot par une double consonne s'est manifestée (comme d'ailleurs en ancien français : *espée*, *escu*, *estude*, etc.) par l'addition d'un **e** à l'initiale, qui a persisté même dans les mots savants :

scala	**escala**	sculptor	**escultor**	statione	**estación**
scena	**escena**	spectáculum	**espectáculo**	studiu	**estudio**
schola	**escuela**	spléndidu	**espléndido**	stúpidu	**estúpido**

LA FIN DU MOT

34. *a. Voyelles finales.*

Le castillan ne présente en position finale (accentuée ou non) que les voyelles **a, o, e.**

L'*i* se trouve seulement dans les adverbes **ahí, allí, aquí** et dans la désinence de la 1re personne du singulier des prétérits : **perdí, comí, subí,** etc.

Les voyelles **i** (en dehors de ces derniers cas) et **u** trahissent toujours des mots d'origine étrangère au castillan : **berbiquí,** *villebrequin,* **ambigú, tisú, ombú,** etc.

b. Consonnes finales.

Les seules consonnes admises en finale de mot sont **d, j** (rare), **l, n, r, s, y, z: pared, boj, papel, limón, poder, cosas, buey, voz.**

Aucun mot vraiment espagnol ne peut se terminer :

1° ni par une consonne qui arrête brusquement la vibration vocale (occlusives **b, p, v, c, g, t, f, m**) ; ce qui explique pourquoi les mots français *bloc*, *trot*, *galop*, *chef*, *récif*, etc., ont dans leurs correspondants espagnols un *e* final de soutien : **bloque, trote, galope, jefe, arrecife**, etc. ;

2° ni par un groupe de *deux consonnes :* français *part*, *mont*, *gant*, etc. ; espagnol : **parte, monte, guante**, etc.

Cette répugnance nous fait comprendre pourquoi des pluriels comme *razons*, *pareds*, *sols*, *profesors*, etc., sont impossibles et pourquoi il faut dire : **razones, paredes, soles, profesores**, etc. (Cf. § 65.)

QUELQUES CAS PARTICULIERS DE PHONÉTIQUE CASTILLANE

Assimilations.

35. Deux sons voisins peuvent réagir entre eux, soit pour rapprocher leurs points d'articulation jusqu'à parfois s'identifier **(assimilation)**, soit pour se différencier, au contraire, si leurs points d'articulation sont trop voisins **(dissimilation).**

Les deux consonnes en contact de septe(m), scriptu(m), gypsu(m), ursu(m), somnu(m), plumbu(m), lumbu(m), palumba(m), etc., se sont d'abord assimilées, donnant : *sette*, *scritto*, *yesso*, *osso*, *sonno*, *plommo*, *lommo*, *palomma*, puis : **siete, escrito, yeso, oso, sueño, plomo, lomo, paloma.**

Placées avant l'accent tonique, les voyelles primitives **e, o,** ont eu tendance à se fermer respectivement en *i*, *u*, lorsqu'il se trouvait un *i* consonne dans la syllabe suivante : semente (semiente), **simiente** : renione (renión), **riñón** ; cœmentu (cemiento), **cimiento** ; cultellu (coutiello), **cuchillo** ; moriamus (moriamos), **muramos,** etc.

Cette tendance ne s'est réalisée complètement que dans le radical des verbes en *-ir*. Dans **medir,** par exemple, les formes primitives *medió*, *medieron*, *mediese*, *mediendo*, etc., sont devenues : **midió, midieron, midiese, midiendo** etc. Dans **morir,** les formes primitives *morió*, *morieron*, *moriese*, *moriendo*, etc., sont passées à : **murió, murieron, muriese, muriendo,** etc. Tandis que, dans **meter** et **correr**, le radical n'a pas varié devant ces mêmes terminaisons : **metió, metiese, metiendo,** etc. ; **corrió, corriese, corriendo,** etc.

Dissimilations.

36. Les mots latins formosu(m), rotundu(m) devaient donner : *hormoso*, *rodondo ;* l'*o* initial s'est dissimilé de l'*o* tonique en devenant **e : hermoso, redondo.** Pareillement, dans les formes primitives *vicino*, *viinte* qui correspondaient au latin vicinu(m), viginti, le premier *i* est devenu **e : vecino, veinte.** Jusqu'au XVIe siècle inclus, on trouve en castillan, à côté de **vivir, vivimos, escribir, escribimos, recibir, recibimos,** etc., les formes *vevir*, *vevimos*, *escrebir*, *escrebimos*, *recebir*, *recebimos*, etc.

Cette tendance joue également un rôle important dans la conjugaison des verbes en **-ir,** où, à côté d'un radical en *i* : **pido, pides, pide,** etc., **río, ríes, ríe,** etc., nous trouvons toujours un **e** devant un *i* accentué : **pedimos, pedía, pedid,** etc. ; **reímos, reía, reíd,** etc. (au lieu de *pidimos*, *pidía*, *pidid*, etc. ; *riímos*, *riía*, *riíd*, etc.).

Métathèses.

37. On donne le nom de métathèse au déplacement d'un son à l'intérieur du mot. Ce déplacement est surtout fréquent pour les consonnes **r, l** :

parábola	(parabla)	**palabra**	praesepe	(presebe)	**pesebre**
períçulu	(periglo)	**peligro**	integrare	(entegrar)	**entregar**
miráculu	(miraglo)	**milagro**	capítulu	(cabidlo)	**cabildo**
animalia	(animalla)	**alimaña**	spátula	(espadla)	**espalda**
vidua	(víuda)	**viuda**	módulu	(modlo)	**molde**
véneris	(vienres)	**viernes**	cúmulu	(comlo)	**colmo**

Au XVIe siècle, les impératifs pluriels suivis des enclitiques *le*, *la*, etc. : **esperadle, acorredla, decidle,** pouvaient devenir : *esperalde*, *acorrelda*, *decilde*.

Les futurs **tener he, venir he, poner he,** après les formes contractées *tenré*, *venré*, *ponré*, pouvaient donner : *terné*, *verné*, *porné*, etc. ; aujourd'hui : **tendré, vendré, pondré.**

Le parler populaire pratique encore d'autres métathèses : *probe* au lieu de **pobre** ; *crebar* au lieu de **quebrar** ; *aguilando* au lieu de **aguinaldo** ; *Grabiel* au lieu de **Gabriel,** etc.

La métathèse a toujours pour origine la recherche d'une position plus facile pour l'articulation d'un son.

Epenthèses.

38. L'épenthèse consiste dans l'insertion à l'intérieur d'un mot d'un son qui lui est étranger : les lettres ainsi ajoutées sont souvent **n** et **r** : lat. mattiana (mazana), **manzana** ; locusta (logosta), **langosta** ; tonu (tueno), **trueno** ; fendícula (hendija), **hendrija** ; franç. message, esp. **mensaje,** etc.

Le latin stella a dû d'abord donner *estella* qui est par la suite devenu **estrella** sous l'influence de **astro.**

C'est par l'épenthèse d'un **d** que les formes de futur *tenré*, *venré*, *ponré* (Cf. § 37) ont pu se fixer sous la forme définitive **tendré, vendré, pondré.**

CHAPITRE V

DÉVELOPPEMENT DU VOCABULAIRE

DÉRIVATION. — LES SUFFIXES ESPAGNOLS

39. La plupart des suffixes espagnols ont une forme correspondante en latin et en français.

La connaissance des suffixes est très utile pour l'acquisition et le développement du vocabulaire. Elle peut nous permettre de découvrir le sens d'un mot que nous rencontrons pour la première fois au cours d'une lecture. Néanmoins, nous ne devons pas nous flatter de créer avec des suffixes des mots nouveaux à volonté. Il sera toujours prudent, quand nous voudrons employer un mot dérivé, de contrôler dans un bon dictionnaire la forme de suffixe qui convient à ce mot.

En effet, il arrive parfois que la même fonction ou la même idée se trouve rendue en espagnol et en français par des suffixes différents : par exemple, en face de *rapidité* et de *maturité* nous n'avons pas en espagnol *rapididad* ni *maturidad*, mais **rapidez** et **madurez.**

Il arrive aussi que le même suffixe revête pour certains mots une forme savante, très voisine de la latine : **dormitorio, escritorio, laboratorio,** etc., et, pour d'autres, une forme populaire : **matadero** *(abattoir)*, **lavadero** *(lavoir)*, **regadera** *(arrosoir)*, etc.

40. Suffixes de noms.

-DAD ou **-TAD** ; lat. -tate(m), franç. *-té.*

Noms féminins : agili**dad**, facili**dad**, facul**tad**, varie**dad**, liber**tad**, amabili**dad**, dificul**tad**, felici**dad**, antigüe**dad**, cari**dad**, digni**dad**, docili**dad**, utili**dad**, vani**dad**, etc.

-CIÓN ; lat. -tione(m), franç. *-tion.*

Noms féminins : admira**ción**, afirma**ción**, anima**ción**, coloca**ción**, complica**ción**, configura**ción**, contesta**ción**, conversa**ción**, crea**ción** declama**ción**, decora**ción**, educa**ción**, nega**ción**, etc.

-SIÓN ; lat. -sione(m) ou -ssione(m), franç. *-sion* ou *-ssion.*

Noms féminins : compa**sión**, conce**sión**, confe**sión**, digre**sión**, dimen**sión**, discu**sión**, diver**sión**, divi**sión**, excur**sión**, exten**sión**, expre**sión**, impul**sión**, profe**sión**, se**sión**, etc.

-OR ; lat. -ore(m), franç. *-eur.*

Noms masculins : el cal**or**, el col**or**, el dol**or**, el sab**or**, el hum**or**, el fav**or**, el rum**or**, el cand**or**, el ol**or**, el pud**or**, el hon**or**, el val**or**, el rig**or**, el vap**or**, el tum**or**, el espes**or**, etc.

-MENTO (savant), **-MIENTO** (populaire) ; lat. -mentum, franç. *ment.*

Noms masculins : tor**mento**, ele**mento**, ali**mento**, frag**mento**, liga**mento**, campa**mento**, carga**mento**, arma**mento**, funda**mento**, condi**mento**, jura**mento**, etc.

L'aspect d'action apparaît davantage dans les dérivés verbaux en **-miento.**

Amontona**miento** (amontonar), desborda**miento** (desbordar), agradeci**miento** (agradecer), trata**miento**, refina**miento**, movi**miento**, manda**miento**, aloja**miento**, embelleci**miento**, nombra**miento**, envileci**miento**, aleja**miento.**

Ne confondez pas : **el cemento,** *le ciment*, avec **los cimientos,** *les fondations.*

1° **-ÍA** ; 2° **-IA** atone (lat. -ia) ; 3° **-IE** (lat. -ie), assez rare.

Ces trois formes qu'il ne faudra pas confondre sont représentées en français par *-ie* et constituent des noms féminins :

1. Anarquía, analogía, antología, energía, orgía, etimología, anatomía, manía, armonía, ironía, monotonía, geografía, telegrafía, artillería, carnicería, panadería, sastrería, joyería, zapatería, galería, etc.

2. Farmacia, comedia, industria, enciclopedia, parodia, perfidia, prosodia, tragedia, nostalgia, academia, infamia, modestia ; inercia, patria, impericia, asfixia, peripecia, diplomacia, democracia, etc.

3. Efigie, barbarie, serie, intemperie, especie, carie, molicie, superficie, planicie, etc.

1° **-EZA** (lat. -itia), 2° **-EZ** (lat. itie) ; franç. *-esse.*

Tous les dérivés suivants sont tirés d'adjectifs. Un certain nombre présentent en français le suffixe *-té.*

1. Nob**leza**, pur**eza**, riqu**eza**, rud**eza**, baj**eza**, delicad**eza**, trist**eza**, pobr**eza**, firm**eza**, rar**eza**, fier**eza**, asper**eza**, liger**eza**, dur**eza**, impur**eza**, torp**eza**, etc.

2. Vej**ez**, madur**ez**, niñ**ez**, esbelt**ez**, rapid**ez**, acid**ez**, desnud**ez**, livid**ez**, estupid**ez**, timid**ez**, sencill**ez**, rigid**ez**, altiv**ez**, viud**ez**, pesad**ez**, redond**ez**, intrepid**ez**, pequeñ**ez**, honrad**ez**, insipid**ez**, etc.

1° **-TORIO** (savant), 2° **-DERO** (pop.) ; lat. -torium, franç. *-toir*, *-toire.*

Ce suffixe désigne très fréquemment des endroits ou des objets appropriés à une action :

1º Escri**torio**, dormi**torio**, locu**torio**, labora**torio**, ora**torio**, terri**torio**, audi**torio**, purga**torio**, direc**torio**, ofer**torio**, requisi**torio**, reclina**torio**, etc.

2º Lava**dero**, abreva**dero**, seca**dero**, apea**dero**, mata**dero**, amasa**dero**, hervi**dero**, carga**dero**, embarca**dero**, herra**dero**, meren**dero**, etc.

La forme féminine désigne plutôt des instruments :

una rega**dera**, una escupi**dera**, una espuma**dera**, una rae**dera** *(un racloir)*, una taja**dera**, tapa**dera**, plega**dera** *(coupe-papier)*, etc.

-ANTE, -ENTE ; lat. -antem, -entem ; franç. *-ant*, *-ent*.

Ce suffixe est, à l'origine, la terminaison du participe présent. Les dérivés sont des *noms d'agent :*

fabric**ante**, camin**ante**, comerci**ante**, negoci**ante**, naveg**ante**, comand**ante**, ayud**ante**, habit**ante**, ag**ente**, servi**ente**, teni**ente** *(lieutenant)*, intend**ente**, escribi**ente**, oy**ente**, etc. ;

ou des *adjectifs verbaux*, différents par leur fonction du gérondif en **-ando** et **-iendo :**

agrav**ante**, brill**ante**, ignor**ante**, irrit**ante**, inces**ante**, espum**ante**, penetr**ante**, vibr**ante**, sofoc**ante**, dist**ante**, equival**ente**, impot**ente**, intermit**ente**, exist**ente**, disolv**ente**, persist**ente**, reluc**iente**, ar**diente**, sufic**iente**, etc.

Cette catégorie d'adjectifs verbaux n'existe pas pour tous les verbes ; elle est assez souvent remplacée par des dérivés en **-dor :**

abrasa**dor** (abraser), *brûlant ;* conmove**dor** (conmover), *émouvant ;* abruma**dor**, *écrasant ;* provoca**dor**, *provoquant.*

Aux adjectifs en **-ante, -ente** correspondent des noms abstraits en **-ANCIA, -ENCIA** ; franç. *-ance*, *-ence* :

abund**ancia**, arrog**ancia**, dist**ancia**, ignor**ancia**, import**ancia**, persever**ancia**, reson**ancia**, repugn**ancia**, correspond**encia**, equival**encia**, pot**encia**, exist**encia**, benevol**encia**, consist**encia**, ino**cencia**, obedi**encia**, perman**encia**, resist**encia**, etc.

41. Noms et adjectifs.

-DOR (populaire), **-TOR** et **-SOR** (savant) ; lat. -tor, -sor ; franç. *-teur*, *-seur.*

Ce suffixe s'applique au radical des verbes et sert surtout à désigner l'*agent.*

Les dérivés peuvent être des noms ou des adjectifs.

Noms : adora**dor** (adorar), adula**dor**, acusa**dor**, cava**dor**, sega**dor**, mata**dor**, educa**dor**, pesca**dor**, vende**dor**, teje**dor**, consumi**dor**, pin**tor**, defen**sor**, confe**sor**, etc.

Adjectifs : trabaja**dor**, conoce**dor**, emprende**dor**, devora**dor**, habla**dor**, vivifica**dor**, repara**dor**, etc.

Mais il peut aussi désigner *l'instrument :*
un colad**or** (colar), un raspad**or**, un tened**or**, un llamad**or**, *marteau de porte;* un pasad**or**, *un verrou;* un prended**or**, *une broche*, etc. ;
et même le *lieu :* el comed**or**, un mirad**or**, un corred**or**, el tocad**or**.

-ARIO, -ARIA (sav.) ; lat. -arius ; franç. *-aire.*
Noms : advers**ario**, botic**ario**, consignat**ario**, cors**ario**, emis**ario**, invent**ario**, oper**ario**, relic**ario**, calv**ario**.
Adjectifs : centen**ario**, milen**ario**, prim**ario**, contr**ario**, neces**ario**, volunt**ario**, sedent**ario**, sanguin**ario**, imagin**ario**, ordin**ario**.

-ERO, -ERA (pop.) ; lat. -arius ; franç. *-ier.*
Noms de métiers : banqu**ero**, barb**ero**, barrend**ero**, cabr**ero**, vaqu**ero**, carbon**ero**, carnic**ero**, carpint**ero**, cart**ero**, cocin**ero**, enferm**ero**, escud**ero**, mensaj**ero**, pastel**ero**, panad**ero**, tabern**ero**, etc.
Adjectifs : delant**ero**, guerr**ero**, harin**ero**, lastim**ero**, lisonj**ero**, tras**ero**, callej**ero**, extranj**ero** *(de nationalité étrangère)*, forast**ero** *(étranger à la localité).*

-AR ; lat. -aris. Le français a confondu ce suffixe avec les précédents.
Adjectifs : famili**ar**, particul**ar**, ejempl**ar**, triangul**ar**, rectangul**ar**, lun**ar**, sol**ar**, singul**ar**, regul**ar**.

-AL ; lat. -alis ; franç. *-el* (pop.) et *-al* (sav.).
Adjectifs : anu**al**, seman**al**, mensu**al**, centr**al**, comerci**al**, usu**al**, gener**al**, servici**al**, especi**al**, corpor**al**, arteri**al**, plur**al**, carn**al**, mort**al**, veni**al**, tempor**al**, accident**al**, etc.

-OSO ; lat. -osus ; franç. *-eux.*
Adjectifs tirés de noms : anim**oso** (ánimo), ansi**oso** (ansia), astuci**oso**, avarici**oso**, bondad**oso**, calur**oso**, cariñ**oso**, contagi**oso**, espant**oso**, estudi**oso**, fam**oso**, fang**oso**, graci**oso**, etc.

-ICO *atone* (accent sur la voyelle précédente) ; lat. -icus ; franç. *-ique.*
Adjectifs : acuát**ico**, aromát**ico**, botán**ico**, clás**ico**, dramát**ico**, fanát**ico**, fantást**ico**, gráf**ico**, mecán**ico**, neumát**ico**, práct**ico**, problemát**ico**, romant**ico**, etc.

-IL *atone* et **-IL** *accentué;* lat. -ilis ; franç. *-il*, *-ile.*
Evitez de confondre les deux séries :

1° frág**il**, estér**il**, dúct**il**, dóc**il**, fác**il**, difíc**il**, déb**il**, út**il**, versát**il**, portát**il**, volát**il**, imbéc**il**, fért**il**, háb**il**, ág**il**, inmóv**il**,

2° mercant**il**, infant**il**, puer**il**, pastor**il**, varon**il**, serv**il**, sen**il**, estudiant**il**, fabr**il**, juven**il**, rept**il**, civ**il**, gent**il**, host**il**, etc.

-ABLE, -UBLE, -IBLE ; lat. -abilis, -ubilis ; franç. *-able*, *-uble*, *-ible*.

Adjectifs tirés de verbes ·

1° *en* **-ar** : ama**ble**, admir**able**, agrad**able**, ador**able**, apreci**able**, compar**able**, compens**able**, critic**able**, culp**able**, dese**able**, discul-**pable**, estim**able**, etc. ;

2° *en* **-er**, **-ir** : cre**íble** (creer), dispon**ible**, admis**ible**, compa-**tible**, exig**ible**, incorreg**ible**, indec**ible**, inflex**ible**, percept**ible**, prefer**ible**, etc.

Sol**uble**, vol**uble**, etc.

Le suffixe -IDO.

42. Ce suffixe peut désigner des bruits et des cris divers. Il s'applique aussi bien aux verbes en **-er** et **-ir** (se confondant avec leur participe passé) qu'aux verbes en **-ar** : **estallar**, *éclater*. **Un estallido**, *un éclatement.*

aullar	*hurler*	**aullido**	zumbar	*bourdonner*	**zumbido**
balar	*bêler*	**balido**	crujir	*craquer*	**crujido**
bramar	*bramer*	**bramido**	gemir	*gémir*	**gemido**
chirriar	*grincer*	**chirrido**	gruñir	*grogner*	**gruñido**
graznar	*croasser*	**graznido**	mugir	*mugir*	**mugido**
ladrar	*aboyer*	**ladrido**	plañir	*se plaindre*	**plañido**
maullar	*miauler*	**maullido**	rugir	*rugir*	**rugido**
quejarse	*se plaindre*	**quejido**	tañer	*sonner*	**tañido**
soplar	*souffler*	**soplido**	**Etc.**		**Etc.**
roncar	*ronfler*	**ronquido**			

Les suffixes -AR, -AL, -EDO, -EDA.

43. Les suffixes **-AR** et **-AL** peuvent aussi former des noms qui désignent ordinairement un terrain planté de certaines catégories d'arbres ou de végétaux, parfois même, par analogie, un terrain où abondent certains matériaux : **un castañar**, *une châtaigneraie;* **un pinar**, *un bois de pins;* **un encinar**, *un bois de chênes verts;* **un arrozal**, *un champ de riz;* **un trigal, un maizal, un cebadal**, *un champ de blé, de maïs, d'orge;* **un helechal**, *une étendue de fougères;* **un pedregal**, *un endroit couvert de pierres;* **un lodazal**, *un endroit couvert de boue.*

Pour désigner un lieu planté d'arbres, l'ancien espagnol possédait aussi le suffixe **-EDO, -EDA**, *lat.* -etum, -eta, franç. *-aie*, *-oie :* **un robledo**, *une rouvraie;* **una olmeda**, *une ormaie;* **una alameda,** *une allée* de peupliers et, par extension, une allée d'arbres quelconques, mais ce suffixe n'existe guère plus que dans les noms propres et les noms de lieux : **Avellaneda, Salcedo** ou **Salceda, Fresnedo, Pinedo, Hayedo,** etc.

DIMINUTIFS, AUGMENTATIFS, PÉJORATIFS

Valeur affective de ces suffixes.

44. L'emploi des formes diminutives et augmentatives est plutôt question de ton que de sens. Il est très courant dans le style familier et surtout dans le langage enfantin. En revanche, le style élevé, tout en ne les proscrivant pas, en use avec beaucoup plus de sobriété. La langue technique et scientifique les proscrit absolument.

C'est que ces formes sont dépourvues de toute valeur objective précise. **Aquella casita** ne désigne pas forcément une *petite maison*, mais une maison quelconque dont on parle avec *émotion* ou avec *tendresse*. Les suffixes, aussi bien diminutifs qu'augmentatifs, ont surtout une *valeur affective*, c'est-à-dire qu'ils ajoutent à l'idée évoquée par le mot simple l'expression embryonnaire d'un sentiment : affection, pitié, familiarité, admiration, répulsion, badinage, ironie, etc. D'ailleurs, la nuance exacte de ce sentiment dépend aussi bien de l'intonation ou du contexte que de la forme même du suffixe.

C'est pourquoi, pour traduire en français une forme diminutive ou augmentative, il conviendra d'adjoindre au nom simple un adjectif qui rende la nuance exprimée : *petit*, *mignon*, *cher*, *pauvre*, *malheureux*, ou bien *gros*, *énorme*, *odieux*, etc. : **Papaíto,** *petit papa.* — **¡ Pobrecito !** *pauvre petit !* — **Un zapatito,** *un soulier mignon.* — **Un hombrote,** *un bonhomme ridicule.* — **Un hombrazo,** *un individu énorme.* — **Unas manazas,** *de grosses mains difformes*, etc.

S'il s'agit d'un adjectif ou d'un participe, il faudra le nuancer par un adverbe : *un peu*, *assez*, *pas mal*, *vraiment*, *joliment*, etc. : **delgadito,** *assez* maigre ; **cansadito,** *assez* fatigué ; **¡ están calentitas !** elles sont *chaudes à point;* **carito,** *joliment* cher, etc. On peut trouver à la fois le suffixe et l'adverbe : **algo delgadito, bastante carito** et même **muy carito.**

L'emploi de diminutifs peut s'étendre dans le langage familier à certains adverbes : **cerquita,** *tout près;* **arribita,** *tout en haut;* **lejitos,** *assez loin;* **tempranito,** *d'assez bonne heure;* **prontito, aprisita,** *vite vite;* **en seguidita,** *tout de suite;* **despacito,** *assez lentement*, etc. ;

et à quelques gérondifs, où il n'a qu'une valeur affective intraduisible : **andandito,** *en marchant à petits pas;* **volandito,** *en volant, très rapidement;* **callandito,** *sans rien dire*, etc.

Le diminutif peut désigner un objet différent.

45. Il existe des mots à forme diminutive ou augmentative dans lesquels la valeur du suffixe s'est effacée et qui désignent simplement des objets différents du mot simple : **una casilla** n'est pas une petite maison, mais *un casier;* **un sillón** n'est pas une grande chaise, mais *un fauteuil.* Ce changement de sens se retrouve dans des cas très nombreux, surtout avec les suffixes **-ILLO, -UELO** et **-ÓN : una parrilla,** *un gril*, en face de **parra,** *treille;* **un pañuelo,** *un mouchoir*, en face de **paño,** *drap;* **una pajuela,** *une mèche soufrée*, en face de **paja,** *paille;* **un cajón**, *un tiroir*, en face de **una caja**. *une boîte*, etc. C'est pourquoi il sera toujours prudent d'employer pour les diminutifs le suffixe **-ITO, -ITA**, où ce genre d'équivoque ne se produit jamais.

Suffixes de diminutifs.

46. Le plus commun est **-ITO, -ITA,** dont nous venons de parler. Le suffixe **-ILLO**, très répandu en Andalousie, ne doit être employé qu'avec circonspection (Cf. § 45) et de même le suffixe **-UELO** (lat. -olu) qui est très classique, mais ne convient pas à tous les mots.

Il existe d'autres terminaisons de diminutifs plus particulières à certaines régions de l'Espagne :

-ICO (Aragon, Murcie) : **mocico, bonico,** una **mesica,** etc.
-IÑO (Galice) : **mociño, rosiña, cosiña,** etc.
-IN, -INA (Asturies) : **hombrín, rapacín, rosina,** etc.
-ETE, -ETA (Catalogne) : **pobrete, Miguelete, roseta,** etc
-UCO (Santander) : **cosuca, tierruca, beatuca,** etc.

Formation des diminutifs.

47. 1° Juxtaposition simple de **-ito, -ita** (avec absorption de l'**o** ou de l'**a** final) :

dans les polysyllabes terminés par *a*, *o* ou par une consonne autre que *r*, *n*.

copa,	**copita**	pared,	**paredita**
ventana,	**ventanita**	francés,	**francesito**
pájaro,	**pajarito**	rapaz,	**rapacito**
delgado,	**delgadito**	árbol,	**arbolito**

2° On intercale **c** devant le suffixe **(-cito) :**

dans les polysyllabes terminés par *r*, *n*, *e* atone ou accentué.

calor,	**calorcito**	nube,	**nubecita**
mujer,	**mujercita**	cofre,	**cofrecito**
canción,	**cancioncita**	pobre,	**pobrecito**
Carmen,	**Carmencita**	café,	**cafecito**

Exceptions : señor, **señorito** ; alfiler, **alfilerito** ; jardín, **jardinito,** etc.

3° On intercale **ec** devant le suffixe **(-ecito) :**
a) dans les monosyllabes ; *b*) dans les polysyllabes qui renferment une diphtongue sous l'accent tonique.

flor,	**florecita**	huevo,	**huevecito**
pan,	**panecito**	cuerpo,	**cuerpecito**
cruz,	**crucecita**	fuente,	**fuentecita**
sol,	**solecito**	piedra,	**piedrecita**
rey,	**reyecito**	fiesta,	**fiestecita**

Formation irrégulière : pie : **piececito.**

Ces règles n'ont qu'une valeur générale. Il sera toujours prudent de contrôler sur un dictionnaire la forme des diminutifs que l'on veut employer.

48. Diminutifs particuliers à des noms d'animaux.

-EZNO : lobezno (lobo), *louveteau;* **osezno** (oso), *ourson;* **gamezno** (gamo), *faon;* **viborezna** (víbora), *petite vipère;* **lagartezno** (lagarto), *petit lézard.*

-ATO : ballenato (ballena), *baleineau;* **cervato** (ciervo), *daguet, jeune cerf;* **lebrato** (liebre), *levreau;* **chivato** (chivo), *chevreau.*

-UCHO : aguilucho (aguila), *aiglon;* **avechucha** (ave), *oisillon;* **animalucho.**

-INO : palomino (palomo), *pigeonneau;* **cigoñino** (cigueña), *cigogneau.*

49. Diminutifs des noms de personnes.

Dans le langage familier les noms de personnes, en même temps qu'ils adoptent la forme diminutive, subissent des déformations fantaisistes qui les rendent parfois méconnaissables.

Antonio : Antoñito, **Toñito, Toñuelo.**

Francisco : Francisquito, **Frasquito, Paco, Paquito, Pancho, Pacho, Pachín, Quico, Curro.**

Francisca : Francisquita, **Frasquita, Paca, Paquita, Quica, Curra, Currita.**

José : Joselito, **Pepe, Pepito, Pepucho.**

Josefa : **Pepa, Pepita.**

Manuel : **Manolo, Manolito, Manolín.**

Pedro : Pedrito, **Perico, Periquito.**

Concepcion : **Concha, Conchita.**

Jesus : **Chucho.**

Dolores : Dolorcitas, **Lola, Lolita.**

María : Mariquita, **Maruja, Marujita, Marujiña,** etc.

Ces diminutifs conservent ordinairement aux noms de personnes leur physionomie de pluriel ou de féminin : Carlos, **Carlitos** ; Dolores, **Dolorcitas** (Cf. aussi pour les adverbes : lejos, **lejitos** ; arriba, **arribita** ; cerca, **cerquita**).

Augmentatifs et péjoratifs.

50. Les suffixes les plus courants sont :

-ÓN. *Noms :* **un hombrón, un picarón, un frailón, un solterón, una merendona, una intentona, una peleona,** etc. *Adjectifs :* **simplón, inocentón, perezosón,** valent**ón,** etc.

L'addition de ce suffixe entraîne parfois dans les noms un changement de genre : **un culebrón** (una culebra) ; **un portón** (una puerta) ; **un tabión** (una tabla) ; **un levitón** (una levita), etc.

Il est précédé d'un élément intercalaire dans : **un nubarrón** (una nube) ; **un ventarrón** (un viento). Cet élément se retrouve comme suffixe d'emploi très restreint et sans valeur précise dans : guij**arro,** cach**arro,** piz**arra,** etc.

-AZO : unos ojazos, unos bigotazos, un buenazo. Il implique très souvent une nuance péjorative : **unas manazas, unas piernazas, unas orejazas,** etc.

-OTE : la plupart du temps, ce péjoratif marque l'antipathie ou le ridicule : **un hidalgote, un herejote, un lugarote, un guisote, un aldeanote, un marinerote,** etc. Il est simplement diminutif dans **islote,** *îlot*, et **camarote,** *cabine de vaisseau.*

-ACHO, d'origine italienne *(-accio)*, n'existe que dans un nombre restreint de mots : **populacho, picacho, vulgacho, poblacho,** etc.

La superposition de suffixes augmentatifs ou péjoratifs est assez fréquente : **un ricachón, un corpachón, borrachón, frescachón, un picaronazo,** etc.

Autres terminaisons péjoratives restreintes à certains mots :

un caball**ejo,** un rapac**ejo,** un portal**ejo,** un pell**ejo** (piel), una call**eja,** etc. ;

un pajarr**aco,** un libr**aco,** un bell**aco,** un moz**aco,** etc.

51. D'une façon générale, l'emploi des suffixes augmentatifs et péjoratifs est moins régulier encore que celui des diminutifs. Aussi convient-il d'en user avec une grande prudence et d'en contrôler toujours la forme dans le dictionnaire.

Ces suffixes se rencontrent d'ailleurs dans d'autres mots avec une valeur tout à fait différente.

-ÓN, dans les adjectifs dérivés de noms ou de verbes, peut aussi bien marquer un excès : **comilón,** *gros mangeur;* **dormilón,** *gros dormeur;* **burlón,** *moqueur;* **llorón,** *braillard;* **chillón,** *criard;*

cabezón, narigón, barrigón, orejón, *qui a une grosse tête, un gros nez, un gros ventre, de grandes oreilles,* etc. ; qu'une privation : **rabón,** *qui n'a pas de queue;* **pelón,** *pelé,* etc.

Nous retrouvons **-ÓN** et **-AZO** (Cf. § 52) comme suffixes servant à caractériser des coups et des chocs.

Suffixes traduisant « un coup de ».

52. Le suffixe **-ADA** comporte des sens assez divers qui apparaissent dans **una cucharada,** *une cuillerée,* **una palada, una carretada, una burrada,** *une ânerie,* **una machada** (macho, *mulet*), **una gansada, una alcaldada, una riada,** *une crue de rivière,* **una nevada,** *une chute de neige,* **una granizada** (granizo, *grêle*), **una tronada,** etc.

Mais il correspond très souvent, même au figuré, au sens rendu en français par *un coup de :*

una campan**ada,** *un coup de cloche;* una cuchill**ada,** una estoc**ada,** una lanz**ada,** una puñal**ada** (puñal, *poignard*), una pat**ada,** una dent**ada,** una cabez**ada,** una corazon**ada,** etc.

Le suffixe **-AZO** sert à désigner les coups où se manifeste plutôt l'aspect de *violence* ou de *choc,* comme ceux qui sont portés à tour de bras :

un sabl**azo** (sable, *sabre*), un hach**azo,** un martill**azo,** un culat**azo** (culata, *crosse*), un cañon**azo,** un pelot**azo,** un botell**azo,** un latig**azo** (látigo, *fouet*).

L'aspect de violence apparaît encore dans certains dérivés verbaux avec le suffixe **-ÓN :**

un encontr**ón** (encontrar), un empuj**ón** (empujar), un resbal**ón** (resbar), un apret**ón** (apretar), un tropez**ón** (tropezar), un tir**ón** (tirar).

Suffixes verbaux.

53. -EAR ; lat. -idiare ; franç. *-oyer* (plus rare qu'en espagnol).

Verbes tirés de noms :

hum**ear** (humo), señor**ear,** parpad**ear,** oj**ear,** cabec**ear,** juguet**ear,** lisonj**ear,** llam**ear,** pat**ear,** tacon**ear,** lad**ear,** cart**ear,** tor**ear,** color**ear,** mar**ear,** telefon**ear,** capitan**ear,** torn**ear,** rod**ear,** etc.

Tirés d'adjectifs :

flaqu**ear** (flaco), clar**ear,** galant**ear,** hermos**ear,** verd**ear,** amarill**ear,** coj**ear,** tartamud**ear,** escas**ear,** etc.

-IFICAR (sav.), **-IGUAR** (pop.) ; lat. -ificare, franç. *-ifier*.
ver**ificar** *(effectuer)*, ampl**ificar**, cert**ificar**, cruc**ificar**, ed**ificar**, fals**ificar**, fort**ificar**, ident**ificar**, just**ificar**, mod**ificar**, pur**ificar**, rect**ificar**, sacr**ificar**, sant**ificar**, sign**ificar**, simpl**ificar**, rat**ificar**, etc.
aver**iguar** *(vérifier)*, apac**iguar**, amort**iguar**, sant**iguarse**, atest**iguar**, etc.

-IZAR ; lat. -itiare et -izare ; franç. *-iser*.
agon**izar**, canal**izar**, autor**izar**, baut**izar**, anal**izar**, caracter**izar**, civil**izar**, cristal**izar**, organ**izar**, econom**izar**, fertil**izar**, legal**izar**, real**izar**, paral**izar**, escandal**izar**, tempor**izar**, suav**izar**, profe**tizar**, etc.

-ECER ; lat. -escere.
Verbes tirés d'adjectifs. Ils gardent en français l'infinitif en **-ir** :
embell**ecer** (bello), emblanqu**ecer**, empobr**ecer**, enriqu**ecer**, endur**ecer**, enfur**ecer**, enneg**recer**, enrar**ecer**, enroj**ecer**, ensober**becer**, ensord**ecer**, entern**ecer**, entorp**ecer**, envil**ecer**, esclar**ecer**, fortal**ecer**, oscur**ecer**, humed**ecer**, envej**ecer**, rejuven**ecer**, resplan**decer**, etc.

COMPOSITION

Les préfixes.

54. Nous retrouvons dans les mots espagnols à peu près les mêmes préfixes qu'en français. Ceux-ci se présentent parfois sous deux ou plusieurs formes différentes, qui appartiennent les unes aux mots savants, les autres aux mots de formation populaire.

A (idée de *but* ou de *direction*) : **a**largar, **a**cercar, **a**proximar, **a**lejar, **a**somar, **a**comodar, **a**puntar, **a**sentar, **a**gradar, **a**finar, etc.

ANTE *(avant)* : **ante**brazo, **ante**ojo, **ante**puerto, **ante**pasado, **ante**cedente, **ante**poner, etc.

BENE *(savant)*; **BIEN** *(populaire)* : **bene**volencia, **bene**mérito, **ben**decir ; **bien**aventurado, **bien**quisto, **bien**venido, **bien**vivir, etc.

BI, BIZ *(deux fois)* : **bi**forme, **bí**pedo, **bi**dentado, **biz**cocho, **biz**nieto, etc.

CO, CON *(avec)* : **co**habitar, **co**legir, **co**rroborar, **co**laborar, **con**firmar, **con**cordar, **com**poner, **com**probar, etc.

CONTRA : **contra**firma ; **contra**marca ; **contra**decir, **contra**hacer, **contra**pasar, **contra**poner, etc.

DIS, DI (sav. *en sens inverse*) : **di**gresión ; **di**solver, **di**latar, **di**fundir, **di**mitir, **di**rigir ; **dis**gustar, **dis**minuir, **dis**parar, **dis**traer, **dis**poner, **dis**tinguir, **dis**pensar, etc.

DES (*forme pop.* du précédent) : **des**atar, **des**hacer, **des**baratar, **des**calzar, **des**nudar, **des**conocer, **des**corchar, **des**cuidar, **des**coser, **des**obedecer, **des**unir, **des**garrar, **des**lumbrar, **des**lindar ; **des**tiempo, **des**hora, **des**honra, **des**amor ; **des**igual, **des**honesto, **des**lenguado, etc.

EN, EM *(dans) :* **en**mendar, **en**salzar, **en**tablar, **en**caminar, **en**carecer, **en**cumbrar, **em**barcar, **em**botellar, **em**pedrar, etc.

IN, IM (savant, *dans*) : **in**citar, **in**cluir, **in**dagar, **in**dicar, **im**buir, **im**plicar, **im**poner, **im**portar, etc.

IN *(à sens négatif) :* **in**activo, **in**moral, **in**capaz, **in**audito, **in**olvidable, **in**conciente, **ir**resistible, **ir**revocable, **im**prudente, etc.

ENTRE : **entre**meter, **entre**sacar, **entre**tejer ; **entre**suelo, **entre**acto, **entre**cejo, **entre**verado.

EX *(hors de) :* **ex**ceder, **ex**hibir, **ex**cusar, **ex**poner, **ex**cluir, **ex**ornar, **ex**tender ; **ex**uberante, etc.

EXTRA *(en dehors) :* **extra**muros, **extra**ordinario, **extra**vagante, **extra**viar, **extra**limitarse, etc.

N'apparaît pas en espagnol avec le sens de *très : extrafin*, *extralucide*, etc.

MAL : **mal**andante ; **mal**casar, **mal**decir, **mal**herir, **mal**parar, **mal**tratar, **mal**ograr (mal lograr), etc.

PER *(d'un bout à l'autre) :* **per**cibir, **per**seguir, **per**turbar, **per**jurar, etc.

PRE *(avant) :* **pre**ceder, **pre**decir, **pre**caver, **pre**disponer, **pre**ver, **pre**parar ; **pre**maturo, **pre**ludio, **pre**caución, etc.

PRO *(en avant* ou *en faveur) :* **pro**poner, **pro**ducir, **pro**meter, **pro**veer, **pro**ferir, **pro**rrumpir, **pro**seguir, etc.

POS ou **POST** *(après) :* **pos**poner, **pos**tergar ; **post**data, etc.

RE (idée d'*intensité* ou de *retour en arrière*) : **re**botar, **re**cordar, **re**coger, **re**frenar, **re**conocer, **re**cibir, **re**ferir, **re**novar, **re**saltar, **re**tumbar, etc.

Ce préfixe ne présente que rarement le sens de *répétition* qu'il a en français : **re**educar, **re**edificar, etc. (Cf. § 611.)

SUPER (*sur*, savant) : **super**poner, **super**fino, **super**viviente, **super**hombre, etc.

SOBRE (populaire) : **sobre**nombre, **sobre**cuello, **sobre**todo, **sobre**suelo, **sobre**mesa ; **sobre**coger, **sobre**salir, **sobre**vivir, **sobre**poner, etc.

SUB (*sous*, sav.) : **sub**dividir, **sub**levar, **sub**stituir, **sub**ordinar ; **sub**jefe, **sub**teniente, **sub**rayar, etc.

SO (*sous*, pop.) : **so**cavar, **so**correr, **so**meter, **so**techar, **so**terrar ; avec un *n* épenthétique : **son**reir, **son**sacar.

TRANS (*à travers*, sav.) : **trans**ferir, **trans**figurar, **trans**portar ; **trans**parente, **tráns**fugo, etc.

TRA, TRAS (*même sens*, pop.) : **tra**ducir, **tras**ladar, **tras**pasar, **tras**poner, **tras**nochar, **tras**tornar, **tras**lucir, etc.

Valeur particulière de quelques préfixes.

55. Le parler populaire emploie souvent le préfixe **re-** devant des adjectifs pour leur conférer un sens superlatif : **rebueno,** *excellent ;* **remalo,** *très mauvais ;* **reduro,** *très dur*, etc. Ce sens peut être encore renforcé par les formules **rete-** et **requete-** : rebueno, **rete**bueno, **requete**bueno ; **requete**fuerte, **requete**bravo, **requete**valiente, etc.

Bien merecido le está a ese botarate, pero muy bien **requetemerecido.**	C'est bien fait pour cet étourneau, *il l'a mérité plus de cent fois.*

Le léonais emploie avec une valeur analogue le préfixe **per :** **permalo, perduro, pernegro, perfuerte,** etc. L'espagnol littéraire n'offre d'un tel emploi que l'exemple de **perdurable** et avec la forme de *peri*, les adjectifs **peritieso, peripuesto** ; mais il utilise avec la même valeur le préfixe *sobre* devant certains adjectifs : **sobre**abundante, **sobre**esdrújulo, **sobre**barato, **sobre**agudo, etc.

La préposition **sin** entre comme préfixe dans la composition de certains mots : un **sinfín,** *une infinité ;* un **sinnúmero,** *un nombre infini ;* un **sinsabor,** *un chagrin ;* una **sinrazón,** *une injustice ;* la **sinhueso,** *la langue.* Ont une valeur d'adjectifs les expressions : **sinvergüenza,** *dévergondé ;* **sin ventura,** *malheureux ;* **sin par, sin segundo,** *sans pareil*, *sans égal*, etc. (Cf. en français aussi : un *sans-patrie*, un *sans-le-sou*, etc.)

La préposition latine **ex** peut, comme en français, s'employer devant un nom de fonction avec la valeur de *ancien :* un **ex diputado,** un **ex ministro,** un **ex general.** Mais, en apposition à un autre nom de personne, l'espagnol lui préfère la formule **que fué** postposée à la fonction : Fulano de Tal, **ministro que fué** de Justicia, *Un tel*, *ex* (ou *ancien*) *ministre de la Justice.*

L'R initial dans les mots composés.

56. Dans les mots composés, l'espagnol redouble pour lui conserver sa valeur l'**r** initial du second élément s'il se trouve placé après une voyelle : pre**rrafaélico** (pre-rafaélico) ; pro**rrumpir** (pro-rumpir) ; extra**rradio** (extra-radio), *banlieue ;* para**rrayos** (para-rayos), *paratonnerre ;* una sobre**rropa** (sobre-ropa), *un surtout*, etc.

MOTS COMPOSÉS

Les mots composés sont nombreux, de formes variées et parfois capricieuses. Voici les procédés de composition qui apparaissent le plus souvent et le plus clairement.

57. *Noms.*

a) Le nom est accompagné d'*un autre nom*, placé avant ou après, qui lui sert de déterminatif.

Una **telaraña** (tela de araña), *une toile d'araignée ;* un **maestresala,** *un maître d'hôtel ;* un **carricoche,** *une carriole ;* una **coliflor** (flor de col), *un chou-fleur ;* un **puntapié,** *un coup de pied ;* un **calofrío,** *un frisson*, etc.

b) Le nom est accompagné d'*un adjectif* qui le qualifie.

El **aguardiente** (agua ardiente), *l'eau-de-vie ;* la **Nochebuena,** *la nuit de Noël ;* la **vanagloria,** *la vanité ;* la **bajamar,** *la marée basse ;* el **mediodía,** *le midi ;* un **disanto** (día santo), *un jour férié*, etc.

c) Le nom est composé d'un *verbe* (à la 3e pers. du prés. de l'indicatif) suivi d'un *complément direct :*

Un **sacacorchos,** *un tire-bouchon ;* un **quitasol** (enlève-soleil), *une ombrelle ;* un **mondadientes,** *un cure-dent ;* un **papamoscas** (gobe-mouches), *un badaud ;* un **pelagatos** (pèle-chats), *un gueux ;* un **limpiabotas** (nettoie-souliers), *un cireur ;* un **cortaplumas** (taille-plumes), *un canif ;* un **saltamontes** (saute-monts), *une sauterelle ;* un **matamoros,** *un matamore ;* el **besamanos,** *le baise-mains ;* un **sacamuelas,** *un arracheur de dents*, etc.

d) Superposition de *deux adjectifs ;* les mots ainsi composés fonctionnent comme noms ou comme adjectifs.

Sordomudo, *sourd-muet ;* **claroscuro,** *clair obscur ;* **verdinegro,** *vert foncé ;* un **altibajo,** *un coup donné de haut en bas*, etc.

58. *Adjectifs.*

L'adjectif est précédé d'un *nom* (ordinairement terminé par *i*) qui indique le point de vue sous lequel est envisagée la qualité que l'on exprime.

Carilargo (largo de cara), *qui a le visage long;* **cariancho** (ancho de cara), *qui a le visage large;* **ojinegro** (negro de ojos), *qui a les yeux noirs;* **boquirrubio** (rubio de boca), *blanc bec;* un **petirrojo** (rojo de pecho), *un rouge-gorge;* **manilargo** (largo de mano), *généreux;* **manicorto,** *avare*, etc.

Nous avons vu que le premier élément des mots composés est souvent terminé en *-i*, quelle que soit sa terminaison habituelle. Cette particularité peut s'expliquer par le souci de copier le modèle latin : **longimanus, flavicomus,** où cependant l'ordre des mots est adjectif + nom. Dans **verdinegro** et **altibajo,** on peut voir aussi la conjonction **y :** verde **y** negro, alto **y** bajo, comme dans **veinticinco** : veinte y cinco.

59. a. Verbes.

Le verbe est précédé d'un *complément* d'objet ou de manière : **mantener** (tener con la mano), *maintenir;* **manifestar,** *manifester;* **maniatar,** *attacher par les mains;* **alicortar,** *couper les ailes;* **perniquebrar,** *écloper*, *casser les jambes.* Ces composés sont rares en espagnol.

b. Autres composés divers.

Noms : un **quitaipón** (quita y pon), *une bouffette;* un **correveidile** (corre ve y dile), *un rapporteur;* un **vaivén** (va y ven *au lieu de* viene), *un va-et-vient;* un **hazmerreír** (hazme reír), *un bouffon;* un **tentemozo** (tente, mozo), *un appui*, *un tuteur;* la **enhorabuena** (en hora buena), *les félicitations;* el **pésame** (me pesa), *les condoléances;* un **quitapesares,** *un boute-en-train;* en un **quítame allá esas pajas,** en un **santiamén,** *en un clin d'œil.*

LIVRE II

CHAPITRE PREMIER

LE NOMBRE

60. Certains noms, comme en français, ne se présentent qu'au *pluriel :*

las afueras, *les environs ;*
los alrededores, *les alentours ;*
las gafas, *les lunettes ;*
los gemelos, *les jumelles ;*
los alicates, *les tenailles ;*
las tenazas, *les pincettes ;*
las tijeras, *les ciseaux ;*
las calzas, *les chausses ;*
las albricias, *les étrennes :*
las arras, *les arrhes ;*
los esponsales, *les fiançailles ;*
las exequias, *les obsèques ;*
las expensas, *les frais ;*
las tinieblas, *les ténèbres ;*
los víveres, *les vivres ;*
los pertrechos, *les munitions ;*
los modales, *les manières ;*
etc. etc.

61. Pluriels particuliers à l'espagnol :

Plur.	*Sing.*
unas angarillas / **unas andas**	*un brancard ; une civière ;*
las enaguas,	*le jupon ;*
unas ínfulas,	*des prétentions ;*
las creces,	*la quantité en surplus ;*
las heces,	*la lie du vin ;*
los postres,	*le dessert ;*
las preces,	*les prières* (d'un office) ;
las mientes,	*l'attention ;*
las hilas,	*la charpie ;*
los fideos,	*le vermicelle ;*
los llares,	*la crémaillère ;*
las viruelas,	*la petite vérole ;*
etc.	etc.

62. Nous trouvons inversement :

Sing.	*Plur.*
el ajedrez,	*les échecs ;*
el archivo,	*les archives ;*
la siembra,	*les semailles ;*
la osamenta,	*les ossements ;*
el miércoles de Ceniza,	*le mercredi des Cendres ;*
la gente,	*les gens ;*
la subasta,	*les enchères ;*
la basura,	*les ordures ménagères ;*
la pila,	*les fonts baptismaux ;*
etc.	etc.

L'espagnol emploie d'habitude les mots **el pelo, el cabello** avec une valeur collective, c'est-à-dire comme équivalents du pluriel *les cheveux.* Par contre, il emploie le pluriel **las barbas** dans le sens de *la barbe*, réservant le singulier **la barba** pour désigner *le menton.*

Il emploie aussi bien le singulier que le pluriel pour désigner *le nez :* **la nariz, las narices,** et *le dos :* **la espalda, las espaldas.**

63. Certains pluriels affectent un sens particulier :

un ademán, *un geste ;*	**unos ademanes,** *des allures, des manières ;*
una agujeta, *une aiguillette ;*	**unas agujetas,** *des courbatures ;*
un alfiler, *une épingle ;*	**unos alfileres,** *des étrennes ;*
el celo, *le zèle ;*	**los celos,** *la jalousie ;*
la Corte, *la Cour, la capitale ;*	**las Cortes,** *les Cortès* (Parlement) ;
la esposa, *l'épouse ;*	**las esposas,** *les menottes ;*
la expresión, *l'expression ;*	**expresiones,** *des compliments, le bonjour ;*
un grillo, *un grillon ;*	**los grillos,** *les fers* (chaînes) ;
la facción, *la faction ;*	**las facciones,** *les traits* (physionomie) ;
el género, *le genre ;*	**los géneros,** *les marchandises ;*
el papel, *le papier ;*	**los papeles,** *les journaux ;*
la parte, *la partie ;*	**las partes,** *les qualités ;*
un perdigón, *un perdreau ;*	**perdigones,** *du plomb de chasse ;*
un trabajo, *un travail ;*	**unos trabajos,** *des peines ;*
el seso, *l'intelligence ;*	**los sesos,** *la cervelle ;*
la razón, *la raison ;*	**las razones,** *les paroles ;*
la víspera, *la veille ;*	**las vísperas,** *les vêpres.*

64. Le pluriel des mots qui marquent un rang social, une dignité, une parenté, peut ne désigner qu'un *couple* (mari et femme) :

los padres, *les parents,* le père et la mère ;
los tíos, *l'oncle et la tante ;*
los Reyes, *le Roi et la Reine ;*
los Marqueses, *le Marquis et la Marquise ;*
los Condes, *le Comte et la Comtesse ;*
los Duques, *le Duc et la Duchesse ;*
los dueños, *les patrons* (mari et femme).

FORMATION DU PLURIEL

(noms et adjectifs).

Règle générale.

65. On ajoute -s

aux mots terminés par *une voyelle atone :* el hombre bueno, **los hombres buenos** ; la hoja verde, **las hojas verdes.**

On ajoute -es

1° aux mots terminés par une *consonne* (l'*y* compte comme consonne) : el papel azul, **los papeles azules** ; la pared gris, **las paredes grises** ; un francés, **unos franceses** ; el rey, **los reyes** ; la ley, **las leyes** ;

2º aux mots terminés par un *-i accentué :*
el jabalí, **los jabalíes** ; el alelí, **los alelíes** ; el rubí, **los rubíes** ; una cosa baladí, cosas **baladíes.**

Le mot *maravedí* admet au pluriel : **maravedís, maravedíes** et **maravedises.**

66. Les mots terminés par toute autre voyelle accentuée prennent seulement un **-s** au pluriel : **los papás, las mamás, los cafés, los canapés,** los tisús (et aussi **los tisúes**).

En parlant des voyelles on dit : las **aes,** las **ees,** los **oes,** las **ues,** las **íes.**

67. Demeurent **invariables :**

les mots *llanos* (paroxytons) terminés par **s** ou **x :**

la crisis, **las crisis** ; la tesis, **las tesis** ; el lunes, **los lunes** ; el fénix, **los fénix** ;

et les noms propres terminés **par z : los Pérez y los López.**

Remarques.

68. 1º Le **z** final devient *c* devant *-es* (Cf. § 17) :
la voz, **las voces** ; el pez, **los peces** ; el lápiz, **los lápices.**

2º L'accent tonique n'est pas écrit au pluriel des mots *agudos* qui le portent au singulier :
la nación, **las naciones** ; el compás, **los compases** ; un holgazán, **unos holgazanes.**

3º Il y a déplacement de l'accent tonique dans : régimen, **regímenes** ; carácter, **caracteres.**

Pluriel des mots composés.

69. Dans les mots composés de *deux termes variables* (noms ou adjectifs), le second seulement prend la marque du pluriel :
la telaraña, **las telarañas** ; el maestresala *(le maître d'hôtel)*, **los maestresalas** ; agridulce, **agridulces** ; claroscuro, **claroscuros.**

70. Les deux termes du composé varient dans :

casamata, *casemate ;* **las casasmatas ;**
ricohombre, *gentilhomme ;* **los ricoshombres ;**
gentilhombre, *gentilhomme ;* **los gentileshombres.**

Le premier terme seulement dans :

cualquiera, *quelconque ;* **cualesquiera ;**
quienquiera, *quiconque ;* **quienesquiera.**

et dans hidalgo, *noble*, employé comme nom : **los hijosdalgo** ; mais le second terme seulement, si ce mot est employé comme adjectif : **las tierras hidalgas.**

71. Les noms composés où il entre *un verbe* sont ordinairement invariables :

el sacacorchos, **los sacacorchos** ; el mondadientes, **los mondadientes** ;

un correveidile, *un rapporteur*, **unos correveidile** ;

el hazmerreir, *le bouffon*, **los hazmerreír.**

Cependant vaivén, pláceme, pésame prennent un **s** au pluriel : **los vaivenes** del tren ; **los plácemes,** *les félicitations ;* **los pésames,** *les condoléances.*

CHAPITRE II

LE GENRE

Noms de genre différent.

72. La question du genre, en ce qui concerne les noms d'hommes et d'animaux, est liée au sexe. Dans les autres catégories de noms, concrets ou abstraits, le genre est uniquement affaire de convention et de tradition. Par suite de l'origine commune du vocabulaire, le genre des noms est très souvent le même en français et en espagnol. Il arrive néanmoins, même dans le vocabulaire le plus usuel, que des mots d'origine absolument identique appartiennent à des genres différents :

un par, *une paire ;*
un diente, *une dent ;*
el origen, *l'origine ;*
el fin, *la fin ;*
un reloj, *une horloge ;*
el nácar, *la nacre ;*
los anales, *les annales* (f.) ;
un ataque, *une attaque ;*
un armario, *une armoire ;*
un minuto, *une minute ;*
un anuncio, *une annonce ;*
un paréntesis, *une parenthèse ;*
la sal, *le sel ;*
la leche, *le lait ;*
la sangre, *le sang ;*
la suerte, *le sort ;*
la serpiente, *le serpent ;*
la liebre, *le lièvre ;*
la miel, *le miel ;*
la señal, *le signal ;*
una ventaja, *un avantage ;*
la calma, *le calme ;*
la duda, *le doute ;*
la cuaresma, *le carême,*
etc.

Le genre des noms d'après leur terminaison.

73. Sont **masculins** les noms terminés

1° par **-o** : un grabado, *une gravure ;* el estudio, *l'étude ;* un bocado, *une bouchée ;* el libro, el banco, el cuaderno, etc.

Seule exception en castillan : **la mano,** *la main.*

Les mots : la seo, *la cathédrale*, et la nao, *le navire*, sont valenciens ;

2° par **-or** (comme en latin) : el color, *la couleur ;* el sabor, el candor, el furor, el humor, el ardor, el sudor, etc.

Exceptions : **la flor, la coliflor,** *le chou-fleur*; **la labor, la sor** *la sœur* (en religion).

74. Sont **féminins** les noms terminés :

1° par **-a : la** cara, *la figure;* **las** barbas, *la barbe;* **la** garganta, *la gorge;* **la** mesa, *la table;* **la** página, *la page*, etc.

Exceptions : *a*) le mot **el día,** *le jour;*

b) les noms *d'origine grecque :* **un** axioma, **un** problema, **un** diploma, etc. ;

c) les noms terminés par *le suffixe -ista :* **un** artista, **un** pianista, **un** anarquista, **un** socialista, **un** periodista, etc. ;

d) ceux qui manifestement désignent *des êtres masculins :* **un** poeta, **un** profeta, **un** idiota, **un** aeronauta, **un** belga, **un** suicida, etc.

2° par les suffixes **-ción, -sión** et **-zón : la** nación, **la** oración, **la** confesión, **la** profesión, **la** razón, **la** armazón, **la** pretensión, etc.

Exceptions : **el alción,** *l'alcyon;* **el corazón,** *le cœur.*

Dans **el buzón,** *la boîte aux lettres*, **el tizón,** *le tison*, **el calzón,** *la culotte*, etc., nous avons affaire au suffixe **-ón** ajouté à *buzo*, *tiza*, *calza* et non au suffixe **-zón** (lat. -tionem) ;

3° par les suffixes **-dad** et **-tad : la** novedad, **la** bondad, **la** verdad, **la** libertad, etc.

Genre des noms géographiques.

75. Sont **masculins :**

1° les noms de **mers** et d'**océans** (*sous-entendu :* el mar, el océano) : **el** Atlántico, **el** Mediterráneo, **el** Cantábrico.

2° les noms de **fleuves** et de **cours d'eau** (*sous-entendu :* el río) : **el** Sena, **el** Tajo, **el** Guadalquivir, **el** Amazonas (el río de las-), **el** Plata (el río de la-), etc.

Exceptions : **la** Huerva, **la** (ou **el**) Esgueva.

3° les noms de **montagnes** (*sous-entendu :* monte *ou* montes) : **el** Pirineo ou **los** Pirineos, **los** Alpes, **los** Apeninos, **los** Andes, etc. ; sauf **las** Alpujarras et, bien entendu, les termes accompagnés des mots Sierra ou Cordillera : **la sierra** Nevada, **la cordillera** Cantábrica.

76. Les **noms de ville** n'ont pas de genre défini, sauf s'ils sont précédés de l'article : **la** Coruña, **el** Ferrol, **la** Paz.

L'accord de genre avec les noms de ville peut être influencé :

a) soit par *leur terminaison :* **el** Bilbao **moderno, todo** Toledo, Sevilla **hermosa, la** Roma **antigua** ;

b) soit par *un terme sous-entendu :* ciudad, población, pueblo etc. la impérial **Toledo** (*s.-e. :* ciudad de —).

Changement de sens en rapport avec le genre.

77. Noms **d'origine commune :**

el orden público, *l'ordre public ;*	**una orden** del jefe, *un ordre du chef ;*
el orden dórico, *l'ordre dorique ;*	**la orden** de Caballería, *l'ordre de Chevalerie ;*
el margen, *la marge ;*	**las márgenes** del río, *les bords du fleuve ;*
el cometa, *le cerf-volant ;*	**la cometa,** *la comète ;*
el cólera, *le choléra ;*	**la cólera,** *la colère ;*
el dote, *la dot ;*	**las dotes,** *les qualités ;*
un parte, *une dépêche ;*	**la parte,** *la partie ;*
un consonante, *un mot consonnant ;*	**una consonante,** *une consonne ;*
un vocal *un membre d'un conseil ;*	**una vocal,** *une voyelle ;*
un pendiente, *un pendant ;*	**una pendiente,** *une pente ;*
un frente, *un front (t. militaire) ;*	**la frente,** *le front (du visage) ;*
un capital, *un capital ;*	**la capital,** *la capitale ;*
el tema, *le thème (sujet) ;*	**la tema,** *l'entêtement ;*
un calavera, *une tête brûlée ;*	**la calavera,** *le crâne ;*
el creciente, *le croissant (de lune) ;*	**la creciente,** *la crue, le flux,* etc.

78. Le masculin désigne une **fonction exercée par un homme :**

una guía, *une guide, un guidon ;*	**el guía,** *le guide ;*
la barba, *la barbe ;*	**el barba,** *le père noble (théâtre) ;*
una cura, *une cure ;*	**el cura,** *le curé ;*
la policía, *la police ;*	**un policía,** *un agent de police ;*
la vista, *la vue ;*	**un vista,** *un employé de douanes ;*
la espada, *l'épée ;*	**el espada,** *le matador,* etc.

79. Sont des mots **d'origine différente :**

el pez (*lat.* piscis), *le poisson ;*	**la pez** (*l.* pix), *la poix ;*
el haz (*l.* fascis), *le faisceau ;*	**el haz** (*fem.; l.* facies), *la face ;*
el corte (*de* cortar), *la coupe, le tranchant ;*	**la corte** (*l.* cohors, -rtis), *la cour.*

Noms des deux genres.

80. *a*) **Mar,** *la mer*, est ordinairement masculin au sens propre (Cf. § 75) : **el mar Rojo ; a la orilla del mar.**

On le trouve au féminin :

dans le langage poétique : **azúl está la mar,** *la mer est bleue;*
dans l'expression figurée **la mar de,** *beaucoup :* **la mar de cosas ;**
et dans les expressions d'origine ancienne : **altamar, bajamar,** *marée haute, marée basse;* **pleamar,** *pleine mer ;* **hacerse a la mar,** *prendre le large.*

b) **Arte,** *art* est masculin au singulier : **el arte poético,** *l'art poétique ;* et féminin au pluriel : **las bellas artes,** *les beaux-arts.*

c) A côté des masculins habituels : **el puente,** *le pont;* **el aceite,** *l'huile;* **el azúcar,** *le sucre;* **el canal, el cutis,** *la peau,* **el color,** on trouve dialectalement et en poésie : **la puente** (archaïque), **la azúcar, la aceite** (populaires), **la canal, la cutis, la color.**

d) Pour **orden,** *ordre,* cf. § 77.

FORMATION DU FÉMININ

Adjectifs et participes.

81. Règle générale :

a) Les adjectifs et participes terminés par **-o** changent au féminin cet *-o* en **-a :**

Un chico bueno, **una chica buena** ; malo, **mala** ; gordo, **gorda** ; un hombre instruido, **una mujer instruida.**

b) Ceux qui sont terminés autrement gardent la même forme pour les deux genres :

Un cielo azul, **una cinta azul** ; un joven elegante, **una joven elegante.**

82. Exceptions.

Ont néanmoins un féminin en **-a :**

1° Les adjectifs de *nationalité :* un libro francés, la gramática **francesa** ; español, **española** ; catalán, **catalana,** etc. ;

2° Ceux qui sont terminés par les suffixes : **-dor, -tor, -sor, -ón, -án, -ín** (*sauf le mot* ruín), **-ote, -ete.**

Trabajador, **trabajadora** ; seductor, **seductora** ; previsor, **previsora** ; dormilón, **dormilona** ; holgazán, **holgazana** ; regordete, **regordeta** ; parlanchín, **parlanchina,** etc. ; mais : **una cosa ruín,** *une chose mesquine.*

Le féminin des noms.

La question de la formation du féminin ne se pose que pour les catégories de noms (métiers, fonctions, grades, dignités, rapports de parenté, noms d'animaux) qui peuvent s'appliquer aux deux sexes. Les règles qui ont présidé à la constitution du féminin des noms sont en principe les mêmes que celles des adjectifs, mais elles se sont exercées avec moins de rigueur.

83. Règle générale.

Les noms en **-o** sont susceptibles d'avoir un féminin en **-a.**

el primo, *le cousin ;*	**la prima,** *la cousine ;*
el tío, *l'oncle ;*	**la tía,** *la tante ;*
el abuelo, *le grand-père ;*	**la abuela,** *la grand'mère ;*
el tendero, *le mercier ;*	**la tendera,** *la mercière ;*
el panadero, *le boulanger ;*	**la panadera,** *la boulangère,* etc.

Mais cette règle n'a rien d'absolu. La parenté peut être marquée par des mots différents : el yerno, *le gendre*, **la nuera,** la bru ; el padrino, *le parrain*, **la madrina,** *la marraine*. Il en est de même pour le sexe de certains animaux (Cf. § 87).

Métiers, fonctions, grades, etc.

84. Dans cette catégorie de noms, la dérogation à la règle *b* du § 81 est pour ainsi dire constante. Le féminin en **-a** s'applique non seulement à la personne qui exerce le métier (**la sirvienta,** *la servante*), mais aussi à la femme de celui qui l'exerce (**la generala,** *la femme* du général).

un señor, *un monsieur ;*	**una señora,** *une dame ;*
don Juan, *monsieur Jean ;*	**doña Juana,** *madame Jeanne ;*
un sirviente, *un serviteur ;*	**una sirvienta,** *une servante ;*
el asistente, *l'ordonnance* (milit.) ;	**la asistenta,** *la femme de ménage ;*
el director, *le directeur ;*	**la directora,** *la directrice ;*
el superior, *le supérieur ;*	**la superiora,** *la supérieure ;*
el coronel, *le colonel ;*	**la coronela,** *la femme du colonel ;*
un bailarín, *un danseur ;*	**una bailarina,** *une danseuse ;*
el sastre, *le tailleur ;*	**la sastra,** *la couturière,*
	etc.

Remarquez la phrase : La **Superiora** *(nom)* del convento tiene una inteligencia **superior** *(adjectif)*.

Cependant le mot **joven** employé comme nom ne varie pas au féminin : **una joven,** *une jeune fille*.

85. Les mots **reo**, *accusé ;* **testigo,** *témoin ;* **mártir,** *martyr ;* **intérprete,** gardent la même forme quand ils s'appliquent à des femmes : **la reina mártir.**

Il en est de même des noms qui sont déjà terminés au masculin par un **a : un** et **una artista, un** et **una pianista,** etc. Cependant pour **poeta, profeta,** cf. § 86.

86. ***Féminins à terminaison spéciale.***

Rey, *roi*, **reina ;**	sacerdote, *prêtre*, **sacerdotisa ;**
príncipe, *prince*, **princesa ;**	profeta, *prophète*, **profetisa ;**
duque, *duc*, **duquesa ;**	poeta, *poète*, **pcetisa ;**
conde, *comte*, **condesa ;**	héroe, *héro*, **heroína ;**
barón, *baron*, **baronesa ;**	emperador, *empereur*, **emperatriz ;**
alcalde, *maire*, **alcaldesa ;**	actor, *acteur*, **actriz ;**
abad, *abbé*, **abadesa ;**	tutor, *tuteur*, **tutriz ;**
canónigo, *chanoine*, **canonesa ;**	cantante / cantor } *chanteur*, { **cantatriz ; cantora.**

Le féminin des noms d'animaux.

87. Le féminin ne se distingue parfois du masculin que par la terminaison **-a** :

el perro,	*le chien ;*	**la perra,**	*la chienne ;*
el cerdo,	*le porc ;*	**la cerda,**	*la truie ;*
el ternero / el novillo	*le veau ;*	**la ternera / la novilla**	*la génisse ;*
el gato,	*le chat ;*	**la gata,**	*la chatte,* etc.

D'autres fois, le sexe est marqué par des noms différents :

el carnero,	*le mouton ;*	**la oveja,**	*la brebis ;*
el caballo,	*le cheval ;*	**la yegua,**	*la jument ;*
el buey,	*le bœuf ;*	**la vaca,**	*la vache ;*
el chivo,	*le bouc ;*	**la cabra,**	*la chèvre ;*
el potro,	*le poulain ;*	**la potranca,**	*la pouliche ;*
el gallo,	*le coq ;*	**la gallina,**	*la poule,* etc.

Mais bien souvent le nom de l'animal n'a qu'une forme pour les deux genres. Si l'on veut préciser le sexe, il faudra dire : **un canario hembra,** *un canari femelle* (ou **la hembra del canario**) ; **el macho de la cigüeña,** *le mâle de la cigogne*, etc.

Valeur particulière de la forme féminine.

88. Un certain nombre de noms d'objets se présentent en espagnol sous la double forme d'un masculin en **-o** et d'un féminin en **-a** : **cesto, cesta,** *panier, panière.* En pareil cas, la forme féminine a pour ainsi dire la valeur d'un augmentatif et désigne un objet de dimensions plus grandes.

un jarro,	*une jarre ;*	**una jarra,**	*une grande jarre ;*
un cesto,	*un panier ;*	**una cesta,**	*un grand panier ;*
un canasto,	*une corbeille ;*	**una canasta,**	*une grande corbeille ;*
un cuenco,	*une écuelle ;*	**una cuenca,**	*une jatte ;*
un cántaro,	*une cruche ;*	**una cántara,**	*une grande cruche ;*
un botijo,	*une cruche ;*	**una botija,**	*une grande cruche ;*
un cubo,	*un seau ;*	**una cuba,**	*une cuve, un cuvier ;*
un mazo,	*un maillet ;*	**una maza,**	*une massue ;*
un charco,	*une flaque d'eau ;*	**una charca,**	*une mare ;*
un farol,	*une lanterne ;*	**una farola,**	*un phare ;*
un perol,	*un chaudron ;*	**una perola,**	*un grand chaudron ;*
un hoyo,	*un trou ;*	**una hoya,**	*une fosse ;*
un dedo,	*un doigt ;*	**la deda** del pie,	*le gros orteil ;*
			etc.

Notons cependant : **un barco,** *un bâteau (en général)* et **una barca,** *une barque, un petit bâteau ;* un **fruto,** *un fruit (au sens figuré), un produit* comme dans : **los frutos** de la mala educación, tandis que **una fruta** : *un fruit,* au sens concret ; **la fruta** a aussi la valeur d'un collectif : *les fruits.*

CHAPITRE III

DEGRÉS DE SIGNIFICATION DES ADJECTIFS

SIGNIFICATION ABSOLUE

89. On gradue la signification des adjectifs (ainsi que des participes et des adverbes) soit par le moyen d'**adverbes :**

algo triste, / **un poco** triste, *un peu triste ;*	**muy** gordo, *très gros ;*
poco seguro, *peu sûr ;*	**bien** cierto, *bien certain ;*
bastante delgado, *assez mince ;*	**harto** monótono / **demasiado** monótono *trop monotone.*

soit par l'addition de **suffixes** (Cf. *Augmentatifs et diminutifs*, § 46. 50).

Ce procédé n'est valable que pour le style familier et comporte la plupart du temps un sens affectif que le français ne rend qu'imparfaitement. L'adjonction du préfixe **re-** joue un rôle analogue et renforce la signification de l'adjectif (Cf. § 55).

delgadillo / **delgadito** *un peu mince ;*	**bonachón,** *bonasse ;*
blanducho, *assez mou ;*	**rebueno,** *très bon ;*
	requetebueno, *excellent.*

Le superlatif absolu.

90. Il est caractérisé par le suffixe **-ísimo, -ísima,** et cette forme est très courante aussi bien dans le style familier que dans la langue littéraire. Ce suffixe *s'ajoute* à l'adjectif si celui-ci termine par une consonne ou *se substitue à la voyelle finale.*

muy triste : **tristísimo ;**	muy fácil : **facilísimo ;**
muy elegante : **elegantísimo ;**	muy malo : **malísimo ;**
muy seguro : **segurísimo ;**	muy fértil : **fertilísimo.**

Ne pas oublier les modifications graphiques nécessaires pour conserver le son de la consonne finale du radical (Cf. § 17).

rico : **riquísimo ;**	voraz : **voracísimo ;**
largo : **larguísimo ;**	feliz : **felicísimo.**

91. Certains adjectifs ont une forme de superlatif qui s'écarte du mot simple et calquée directement sur la forme latine :

On peut dire : **pulcrísimo** (muy pulcro, *très soigné*, *très coquet*) ou **pulquérrimo** ; **pobrísimo** (muy pobre, *très pauvre*) ou **paupérrimo.**

amable : **amabilísimo ;**	cruel : **crudelísimo ;**
noble : **nobilísimo ;**	fiel : **fidelísimo ;**
etc.	etc.
célebre : **celebérrimo ;**	antiguo : **antiquísimo ;**
íntegro : **integérrimo ;**	sagrado : **sacratísimo ;**
libre : **libérrimo ;**	sabio : **sapientísimo ;**
áspero : **aspérrimo ;**	magnífico : **magnificentísimo ;**
salubre : **salubérrimo ;**	simple : **simplicísimo.**

92. En principe, par suite du déplacement de l'accent tonique sur le suffixe, les diphtongues doivent disparaître dans la syllabe accentuée de l'adjectif, qui est devenue atone : cierto doit donner **certísimo** ; nuevo, **novísimo.** Cependant la langue parlée actuelle dit : **buenísimo** (muy bueno) et plutôt : **fuertísimo** (muy fuerte) que **fortísimo.**

93. Un certain nombre d'adjectifs n'admettent pas le superlatif en **-ísimo,** soit en raison de leur sens (inmortal, unánime, eterno, etc.), soit en raison de leur terminaison : espontáneo, *spontané;* etéreo, *éthéré;* arduo, *ardu;* oblicuo, *oblique;* baladí, *insignifiant;* comestible, etc.

Des adjectifs en **-ío,** seuls **pío,** *pieux* et **frío,** *froid*, admettent les superlatifs synthétiques : **piísimo, friísimo.**

SIGNIFICATION RELATIVE

Comparatifs d'égalité.

94. Le comparatif d'égalité s'établit avec **tan,** *aussi*, *si* devant l'adjectif et **como** (au lieu de *que*) devant le complément.

Soy **tan** alto **como** tú.	Je suis *aussi* grand *que* toi.
Es **tan** sabio **como** prudente.	Il est *aussi* sage *que* prudent.

Lorsque **tan,** *si*, a le sens de *tellement*, le complément indique une conséquence et s'établit avec **que.**

Es **tan** gordo **que no puede moverse.**	Il est *si* gros *qu'il ne peut remuer.*

Comparatifs de supériorité et d'infériorité.

95. Ces comparatifs se construisent, comme en français, avec **más,** *plus*, ou **menos,** *moins*, devant l'adjectif et **que** devant le complément.

Soy **más** alto **que** tú.	Je suis *plus* grand *que* toi.
Es **más** hábil **que** honrado.	Il est *plus* adroit *qu*'honnête.
Estoy **menos** cansado **que** ayer.	Je suis *moins* fatigué *qu*'hier.

Comparatifs synthétiques.

96. Ils sont comme en français :

mejor, *meilleur ;*	**mayor,** *plus grand* (majeur) ;
peor, *pire ;*	**menor,** *plus petit* (mineur, moindre).

Mais la langue parlée emploie très souvent comme plus expressives les formules : **más bueno, más malo, más grande, más pequeño :** Es **más bueno** que el pan. *Il est meilleur que le pain (c'est une bonne pâte).* — ¡ Qué tontería **más grande !** *Quelle grosse sottise !*

Le superlatif relatif.

97. *a*) Le superlatif relatif n'a pas de forme propre en espagnol et s'identifie absolument avec le comparatif.

Celui qui *est le plus digne.*	El que **es más digno...**
Celui qui *semble le plus grand.*	El que **parece mayor...**
Celui qui *travaille le plus.*	El que **trabaja más.**

L'article ne peut y apparaître que comme déterminatif du nom exprimé **(el** hombre **más sabio)** ou sous-entendu **(el más sabio).** Il ne doit jamais être répété ; il n'apparaît pas, non plus, lorsque le nom est déterminé par un possessif.

Superlatif avant le nom.	*Après le nom.*
El más noble animal.	**El** animal **más noble.**
El mejor alumno de la clase.	**El** alumno **mejor de la clase.**
El más humilde servidor.	**El** servidor **más humilde.**
Mi mayor anhelo.	**Mi** anhelo **más vivo.**
Es **su mejor** libro.	**Su** obra **más acertada.**

b) Cependant après un nom présenté *sans article* (partitif ou indéfini), on trouve parfois les formules **el más, la más, los más,** etc. Cette construction peut s'expliquer par l'ellipse du verbe *être* devant la formule superlative **(que es, que son...)** et n'a souvent que la valeur d'un superlatif absolu.

Una partida de baturros, **gente la más terca** de toda España (= gente *que es* la más terca).	Un groupe de paysans aragonais, *gens les plus entêtés* (ou *des plus entêtés*) de toute l'Espagne.
Halló disculpas las más ingeniosas para que ninguno de su familia extrañara mi detención. (MORATÍN. — *El sí de las niñas,* III.)	Il trouva *des excuses très ingénieuses* (ou *les excuses les plus ingénieuses*) pour que personne dans sa famille ne trouvât étrange mon séjour.

CHAPITRE IV

LES ARTICLES

L'ARTICLE DÉFINI

98. Formes normales :

	Singulier.	*Pluriel.*
masculin :	**el** niño, *le garçon;*	**los** niños, *les garçons.*
féminin :	**la** niña, *la fillette;*	**las** niñas, *les fillettes.*

Contractions.

99. Il ne peut y avoir de contraction qu'entre les prépositions **a, de** et l'article masculin singulier **el :**

al maestro, *au maître;* mais : **a los** maestros, **a la** maestra, **a las** maestras ;

del maestro, *du maître;* mais : **de los** maestros, **de la** maestra, **de las** maestras.

100. La contraction n'a pas lieu, tout au moins dans l'écriture, lorsque l'article fait partie du *titre* d'un ouvrage : Moratín, autor de **El sí de las niñas**, es también el traductor de **El Médico a palos.** Mais si l'article implique l'ellipse d'un mot comme *livre*, *poème*, *drame*, etc., la contraction se pratique ordinairement : El don Juan de Molière es inferior **al de Tirso.** — Un capítulo **del Quijote** (ou **de El Quijote**). — **El Poema del Cid** es posterior **al de Roldán.**

Avec les *noms de ville* précédés de l'article **el**, l'usage est plus hésitant. La contraction paraît admise pour les localités espagnoles : Dulcinea **del Toboso** ; voy **al Ferrol.**

Mais on dira plutôt s'il s'agit de villes étrangères : Venimos **de el Cairo.**

EL au lieu de LA.

101. On emploie la forme **el** au lieu de **la** devant tout substantif féminin commençant par **a** (ou **ha**) accentué : **el agua** (*anciennement* ell' agua), *l'eau;* **el alma,** *l'âme;* **el álgebra,** *l'algèbre;* **el haya,** *le hêtre;* **el haz,** *la face*, etc. Mais devant un **a** initial atone : **la animación, la aritmética.**

De même avec contraction de l'article : tirarse **al agua,** *se jeter à l'eau;* hijo **del alma,** fils *de mon âme.*

102. L'article **la** se conserve en pareil cas :

a) devant les *adjectifs :* **la alta** cumbre, *la haute cime;*

b) devant les *noms des lettres :* **la hache** muda, *l'h muet;*

c) devant les *noms propres de personnes :* **la Ángela, la Ágata** ; mais non devant les noms géographiques : **el África** del Norte.

L'ARTICLE INDÉFINI

103. Formes normales :

Singulier.	*Pluriel.*
masc. **un** libro, *un livre;*	(**unos** zapatos, *des souliers*).
fém. **una** pluma, *une plume;*	(**unas** tijeras, *des ciseaux*).

Le pluriel indéfini rendu en français par *des* (*des* livres, *des* plumes) se présente habituellement en espagnol sans article : tengo **libros,** *j'ai des livres;* ¿ tiene Ud **plumas?**, *avez-vous des plumes ?*

Pour l'emploi occasionnel de **unos, unas,** cf. *Syntaxe*, § 364.

104. Devant un nom féminin commençant par **a** (ou **ha**) accentué, l'**a** final de **una** n'est pas prononcé, mais l'écriture peut le conserver ou l'omettre : **un** alma ou **una** alma, *une âme;* **un** ave ou **una** ave, *un oiseau;* **un** haya ou **una** haya, *un hêtre.*

105. L'article masculin **un** est en réalité la forme apocopée du numéral **uno.** Cette forme complète reparaît lorsque l'article est employé pronominalement, c'est-à-dire lorsqu'il remplace un nom au lieu de le précéder.

Tú tienes dos libros y **yo uno.** — Tu as deux livres et *moi*, *un.*

Uno de mis alumnos. — *Un* de mes élèves.

Le partitif.

106. Pas plus que le pluriel indéfini (Cf. § 103), l'espagnol ne rend les expressions partitives françaises *du*, *de la :* **Comemos pan,** *nous mangeons du pain;* **bebemos agua,** *nous buvons de l'eau* (Cf. *Syntaxe*, § 359).

CHAPITRE V

LES DÉMONSTRATIFS

Adjectifs.

107. Formes normales actuelles :

	Sing.	*Plur.*	*(Personnes ou objets situés) :*
m. *f.*	**este** papel, *ce papier-ci ;* **esta** pluma, *cette plume-ci ;*	**estos** papeles, *ces papiers-ci ;* **estas** plumas, *ces plumes-ci ;*	*ici* (aquí).
m. *f.*	**ese** banco, *ce banc-là ;* **esa** mesa, *cette table-là ;*	**esos** bancos, *ces bancs-là ;* **esas** mesas, *ces tables-là ;*	*là* (allí)
m. *f.*	**aquel** bosque, *ce bois là ;* **aquella** casa, *cette maison-là ;*	**aquellos** bosques, *ces bois-là ;* **aquellas** casas, *ces maisons-là ;*	*là-bas* (allà)

108. Ces trois démonstratifs correspondent à une graduation d'éloignement dans l'esprit de celui qui parle, **este** désignant toujours le terme le plus rapproché, **aquel**, le plus éloigné, et **ese**, une position intermédiaire ou bien indifférente.

a) Dans **l'espace**, cf. tableau ci-dessus.

b) Dans **le temps** :

Esta mañana, *ce matin (d'aujourd'hui);* **aquella** mañana, *ce matin-là (d'un autre jour).*

c) Par rapport aux **interlocuteurs** :

Este libro, *ce livre-ci (mon livre);* **ese** libro, *ce livre-là (ton livre);* **aquel** libro, *ce livre-là (qui appartient à un autre).*

d) Par rapport au **contexte** :

Amo y criado se marcharon, **éste** a pie, **aquél** a caballo. *Maître et valet s'en allèrent, celui-ci* (le valet) *à pied ; celui-là* (le maître), *à cheval.*

Pronoms.

109. Les démonstratifs se présentent sous la même forme dans l'emploi pronominal, mais ils portent alors l'accent écrit sur la voyelle tonique.

A chacun des démonstratifs correspond un neutre terminé en **o**, qui ne porte pas d'accent.

M. et F. *Neutre*	**éste, ésta, éstos, éstas** **esto**	*celui-ci, celle-ci, ceux-ci, celles-ci;* *ceci.*
M. et F. *N.*	**ése, ésa, ésos, ésas** **eso**	*celui-là, celle-là, ceux-là, celles-là;* *cela, çà.*
M. et F. *N.*	**aquél, aquélla, aquéllos, aquéllas** **aquello**	*celui-là (là-bas), celle-là, ceux-là,* etc. ; *cela (là-bas).*

Esta mesa es más alta que **ésa** ;	*Cette table-ci* (adjectif) est plus haute que *celle-là* (pronom) ;
pero **aquélla** es más cómoda.	mais *celle-là là-bas* (pronom) est plus commode.

Formes archaïques.

110. aqueste, aquesta, aquestos, aquestas : *ce... ci, cette... ci, ces... ci* ;
aquese, aquesa, aquesos, aquesas : *ce... là, cette... là, ces... là;*
estotro, estotra (estotros *ou* estos otros, estas otras) : *cet autre... ci;*
esotro, esotra (esotros *ou* esos otros, esas otras) : *cet autre... là.*

Ces formes que l'on rencontre encore chez les classiques sont tombées en désuétude depuis le XVIIe siècle.

Traduction de CELUI DE, CELLE DE, etc., et CELUI QUI ou QUE, CELLE QUI ou QUE, etc.

111. Nos pronoms démonstratifs suivis de *de* ou des relatifs *qui*, *que*, sont remplacés en espagnol par les articles définis correspondants :

celui de ton père ;	**el de** tu padre ;
celles de l'année dernière ;	**las del** año pasado ;
ceux que tu as vus ;	**los que** has visto ;
celle qui est là-bas ;	**la que** está allá.

Hispanismes.

112. Esto es, *c'est-à-dire;* **en esto,** *sur ce, sur ces entrefaites;* **con esto,** *avec ça, malgré cela;* **a eso de** las nueve, *vers les neuf heures;* **eso es,** *c'est cela.* — **¡ Esto tenemos !** *Nous en sommes là !* — Tiene un **aquel,** *il a un don, un charme.*

CHAPITRE VI

LES POSSESSIFS

113. ***Adjectifs.***

Formes atones.				*Formes accentuées.*	
mi,	*mon, ma;*	**mis,**	*mes*	**mío, -a, -os, -as,**	*mien, à moi*
tu,	*ton, ta;*	**tus,**	*tes*	**tuyo, -a, -os, as,**	*tien, à toi*
su	*son, sa; leur*	**sus**	*ses leurs*	**suyo, -a, -os, -as**	*sien, à lui à eux*

nuestro, a, os, as, *notre, nos, à nous*
vuestro, a, os, as, *votre, vos, à vous*

114. Les possessifs atones **mi, tu, su** (masc. et fém.) sont en réalité des formes apocopées et précèdent toujours le nom :

mi padre, *mon* père ; **tu** madre, *ta* mère ; **sus** hijos, *ses* (ou *leurs*) fils.

115. Les formes accentuées **mío, tuyo, suyo** sont toujours placées après le nom. Elles sont employées :

a) Quand on s'adresse à une personne (dialogue ou correspondance) : **Hijo mío,** *mon* fils. — **Padre nuestro** que estás en los cielos, *notre père* qui es aux cieux. — **Muy señor mío,** *cher monsieur*, etc.

Cependant dans le langage militaire, on dit, comme en français : Mande Usted, **mi teniente, mi capitán,** etc. A vos ordres, *mon lieutenant*, *mon capitaine*, etc.

b) En substitution d'une des tournures possessives : *à moi*, *à toi*, *à lui*, *à eux*, *à nous*, etc., ou *un de mes...*, *un de tes...*, *un de ses...*, etc.

Este libro es **mío y no tuyo.** — Ce livre est *à moi* (mien) *et non à toi* (tien).
Un hermano **suyo.** — Un frère *à lui* ou *un de ses* frères.
Dos paisanos **nuestros.** — Deux compatriotes *à nous*, ou *deux de nos* compatriotes.

Pronoms.

116. Les pronoms possessifs sont formés par l'adjonction de l'article défini aux formes accentuées :

El mío, la mía, los míos, las mías : *le mien*, *la mienne*, *les miens*, etc. ;
el tuyo, la tuya, los tuyos, las tuyas : *le tien*, *la tienne*, etc. ;
el suyo, la suya, los suyos, las suyas : *le sien*, *la sienne*, etc. ; *le leur*, *la leur*, etc.
el nuestro, la nuestra, los nuestros, las nuestras : *le nôtre*, *la nôtre*, etc. ;
el vuestro, la vuestra, los vuestros, las vuestras : *le vôtre*, *la vôtre*, etc.

117. A la personne désignée par **Usted** (*vous*, Cf. § 132) correspondent les formes **su, suyo** ; mais il convient d'ajouter **de Ud, de Udes** après le nom pour éviter toute confusion avec d'autres possesseurs.

Su hermano **de Ud,** *votre frère ;*
Sus cartas **de Ud,** *vos lettres.*

Des confusions pourraient se produire également du fait que la forme **su** s'applique aussi bien à un possesseur (*son*, *sa*, *ses*) qu'à plusieurs (*leur*, *leurs*). Aussi, lorsque le français oppose *son* à *leur* dans la même phrase, il faudra en espagnol remplacer l'un des deux possessifs par **de él, de ella** ou **de ellos, de ellas.**

Quoique plus pauvre que ses voisins, il préférait *son existence à la leur*.	Aunque más pobre que sus vecinos, prefería **su propia existencia a la de ellos.**

CHAPITRE VII

LE PRONOM PERSONNEL

118. *Pronoms sujets ou précédés d'une préposition.*

	Sujet.		Après préposition.			Réfléchi.
1re p. sing.	**yo**	*je (moi)*	(a)	**mí**	*moi*	
2e —	**tú**	*tu (toi)*	(por)	**ti**	*toi*	
3e p. masc.	**él**	*il (lui)*		**él**	*lui*	(de) **sí,** *de lui, de soi*
3e p. fém.	**ella**	*elle*	(de)	**ella**	*elle*	
3e p. neut.	**ello**	*cela*		**ello**	*cela*	
1re p. plur.	(nos)	**nosotros** *nous*		**nosotros**	*nous*	
2e p. —	(vos)	**vosotros** *vous*		**vosotros**	*vous*	
3e p. masc.	**ellos**	*ils (eux)*	(para)	**ellos**	*eux*	(para) **si,** *pour eux*
3e p. fém.	**ellas**	*elles*		**ellas**	*elles*	

119. Remarquez l'**accent** écrit sur les pronoms :

mí, *moi,* pour le distinguer du *possessif :* **mi** libro ;
tú, *toi,* pour le distinguer du *possessif :* **tu** libro ;
él, *lui,* pour le distinguer de *l'article :* **el** libro ;
sí, *soi,* pour la distinguer de *la conjonction :* **si** puedes.

120. *Le pronom neutre ELLO.*

Ce pronom ne peut avoir comme antécédent un nom, puisqu'il n'existe pas de nom neutre. Il représente, comme notre démonstratif *cela,* une idée exprimée précédemment sous la forme d'une proposition ou d'un verbe.

Dejé de dibujar porque no tengo disposiciones para **ello.** | J'ai cessé de dessiner, parce que je n'ai pas de dispostions pour *cela.*

Employé sans antécédent, **ello** peut désigner *la chose dont on va parler* ; la formule **ello es que** correspond à : *le fait est que.*

Ello fue que acabaron por tenerle en poco los mismos que habían soñado ser algo poniéndose a sus órdenes. | *Le fait est qu'*il finit par être méprisé de ceux-là même qui avaient rêvé d'arriver à quelque chose en se mettant sous ses ordres.

(ALARCÓN. — *La pródiga.*)

El dónde no lo sé ; pero **ello** dirá. | Le but je l'ignore ; mais *ça viendra tout seul* (*la chose* le dira).

(ALARCÓN. — *Cosas que fueron.*)

Les pronoms NOS et VOS.

121. Ces formes ne peuvent désigner qu'une seule personne, tandis que **nosotros** et **vosotros** se rapportent toujours à un groupe ou à une collectivité.

On trouve comme en français **nos** au lieu de **yo** dans le style officiel, lorsque le sujet est un haut dignitaire : **Nos,** obispo de X..., mandamos que... *Nous, évêque de X..., ordonnons que...*

Vos est employé dans le style poétique ou oratoire pour s'adresser à un haut personnage ou à Dieu :

Señor, vos sois nuestra Provicia.	*Seigneur, vous* êtes notre Providence.

Dans le théâtre classique et le roman espagnol du XVIIe siècle, l'emploi de **vos** correspond à un traitement intermédiaire entre le tutoiement et l'usage de *Vuestra Merced.* — Pour l'emploi de Ud, cf. § 132.

Pronoms précédés d'une préposition.

122. Au lieu de *yo* et *tú*, il faut employer **mí** et **ti** après une préposition.

Todo eso es **para mí.**	Tout cela est *pour moi.*
Me acuerdo siempre **de ti.**	Je me souviens toujours *de toi.*

123. On conserve les formes **yo, tú** après **según,** *selon,* **excepto,** *excepté,* **salvo,** *sauf* (qui ne sont pas à proprement parler des prépositions) : Todos, **excepto tú... ; salvo yo,** *sauf moi ;* **según yo** (*s. e. :* digo ou pienso) *d'après moi.*

De même, après **entre** pris dans son sens habituel : **Entre tú y yo,** ya no puede haber amistad. *Entre toi et moi,* il ne peut plus y avoir d'amitié. Mais on dit : **entre mí,** *à part moi, en moi-même ;* **entre ti,** *à part toi ;* **entre sí,** *à part soi :* **Dijo entre sí** el jumento (Samaniego). *L'âne se dit en lui-même.*

On conserve également **yo, tú** après **hasta** (adverbe) employé dans le sens de *même :* **¿ Hasta tú** me lo niegas ? *Même toi,* tu me le refuses ? Dans le sens de *jusqu'à* (préposition), **hasta** réclame les formes **ti** et **mí :** Si **hasta ti** llega mi voz. *Si ma voix arrive jusqu'à toi.*

Traduction de MOI, TOI.

124. Tandis que **mí** et **ti** sont toujours compléments, *moi* et *toi* peuvent être compléments ou sujets. Il conviendra donc d'analyser ces pronoms avant de les traduire.

a) *Moi, toi*, en apposition avec le *sujet* exprimé ou sous-entendu : **yo, tú.**

Moi, je m'en vais.	**Yo** me voy.
Je travaille *mieux que toi* (*s.-e. :* tu ne travailles).	Trabajo **mejor que tú.**
Un autre que toi aurait accepté.	**Otro que tú** hubiera aceptado.

b) En apposition avec un *complément*, ou *après une préposition :* **mí, ti.**

Je n'aime personne *autant que toi (autant que je t'aime).*	No quiero a nadie **tanto como a ti.**

Sens réfléchi de LUI, ELLE, EUX, ELLES.

125. Ces pronoms précédés d'une préposition simple se traduisent uniformément par **sí** lorsqu'ils représentent *la même personne que le sujet.*

Louise parle toujours *d'elle (de soi).*	Luisa habla siempre **de sí.**
Les égoïstes ne travaillent que *pour eux.*	Los egoístas no trabajan más que **para sí.**

Le complément et le sujet désignent des personnes différentes dans :

Pauvre petit ! Tous se moquent *de lui.*	¡ Pobrecito ! Todos se burlan **de él.**

Mais après les prépositions composées qui marquent un rapport de lieu (**delante de, detrás de, encima de, alrededor de, etc.**), la langue courante emploie constamment **él, ella,** etc., au lieu de **sí** pour désigner la même personne que le sujet, notamment après les verbes de perception.

De pronto **descubrió delante de él,** entre los árboles, la cabaña...	Tout à coup, il aperçut *devant lui,* entre les arbres, la cabane...
Oía detrás de ella unos pasos furtivos...	*Elle entendait derrière elle* des pas furtifs...
No dejó cosa sana **alrededor de él.**	Il ne laissa rien d'intact *autour de lui.*

La forme **sí** réapparaît dans ce cas, comme la forme française *soi,* lorsque l'expression est impersonnelle :

Hay que mirar delante de sí, antes de dar un paso...	*Il faut regarder devant soi,* avant de faire un pas...

On emploie la forme **entre sí** quand les éléments d'un groupe sont opposés les uns aux autres dans une comparaison : Se llevó las muestras para **compararlas entre sí.** Il emporta les échantillons pour *les comparer entre eux.* On dira de même : **distinguir, diferenciar entre sí,** *distinguer entre eux ou entre elles.*

La forme **entre ellos, entre ellas,** évoque des objets envisagés dans leur ensemble : *parmi eux, parmi elles.*

Formes spéciales.

126. Conmigo, *avec moi;* **contigo,** *avec toi;* **consigo,** *avec soi.* Ces formes remontent au latin *mecum*, *tecum*, *secum*, où l'on a réajouté la préposition **con.**

Ni contigo ni sin ti.	*Ni avec toi*, ni sans tci.
¿ Quiere Ud jugar **conmigo ?**	Voulez-vous jouer *avec moi ?*
No llevaba dinero **consigo.**	Il n'avait pas d'argent *sur lui.*

L'ancien espagnol possédait également pour le pluriel les formes **connusco,** *avec nous*, et **convusco,** *avec vous.*

127. ***Pronoms personnels compléments.***

	Compl. direct.		*Compl. indirect.*	*Réfléchi.*
1re *p. sing.*	**me,**	*me*		
2e *p.* —	**te,**	*te*		
3e *p. masc.*	**le, lo**	*(le)*	**le** *(lui)*	**se**
3e *p. fém.*	**la**	*(la)*		
3e *p. neut.*	**lo**	*(le)*		
1re *p. plur.*	**nos,**	*nous*		
2e *p.* —	**os,**	*vous*		
3e *p. masc.*	**los, les**	*(les)*	**les** *(leur)*	**se**
3e *p. fém.*	**las**			

Les pronoms de la 1re et de la 2e personne au singulier et au pluriel présentent une forme commune pour les différentes fonctions de complément direct, de complément indirect et de réfléchi. Seuls les pronoms de la 3e personne possèdent des formes particulières pour chacun de ces cas.

Régime direct.

128. La forme normale du régime direct au masculin est **lo** d'après l'Académie. Pratiquement, la langue moderne emploie de préférence **le** quand il s'agit de *personnes* ou d'êtres personnifiés et **lo** quand il s'agit de *choses*, étendant ainsi à ces pronoms la distinction qui s'est établie entre personnes et choses dans les compléments directs (Cf. *Syntaxe*, § 744).

Conozco **a ese hombre y le admiro.**	Je connais *cet homme et je l'admire.*
Compré **un cigarro y lo fumé.**	J'achetai *un cigare et je le fumai.*

Par contre, on trouve parfois **le** se rapportant à des choses : Trae **ese cuchillo y déjale** allí. *Apporte ce couteau et pose-le là* (Cf. encore *Syntaxe*, § 656).

Au pluriel, l'emploi de **los** est plus fréquent que celui de **les**, même quand il s'agit de personnes : Conozco **a esos señores y los** aprecio mucho.

Cependant, si le pronom s'applique à *Ustedes*, l'usage semble incliner en faveur de **les : A ustedes les** respeto y **les** aprecio mucho.

Attribut.

129. Dans la fonction d'attribut, le pronom neutre **lo** peut servir, comme le français *le*, à représenter un adjectif, un participe ou un nom exprimant la qualité.

Si eres **valiente, él lo es** más aún.	Si tu es *courageux*, lui *l'est* encore davantage.
¿ Estás **cansada ? — Lo estoy.**	Es-tu *fatiguée ? — Je le suis.*
Parecen **felices** y no **lo son** por cierto.	Ils semblent *heureux* et *ils ne le sont pas* certainement.
Su padre **era pintor** y él también **lo fué.**	Son père *était peintre* et *il le fut lui aussi.*

Régime indirect.

130. Les formes normales de la 3e personne sont **le** et **les** aussi bien pour le masculin que pour le féminin.

Cuando la veas, **le dirás...**	Quand tu la verras, *tu lui diras...*
A todas **les dió cita.**	*Il leur donna rendez-vous* à toutes.

A partir de la fin du XVIIIe siècle, la langue a manifesté une tendance (appelée **el laísmo**) à introduire les formes *la*, *las* dans le régime indirect se rapportant à des personnes. Cette tendance n'a pas réussi à s'implanter définitivement, mais elle conserve encore des adeptes.

Buenas cosas **la dije...**	*Je lui ai dit* d'excellentes choses.
El tributo que **la debemos** (a la patria). *(Mesonero Romanos.)*	Le tribut que *nous lui devons.*

Traduction de VOUS par la 2e per. du pluriel.

131. Notre pronom *vous* est rendu par **vosotros** (sujet) et **os** (complément) lorsqu'on s'adresse à un groupe de personnes (enfants, camarades, inférieurs, etc.) que l'on tutoie individuellement. Ce pronom représente en quelque sorte le *tutoiement collectif.*

A vosotros, hijos míos, **os diré** lo mismo.	*A vous, mes enfants, je vous* dirai la même chose.
¿Y vosotros, chicos, qué hacéis ahí ?	*Et vous autres, gamins,* que faites-vous là ?

La 2e personne du pluriel est aussi employée par un orateur pour s'adresser à un public, par un auteur pour s'adresser à ses lecteurs éventuels.

No temáis que os encubra la verdad.	*Ne craignez pas que je vous* cache la vérité.

Emploi de USTED, USTEDES.

132. Au vouvoiement du français correspond l'emploi de **Usted.** Ce mot n'est que la déformation populaire de la formule **Vuestra Merced,** *Votre Grâce.* (L'espagnol possède également **Usía** pour Vuestra Señoría, *Votre Seigneurie,* et **Vuecencia** pour Vuestra Excelencia, *Votre Excellence.*) Il ne s'agit donc pas d'un pronom de la 2e personne, mais d'un nom qui réclamera à la 3e personne le verbe dont il est le sujet et les autres éléments personnels (pronoms et possessifs) qui s'y rapportent. (Cf. en français : *Que Votre Majesté ne se mette pas en colère, mais plutôt qu'elle considère,* etc.)

Le pluriel **Ustedes** (vuestras mercedes) est employé quand on s'adresse respectueusement à plusieurs personnes et fonctionne comme un nom au pluriel. L'écriture emploie pour cette formule les abréviations : **Vd., Vdes** ou **Vds** : **Ud, Udes** ou **Uds**; **V., VV.**

Sujet (a).	*Compl. direct* (b)	*indirect* (c)	*réfléchi* (d)
m. *f.* **Usted**	**le** **la**	**le**	**se** (de **sí**)
m. *f.* **Ustedes**	**les** **las**	**les**	**se** (para **sí**)

a) **Usted tiene razón** (Votre Grâce a raison). *Vous avez raison.*

b) **¡Dios la bendiga, señora!** (Que Dieu la bénisse!). *Que Dieu vous bénisse, madame !*

c) **¿Qué les pasa, señores?** (Que leur arrive-t-il ?). *Que vous arrive-t-il, messieurs ?*

d) **Usted se equivoca** (Votre Grâce se trompe). *Vous vous trompez.*

Todos hablan de Usted (Tous parlent de Votre Grâce). *Tous parlent de vous.*

No hable Ud de sí (Que Votre Grâce ne parle pas de soi). *Ne parlez pas de vous.*

Emploi de Su Merced.

133. La formule **su merced, sus mercedes,** est employée parfois dans le dialogue au lieu des simples pronoms *lui, elle, eux,* etc., pour désigner plus respectueusement une troisième personne présente ou absente.

Paquita : No, señor, lo que **dice su merced**, eso digo yo...	Paquita : Non, monsieur, *ce qu'elle dit* (il s'agit de sa mère), c'est ce que je dis moi-même.
(Moratín. — *El sí de las niñas,* II.)	

Pero *su merced,* que es hombre muy atestado y valiente, se puso por las nubes...	*Mais lui* qui est un homme très entêté et très courageux, est monté sur ses grands chevaux...
(Alarcón. — *La pródiga.*)	

Proclise et enclise des pronoms.

134. Tous les pronoms régimes du tableau 127 sont des mots atones qui se rattachent au verbe et forment corps avec lui pour l'accentuation. S'ils précèdent le verbe (on les appelle alors *proclitiques*), ils sont écrits séparément, comme en français : **me diréis,** *vous me direz;* **te lo doy,** *je te le donne;* **se pasea,** *il se promène*; etc.

S'ils sont placés après le verbe *(enclitiques)*, ils se soudent à celui-ci et entre eux sans trait d'union : **dígame,** *dites-moi;* para **dártelo,** pour *te le donner;* **paseándose,** *en se promenant*, etc.

Pour la place de ces pronoms, cf. *Syntaxe*, § 741 et 742.

Pronoms réunis.

135. Quelle que soit leur place par rapport au verbe, deux pronoms réunis sont toujours disposés dans l'ordre de priorité suivant :

1° **se ;**	2° **te, me ;**	3° **le, lo, la.**
	os, nos ;	**les, los, las.**

a) Avant le verbe :

1-2 : **Se me** escapó. *Il (se) m'*échappa.
1-3 : No **se les** dió nada. *On ne leur* donna rien.
1-3 : **Se los** tragó en dos bocados. *Il (se) les avala* en deux bouchées.
2-3 : **Me lo** contarás. *Tu me le* raconteras.

Dans le groupe 2, les pronoms de la 2e personne passent avant ceux de la 1re. Cette construction est d'ailleurs extrêmement rare :

Sentiré mucho que **te me** insubordines.	Je regretterai beaucoup que *tu te dresses contre moi.*

(P. GALDÓS. — *Realidad.*)

b) Après le verbe :

1-2 : ¿ Cómo pudo **escapárseme ?**	Comment a-t-il pu *(se) m'échapper ?*
1-3 : **Tragándoselo** a medida...	*(Se) l'avalant* à mesure...
2-3 : **Cuéntamelo.**	*Raconte-le-moi.*

Traduction de LE LUI, LA LUI, LE LEUR, etc.

136. Dans le cas de deux pronoms de la 3e personne réunis, l'espagnol traduit uniformément *lui* et *leur* par **se** (qui n'est pas le réfléchi, mais une évolution particulière du latin *illi* > *lle* > *ge* > *se*). Le complément direct **(lo, le, la, los, las)** seul varie et se place en second lieu.

Dans les combinaisons (je) *vous le* (dirai), *vous la*, *vous les*, comme *vous* est rendu par la 3e personne, nous aboutissons aux mêmes formes : **se le, se lo, se la,** etc.

se lo	*le lui, le leur;*	— *vous le*
se le	*le lui, le leur;*	— *vous le*
se la,	*la lui, la leur;*	— *vous la*
se los (masc.)	*les lui, les leur;*	— *vous les*
se las (fém.)	*les lui, les leur;*	— *vous les*

Cuando vea a su padre, **se lo diré.**	Quand je verrai votre père, *je le lui dirai.*
Cuando le vea a Ud, **se lo daré.**	Quand je vous verrai, *je vous le donnerai.*
Mi amigo **se la mandó.**	Mon ami *la lui (ou la leur) envoya.*
Se la mandó a Usted.	*Il vous l'envoya.*

CHAPITRE VIII

PRONOMS RELATIFS

Quien, quienes.

137. Ce pronom ne peut avoir pour antécédent que des **personnes.** Dans la fonction de *complément direct*, il est toujours précédé de la préposition **a,** en vertu de la règle de syntaxe qui régit les compléments représentant des personnes (Cf. § 749).

La persona **a quien** has visto.	La personne *que* tu as vue.

Le pluriel **quienes** est une création relativement moderne de la langue. Jusqu'au XVIIe siècle, la forme **quien** pouvait représenter un antécédent pluriel.

Treinta o pocos más desaforados **gigantes con quien** pienso hacer batalla.	Une trentaine au moins d'énormes *géants contre lesquels* je compte livrer bataille.
(CERVANTES. — *D. Quijote*, I, 8.)	

Que.

138. Que peut avoir pour antécédent **des personnes ou des choses** et être employé indifféremment comme sujet ou comme complément.

Las frutas que están maduras ; *les fruits qui* sont mûrs.
Las frutas que hemos comido ; *les fruits que* nous avons mangés.

Dans le rôle de complément indirect, il est précédé de l'article **el, la, los, las** en accord avec son antécédent, lorsque l'antécédent lui-même est indéterminé.

...Unas florecillas blancas de las que saldrán las frutas.	...*De petites fleurs blanches d'où* sortiront les fruits.

El cual, la cual, los cuales, las cuales, lo cual.

139. Ces formes sont équivalentes de **el que, la que, los que,** etc. ; elles supposent ordinairement un lien moins étroit avec l'antécédent ;

c'est pourquoi elles peuvent être employées au début d'une proposition indépendante comme de simples *démonstratifs* se rapportant à des objets déjà nommés.

Llamó a la puerta de **su vecina ; la cual** se hizo la sorda y no quiso abrir.	Il frappa à la porte de *sa voisine ; celle-ci* fit la sourde oreille et ne voulut pas ouvrir.

Cuyo, cuya, cuyos, cuyas.

140. Ce relatif d'un emploi plus précis que notre *dont* correspond exactement à *dont le*, *dont la*, *dont les* ou à *le... duquel*, *de laquelle*, *desquels*, etc.

cuyo,	*dont le*	*le... duquel, de laquelle, desquels.*
cuya,	*dont la*	*la... duquel, de laquelle, desquels.*
cuyos,	*dont les* (masc.)	*les... duquel, de laquelle, desquels.*
cuyas,	*dont les* (fém.)	*les... duquel, de laquelle, desquels.*

Cuyo est donc à la fois **relatif** et **déterminatif** et ne peut être suivi de l'article, car il en assume lui-même le rôle.

Il ne peut être employé que devant un nom précédé en français de l'article *le*, *la*, *les.*

Il précède immédiatement le nom qu'il détermine et qu'il relie à l'antécédent.

Una casa cuyas puertas estaban abiertas.	*Une maison dont les portes* étaient *ouvertes.*

INTERROGATIFS

Adjectifs :

141. ¿ Qué... ? *quel*, *quelle*, *quels*, *quelles ?*

¿ Cuántos, -as, -os, as ? *Combien de... ?*

Ces deux formes sont les seules susceptibles d'être placées devant un nom.

¿ Qué frutas prefieres ?	*Quels fruits* préfères-tu ?
¿ Cuántas manzanas has comido ?	*Combien de pommes* as-tu mangées?

Pronoms :

142. ¿ Quién, quiénes ? *qui ?* (sing. et plur. ; personnes).

¿ qué ? *que*, *quoi ?* (choses).

¿ cuál, cuáles ? *quel*, *lequel*, *laquelle*, *lesquels ?* (pers. et choses).

¿ Con quiénes estabas hablando ?	*Avec qui* (quelles personnes) parlais-tu ?
¿ De qué se queja Ud ?	*De quoi* vous plaignez-vous ?
¿ Cuál de esas joyas le gusta más ?	*Lequel de ces bijoux* vous plaît le plus ?

143. Remarquez à propos de *QUEL ? LEQUEL ?*

Qué *devant un nom.*	**Cuál** *remplaçant un nom.*
¿ **Qué obrero** hace las paredes ?	¿ **Cuál es el obrero** que hace las paredes ?
(Quel ouvrier...)	*(Quel est l'ouvrier.)*
¿ **Qué libros** son los tuyos ?	¿ **Cuáles de esos libros** son los tuyos ?
(Quels livres...)	*(Lesquels de ces livres...)*

144. Les adjectifs et pronoms qui précèdent sont employés sous la même forme (et conservent l'accent caractéristique) dans les **interrogations indirectes** et dans les **phrases exclamatives :**

Dime **quién eres.**	Dis-moi *qui tu es.*
¡ **Qué tonterías** dice Ud !	*Quelles sottises* vous dites !

CHAPITRE IX

LES INDÉFINIS

PARTITIFS

145.

Alguno	: **Algún** día, *quelque* jour. **Algunas** faltas, *quelques fautes.*
ninguno	: **ningún** hombre, *aucun homme.*
ni uno	: **ni un** céntimo, *pas* (même) *un* centime.
unos	: **unos** mozos del lugar, *des* jeunes gens de l'endroit.
unos cuantos	: **unos cuantos** mozos, *quelques, un certain nombre de...*
cierto	: **cierto** labrador, *un certain* laboureur.
varios	: **varios** individuos, *plusieurs* individus.
diversos	: de **diversos** modos, *de diverses* manières.
diferentes	: en **diferentes** ocasiones, *en diverses* occasions.
cualquiera	: un día **cualquiera,** un jour *quelconque.*
pl. **cualesquiera**	: **cualesquiera que** sean, *quels qu'ils soient.*

Apocopes.

146. Alguno et **ninguno** s'apocopent devant un nom masculin dans les mêmes conditions que **uno :**

un niño ; **algún** niño ; **ningún** niño : *un enfant, quelque enfant, aucun enfant;* **algún** otro, *quelque autre;* **ningún** otro, *aucun autre.*

Mais : **uno de** ellos, **ninguno de** ellos, *un d'eux, aucun d'eux.*

Cualquier, au lieu de **cualquiera,** est employé devant le nom avec le sens de *n'importe quel.* Cette apocope peut avoir lieu, mais n'est pas obligatoire devant un nom féminin :

cualquier día, *n'importe quel jour;* en **cualquier** (ou **cualquiera**) **ocasión,** *dans n'importe quelle occasion.*

Alguno que otro, uno que otro.

147. Cette expression précédant un nom ajoute à l'idée de *petit nombre* contenue dans **alguno,** celle de *dispersion* dans le temps ou dans l'espace.

Alguna que otra mentirilla.	*Quelque petit mensonge de temps en temps...*
Oíase ladrar **alguno que otro perro.**	On entendait aboyer *quelques chiens par-ci par-là.*
Y hasta se improvisaba **una que otra merendeta** en el campo.	Et même on improvisait *de temps à autre quelque goûter champêtre.*

(P. Valdés. — *Riverita.*)

Cualquiera.

148. Cualquier día est souvent employé par antiphrase avec le sens de *jamais :* **Cualquier día** vuelvo yo por ahí, *litt.* Je reviendrai par là *un de ces jours.* Entendez : *vous pouvez attendre que je revienne.* Dans l'emploi pronominal **cualquiera,** *n'importe qui* (Cf. § 167) est susceptible d'être interprété de même : **cualquiera lo creerá,** *personne n'y croira.* Le sens à retenir est affaire d'intonation et de contexte.

QUANTITATIFS

149.

Poco	: **Poca** voluntad, *peu de volonté ;* **pocas** veces, *peu de fois.*
bastante	: **bastante** fuerza, *assez de force ;* **bastantes** ocios, *assez de loisirs.*
mucho	: **muchas** cosas, *beaucoup de choses.*
demasiado	: **demasiada** violencia, *trop de violence.*
harto	: **con harto** sentimiento, *avec un très grand regret.*
sobrado	: tiene Ud **sobrada razón,** vous n'avez *que trop raison.*
tanto (...como)	: **tantas veces como...** *autant de fois que...*
cuanto	: **cuantas veces...** *toutes les fois que...*

Accord à établir.

150. Les mots précédents qui correspondent à des adverbes français : *peu, assez, beaucoup, trop, autant,* sont en espagnol des **adjectifs ;** ils doivent s'accorder en genre et en nombre avec le nom qu'ils précèdent ou qu'ils remplacent.

Si tu n'as pas *assez d'occupations,* moi j'en ai *trop.*	Si tú no tienes **bastantes ocupaciones,** yo tengo **demasiadas.**

Cuanto, -a.

151. Ce mot est le corrélatif normal de **tanto** (bien que la langue actuelle le remplace ordinairement par **como).**

Se levantaba **tantas veces cuantas** paraba el tren (*ou bien :* **como** paraba el tren).	Il se levait *autant de fois que* le train s'arrêtait.

Mais très souvent, placé devant un nom **(cuantas veces), cuanto** englobe le rôle du déterminatif **tanto** ou de ses équivalents : **todo el que, todos los que,** etc. L'exemple cité se présente le plus communément sous la forme suivante :

Se levantaba **cuantas veces** paraba el tren.	Il se levait *toutes les fois que* le train s'arrêtait.
¡ Ay si decir pudieras **cuanto** sabes !	Ah ! si tu pouvais dire *tout ce que* tu sais !

Dans une phrase interrogative ou exclamative, **cuánto** présente, comme nous l'avons vu, le sens de *combien de...* (Cf. § 141).

COLLECTIFS ET DISTRIBUTIFS

152.

Todo	: **toda** cosa, *toute chose ;* **todos los** días, *tous les jours.*
ambos, -as	: **con ambas** manos, *avec les deux mains.*
cada (invar.)	: **cada** año, *chaque année.*
cada uno	: **cada uno** lo sabe, *chacun le sait.*
cada cual	: **a cada cual** lo suyo, *à chacun son bien.*
sendos, -as	: bebieron **sendos vasos,** ils burent *un verre chacun.*

Ambos, -as.

153. Ce mot est à employer quand il s'agit de personnes ou de choses qui vont ordinairement par *paires*, ou qui ont déjà été *envisagées ensemble* dans le contexte. Sont synonymes : **entrambos** et l'expression renforcée : **entrambos a dos.**

El amo dió sus instrucciones al criado, luego **ambos** se pusieron a la obra.	Le maître donna ses instructions au valet ; puis *tous deux* se mirent à l'ouvrage.
Entrambos a dos acabaron la faena.	*A tous deux*, ils terminèrent la besogne.

Tous les deux, tous deux : los dos.

154. Cette expression se rend par **los dos, las dos** (ne pas traduire *tous*) et s'applique à des personnes ou des objets envisagés *séparément.*

¿ **Cuál de los dos** prefieres ?	*Lequel des deux* préfères-tu ?
Se colocó **entre los dos competidores.**	Il se plaça *entre les deux rivaux.*

Substitution de TOUT, TOUS.

155. Ce terme est rendu par un équivalent plus précis dans les expressions :

Tous les quinze jours (sens distributif).	**Cada quince** días.
Tous les quarts d'heure.	**Cada cuarto** de hora.
Tout autre que vous (sens indéterminé).	**Cualquier otro que** Ud.

Sendos, sendas.

156. Le distributif **sendos,** devenu rare dans la langue moderne, correspond au latin **singuli** *(un... chacun)* et sert à préciser l'attribution d'un objet à chaque unité envisagée.

Llevamos **sendas escopetas.**	Nous portons *chacun un fusil.*
Cogieron **sendos garrotes.**	Ils prirent *chacun un bâton...*

Dans le parler actuel, **sendos** et **cada** n'ont souvent qu'une valeur pondérative ou exclamative :

¡ Soltaba **cada barbaridad !**	Il vous lâchait *de ces sottises !*
¡ Se llevaron **sendas palizas !**	Ils reçurent *une de ces raclées !*

QUALITATIFS

157.

Tal	: **tal** compañía, *une telle compagnie.*
tamaño	: **en tamaña** desgracia, *dans un si grand malheur.*
tanto	: **con tanto** retraso, *avec un tel* (si grand) retard.
igual	: **con igual** franqueza, *avec une égale* franchise.
semejante	: **con semejante** descaro, *avec une pareille* effronterie.
mismo	: **las mismas** faltas, *les mêmes fautes.*
propio	: **al propio** tiempo, *au même* moment.
ajeno	: las faltas **ajenas,** les fautes *d'autrui.*
otro	: **en otra** ocasión, *dans une autre* occasion.
demás (invar.)	: **los demás** alumnos, *les autres* (le reste des) élèves.

Mismo.

158. Mismo marque l'identité entre deux ou plusieurs objets comparés :

Tienen **las mismas facciones.**	Ils ont *les mêmes traits.*

Il sert aussi à souligner l'identité d'une personne ou d'un objet. Il peut avec cette valeur être placé indifféremment avant ou après le nom. L'expression française *lui-même, elle-même*, etc., employée en pareil cas se réduit à **mismo, misma.**

El mismo profesor lo dijo. **El profesor mismo** lo dijo.	*Le professeur lui-même* l'a dit.
Los animales mismos... *ou* **los mismos animales...**	*Les animaux eux-mêmes...*

Propio.

159. Ce mot est souvent confondu avec **mismo.** Il sert plus particulièrement à préciser la possession ou l'attribution à un sujet : **las propias faltas,** les fautes *que l'on commet soi-même;* **el propio interés,** *notre propre intérêt.*

Propio s'oppose à **ajeno : las faltas ajenas,** les fautes *d'autrui;* el interés **ajeno,** l'intérêt *des autres.*

MÊME, adverbe.

Même, employé comme adverbe, doit se rendre par **aún** ou **hasta** (§ 482, 483). *De lui-même, d'elle-même*, etc. (Cf. § 438.)

Otro, -a.

160. Otro s'oppose à **mismo** et sert surtout à constater la non-identité.

Estos son **otros.**	Ceux-ci sont *(tout) autres* (différents).
Tienen **otros modales y otras costumbres.**	Ils ont *d'autres manières et d'autres mœurs.*

Il est remplacé par **más** s'il se réfère au nombre (Cf. § 486).

161. Otro doit précéder les déterminatifs de nombre et de quantité qui l'accompagnent.

Marchó con **otros dos** viajeros.	Il partit avec *deux autres* voyageurs.
Había **otros muchos.**	Il y en avait *beaucoup d'autres.*
Llegaron **otros tantos.**	Il en arriva *autant d'autres* (tout autant).
Yo hago **otro tanto** (neutre).	J'en fais *autant.*

Les partitifs **alguno, ninguno, varios, cualquiera** précèdent ordinairement le mot *otro :* **algún otro** día, *quelque autre jour;* **ninguna otra** idea, *aucune autre idée;* **cualquier otro** recurso, *n'importe quelle autre solution*, etc.

Mais si **alguno** et **cualquiera** sont employés comme pronoms, ils sont plutôt postposés à **otro** :

¿ Hay **otro alguno** como yo ?	Y en a-t-il *aucun autre* comme moi ?
Si no tienes ese libro, dame **otro cualquiera.**	Si tu n'as pas ce livre, donne-m'en *un autre quelconque.*

Tal.

162. Tal est souvent employé avec la valeur d'un démonstratif pour rappeler une personne ou un objet précédemment nommés. Il peut aussi être pris comme un nom neutre, avec le sens de *ceci, cela.*

El tal autor y los tales libros...	*L'auteur et les livres en question ; cet* auteur, *ces* livres.
¿ Quién dijo **tal ?**	Qui a dit *cela ?*
Si **tal** hubiera...	*Si cela* était vrai (si *cela* il y avait).

Tal como, tal cual.

163. Le complément d'une comparaison établie par **tal** doit se construire avec *como : La maison était telle qu'on l'avait laissée.* La casa estaba **tal como** la dejaron.

Cual est en principe le corrélatif de **tal** et peut, comme tel, précéder le second terme de la comparaison : estaba **tal cual** la dejaron ; mais, la plupart du temps, il englobe son antécédent et traduit à lui seul notre *tel que :* estaba **cual** la dejaron.

Dans le langage poétique, **cual** est souvent employé avec la valeur de **como** : *comme une bête poursuivie*, **cual una fiera acosada.**

La locution **tal cual**, *tel quel*, peut être prise aussi comme un qualificatif avec le sens de *comme-ci, comme ça :* una solución **tal cual**, *une solution comme-ci, comme ça, ni bonne ni mauvaise ;* et comme un déterminatif avec le sens de *quelques rares :* Se veía **tal cual** transeúnte por la alameda. *On voyait quelques rares passants dans l'avenue.*

Un tal devant un nom propre a le sens du français *un certain :*

Un tal Mendoza, *un certain Mendoza, un dénommé Mendoza.*

Un tel et un tel.

164. Le français *un tel* désignant une personne qu'on ne veut pas nommer se rend par **Fulano de tal** (un fulano = *un quidam*). D'autres personnages anonymes peuvent être désignés par les mots : **Zutano, Mengano, Perengano.**

Si se presenta **Fulano de tal...**	Si *un tel* se présente...
Se paseaba con **Fulano y Mengano.**	Il se promenait *avec un tel et un tel.*

Noms indéfinis.

165.

Algo	: Cuéntanos **algo,** raconte-nous *quelque chose.*
nada	: **no sé nada,** *je ne sais rien.*
alguien	: **si alguien** me llama, *si quelqu'un* m'appelle.
nadie	: **nadie** ha venido, *personne* n'est venu.
quienquiera	: **quienquiera que** lo vea, *quiconque* le verra...

166. Formes archaïques : yaqué, yacuanto, *quelque chose ;* **daqué,** autre équivalent de **algo**, est encore employé dans les Asturies; **nonada** persiste comme substantif : **una nonada,** *une chose insignifiante.*

On peut ajouter à la liste des noms indéfinis l'ancien neutre **al** (*lat.* aliud) *autre chose*, déjà oublié au temps de Cervantes, qui fait dire à don Quichotte dans un langage archaïque :

No mostredes mal talante, que el mío no es **al que** de serviros.	Ne montrez pas mauvaise grâce, car mon intention n'est *autre que* de vous servir.

167. Alguien, nadie, quienquiera diffèrent de *alguno, ninguno, cualquiera*, en ce sens qu'ils se rapportent uniquement à des personnes.

Cependant, s'il s'agit d'une personne désignée entre plusieurs, on dit plutôt :

Alguno de nosotros.	*Quelqu'un de nous.*
Ninguno de sus compañeros.	*Aucun de mes compagnons.*
Cualquiera de ellos.	*(N'importe qui) quiconque parmi eux...*

168. L'espagnol peut employer adverbialement devant un adjectif, un participe ou un verbe, les mots **algo** avec le sens de *un peu* et **nada** avec le sens de *pas du tout*.

Esto es **algo mejor.**	Ceci est *un peu mieux* ou *meilleur.*
Estoy **algo cansado.**	Je suis *un peu fatigué.*
No es **nada perezoso.**	Il n'est *pas du tout paresseux.*
No se detuvo nada.	*Il ne s'arrêta pas du tout.*

CHAPITRE X

LA NUMÉRATION

169. ADJECTIFS NUMÉRAUX CARDINAUX

0 **cero**	10 **diez**	20 **veinte**	100 **ciento, cien**
1 **uno**	11 **once**	21 **veintiuno**	101 **ciento uno**
2 **dos**	12 **doce**	22 **veintidós**	200 **doscientos, -as**
3 **tres**	13 **trece**	30 **treinta**	300 **trescientos, -as**
4 **cuatro**	14 **catorce**	40 **cuarenta**	400 **cuatrocientos, -as**
5 **cinco**	15 **quince**	50 **cincuenta**	500 **quinientos, -as**
6 **seis**	16 **dieciséis**	60 **sesenta**	600 **seiscientos, -as**
7 **siete**	17 **diecisiete**	70 **setenta**	700 **setecientos, -as**
8 **ocho**	18 **dieciocho**	80 **ochenta**	800 **ochocientos, -as**
9 **nueve**	19 **diecinueve**	90 **noventa**	900 **novecientos, -as**

1 000, **mil** ; 10 000, **diez mil** ; 100 000, **cien mil** ;
un millón, *un million;* **mil millones,** *un milliard.*

Uno, un.

170. La forme **uno** ne se présente que quand le numéral n'est pas suivi d'un nom :

uno y dos son tres : *un et deux font trois ;*
nueve por nueve son **ochenta y uno** : *neuf fois neuf font quatre-vingt-un.*

Précédant un nom, *uno* s'apocope en **un,** même s'il est placé après un autre numéral :

veintiún alumnos, *21 élèves ;* **cuarenta y un** chicos, *41 garçons.*

On emploiera **una** devant les noms féminins :

veintiuna alumnas ; **cuarenta y una** chicas.

Emploi de Y.

171. La conjonction **y** est toujours intercalée entre les *dizaines* et les *unités.*

35, **treinta y cinco** ; 43, **cuarenta y tres** ; 192, ciento **noventa y dos.**

A partir de 16 et jusqu'à 29 inclus, au lieu de *diez y seis*, *diez y siete*, *veinte y uno*, etc., on écrit de préférence : **dieciséis, diecisiete, veintiuno,** etc.

Mais, après les centaines et les mille, les unités sont présentées sans conjonction :

101, **ciento un** alumnos ; 203, **doscientos tres** metros ;
1 005, **mil cinco** pesetas ; 1 901, mil **novecientos uno.**

Cependant le titre connu : *Les mille et une nuits* est rendu par : **Las mil y una noches.**

Ciento, cien.

172. La forme **ciento** ne se présente que quand le numéral est employé seul ou suivi d'un autre numéral de dizaines ou d'unités.

$20 \times 5 = 100$: veinte por cinco son **ciento.**
105, **ciento cinco** ; 127, **ciento veintisiete.**

Ciento est apocopé en **cien** lorsqu'il est suivi d'un nom ou d'un numéral supérieur à la centaine.

cien alumnos o alumnas ; cien duros ; cien pesetas ; cien mil pesetas ; **cien millones** de francos.

Les féminins en -as.

173. De *deux cents* à *mille*, les centaines prennent un pluriel en **-as** devant les noms féminins :

doscientas pesetas ; mil **quinientas alumnas ;**
trescientas cuarenta y cinco **pesetas.**

Onze cents, douze cents, etc.

174. Entre 1 000 et 2 000, l'espagnol n'admet pas de compter par centaines : *onze cents*, *douze cents*, etc.

1 250, *douze cent cinquante :* **mil doscientos cincuenta.**
1 492, *quatorze cent quatre-vingt-douze ;* **mil cuatrocientos noventa y dos.**

Les milles.

175. Le mot **mil** est invariable en tant que numéral :
Dos mil pesetas ; **diez mil** metros.

Pris dans le sens de : un grand nombre, il peut être postposé au nom :

En abril, **aguas mil**, *en avril, mille pluies.* — Cosas de mujeres y **líos mil** que trae siempre entre manos. (P. Galdós, *Realidad*) *Des histoires de femmes et mille affaires embrouillées qu'il a toujours sur les bras.*

Mais il est mis au pluriel s'il est employé comme nom dans le sens de *millier.*

Unos cuantos miles de heridos. *Plusieurs milliers* de blessés.

Les millions.

176. Le mot **millón** se comporte toujours comme un *nom* collectif. Il prend le pluriel et est suivi de la préposition *de.*

1 000 000, **un millón** de pesetas.
2 000 000, **dos millones** de soldados.

177. LES ORDINAUX

1° **primero**	11° **undécimo**	100° **centésimo**
2° **segundo**	12° **duodécimo**	200° **ducentésimo**
3° **tercero**	13° **décimo tercero**	300° **trecentésimo**
4° **cuarto**	20° **vigésimo**	400° **quadringentésimo**
5° **quinto**	30° **trigésimo**	500° **quingentésimo**
6° **sexto**	40° **cuadragésimo**	600° **sexcentésimo**
7° **séptimo**	50° **quincuagésimo**	700° **septingentésimo**
8° **octavo**	60° **sexagésimo**	800° **octogentésimo**
9° **noveno**	70° **septuagésimo**	900° **nonagentésimo**
(nono)	80° **octogésimo**	1 000° **milésimo**
10° **décimo**	90° **nonagésimo**	2 000° **dos milésimo**
1 000 000° **millonésimo.**		

178. Tous les éléments d'un nombre ordinal jusqu'à 1 000 sont présentés, comme en latin, sous la forme ordinale :

54e, *cinquante-quatrième ;* 54°, **quincuagésimo cuarto ;**
365e, *trois cent soixante-cinquième ;* 365°, **trecentésimo sexagésimo quinto.**

Mais cette numération, calquée sur la latine, est surtout théorique et pratiquement inemployée. Le langage courant ne connaît guère que les 10 ou 12 premiers ordinaux et remplace les autres par le nombre cardinal correspondant. (Cf. *Syntaxe*, § 421).

Le 25e étage.	El piso **veinticinco.**
La 50e avenue.	La avenida **cincuenta.**
Le 29e jour du mois.	El día **veintinueve** del mes.

Les fractions.

179. Théoriquement, la fraction s'exprime par l'ordinal suivi du mot **parte,** *partie.* C'est pourquoi les fractions décimales s'énoncent au féminin :

0,1 : **una décima ;** 0,02 : **dos centésimas ;** 0,003 : **tres milésimas.**

Le langage courant n'emploie guère que les formes suivantes :
medio, *demi :* **medio pollo** ou **la mitad de un pollo,** *un demi-poulet* ou *la moitié d'un poulet ;*

el tercio, ou **la tercera parte,** *le tiers ;* **la cuarta parte,** *le quart ;* et de même les ordinaux suivants jusqu'à 10 suivis du mot **parte : la décima parte,** *le dixième.*

On dit aussi : **un décimo** de lotería, *un dixième (de billet)* de loterie.

180. Le langage arithmétique retient pour l'expression du dénominateur les formes : **medio, tercio, cuarto,** etc., jusqu'à **décimo** inclus : $\frac{2}{3}$, **dos tercios ;** $\frac{4}{7}$, **cuatro séptimos.**

Pour un dénominateur supérieur à 10, on prend simplement le nombre cardinal suivi du suffixe **-avo** (que l'on peut souder au nombre ou écrire séparément).

$\frac{4}{11}$, cuatro **onzavos ;** $\frac{5}{23}$, cinco **veintitresavos ;**
$\frac{30}{95}$, treinta **noventa y cinco avos.**

Le suffixe **-avo** (latin -avus), courant dans l'espagnol du Moyen Age, est demeuré dans deux noms :
un ochavo, ancienne monnaie valant la *huitième partie* d'un réal (ou deux maravédis) ;
un centavo, équivalent d'*un centime* dans les monnaies américaines.

Ce suffixe est employé aussi pour désigner le format des livres (en dehors de *en folio* et *en cuarto*) : **en octavo, en dozavo, en dieciochavo,** etc.

Noms collectifs.

181. Au suffixe français *-aine* correspond l'espagnol **-ena.** Mais les noms ainsi formés : **veintena, treintena, cuarentena,** etc., sont peu employés, sauf **docena : una docena** de huevos, *une douzaine d'œufs ;* et aussi : **una quincena** de días, *une quinzaine* de jours.

Centena est moins fréquent que **centenar : un centenar** de páginas, *une centaine de pages.*

L'imprécision du nombre exprimé en français par les collectifs en *-aine* se rend plutôt en espagnol par **unos** précédant le numéral (§ 363).

Une quarantaine de personnes. | **Unas cuarenta** personas.

Au mot **millar** correspondent les pluriels **millares** ou **miles.**

Un millar de pesetas. | *Un millier* de pesetas.
Algunos miles de duros. | *Quelques milliers* de duros.

Le langage courant emploie très volontiers l'expression **un par de** pour désigner un nombre de deux objets, même s'ils ne constituent pas une paire.

Se comió **un par de naranjas.** | Il mangea *deux oranges.*

Multiplicatifs.

182. D'emploi courant : **doble,** *double;* **triple,** *triple.* Mots savants : **cuádruplo, quíntuplo, séxtuplo, décuplo, céntuplo,** etc.

CHAPITRE XI

L'APOCOPE

183. L'apocope est la perte d'un son final que subissent certains adjectifs lorsqu'ils se trouvent placés devant le nom qu'ils déterminent, même si un autre adjectif se trouve interposé.

Elle n'a pas lieu si l'adjectif se trouve placé après le nom, ou s'il est présenté seul (emploi pronominal).

uno	: ¿ Tienes **un** libro ?	Tengo **uno** nuevo.
veintiuno (Cf. § 170.)	: **Veintiún** alumnos.	Tres por siete son **veintiuno.**
alguno	: **Algún** tiempo.	¿ Hay **alguno** que lo sepa ?
ninguno	: **Ningún** alumno.	**Ninguno** de ellos lo sabe.
bueno	: Un **buen** chico.	Un chico **bueno.**
malo	: Un **mal** día.	Un día **malo.**
primero	: El **primer** capítulo.	El (día) **primero** de enero.
tercero	: El **tercer** año.	Soy el **tercero** de la clase.
postrero *dernier*	: El **postrer** día.	El descanso **postrero.**
ciento (Cf. § 172.)	: **Cien** metros.	**Ciento** veinte metros.

Avec interposition d'un autre adjectif : **un grandísimo** disgusto ; **algún raro** incidente ; **ningún otro** extranjero ; **el primer buen** día *(double apocope)*, **algún mal** bicho, etc.

L'apocope de **primero, tercero, postrero,** bien qu'autorisée en principe pour les deux genres, est néanmoins *très rare* devant un *féminin :* **la primer** visita, **a la tercer** noche, etc.

Santo, San.

184. *Santo* se réduit à **San** lorsqu'il précède le nom d'un saint (nom propre) : **San Juan, San Pedro, San Blas, San Lorenzo,** etc.

Mais devant un nom commençant par **To** ou **Do : Santo Toribio, Santo Tomás, Santo Domingo.**

Il n'y a pas, non plus, d'apocope lorsque **santo** qualifie un *nom commun :* **un santo varón,** *un saint homme;* **un santo ermitaño,** *un saint ermite.*

Grande, gran.

185. L'adjectif **grande** se place de préférence après le nom lorsqu'il se réfère à des dimensions concrètes, à une grandeur matérielle : una caja **grande,** *une grande caisse.* Il ne peut donc être question d'apocope que lorsque cet adjectif envisage une grandeur abstraite ou figurée : *un grand bruit, un grand poète.*

Dans ce cas, l'emploi de la forme apocopée **gran** est de règle devant un nom masculin commençant par consonne. Elle est très fréquente, mais cependant facultative, devant un nom commençant par voyelle et devant les noms féminins.

Un gran ruido, *un grand bruit;* **un gran poeta,** *un grand poète;* **un gran** (ou **grande**) **orador ; una gran** (ou **grande**) **mentira,** *un grand mensonge;* **una grande animación,** *une grande animation,* etc.

Cualquiera, cualquier.

186. L'apocope est de règle devant un nom masculin singulier et facultative devant un féminin ; possible, mais rare au pluriel.

Cualquier día, *n'importe quel jour;* **cualquier cosa,** *n'importe quoi;* **en cualquier otra** circunstancia, *dans n'importe quelle autre circonstance;* **en cualesquier** (ou **cualesquiera**) **circunstancias,** *dans n'importe quelles circonstances.*

Reciente, recién.

187. Employé comme adjectif, *récent* se traduit toujours par **reciente :** un suceso **reciente, un reciente** suceso, *un événement récent.*

La forme **recién** s'emploie lorsque ce mot a la valeur d'un adverbe *(récemment)* devant un participe, et quels que soient le genre et le nombre.

Un **recién** nacido, *un nouveau-né;* la **recién** casada, *la nouvelle mariée;* los **recién** venidos, les *nouveaux* venus.

LE NEUTRE ET L'ARTICLE « LO »

188. Le genre neutre est uniquement représenté (comme en français, d'ailleurs) par des pronoms : **esto, eso, aquello,** *ceci, cela;* **ello,** *la chose en question,* avec la forme régime **lo** ; **nada,** *rien;* **algo,** *quelque chose;* **todo,** *tout;* **cuanto,** *tout ce que;* **tanto,** *tout cela;* **otro tanto,** *tout autant;* **tal, otro tal,** *pareille chose;* le pronom **qué**

interrogatif, *quoi*, et dans certains cas **que**, employé comme relatif équivalent de **lo cual** ; les quantitatifs **poco, bastante, mucho, demasiado** employés seuls et sans antécédent : **decir mucho, hacer poco**, etc., *dire beaucoup, faire peu.*

Il n'existe pas de substantif neutre ; l'article **lo** ne peut donc, en principe, déterminer que des mots dépourvus de genre propre : *adjectifs, participes, adverbes.*

Rôle déterminatif de LO.

189. Lo joue le rôle d'article devant des adjectifs et des participes (exceptionnellement des noms ou des adverbes), qui deviennent de ce fait des noms abstraits et restent invariables.

La qualité ou l'état exprimés ainsi peuvent être pris d'une façon générale et absolue, avec la valeur du français *ce qui est...*

lo difícil, *ce qui est difficile ;*
lo blanco, *ce qui est blanc ;*
lo agradable, *ce qui est agréable ;*
lo provechoso, *ce qui est profitable ;*
lo creado, *ce qui a été créé ;*
lo hecho, *ce qui a été fait ;*
lo ocurrido, *ce qui est arrivé ;*
lo prometido, *ce qui a été promis,*

Et dans les locutions adverbiales : **a lo lejos,** *au loin ;* **a lo más, a lo sumo,** *tout au plus ;* **a lo menos,** *tout au moins ;* **por lo tanto,** *par conséquent*, etc.

190. La qualité ou l'état peuvent aussi s'appliquer soit à *une partie* seulement de l'objet, soit très souvent à *un point de vue : ce qu'il y a de... la partie... le côté... l'aspect...* L'expression neutre est dans ce cas ordinairement suivie d'un complément déterminatif.

Lo alto de la casa.	*La partie haute* (le haut) de la maison.
Lo triste de ese caso.	*Ce qu'il y a de triste* (le côté triste) dans ce cas.
En lo más expuesto de la batalla.	*A l'endroit le plus exposé* de la bataille.
Lo bueno del negocio.	*Le bon côté* de l'affaire.

Dans cette dernière acception, **lo** peut parfois précéder un nom : En San Fernando todo fué grande : **lo capitán, lo rey, lo cristiano.** Saint Ferdinand fut grand à tous les points de vue : *en tant que capitaine, en tant que roi, en tant que chrétien.* Notons encore les locutions : vestir **a lo torero,** *à la façon des toreros ;* vivir **a lo sátrapa,** *à la façon d'un satrape*, etc.

Rôle adverbial de LO.

191. L'article **lo** peut encore jouer, soit devant un adverbe, soit devant un adjectif ou un participe se rapportant à un nom, un rôle analogue à celui de **cuan,** *combien*, et marquer le degré de la qualité exprimée : **lo difícil,** *le degré de difficulté, combien difficile.* Cet emploi particulier de **lo** apparaît quand l'expression est suivie d'un relatif.

En pareil cas, l'adjectif ou le participe *s'accordent* avec le nom qu'ils qualifient.

No sabes **lo cansada que** estoy.	Tu ne sais pas *combien je suis fatiguée.*
¿ No ves **lo difíciles que son... ?**	Tu ne vois pas *combien ils sont difficiles* (*ce qu'ils sont* difficiles) ?
Dado **lo distante que está** el pueblo.	Etant donné *la distance qu'il y a jusqu'au* village *(ce que* ou *combien le village est éloigné).*

Le relatif et le verbe être peuvent se trouver sous-entendus, notamment après les prépositions **en, por :**

Por lo dura (*s.-e. :* que es) parece piedra esta madera.	*Etant donné ce qu'il est dur*, ce bois ressemble à de la pierre.
En lo valientes, les igualamos.	*En fait de vaillance* (litt. *en ce que nous sommes courageux*), nous les égalons.

CHAPITRE XII

LE VERBE

LA CONJUGAISON RÉGULIÈRE

Groupes de conjugaison.

192. Au point de vue de la conjugaison, les verbes espagnols se répartissent en trois groupes caractérisés par la terminaison de leurs infinitifs :

1er groupe **-AR : cantar,** *chanter;* **mudar,** *changer;* **hablar**, *parler*, etc.

2e groupe **-ER : comer,** *manger;* **perder,** *perdre;* **deber,** *devoir*, etc.

3e groupe **-IR : subir**, *monter;* **sentir** ; **dormir** ; **venir,** etc.

Le premier groupe représente la conjugaison latine en -are : **amare** et correspond aussi à la première conjugaison française : *aimer, chanter, parler,* etc.

Le second groupe englobe la 2e et la 3e conjugaison latine :

a) habére, debére : franç. *avoir, devoir ;* esp. **haber, deber.**

b) véndere, pérdere : franç. *vendre, perdre ;* esp. **vender, perder.**

L'espagnol a unifié l'accent de l'infinitif sur la finale.

Le troisième groupe correspond en général à la 4e conjugaison latine : *lat.* audire, venire : franç. *ouir, venir ;* esp. **oir, venir.**

Nous retrouvons aussi dans ce groupe un certain nombre de verbes latins en -ēre ou -ĕre qui ont changé de conjugaison : **pedir** (petere), **decir** (dicere), **podrir** (putrere), **henchir** (implere), **atribuir** (attribuere), **huir** (fugere), etc. Ce déclassement a entraîné, la plupart du temps, des irrégularités dans la conjugaison.

Modes et temps de la conjugaison espagnole.

193. La conjugaison espagnole représente dans ses grandes lignes *la conjugaison active* du latin et comprend à peu près les mêmes temps et les mêmes modes que le français. Les différences se réduisent à celles-ci :

Le **subjonctif** espagnol possède en plus *un second imparfait* terminé en -ra et *un futur* (en -re), à présent inusité.

Le **gérondif** ne correspond qu'en partie à notre *participe présent*.

194. Voici le nom des modes et des temps en espagnol :

Modos : **infinitivo, gerundio, participio ; indicativo, condicional, imperativo, subjuntivo.**

Tiempos : **presente, imperfecto, pretérito** *(passé simple* ou *parfait)*, **pretérito compuesto** *(passé indéfini* ou *composé)*, **pluscuamperfecto.**

Le *participe passé* est désigné seulement par le mot **participio.**

Désinences personnelles.

195. Les terminaisons des verbes varient selon le mode, le temps, la personne et le groupe de conjugaison auquel ils appartiennent. Les éléments les plus stables sont ceux qui servent à identifier la personne du verbe et qu'on appelle désinences personnelles ; ils sont placés à la fin de la terminaison.

SINGULIER			PLURIEL		
1re pers.	*2e pers.*	*3e pers.*	*1re pers.*	*2e pers.*	*3e pers.*
—	**-s**	—	**-mos**	**-is**	**-n**
cant(o)	canta**s**	canta	canta**mos**	cantá**is**	canta**n**
cante	cante**s**	cante	cante**mos**	canté**is**	cante**n**
cantaba	cantaba**s**	cantaba	cantába**mos**	cantaba**is**	cantaba**n**

196. Ces éléments se retrouvent à tous les temps et à tous les modes personnels, sauf :

1° à l'**impératif** où la 2e personne n'a pas d'**s** final au singulier **(canta)** et présente un **d** final au pluriel **(cantad, comed, subid)** ;

2° au **passé simple** (pretérito), où la 2e personne du singulier termine toujours en **-ste** (conta**ste,** comi**ste**) et celle du pluriel en **-steis** (autrefois, et jusqu'au XVIIe siècle, en **-stes**).

La langue populaire tend aujourd'hui à ajouter un **s** à la 2e personne du singulier : canta**stes,** comi**stes,** diji**stes,** etc., pour l'uniformiser avec la 2e personne des autres temps.

La désinence personnelle de la 2e pers. du pluriel était primitivement **-des** (*lat.* -tis). Les formes **cantades, comedes, venides** ont persisté jusqu'à l'époque classique. Les formes modernes sont dues à l'effacement du **d** intervocalique : *canta(d)es* > cantaes > **cantáis ;** comiése(d)es > comiesees > comieseis, etc.

Dans la période antérieure au XVIIe siècle, les 2es p. plur. du futur du subjonctif : **fuéredes, comiéredes, saliéredes,** etc., pouvaient se présenter réduites sous la forme : *fuerdes, comierdes, salierdes,* etc.

Valeur de l'O final.

197. L'**o** final de **canto** n'est pas une désinence personnelle générale, mais particulière au présent de l'indicatif des trois groupes : **canto, como, subo.**

De même, l'**o** accentué de la 3e personne du singulier du prétérit est aussi un signe particulier qu'on ne rencontre qu'à ce temps : **cantó, comió, subió.**

En réalité, la 1re et la 3e personne n'ont pas de désinences personnelles propres et, par conséquent, se confondent à tous les temps simples, en dehors de ces deux derniers, c'est-à-dire : à *l'imparfait de l'indicatif* et à *tous les temps du subjonctif.*

Éléments caractéristiques du groupe.

198. Seule, la conjugaison de **cantar** offre des traits nettement distincts des deux autres et conserve l'**a** caractéristique de l'infinitif dans la plupart des terminaisons : cant**a**mos, cant**á**bamos, cant**a**ste, cant**a**se, cant**a**ra, cant**a**ndo, cant**a**do, etc.

La deuxième conjugaison **(comer)** et la troisième **(subir)** se sont fondues presque entièrement. L'**e** et l'**i** caractéristiques des infinitifs n'apparaissent que dans les formes suivantes :

	-ER		**-IR**	
Infinitif :	com **er**	*manger*	sub **ir**	*monter*
Indicatif présent :	com **emos**	*n. mangeons*	sub **imos**	*n. montons*
	com **éis**	*v. mangez*	sub **ís**	*v. montez*
Impératif :	com **ed**	*mangez*	sub **id**	*montez*

Toutes les autres formes des deux modèles de conjugaison sont *absolument identiques.*

Éléments caractéristiques du mode.

199. *Infinitif :* finale **r : **canta**r**, come**r**, subi**r**.

Gérondif : finale **ndo :** canta**ndo**, comie**ndo**, subie**ndo**.

Participe passé : finale **do :** canta**do**, comi**do**, subi**do**.

Les présents de l'**indicatif** et du **subjonctif** se distinguent par l'opposition entre les voyelles **a, e** de la terminaison.

	INDICATIF			**SUBJONCTIF**
-AR :	cant **a**	**a**	**e**	cant **e**
-ER :	com **e**	**e**	**a**	com **a**
-IR :	sub **e**			sub **a**

Les autres temps du subjonctif présentent des éléments communs : **-se, -ra, -re** qui sont précédés d'un distinctif du groupe : 1er : **a** ; 2e et 3e : **-ie.**

	-AR	**-ER**	**-IR**
1er imparfait :	cant a **se**	com ie **se**	sub ie **se**
2e imparfait :	cant a **ra**	com ie **ra**	sub ie **ra**
Futur :	cant a **re**	com ie **re**	sub ie **re**

Rôle de l'accent tonique.

200. En dehors de la terminaison, l'accent tonique joue aussi de son côté un rôle dans la différenciation des formes de la conjugaison. Il nous permet, par exemple, de distinguer le présent de l'indicatif : **ca**nto de la 3e personne du singulier du passé : cant**ó.**

Dans la conjugaison espagnole, comme dans la conjugaison française, et dans les trois groupes (c'est-à-dire dans tous les verbes), l'accent tonique se trouve toujours sur la terminaison, sauf à *9 personnes des temps du présent*, où l'accent se trouve sur le radical. Les formes ainsi accentuées sont appelées *fortes* **(fuertes)** : ce sont d'ailleurs les mêmes en français qu'en espagnol.

Présent de l'indicatif : **can**to, **can**tas, **can**ta (cant**a**mos, cant**ái**s), **can**tan.

je chante, tu chantes, il chante (n. chantons, v. chantez), ils chantent.

Présent du subjonctif : **can**te, **can**tes, **can**te (cant**e**mos, cant**éi**s), **can**ten.

que je chante, tu chantes, il chante (n. chantions, v. chantiez), ils chantent.

Impératif : **can**ta (cant**ad**).
chante (chantez).

Cette particularité est extrêmement importante à retenir, à cause de la *diphtongaison* possible des voyelles **o, e** sous l'accent tonique (Cf. § 229, 230). La diphtongaison sera toujours limitée aux 9 formes précédentes.

201. L'accent tonique se trouve aussi sur le radical aux 1re et 3e personnes du singulier des passés que l'on appelle en espagnol **pretéritos fuertes,** prétérits forts :

Prétérit fort : **hu**be, hubiste, **hu**bo, hubimos, hubisteis, hubieron.

(*Prétérit régulier :* com**í,** comiste, com**ió,** comimos, comisteis, comieron.)

Enfin, un petit nombre de participes passés irréguliers ont gardé l'accent tonique sur le radical et présentent en conséquence les diphtongues **ue, ie :** m**ue**rto, v**ue**lto *(de* volver, *revenir)*, abs**ue**lto *(de* absolver, *absoudre)*, ab**ie**rto *(de* abrir, *ouvrir)*, cub**ie**rto, etc.

RAPPORTS CONSTANTS ENTRE CERTAINES FORMES

202. Pour conjuguer un verbe régulier, il suffit, en principe, d'ajouter à son radical les terminaisons propres aux verbes de son groupe. Si nous voulons par exemple traduire *que tu vendisses*, c'est-à-dire mettre le verbe **vender** à la 2e personne du singulier de l'imparfait du subjonctif, nous cherchons cette terminaison sur le modèle **comer** (com-**ieses**) et nous l'appliquons au radical **vend-**, ce qui nous donne : **vendieses.**

La conjugaison d'un verbe irrégulier est plus délicate à manier, mais sujette néanmoins à des règles très simples qui permettent à coup sûr de retrouver la forme voulue. En effet, à part quelques cas très rares, les formes dites irrégulières ne se sont pas constituées isolément, ni arbitrairement, mais en rapport constant les unes avec les autres, et selon des modalités connues : il est manifeste, par exemple, qu'une tendance à l'unification des formes s'est toujours exercée d'une part entre tous les présents et, d'autre part, entre tous les passés, indépendamment du mode. La connaissance de certaines formes, particulièrement importantes à cause de leur fréquence (1re pers. sing. du présent de l'indicatif, passé simple, infinitif) nous donne la clef des autres formes verbales dites *analogiques* (ou, plus improprement : *dérivées*) qui se sont modelées sur celles-ci.

Formes modelées sur l'infinitif.

203. Dans les verbes irréguliers (seules exceptions : *haber*, *ser*, *ir*), les formes suivantes sont toujours régulières, c'est-à-dire calquées sur l'infinitif :

a) *1re et 2e personnes du pluriel du présent de l'indicatif* **(-mos, -is).**
cont**ar** : cont**amos**, cont**áis** ; volv**er** : volv**emos**, volv**éis** ;
ped**ir** : ped**imos**, ped**ís** ; sent**ir** : sent**imos**, sent**ís** ;
conoc**er** : conoc**emos**, conoc**éis** ; pon**er** : pon**emos**, pon**éis** ;
hu**ir** : hu**imos**, hu**ís** ; o**ir** : o**ímos**, o**ís**, etc.

b) *2e personne du pluriel de l'impératif* (changement de **r** final en **d**).
cont**ar** : cont**ad** ; volv**er** : volv**ed** ; ped**ir** : ped**id** ; sent**ir** : sent**id** ;
conoc**er** : conoc**ed** ; pon**er** : pon**ed** ; hu**ir** : hu**id** ; o**ir** : o**id**, etc.

c) L'*imparfait de l'indicatif* **(-aba, -ía).**
cont**ar** : cont**aba** ; volv**er** : volv**ía** ; ped**ir** : ped**ía** ; sent**ir** : sen**tía** ;
conoc**er** : conoc**ía** ; pon**er** : pon**ía** ; hu**ir** : hu**ía** ; o**ir** : o**ía**, etc.
Seules exceptions : ser : **era** ; ir : **iba** ; ver : **veía.**

Formes modelées sur la 1re pers. sing. du prés. de l'indicatif.

204. Pour ce qui concerne la *consonne finale du radical*, la 1re personne du singulier du présent de l'indicatif (ten**g**o, ven**g**o), parfois différente des autres personnes du même temps (tie**n**es, vie**n**es), sert de modèle aux 6 formes du présent du subjonctif :

(tener) ten**go** : ten**ga**, ten**gas**, ten**ga**, ten**gamos**, ten**gáis**, ten**gan**.
(poner) pon**go** : pon**ga**, pon**gas**, pon**ga**, pon**gamos**, pon**gáis**, pon**gan**.
(oir) oi**go** : oi**ga**, oi**gas**, oi**ga**, oi**gamos**, oi**gáis**, oi**gan**.
(crecer) cre**zco** : cre**zca**, cre**zcas**, cre**zca**, cre**zcamos**, cre**zcáis**, cre**zcan**.

Seules exceptions : (haber) he : **haya** ; (ir) voy : **vaya** ; (ser) soy : **sea**.

Si nous envisageons, par contre, *la voyelle accentuée* du radical (c**ue**nto, p**ie**rdo, s**ie**nto), celle-ci se retrouve ordinairement aux 3 personnes du singulier et à la 3e personne du pluriel des présents de l'indicatif et du subjonctif, ainsi qu'à la 2e du singulier de l'impératif.

Formes modelées sur le passé simple (pretérito).

205. Le radical du passé simple et plus particulièrement la forme de la 3e personne du pluriel se retrouve toujours dans les deux *imparfaits* et le *futur* du subjonctif.
(ser) **fui**, fueron : **fuese, fuera, fuere.**
(haber) **hube**, hubieron : **hubiese, hubiera, hubiere.**
(poner) **puse**, pusieron : **pusiese, pusiera, pusiere.**
(decir) **dije**, dijeron : **dijese, dijera, dijere.**

Le futur et le conditionnel.

206. Le futur et le conditionnel présent, aussi bien en français qu'en espagnol, sont en réalité des temps composés où l'on reconnaît sans peine l'infinitif du verbe suivi de l'auxiliaire *avoir :* j'aimerai, tu aimeras = *aimer ai*, *aimer as*, etc. Dans le futur espagnol, l'auxiliaire **he, has, ha** se présente sans **h** et la forme **habéis** est réduite à **(h)eis.**

Au conditionnel, l'auxiliaire **había** est réduit à la simple terminaison **-ía.**

Ces deux temps sont donc indépendants des conjugaisons et se présentent sous la même forme pour tous les verbes.

	FUTUR		CONDITIONNEL	
(he)	cantar **é,**	*je chanterai*	cantar **ía,**	*je chanterais*
(has)	cantar **ás**		cantar **ías**	
(ha)	cantar **á**		cantar **ía**	
(hemos)	cantar **emos**		cantar **íamos**	
(heis)	cantar **éis**		cantar **íais**	
(han)	cantar **án**		cantar **ían**	

La construction **he de cantar, has de cantar** a un sens très voisin du futur (Cf. *Syntaxe*, § 598).

Dans l'espagnol du Moyen Age, les deux éléments du futur et du conditionnel pouvaient être séparés par l'enclise du pronom personnel régime :

Levantarme he (= me levantaré), *je me lèverai.*
Quitarlos hían (= los quitarían), *ils les enlèveraient.*

REMARQUES SUR QUELQUES TEMPS DE L'ESPAGNOL

Le gérondif.

207. Le gérondif espagnol **amando, leyendo, oyendo** qui représente des formes d'ablatif latin : **amando, legendo, audiendo,** est toujours invariable. Nous verrons (*Syntaxe*, § 530) que son emploi ne coïncide qu'en partie avec celui de notre *participe présent* dont l'origine est différente : **amans,** antis ; **legens,** entis, *aimant*, *lisant*, etc., et qui est variable. L'espagnol possède néanmoins des formes de même origine : **amante, penetrante, constante, andante, consistente, valiente, influyente,** etc. ; mais elles n'existent pas pour tous les verbes et n'ont plus qu'une valeur d'*adjectifs* ou même de *noms*. Elles représentent plus imparfaitement encore que le gérondif la valeur de notre participe présent. C'est pourquoi elles n'ont pas plus de titres à figurer sur le tableau des conjugaisons que les autres dérivés verbaux en **-dor : abrasador, abrumador, gemidor, rugidor,** etc., de valeur analogue.

L'impératif.

208. L'impératif espagnol ne possède que deux formes propres : la 2e personne du singulier : **canta, come, sube** et la 2e du pluriel : **cantad, comed, subid.**

Les personnes qui lui manquent sont empruntées au présent du subjonctif. C'est le cas pour la 1re personne du pluriel :

chantons, **cantemos** ; *mangeons*, **comamos** ; *montons*, **subamos.**

C'est le cas aussi dans la traduction de notre vouvoiement par *Usted*, *Ustedes* qui réclament la 3e personne du singulier ou du pluriel :

chantez, **cante Ud, canten Udes** ; *mangez*, **coma Ud, coman Udes.**

Enfin, ce changement de mode est de règle pareillement (*Syntaxe*, § 719) lorsque l'impératif est accompagné d'une négation :

Ne chante pas : **no cantes** ; *ne mangez pas :* **no comáis.**

L'imparfait du subjonctif en -ra.

209. Ce temps était à l'origine un *plus-que-parfait de l'indicatif : lat.* ama(ve)rat > **amara** ; legerat > **leyera** ; audierat > **oyera.** Bien qu'il conserve des traces de cet emploi, il est usité aujourd'hui surtout comme équivalent de l'autre imparfait en **-se** (§ 515) et pour traduire notre imparfait de l'indicatif précédé de si : **si cantara,** *si je chantais.*

Le futur du subjonctif.

210. Ce temps est complètement tombé en désuétude dans la langue actuelle (Cf. pour son emploi : *Syntaxe*, § 516). C'est pourquoi nous ne le faisons pas figurer dans les tableaux de conjugaison. Il a pour origine le *futur antérieur de l'indicatif* latin : ama(ve)rit > **amare** ; legerit > **leyere** ; audierit > **oyere.** Dans les verbes réguliers et irréguliers, il a toujours la même forme que le 2e imparfait du subjonctif, où l'on remplace l'**a** final par **e.**

(*Imparfait du subjonctif :*	cant**ara**	com**iera**	fu**era**)
Futur du subjonctif :	cant**are**	com**iere**	fu**ere**
	cant**ares**	com**ieres**	fu**eres**
	cant**are**	com**iere**	fu**ere**
	cant**áremos**	com**iéremos**	fu**éremos**
	cant**areis**	com**iereis**	fu**ereis**
	cant**aren**	com**ieren**	fu**eren**

Les temps composés.

211. Les temps composés se forment comme en français, en faisant précéder d'un auxiliaire le participe passé du verbe à conjuguer. Cet auxiliaire est en espagnol **haber** pour tous les cas, c'est-à-dire, aussi bien pour les verbes transitifs : *j'ai chanté*, **he cantado,** que pour les verbes intransitifs : *je suis monté* (= j'ai monté), **he subido,** et les verbes pronominaux : *je me suis levé* (= je m'ai levé), **me he levantado** (Cf. tableau de conjugaison de l'auxiliaire **HABER**).

Le participe passé conjugué avec **haber** est toujours *invariable.*

MODALITÉS DE LA CONJUGAISON

La conjugaison passive.

212. La conjugaison passive se forme avec l'auxiliaire **ser** et le participe passé du verbe à conjuguer. Le participe passé s'accorde dans ce cas en genre et en nombre avec le sujet.

INFIN. : **ser amado**, *être aimé;* GÉR. : **siendo amado**, *étant aimé.*

INDIC. PRÉS. *(je suis aimé)*	IMPÉRATIF. *(sois aimé)*	SUBJ. PRÉS. *(que je sois aimé)*
soy amado		**sea amado**
eres amado	**sé amado**	**seas amado**
él **es amado**		él **sea amado**
ella **es amada**		ella **sea amada**
somos amados		**seamos amados**
sois amados	**sed amados**	**seáis amados**
ellos **son amados**		ellos **sean amados**
ellas **son amadas**		ellas **sean amadas**

Le verbe **estar** suivi d'un participe passé indique non une action passive (c'est-à-dire une action subie par le sujet), mais un simple *état*: la ventana **está abierta**, *la fenêtre est* (se trouve) *ouverte.* (Cf. § 666.)

La conjugaison pronominale.

213. Dans la conjugaison pronominale, les formes simples ou composées du verbe sont précédées des pronoms réfléchis **me, te, se,** etc. Mais ceux-ci, en espagnol, sont placés après le verbe et soudés à lui à l'*infinitif*, au *gérondif* et à l'*impératif*.

INFIN. : **levantarse**, *se lever;* **haberse levantado**, *s'être levé.*

GÉROND. : **levantándose**, *se levant;* **habiéndose levantado**, *s'étant levé.*

INDIC. PRÉS. *(je me lève)*	IMPÉRATIF. *(lève-toi)*	SUBJ. PRÉS. *(que je me lève)*
me levanto		**me levante**
te levantas	**levántate**	**te levantes**
se levanta	(levántese Ud)	**se levante**
nos levantamos	(levantémonos)	**nos levantemos**
os levantáis	**levantáos**	**os levantéis**
se levantan	(levántense Udes)	**se levanten**

Aux temps composés : **me he levantado,** *je me suis levé;* **me había levantado,** *je m'étais levé;* **me habré levantado,** *je me serai levé*, etc.

L'enclise du pronom a lieu, non seulement aux 2 formes normales de l'impératif, mais aussi à celles du subjonctif qui le substituent.

Remarquez la perte de la consonne finale dans **levantémonos** (= *levantemos* + *nos*) et dans **levantaos** (= *levantad* + *os*).

Conjugaison interrogative.

214. En principe, dans l'interrogation, le sujet se place après le verbe : **¿ acepta Usted ?** *acceptez-vous ?* — **¿ Vendrá tu amigo ?** *Ton ami viendra-t-il ?*

Mais, comme d'une part les pronoms sujets sont habituellement omis en espagnol, et que, d'autre part, l'inversion *verbe-sujet* peut répondre à d'autres intentions (Cf. *Syntaxe*, § 733-736), on peut dire que la conjugaison interrogative n'a pas de forme propre en espagnol et que l'interrogation est surtout marquée par l'intonation pour l'auditeur et par les deux signes d'interrogation pour le lecteur.

Conjugaison négative.

215. Elle n'offre aucune particularité si ce n'est la présence de **no** devant le verbe, d'ailleurs susceptible d'être remplacé par un autre mot à valeur négative : **nunca, nadie, ninguno, nada,** etc. (Cf. *Syntaxe*, § 687, 688).

No doit être placé après le sujet et avant les pronoms proclitiques qui précèdent le verbe : Tú **no** me lo dirás, *tu ne me le diras pas.*

Rappelons que la présence de la négation entraîne la substitution de l'impératif par le subjonctif (§ 208, 719).

TABLEAU DE LA CONJUGAISON

Première conjugaison régulière : CANTAR

Infinitif : cant**ar**

Futur : cantar **é**, **-ás**, **-á**
cantar **emos**, **-éis**, **-án**

Condit. : cantar **ía**, **-ías**, **-ía**
cantar **íamos**, **-íais**, **-ían**

Gérondif : cant **ando**

Part. passé : cant **ado**

	Indicatif	*Impératif*	*Subjonctif*
Présent	cant o cant as cant a cant **amos** cant **áis** cant an	 cant a cant **ad**	cant e cant es cant e cant **emos** cant **éis** cant en
Imparfait	cant **aba** cant **abas** cant **aba** cant **ábamos** cant **abais** cant **aban**		(si) cant **ara** cant **aras** cant **ara** cant **áramos** cant **arais** cant **aran**
Passé	cant **é** cant **aste** cant **ó** cant **amos** cant **asteis** cant **aron**		cant **ase** cant **ases** cant **ase** cant **ásemos** cant **aseis** cant **asen**

Deuxième conjugaison régulière : COMER

Infinitif : comer — *Gérondif* : com **iendo**
Futur : comer, **é**, **-ás**, **-á** — *Part. Passé* : com **ido**
comer **emos**, **-éis**, **-án**
Conait. : comer **ía**, **-ías**, **-ía**
comer **íamos**, **-íais**. **-ían**

	Indicatif	*Impératif*	*Subjonctif*
Présent	com **o** com **es** com **e** com **emos** com **éis** com **en**	 com **e** com **ed** 	com **a** com **as** com **a** com **amos** com **áis** com **an**
Imparfait	com **ía** com **ías** com **ía** com **íamos** com **íais** com **ían**		(si) com **iera** com **ieras** com **iera** com **iéramos** com **ierais** com **ieran**
Passé	com **í** com **iste** com **ió** com **imos** com **isteis** com **ieron**		com **iese** com **ieses** com **iese** com **iésemos** com **ieseis** com **iesen**

Troisième conjugaison régulière : SUBIR

Infinitif : subir

Futur : subir **é**, **-ás**, **-á**
subir **e**mos, **-éis**, **-án**

Condit. : subir **ía**, **-ías**, **-ía**
subir **íamos**, **-íais**, **-ían**

Gérondif : sub **iendo**

Part. passé : sub **ido**

	Indicatif	*Impératif*	*Subjonctif*
Présent	sub o sub **es** sub e sub **imos** sub **ís** sub en	sub e sub **id**	sub a sub as sub a sub **amos** sub **áis** sub an
Imparfait	sub **ía** sub **ías** sub **ía** sub **íamos** sub **íais** sub **ían**		(si) sub **iera** sub **ieras** sub **iera** sub **iéramos** sub **ierais** sub **ieran**
Passé	sub **í** sub **iste** sub **ió** sub **imos** sub **isteis** sub **ieron**		sub **iese** sub **ieses** sub **iese** sub **iésemos** sub **ieseis** sub **iesen**

Verbe auxiliaire : HABER

Infinitif : haber — *Gérondif* : hab **iendo**
Futur : habr **é, -ás, -á** — *Part. passé* : hab **ido**
habr **emos, -éis, -án**
Condit. : habr **ía, -ías, -ía**
habr **íamos, -íais, -ían**

	Indicatif		*Subjonctif*	
Présent (passé indéfini)	**he** **has** ha **hemos** **habéis** **han**	*cantado* *comido* *subido*	**hay** a **hay** as **hay** a hay **amos** hay **áis** **hay** an	*cantado* *comido* *subido*
Imparfait (plus-que-parfait)	hab **ía** hab **ías** hab **ía** hab **íamos** hab **íais** hab **ían**	*cantado* *comido* *subido*	si hub **iera** hub **ieras** hub **iera** hub **iéramos** hub **ierais** hub **ieran**	*cantado* *comido* *subido*
Passé (passé antérieur)	h**ub** e hub **iste** h**ub** o hub **imos** hub **isteis** hub **ieron**	*cantado* *comido* *subido*	hub **iese** hub **ieses** hub **iese** hub **iésemos** hub **ieseis** hub **iesen**	*cantado* *comido* *subido*

Verbe auxiliaire : SER

Infinitif : ser
Futur : ser **é**, -**ás**, -**á**
ser **emos**, -**éis**, -**án**
Condit. : ser **ía**, -**ías**, -**ía**
ser **íamos**, -**íais**, -**ían**

Gérondif : siendo
Part. passé : sido

	Indicatif	*Impératif*	*Subjonctif*
Présent	soy eres es somos sois son	 sé sed 	se a se as se a se **amos** se **áis** se an
Imparfait	era eras era éramos erais eran		(si) fu **era** fu **era** fu **era** fu **éramos** fu **erais** fu **eran**
Passé	fu **i** fu **iste** fu **e** fu **imos** fu **isteis** fu **eron**		fu **ese** fu **eses** fu **ese** fu **ésemos** fu **eseis** fu **esen**

Verbe auxiliaire : ESTAR

Infinitif : estar

Futur : estar **é**, -**ás**, -**á**
estar **e**mos, -éis, -**án**

Condit. : estar **í**a, -**í**as, -**í**a
estar **í**amos, -**í**ais, -**í**an

Gérondif : est **ando**

Part. passé : est **ado**

	Infinitif	*Impératif*	*Subjonctif*
Présent	est **o**y est **ás** est **á** est **a**mos est **á**is est **á**n	est**á** est**ad**	est **é** est **és** est **é** est **e**mos est **é**is est **é**n
Imparfait	est **a**ba est **a**bas est **a**ba est **á**bamos est **a**bais est **a**ban		(si) estuv **ie**ra estuv **ie**ras estuv **ie**ra estuv **ié**ramos estuv **ie**rais estuv **ie**ran
Passé	est**u**v e estuv **i**ste est**u**v o estuv **i**mos estuv **i**steis estuv **ie**ron		estuv **ie**se estuv **ie**ses estuv **ie**se estuv **ié**semos estuv **ie**seis estuv **ie**sen

CHAPITRE XIII

REMARQUES SUR L'ACCENTUATION

L'accent écrit.

216. Nous avons déjà signalé que, dans les conjugaisons régulières, l'accent tonique tombait toujours sur la terminaison, à l'exception de 9 personnes des présents (Cf § 200).

Conformément aux règles de l'accentuation (§ 9, *a*, *b*), l'accent tonique doit être écrit sur les terminaisons suivantes :

a) *2e personne du pluriel des présents* de l'indicatif et du subjonctif :
cant**áis**, com**éis**, sub**ís** ; cant**éis**, com**áis**, sub**áis** ;

b) l'**i**, l'**e** et l'**o** des *1re et 3e personnes du singulier des passés :*
cant**é**, cant**ó** ; com**í**, comi**ó** ; sub**í**, subi**ó** ;

c) les terminaisons *esdrújulas* des *1res personnes du pluriel des imparfaits* de l'indicatif et du subjonctif et du futur du subjonctif :
cant**ábamos**, cont**ásemos**, cant**áramos**, cant**áremos** ;
com**íamos**, com**iésemos**, com**iéramos**, com**iéremos**.

d) *l'***i** des *imparfaits en -ía* et des *conditionnels à toutes les personnes* :
com**ía**, com**ías**, com**ía**, com**íais**, com**ían** ; comer**ía**, comer**ías**, comer**ía**, etc.

e) *la terminaison de toutes les personnes du futur*, à l'exception de la 1re personne du pluriel :
comer**é**, comer**ás**, comer**á**, comer**éis**, comer**án**.

Verbes en -IAR.

217. Dans la plupart des verbes en **-iar**, l'*i* qui termine le radical n'est jamais accentué et forme syllabe avec la première voyelle de la terminaison : c**o**pio, c**o**pias, est**u**dio, est**u**die Ud, apr**e**cias, etc. Mais dans un petit nombre de verbes, que l'usage apprendra, cet *i* reçoit l'accent tonique aux personnes des *présents* (indicatif, impératif, subjonctif) où la voyelle du radical est normalement accentuée.

CONTRARIAR :

Indicatif présent : contrar**í**o, contrar**í**as, contrar**í**a, contrari**a**mos, contrari**á**is, contrar**í**an.

Subjonctif présent : contrar**í**e, contrar**í**es, contrar**í**e, contrari**e**mos, contrari**é**is, contrar**í**en.

Impératif : contrar**í**a, contrari**a**d.

On conjugue de même : **aviar, extraviar, criar, chirriar, confiar, desafiar, variar, enfriar, enviar, espiar, expiar, guiar, rociar, liar,** etc., et leurs composés.

Verbes en -UAR.

218. Les verbes en **-uar** prennent l'accent sur l'*u* dans les mêmes cas que l'*i* des verbes précédents.

CONTINUAR :

Indicatif présent : contin**úo**, contin**úas**, contin**úa**, continu**amos**, continu**áis**, contin**úan**.

On conjugue de même : **acentuar, atenuar, graduar, efectuar, evaluar, estatuar, infatuar, perpetuar, situar,** etc.

Font seuls exception à cette règle les verbes en **-guar** et **-cuar** : **Atestiguar :** atest**i**guo, atest**i**guas, atest**i**gua, etc., et de même : **apaciguar** (apac**i**guo), **menguar, fraguar.**

MODIFICATIONS ORTHOGRAPHIQUES

219. Afin de conserver à une *consonne finale de radical* le même son pour l'oreille à toutes les formes de la conjugaison, on est amené à la transcrire différemment selon qu'elle précède les voyelles **a, o** ou les voyelles **e, i.** Ces modifications graphiques, que nous avons prévues pour des cas plus généraux au § 17, ne constituent pas des irrégularités de la conjugaison, elles servent au contraire à en sauvegarder la régularité.

Verbes en -AR.

devant **a, o :**	devant **e, i :**
SACAR : sa**co**, sa**cas** ; sa**caba**, sa**có** ; sa**cando**, etc.	*Subj. pr. :* sa**que**, sa**ques**, sa**quemos**, etc. *Passé :* sa**qué**.
PAGAR : pa**go**, pa**gas** ; pa**gaba**, pa**gó** ; pa**gando**, etc.	*Subj. pr. :* pa**gue**, pa**gues**, pa**guemos**, etc. *Passé :* pa**gué**.
AVERIGUAR : averi**guo**, averi**guas**, averi**guó**, averi**guando**, etc.	*Subj. pr. :* averi**güe**, averi**gües**, etc. *Passé :* averi**güé**.
TRAZAR : tra**zo**, tra**zas** ; tra**zaba** ; tra**zó**, tra**zando**, etc.	*Subj. pr. :* tra**ce**, tra**ces**, tra**cemos**, etc. *Passé :* tra**cé**.

Verbes en -IR et en -ER.

devant **e, i** :	devant **a, o** :
DELINQUIR : delin**que**, delin**quimos**, delin**quía**, delin**quiendo**, etc.	*Indic. pr.* : delin**co**. *Subj.* : delin**ca**, delin**cas**, etc.
DISTINGUIR : distin**gue**, distin**guimos**, distin**guía**, distin**guiendo**, etc.	*Indic. pr.* : distin**go**. *Subj.* : distin**ga**, distin**gas**, etc.
MECER : me**ce**, me**cemos**, me**cía**, me**ciendo**, etc.	*Indic. pr.* : me**zo**. *Subj.* : me**za**, me**zas**, etc.
COGER : co**ge**, co**gemos**, co**gía**, co**giendo**, etc.	*Indic. pr.* : co**jo**. *Subj.* : co**ja**, co**jas**, etc.

Le **j** final de radical se maintient dans l'écriture à toutes les formes de la conjugaison : ba**jar**, ba**jo**, ba**jar**, ba**je** Ud, ba**jé** ; te**jer**, te**jo**, te**jes**, te**ja** Ud, te**jí**, etc.

LES TERMINAISONS -IÓ, -IERON, -IERA, -IESE, etc.

Transcription de I par Y.

220. Conformément aux règles de graphie examinées au § 14, l'**i** consonantique des terminaisons **-ió**, **-ieron**, **-iera**, **-iese**, **-iere**, **-iendo** doit se transcrire par un **y** lorsqu'il se trouve placé après une voyelle finale de radical.

CAER : (ca-iendo) **cayendo**, *en tombant;* (ca-ió) **cayó**, *il tomba;* (ca-ieron) **cayeron**, *ils tombèrent;* si (ca-iera) **cayera**, *si je tombais*, etc.

De même : leer, **leyendo**, **leyó**, **leyeron**, **leyese** ; oir, **oyó**, **oyendo**, **oyera**, **oyese** ; huir, **huyó**, **huyendo**, **huyeron**, **huyera**, etc.

Fusion avec un I du radical.

221. L'**i** des terminaisons précédentes n'est pas transcrit s'il vient à se trouver placé après un autre **i** appartenant au radical. Cela se produit dans les verbes **reir**, *rire*, **freir**, *frire*, **desleir**, *délayer*, **engreir**, enorgueillir, où le radical réel est **ri-**, **fri-**, **desli-**, **engri-** (Cf. § 233). Au lieu de : ri-iendo, fri-ió, desli-ieron, engri-iese, etc., on écrira seulement : **riendo**, **frió**, **deslieron**, **engriese**, etc.

Remarquons que, dans les cas analogues, le français conserve les deux *i* consécutifs : nous *suppliions* (imparfait) ; que vous *priiez* (subjonctif).

Fusion avec une consonne palatale.

222. L'orthographe espagnole ne transcrit en principe que les sons prononcés ou susceptibles d'être prononcés. C'est pourquoi ce même **i** tombe dans l'écriture lorsqu'il se trouve placé après une consonne *palatale* (ou mouillée) : **ll, ñ, ch, j** (autrefois *x* = *ch français*, cf. § 18), position où effectivement il est difficile d'articuler un *i* consonantique.

Dans les verbes **bullir,** *être en effervescence*, **engullir,** *avaler*, **reñir,** *gronder*, **teñir,** *teindre*, **henchir,** *gonfler* et quelques autres analogues, au lieu de : bull-iendo, engull-ió, riñ-ieron, tiñ-iese, hinch-iera, etc., on écrit : **bullendo, engulló, riñeron, tiñese** ; **hinchera,** etc.

223. Pour la même raison, dans la langue archaïque, au lieu de *dixieron* (decir), *dixiese, dixiera; traxieron* (traer), *traxiese, traxiera*, etc., on a écrit : **dixeron, dixese, dixera ; traxeron, traxese, traxera,** etc., formes modernes : **dijeron, dijese, dijera ; trajeron, trajese, trajera,** etc., dans lesquelles le peuple a tendance à rétablir l'*i : dijieron, dijiese, trajieron,* etc., car il est prononçable après le son moderne de la *jota.*

Modifications provoquées par l'enclise des pronoms. Chute de l'S final.

224. Par suite de l'enclise des pronoms personnels compléments, certaines terminaisons verbales ont subi des modifications dans la prononciation et dans l'orthographe.

L'enclise de **nos** à la 1re personne du pluriel, fréquente surtout à l'impératif, produit la chute de l'**s** final de la terminaison **-mos : callémonos** (callemos nos), *taisons-nous ;* **volvámonos** (volvamos nos), *retournons-nous-en ;* **protejámonos** (protejamos nos), *protégeons-nous ;* **defendímonos** (defendimos nos), *nous nous défendîmes*, etc.

Cet **s** final se perd aussi dans l'enclise du groupe **selo, sele, selos,** etc. : **digámoselo** (digamos se lo), *disons-le-lui;* **devolvámoselos** (devolvamos se los), *rendons-les-lui.*

Chute du D final.

225. La 2e personne du pluriel de l'impératif perd son **d** final devant le pronom **os : levantaos** (levantad os), *levez-vous ;* **defendeos** (defended os), *défendez-vous ;* **cubríos** (cubrid os), *couvrez-vous.* Ces graphies qui ont commencé à être employées au XVIIe siècle sont basées sur l'ancienne forme des impératifs qui était, conformément à la prononciation du temps : **levantá, hallá, comé, defendé, vení, decí,** etc. Le **d** se conserve dans **idos,** *allez-vous en.*

Assimilations.

226. Pendant tout le XVIe et le XVIIe siècle, on trouve l'**r** final des infinitifs assimilé à l'initiale des pronoms **le, lo, la, los : levantallo** (= levantarlo), **contestalle** (= contestarle), **aprendella** (= aprenderla), **vendellos** (= vender-los), **decilles** (= decirles), **pedillas** (= pedirlas), etc.

Métathèses.

227. A la 2e pers. plur. des impératifs, l'enclise donnait lieu autrefois à une métathèse des consonnes *dl* > ld : **levantalde** (= levantadle), **contestalde** (= contestadle), **decildes** (= decidles), etc., formes qui persistent jusqu'au XVIIe siècle inclus.

La métathèse avec **nos : dandos** (= dadnos), **indos** (= idnos), etc., n'apparaît que dans les textes du moyen âge.

CHAPITRE XIV

LES VERBES IRRÉGULIERS

Les verbes irréguliers espagnols qui présentent des formes imprévisibles sont en nombre très restreint (Cf. Tableau, p. 124).

Dans la plus grande partie des verbes, les formes anormales sont soumises à des règles extrêmement simples et d'une application régulière. C'est pourquoi l'étude de la conjugaison irrégulière est loin d'offrir les mêmes difficultés que dans les verbes français.

Classement des verbes irréguliers.

228. Dans les verbes susceptibles d'être classés par catégories, nous pouvons poser en principe que les terminaisons sont toujours régulières. Les anomalies se sont produites :

a) soit dans la *voyelle du radical* susceptible d'être accentuée ;

b) soit dans la *soudure du radical et de la terminaison.*

a) **Variation de la voyelle du radical.**

1re Classe: alternance des voyelles **o, e** avec les diphtongues **ue, ie.**

2e Classe: alternance **e** ∾ **i** (et **o** ∾ **u**) dans les verbes en **-ir.**

3e Classe: fusion des deux particularités précédentes.

b) **Soudure du radical et de la terminaison.**

4e Classe: alternance **zc** ∾ **c** en fin de radical.

5e Classe: insertion d'un **y** en fin de radical.

1re CLASSE. — ***Alternances o ∾ ue et e ∾ ie.***

(Verbes en **-AR** *et en* **-ER.***)*

229. Modèles **CONTAR, MOVER** (radical **o**).

Règle : L'**o** du radical devient **ue** en position accentuée et reste **o** en position atone.

CONTAR

	Indicatif	*Impératif*	*Subjonctif*
Présent	cuent o cuent as cuent a cont amos cont áis cuent an	 cuent a cont ad 	cuent e cuent es cuent e cont emos cont éis cuent en

Les autres temps sont réguliers et se conjuguent comme **cantar**.

JUGAR

Indic. : juego, juegas, juega, jugamos, jugáis, juegan.
Impérat. : juega jugad.
Subj. : juegue, juegues, juegue, juguemos, juguéis, jueguen.

MOVER

	Indicatif	*Impératif*	*Subjonctif*
Présent	muev o muev es muev e mov emos mov éis muev en	 muev e mov ed 	muev a muev as muev a mov amos mov áis muev an

Les autres temps sont réguliers et se conjuguent comme **comer**.

Modèles **CERRAR, PERDER** (radical **e**).

Règle : L'**e** du radical devient **ie** en position accentuée et reste **e** en position atone.

CERRAR

	Indicatif	*Impératif*	*Subjonctif*
Présent	c**ie**rr o c**ie**rr as c**ie**rr a cerr **a**mos cerr **á**is c**ie**rr an	 c**ie**rr a cerr **ad**	c**ie**rr e c**ie**rr es c**ie**rr e cerr **e**mos cerr **é**is c**ie**rr en

Les autres temps sont réguliers et se conjuguent comme **cantar.**

PERDER

	Indicatif	*Impératif*	*Subjonctif*
Présent	p**ie**rd o p**ie**rd es p**ie**rd e perd **e**mos perd **é**is p**ie**rd en	 p**ie**rd e perd **ed**	p**ie**rd a p**ie**rd as p**ie**rd a perd **a**mos perd **á**is p**ie**rd an

Les autres temps sont réguliers et se conjuguent comme **comer.**

ADQUIRIR

Indic. : adqu**ie**ro, adqu**ie**res, adqu**ie**re, adquir**i**mos, adquir**í**s, adqu**ie**ren.

Impér. : adqu**ie**re adquir**i**d,

Subj. : adqu**ie**ra, adqu**ie**ras adqu**ie**ra, adquir**a**mos, adquir**á**is. adqu**ie**ran.

Les verbes qui appartiennent à cette classe sont ordinairement appelés *verbes à diphtongaison.* Nous avons déjà signalé (§ 200) les 9 personnes des présents auxquelles se limite la production des diphtongues **ue, ie.** Nous retrouvons dans un certain nombre de verbes français une alternance analogue et *aux mêmes personnes.*

VENIR			MOUVOIR		
Indicatif.	*Impér.*	*Subjonctif.*	*Indicatif.*	*Impérat.*	*Subjonctif.*
je v**ie**ns		que je v**ie**nne	je m**eu**s		que je m**eu**ve
tu v**ie**ns	v**ie**ns	que tu v**ie**nnes	tu m**eu**s	m**eu**s	que tu m**eu**ves
il v**ie**nt		qu'il v**ie**nne	il m**eu**t		qu'il m**eu**ve
nous venons		que nous venions	n. mouvons		q. n. mouvions
vous venez	venez	que vous veniez	v. mouvez	mouvez	q. v. mouviez
ils v**ie**nnent		qu'ils v**ie**nnent	ils m**eu**vent		qu'ils m**eu**vent

230. La production des diphtongues **ue, ie** et leur alternance avec **o, e** n'est pas un fait particulier aux verbes, mais seulement l'application d'une loi beaucoup plus générale de la langue qui s'étend à toutes les catégories de mots (Cf. § 29). **Cuento** et **contamos** sont dans le même rapport que **bueno** et **bondad.**

Beaucoup de verbes qui ont au radical un **o** ou un **e** restent réguliers : montar, **monto ;** correr, **corro ;** vender, **vendo ;** rezar, **rezo**, etc. Rappelons que, pour être susceptibles de diphtonguer, il faut que l'**o** et l'**e** du radical remontent à un **o** bref et à un **e** bref du latin. Evidemment, pour distinguer les « verbes à diphtongaison » des autres, le recours au dictionnaire latin ne saurait être qu'un procédé théorique, c'est surtout la pratique qui nous l'apprendra. Cependant tout n'est pas affaire de mémoire dans cette distinction. Bien souvent nous trouverons dans les mots de même racine que le verbe une indication utile : s'ils renferment la diphtongue, c'est que le verbe est susceptible aussi de l'avoir. Ainsi **caliente,** chaud, nous renseignera sur **calentar** (caliento) ; **vuelo,** vol, sur **volar ; cuento,** *conte,* sur **contar ; merienda,** *goûter,* sur **merendar ; siega,** *moisson,* sur **segar ; hielo,** *glace,* sur **helar ; nieve,** *neige,* sur **nevar ; trueno,** *tonnerre,* sur **tronar ; rueda,** *roue,* sur **rodar ; muela,** *meule,* sur **moler ; fuerza,** *force,* sur **forzar, esforzar ; prueba,** sur **probar,** etc.

231. Le verbe **jugar** où la diphtongue alterne avec **u** avait primitivement un **o** en position atone : **jogar, jogamos** ; ce verbe remonte au latin *jocare.*

Conformément aux règles du § 13, la diphtongue initiale de mot s'écrit

dans **errar : ye**rro, **ye**rras, **ye**rra, erramos, erráis, **ye**rran ;
dans **oler : hue**lo, **hue**les, **hue**le, olemos, oléis, **hue**len.

232. Cette première classe de verbes irréguliers ne comprend que les verbes en **-AR** et en **-ER.** La simple alternance **e** — **ie** s'applique cependant aussi à 3 verbes en **-IR** :

discernir, *discerner*, qui possède aussi l'infinitif **discerner** ;

concernir, *concerner*, qui n'est employé qu'aux *3es personnes du singulier et du pluriel ;*

adquirir, *acquérir*, où la diphtongue **ie** alterne avec **i.**[1]

Les verbes du groupe **-IR** qui renferment un **e** ou un **o** au radical sont aussi, quelques-uns au moins, susceptibles de diphtonguer, mais il faut prévoir en outre pour eux d'autres particularités qui constituent les deux classes suivantes de verbes irréguliers.

2e CLASSE. — *Alternance e $\sim$ i.*

(Verbes en **-IR.***)*

233. Modèle **PEDIR** (Cf. tableau p. 114).

Règle :	L'**e** du radical persiste devant les terminaisons commençant par **i** accentué et se change en **i** dans tous les autres cas.

Les terminaisons commençant par un **i** accentué (**-ir, -ido, -imos, -ís, -ía,** etc.) sont au nombre de 15 seulement ; le radical avec **e** *(ped-)* est donc moins fréquent que le radical avec **i** *(pid-)*. C'est pourquoi on pourrait envisager aussi la forme **pid-** comme étant le radical normal ; celui-ci ne deviendrait **ped-** que pour éviter la succession de deux *i* : *pidir*, *pidido*, *pidimos*, *pidís*, *pidia*, etc.

234. La conjugaison de **pedir** est le résultat de deux tendances qui, s'exerçant en sens divers sur deux groupes de verbes voisins, les uns avec un **i** au radical, les autres avec un **e**, leur ont donné d'abord un certain nombre de formes communes et ont fini par les identifier complètement.

D'une part, l'**i** du radical des verbes en **-IR** suivi d'un *i* accentué devenait **e** par dissimilation, produisant à côté de **río,** *je ris*, **digo,** *je dis*, **vivo,** *je vis*, **escribo,** *j'écris*, etc., les formes : **reir, reímos, decir, decimos, decía,** etc., qui se sont maintenues, et aussi : **vevimos, vevía, vevir, escrebimos, escrebía,** etc., très vivaces encore au XVIe siècle, mais disparues depuis. Ces formes dissimilées rejoignaient les normales de **pedir, pedimos, pedía, pedí,** etc.

D'autre part, l'*e* du radical dans les verbes du même groupe avait tendance à devenir **i** lorsqu'il était suivi d'un *i* consonne *(yod)* à la terminaison, ce qui donnait, au lieu de *pediendo*, *pedi*[illegible], *pedieron*, *pediese*, etc., les formes **pidiendo, pidió, pidieron, pidiese,** etc., et, auparavant, dans certains verbes comme **medir** (*lat.* metire) les formes **mido** (*l.* metio) et **mida** (*l.* metiam). Ces formes nouvelles en **i** : **mido, mida, midiendo, pidiendo, midió, pidió,** etc., rejoignaient celles qui étaient normales dans **río, ría, riendo, rió,** etc.

Le groupe qui s'est ainsi constitué sur le modèle de **pedir** comprend une vingtaine de verbes et leurs composés. Pour reconnaître ces verbes, cf. la règle au § 237.

Quelques particularités orthographiques concernant **reir, freir, engreir, desleír, reñir, ceñir, teñir, henchir** ont été signalées aux § 221, 222 ; celles concernant **seguir** (sigo) au § 219.

Conjugaison de PODRIR.

235. D'une façon analogue à *pedir*, dans le verbe **podrir**, l'**o** du radical persiste devant les terminaisons commençant par un *i accentué* et devient **u** dans tous les autres cas. Ce verbe est seul de sa catégorie.

La langue moderne tend à unifier toutes les formes du verbe sur le radical **pudr-**, avec **pudrir** comme infinitif.

	Rad. **o.**	Rad. **u.**
Infin.	podr**ir** ; *part. p.* podr**ido** ;	*gér.* pudr**iendo**
Ind. prés.	podr**imos**, podr**ís**	p**u**dro, -es, -e, -en
Subj. prés.		p**u**dra, -as, -a, etc.
Impératif.	podr**id**	p**u**dre
Imparf.	podr**ía, -ías**, etc.	
Passé s.	podr**í, -iste, -imos, -isteis**	pudr**ió, -ieron**
Subj. imp.		pudr**iese**, pudr**iera**

3e CLASSE. — *Alternance ie ∾ e ∾ i.*

(Verbes en **-IR.***)*

236. Modèle **SENTIR** (Cf. tableau p. 115).

Règle : **Sentir** se comporte absolument comme **pedir,** à l'exception des *9 formes des présents* qui adoptent la diphtongue **-ie.**

L'**e** de *sentir* et des autres verbes de cette classe remonte à un **e** bref du latin, comme dans **perder** et les verbes de la 1re classe. Les 9 personnes des présents sujettes à la diphtongaison nous sont déjà connues. Remarquons bien la différence avec **perder** au présent du subjonctif : au lieu de *sentamos*, *sentáis*, c'est **sintamos, sintáis** avec un **i** au radical, comme dans **pidamos, pidáis.**

Voyelles du radical :
alternance e ∾ i

e devant **i** accentué ;
i partout ailleurs.

PEDIR

Futur : pedir **é**, -**ás**, -**á**, etc. *Gérondif* : pid **iendo**
Condit. : pedir **ía**, -**ías**, -**ía**, etc. *Part. passé* : *ped* **í***do*

	Indicatif	*Impératif*	*Subjonctif*
Présent	pid o pid es pid e *ped* **í***mos* *ped* **í***s* pid en	 pid e *ped* **í***d*	pid a pid as pid a pid **a**mos pid **á**is pid an
Imparfait	*ped* **í***a* *ped* **í***as* *ped* **í***a* *ped* **í***amos* *ped* **í***ais* *ped* **í***an*		(si) pid **ie**ra pid **ie**ras pid **ie**ra pid ieramos pid **ie**rais p d ieran
Passé	*ped* **í** *ped* **í***ste* pid **ió** *ped* **í***mos* *ped* **í***steis* pid ieron		pid **ie**se pid ieses pid iese pid iésemos pid ieseis pid iesen

Voyelles du radical :
alternance ie ~ e ~ i

comme **pedír**, sauf
9 formes diphtonguées

SENTIR

Futur : sentiré, -**ás**, -**á**, etc.
Condit. : sentir **ía**, -**ías**, -**ía**, etc.

Gérondif : sint **iendo**
Part. passé : sent **ido**

	Indicatif	*Impératif*	*Subjonctif*
Présent	s**ie**nt o s**ie**nt es s**ie**nt e sent **í***mos* sent **ís** s**ie**nt en	s**ie**nt e sent *id*	s**ie**nt a s**ie**nt as s**ie**nt a sint **amos** sint **áis** s**ie**nt an
Le reste de la conjugaison est conforme à PEDIR, cf. p. 114.			
Imparfait	sent **ía** sent **ías** sent **ía** sent **íamos** sent **íais** sent **ían**		(si) sint **iera** sint **ieras** sint **iera** sint **iéramos** sint **ierais** sint **ieran**
Passé	sent **í** sent **iste** sint i**ó** sent **imos** sent **isteis** sint ieron		sint **iese** sint **ieses** sint **iese** sint **iésemos** sint **ieseis** sint **iesen**

Répartition des verbes en E-IR entre PEDIR et SENTIR.

237. Tous les verbes en **-IR**, qui ont un *e* au radical, sont irréguliers et se conjuguent soit sur **pedir,** soit sur **sentir.** Pour savoir à quel modèle ils obéissent, on peut s'en tenir à la règle suivante :

1° Se conjuguent sur **SENTIR** les verbes où l'**e** du radical est suivi soit d'un **r** (h**er**ir, pref**er**ir, adv**er**tir, conv**er**tir, h**er**ir, etc.), soit de **nt** (m**ent**ir, arrep**ent**irse).

Seule exception : **ser**vir, qui suit **PEDIR** (s**i**rvo, s**i**rves).

2° Tous les autres verbes en *e*-**IR** se conjuguent sur **PEDIR.**

Le verbe **erguir,** *dresser*, peut se conjuguer en principe sur **SENTIR** ou sur **PEDIR,** c'est-à-dire qu'il admet au présent la diphtongue : **yer**go, **yer**gues, **yer**gue, etc., ou la voyelle **i** : **ir**go, **ir**gues, **ir**gue, etc., mais ces dernières formes sont beaucoup plus rares.

Conjugaison de MORIR et DORMIR.

238. Ces deux verbes comportent l'alternance **ue — o — u,** parallèle à **ie — e — i.** Ils offrent la diphtongue aux 9 personnes des présents (d**ue**rmo, m**ue**ro) et, aux autres formes de la conjugaison, se comportent comme **podrir.** Leur radical coïncide dans la conjugaison exactement avec celui de **SENTIR :**

SENTIR :	s**ie**nt-	sent-	s**i**nt-
	m**uer**-	m**or**-	m**ur**-
DORMIR :	d**uer**m-	d**or**m-	d**ur**m-.

	rad. **ue**	rad. **o**	rad. **u**
		part. p. dorm**i**do	*gér.* durm**iendo**
Prés. indic.	d**ue**rmo, -es, -e, -en	dorm**i**mos, **-ís**	
— *subj.*	d**ue**rma, -as, -a, -an		durma**mos, -áis**
— *impér.*	d**ue**rme	dorm**i**d	
Imparf.		dorm**í**a, **-ías**, etc.	
Passé.		dorm**í, -i**ste, **-i**mos, **-i**steis	durm**ió, -ie**ron
Imp. subj.			durm**ie**se ; durm**ie**ra

Le verbe **morir** a un participe passé irrégulier : **muerto.**

4e CLASSE. — *Alternance zc ∾ c en fin de radical.*

(*Verbes en* **-CER** *et* **-CIR.**)

239. Modèle **CONOCER.**

Règle : | Le radical présente **zc** devant *a*, *o* et **c** devant *e*, *i*. |

Gérondif : conociendo *Part. passé* conocido

	Indicatif	*Impératif*	*Subjonctif*
Présent	cono**zc** o		cono**zc** a
	cono**c** es	cono**c** e	cono**zc** as
	cono**c** e		cono**zc** a
	cono**c** emos		cono**zc** amos
	cono**c** éis	cono**c** ed	cono**zc** áis
	cono**c** en		cono**zc** an

Les autres temps sont réguliers et conservent le radical **conoc-**.

L'ancienne orthographe écrivait uniformément : cono**scer**, pare**scer**, cono**sces**, pare**sces**, et cono**sco**, pare**sco**, etc. Ces verbes étaient donc réguliers pour la vue. Leur irrégularité consiste en ce que, contrairement à la règle générale suivie par les verbes en **-AR** (sa**car**, to**car** : sa**que**, to**que**), ils n'ont pas unifié pour l'oreille le son final de radical (cf. § 219). L'emploi de **c** (cono**c**es) au lieu de **sc** (cono**sc**es) est une simplification orthographique venue plus tard.

Cette classe de verbes, outre **nacer, pacer, conocer,** comprend surtout des verbes finissant par la terminaison inchoative **-ecer** (Cf. § 53) : establ**ecer**, par**ecer**, flor**ecer**, entum**ecer**, agrad**ecer**, etc. Elle comprend aussi quelques verbes en **-IR : lucir,** *luire* (lu**zc**o, lu**ci**mos) et les composés de **-ducir : conducir,** *conduire*, **reducir,** *réduire*, **producir,** *produire*, etc. ; mais ces derniers ont tous un passé fort en **-duje** (§ 254).

240. Il faut excepter de cette classe :

a) Les verbes où le **c** du radical est précédé d'une autre consonne : ve**nc**er, *vaincre;* espa**rc**ir, *éparpiller;* zu**rc**ir, *raccommoder*, etc., qui suivent la loi générale d'unification du radical (§ 219) en transcrivant le **c** par **z** devant *a*, *o*.

VENCER : ven**z**o, ven**c**es, ven**c**e, etc. ; *subj.* ven**z**a, ven**z**as, etc.

ESPARCIR : espar**z**o, espar**c**es, espar**c**e, etc. ; *subj.* espar**z**a, espar**z**as, etc.

b) **MECER,** *bercer*, qui se comporte de même : me**z**o, me**c**es ; *subj.* me**z**a.

COCER, *cuire*, qui en plus offre la diphtongue : **cuezo, cueces** ; *subj.* c**ueza**.

c) **HACER,** *faire*, et **DECIR,** *dire*, qui font alterner **g** devant *a*, *o* et **c** devant *e. i.* (Cf. § 245 et 246).

5e CLASSE. — ***Insertion d'un y en fin de radical.***

(*Verbes en* **-UIR.**)

241. Modèle **CONSTRUIR.**

Règle :

Un **y** s'insère entre le radical et les voyelles **a, o, e** de la terminaison.

Gérondif : construyendo *Part. passé :* construido

	Indicatif	*Impératif*	*Subjonctif*
	constr**u** y o		constr**u** y a
	constr**u** y es	constr**u** y e	constr**u** y as
	constr**u** y e		constr**u** y a
	constru **i**mos		constru y **a**mos
	constru **í**s		constru y **á**is
	constr**u** y en		constr**u** y an

Les autres temps sont réguliers.

La plupart des verbes de cette classe : **atribuir, constituir, distribuir, influir, destruir,** etc., remontent à des verbes latins en **-uere** : attribuere, distribuere, constituere, influere, destruere, etc., qui ont changé de terminaison. L'**y** inséré après le radical est, en pareil cas, un élément adventice. Mais, dans **huir** (*lat.* fugere), qui a pu influer sur ces derniers, l'**y** représente bien le **g** ou le **gi** des formes : fu**g**io > **huyo,** fu**gi**am > **huya,** fu**g**is > **huyes,** etc. Pour ce verbe, la règle pourrait s'énoncer sous la forme suivante : le radical comporte en réalité un **y** final *(huy-)* qui tombe chaque fois qu'il est suivi d'un **i** : (huy-imos) **huimos,** (huy-ía) **huía,** (huy-ir) **huir,** etc.

Rappelons que, dans les formes régulières constru**yendo,** constru**yó,** constru**yeron,** etc., l'**y** n'est qu'une transcription particulière de l'**i** consonantique de **-iendo, -ió, -ieron,** etc. (Cf. § 220).

242. Conjugaison de **OÌR,** *entendre.*

Ce verbe fait **oigo** à la 1re personne du singulier du présent de l'indicatif, forme qui se propage aux 6 personnes du présent du subjonctif. Le reste de sa conjugaison est conforme à **construir**

Indic. prés.: **oigo, oy**es, **oy**e, o**ímos**, o**ís, oy**en.
Subj. prés.: **oig**a, **oig**a, **oig**a, oigamos, oigáis, **oig**an.
Impér.: **oy**e, o**id.**

Les autres formes : o**ía,** o**í,** o**yó,** o**yeron,** o**yese,** o**yendo,** etc., sont régulières (Cf. § 220).

IRRÉGULARITÉS DIVERSES

Présents en -GO.

243. Quelques verbes ont une 1re personne du singulier du présent de l'indicatif en **go,** différente des autres personnes de ce même temps, mais dont l'irrégularité se retrouve à toutes les personnes du *présent du subjonctif* (§ 204).

Ce sont :

TENER : tengo, tienes, tiene, etc. ; **tenga, tengas, tenga.**
PONER : pongo, pones, pone, etc. ; **ponga, pongas, ponga,** etc.
SALIR : salgo, sales, sale, etc. ; **salga, salgas, salga,** etc.
VALER : valgo, vales, vale, etc. ; **valga, valgas, valga,** etc.
ASIR : asgo, ases, ase, etc. ; **asga, asgas, asga,** etc.
TRAER : traigo, traes, trae, etc. ; **traiga, traigas, traiga,** etc.
CAER : caigo, caes, cae, etc. ; **caiga, caigas, caiga,** etc.
OIR : oigo, oyes, etc. (Cf. § 242.)
HACER : hago, haces, etc. (Cf. § 246.)

Plusieurs de ces verbes offrent d'autres irrégularités qui sont récapitulées au tableau p. 124. Nous citons à part **venir, decir** et **hacer.**

244. VENIR ; *gérond.* **viniendo** ; *part. p.* **venido.**

Prés. indic.: **vengo,** vienes, viene, ven**imos,** ven**ís,** vienen.
Prés. subj.: **venga, vengas, venga, vengamos, vengáis, vengan.**
Prés. impér.: **ven,** **venid.**
Imparfait: **venía.** — *Passé fort:* **vine** (§ 254). — *Subj. imparf.:* **viniese, viniera.**
Futur: **vendré.** — *Condit.:* **vendría.**

245. DECIR ; *gérond.:* **diciendo** ; *part. p.:* **dicho.**

Prés. indic.: **digo,** dices, dice, **decimos, decís,** dicen. (Cf. § 240, *c.*)
Prés. subj.: **diga, digas, diga, digamos, digáis, digan.**
Prés. impér.: **dí, decid.**
Imparfait: decía. — *Passé fort:* **dije** (§ 254). — *Subj. imparf.:* **dijese, dijera.**
Futur: **diré.** — *Condit.:* **diría.**

246. HACER ; *gérond.* **haciendo** ; *part. p.:* **hecho.**

Prés. indic.: **hago,** haces, hace, hacemos, hacéis, hacen.
Prés. subj.: **haga, hagas, haga,** etc.
Prés. impér.: **haz, haced.**
Imparfait: **hacía.** — *Passé fort:* **hice, hizo** (§ 254). — *Subj. imparf.:* **hiciese, hiciera.**
Futur: **haré.** — *Condit.:* **haría.**
On conjugue de même : **satisfacer, satisfago, satisfaces,** etc.

Présents à formes particulières.

Pour **HABER, SER, ESTAR,** cf. p. 100, 101, 102.

247. IR, *aller.* — *Gérond.:* **yendo.** — *Part. pas.:* **ido.**

Prés. indic.: **voy, vas, va, vamos, vais, van.**
Prés. subj.: **vaya, vayas, vaya, vayamos, vayáis, vayan.**
Prés. impér.: **ve,** (Cf. § 717.) **id.**
Imparfait: **iba, ibas, iba, íbamos, ibais, iban.**

Le passé et les temps dérivés sont empruntés au verbe **ser** : **fui,** *j'allai;* **si fuera,** *si j'allais;* **que fuese,** *que j'allasse.*
Futur: **iré, irás.** — *Condit.:* **iría.**

248. DAR, *donner.* — *Gérond.:* dando. — *Part. pas.:* dado.

Prés. indic.: **doy,** das, da, damos, dais, dan.
Prés. subj.: **dé,** des, **dé,** demos, deis, den. *(Noter l'accent.)*
Prés. impér.: da, dad.

A part **doy,** calqué sur **soy,** toutes ces formes sont en réalité régulières, ainsi que l'imparfait **daba, dabas.**

Son passé simple : **di, diste, dio,** etc., et les formes dérivées: **diese, diera** sont conformes à celles des verbes en **-ER.**

249. SABER, *savoir.* — *Gérond.:* sabiendo. — *Part. pas.* : sabido.

Prés. indic. : **sé,** sabes, sabe, sabemos, sabéis, saben.
Prés. subj.: **sepa, sepas, sepa, sepamos, sepáis, sepan.**
Prés. impér.: sabe, sabed.
Imparf.: sabía. — *Passé fort:* **supe.** — *Subj. imparf.:* **supiese, supiera.**
Futur: **sabré.** — *Condit.:* **sabría.**

250. CABER, *contenir* (intransitif). — *Gérond.* : cabiendo. — *Part. pas.:* cabido.

Prés. indic.: **quepo,** cabes, cabe, cabemos, cabéis, caben.
Prés. subj.: **quepa, quepas, quepa, quepamos, quepáis, quepan.**
Prés. impér.: cabe, cabed.
Imparf.: cabía. — *Passé fort:* **cupe.** — *Subj. imparf.:* **cupiese, cupiera.**
Futur: **cabré.** — *Condit.:* **cabría.**

251. VER, *voir.* — *Gérond.:* viendo. — *Part. pas.:* **visto.**

Prés. indic.: **veo,** ves, ve, vemos, veis, ven.
Prés. subj.: **vea, veas, vea, veamos, veáis, vean.**
Prés. impér.: ve, ved.
Imparf.: **veía, veías.** — *Passé:* **vi,** viste, vio. — *Subj. imparf.:* **viese,** viera.

Le composé **proveer,** *pourvoir,* est régulier, mais admet le *part. pas.* **provisto,** à côté de **proveído.** (Cf. § 546.)

Impératifs irréguliers (2e pers. singulier).

252. Ces impératifs sont au nombre de 6 et se caractérisent par l'absence de l'**e** final.

poner,	**pon,**	*mets*	salir,	**sal,**	*sors*
tener,	**ten,**	*aie*	decir,	**di,**	*dis*
venir,	**ven,**	*viens*	hacer,	**haz,**	*fais*

Ces formes se retrouvent dans les composés : **imponer, suponer, retener, convenir, deshacer,** etc.

L'impératif théorique de *valer:* **val** n'est pas employé.

L'impératif de *ir:* **ve** se confond avec celui de *ver.*

Dans le langage parlé, **trae** (de traer, *apporter*) est prononcé *tray* notamment avec l'enclise d'un pronom : **traeme** = *trayme.*

Futurs et conditionnels irréguliers.

253. Il s'agit simplement ici de *contractions* réalisées par la chute de l'**e** ou de l'**i** de l'infinitif. — Les terminaisons restent toujours régulières.

Infin.	*Futur.*	*Condit.*	*Infin.*	*Futur.*	*Condit.*
haber,	**habré,**	**habría** ;	tener,	**tendré,**	**tendría** ;
saber,	**sabré,**	**sabría** ;	salir,	**saldré,**	**saldría** ;
caber,	**cabré,**	**cabría** ;	valer,	**valdré,**	**valdría** ;
poder,	**podré,**	**podría** ;	querer,	**querré,**	**querría** ;
poner,	**pondré,**	**pondría** ;	hacer,	**haré,**	**haría** ;
venir,	**vendré,**	**vendría** ;	decir,	**diré,**	**diría**
				et leurs composés	

Cependant le Futur et le Conditionnel de **bendecir, maldecir** restent réguliers : **bendeciré**, **bendeciría; maldeciré**, **maldeciría.**

Passés irréguliers (pretéritos fuertes).

254. Ces passés ont un radical différent de l'infinitif ; mais ils sont surtout caractérisés par l'*accentuation sur le radical à la 1re et à la 3e personne du singulier.* Les autres terminaisons sont régulières.

Rappelons que le radical des passés se transmet aux deux imparfaits et au futur du subjonctif. — L'*i* des terminaisons **-ieron, -iese, -iera** tombe après un **j** (autrefois *x*) (Cf. § 223.)

HABER		**DECIR**	
hub e	*j'eus*	**dij** e	*je dis*
hub **iste**	*tu eus*	dij **iste**	*tu dis*
hub o	*il eut*	**dij** o	*il dit*
hub **imos**	*nous eûmes*	dij **imos**	*nous dîmes*
hub **isteis**	*vous eûtes*	dij **isteis**	*vous dîtes*
hub **ieron**	*ils eurent*	dij **eron**	*ils dirent*
Subj. : **hubiese, hubiera, hubiere.**		*Subj.* : **dijese, dijera, dijere.**	

Se conjuguent sur **hube :**

estar,	**estuve,**	**estuviese**	poner,	**puse,**	**pusiese**
andar,	**anduve,**	**anduviese**	querer,	**quise,**	**quisiese**
tener,	**tuve,**	**tuviese**	hacer,	**hice (hizo),**	**hiciese**
saber,	**supe,**	**supiese**	venir,	**vine,**	**viniese**
poder,	**pude,**	**pudiese**	placer,	**plugue (plugo)**	**pluguiese**

et leurs composés.

Se conjuguent sur **dije :**

traer, (*arch.*)	**traje,** / **truje,**	**trajese** / **trujese**	
et ses composés.			
conducir,	**conduje,**	**condujese**	
producir,	**produje,**	**produjese**	
et les autres composés en -ducir.			

Le verbe **responder** possédait autrefois le passé **respuse, respuso,** *je répondis, il répondit,* forme devenue aujourd'hui **repuse, repuso** par suite d'une confusion avec le passé de **reponer.**

255. ***Participes passés irréguliers.***

abrir,	**abierto,**	*ouvert ;*
cubrir,	**cubierto,**	*couvert ;*
morir,	**muerto,**	*mort ;*
volver,	**vuelto,**	*revenu ;*
resolver,	**resuelto,**	*résolu ;*
poner,	**puesto,**	*mis ;*
decir,	**dicho,**	*dit ;*
hacer,	**hecho,**	*fait ;*
escribir,	**escrito,**	*écrit ;*
ver,	**visto,**	*vu ;*
romper,	**roto,**	*cassé ;*
imprimir,	**impreso,**	*imprimé,*

et les composés : descubrir, envolver, disolver, absolver, imponer, disponer, deshacer, describir, etc. : **descubierto, envuelto, disuelto, absuelto, impuesto,** etc. Bendecir et maldecir ont les formes régulières : **bendecido, maldecido.**

256. ***Gérondifs irréguliers.***

Il n'y a de vraiment irréguliers que **pudiendo,** *pouvant,* au lieu de podiendo ; **viniendo,** *venant,* au lieu de veniendo ; **diciendo,** *disant,* au lieu de deciendo. Ces deux derniers sont conformes d'ailleurs au gérondif normal des verbes en *e*-**IR** : **pidiendo** (pedir), **sintiendo** (sentir) ; dans les verbes en *o*-**IR** (podrir, morir, dormir), le gérondif a un **u** au radical : **pudriendo, muriendo, durmiendo.**

VERBES DÉFECTIFS

Formes désuètes.

257. PLACER, *plaire.*

Ce verbe n'est plus guère employé qu'à la *3e personne* **(me place)** et est souvent remplacé par **gustar** et **agradar,** qui ont le même sens. Nous mettons entre parenthèses les formes théoriques inusitées.

Prés. indic. : (plazco) **places, place,** etc. — *Prés. subj. :* (plazca) et **plega** dans l'expression : **plega a Dios,** *plaise à Dieu.* — *Imparf. :* placía. — *Passé :* (plugue, pluguiste), **plugo.** — *Subj. imparf. :* **pluguiese** et **pluguiera** dans l'expression : **pluguiera a Dios,** *plût à Dieu.*

Son composé **complacerse** n'est pas défectif et présente les formes : **complazco,** complaces ; — *passé :* **complugue** et **complací.**

Tableau récapitulatif des

Seules les formes irrégu-

Infinitif	*Présent de l'Indicatif*	*Impératif*	*Présent du Subjonctif*	*Futur*
SER	**soy**, eres	**sé**	**sea**	
IR	**voy**, vas	**ve**	**vaya**	
DAR	**doy**, das		**dé**	
ESTAR	**estoy**, estás	**está**	**esté**	
ANDAR				
HABER	**he**, has		**haya**	**habré**
SABER	**sé**, sabes		**sepa**	**sabré**
CABER	**quepo**, cabes		**quepa**	**cabré**
PODER	**puedo**			**podré**
QUERER	**quiero**			**querré**
PONER	**pongo**, pones	**pon**	**ponga**	**pondré**
TENER	**tengo**, tienes	**ten**	**tenga**	**tendré**
VENIR	**vengo**, vienes	**ven**	**venga**	**vendré**
HACER	**hago**, haces	**haz**	**haga**	**haré**
DECIR	**digo**, dices	**di**	**diga**	**diré**
TRAER	**traigo**, traes		**traiga**	
CAER	**caigo**, caes		**caiga**	
SALIR	**salgo**, sales	**sal**	**salga**	**saldré**
VALER	**valgo**, vales	**val**	**valga**	**valdré**
OÍR	**oigo**, oyes		**oiga**	
VER	**veo**, ves		**vea**	
-DUCIR	**-duzco**, ces		**-duzca**	

verbes irréguliers non classés

lières sont mentionnées ici.

Imparfait de l'Indicatif	*Prétérit*	*Imparfait du Subjonctif*	*Gérondif*	*Participe passé*
era	**fui**	**fuese**		
iba	**fui**	**fuese**	**yendo**	
	di, dio	**diese**		
	estuve	**estuviese**		
	anduve	**anduviese**		
	hube	**hubiese**		
	supe	**supiese**		
	cupe	**cupiese**		
	pude	**pudiese**	**pudiendo**	
	quise	**quisiese**		
	puse	**pusiese**		**puesto**
	tuve	**tuviese**		
	vine	**viniese**	**viniendo**	
	hice, hizo	**hiciese**		**hecho**
	dije	**dijese**	**diciendo**	**dicho**
	traje	**trajese**		
			oyendo	
veía				**visto**
	-duje	**-dujese**		

258. YACER, *gésir.*

Comme le précédent, ce verbe n'est guère employé qu'à la *3e personne.*

Prés. indic.: (yazco *ou* yazgo) **yaces, yace.** — *Subj.:* (yazca ou yazga). — *Passé:* (yogue, yoguiste, yogo). — Formes régulières employées : *gérond.* **yaciendo.** — *Part. pas.:* **yacido.** — Imparf. : **yacía.**

259. ASIR, *saisir.*

On évite seulement les formes en **go** et **ga** des présents :

Prés. indic.: (asgo), **ases, ase,** etc. — *Subj.:* (asga, asgas, etc.). Les autres formes sont régulières et d'usage courant. Le composé **desasirse,** *se dessaisir*, se comporte de même.

260. TAÑER, *jouer* (d'un instrument), *sonner* (des cloches).

Dans ce verbe, comme dans le précédent, on évite les formes en **go** et **ga.** *Prés. indic. :* (tango), **tañes, tañe,** etc. — *Subj. :* (tanga, tangas, etc.). Les autres formes sont régulières, mais on écrit **tañendo** (tañ-iendo), **tañó** (tañ-ió), etc. (cf. § 222.)

Formes cacophoniques.

261. LOAR, *louer.*

Pour des raisons d'euphonie, on évite les formes avec deux **o** : (loo) *je loue*; (loó) *il loua*. Ce verbe, par ailleurs régulier, est rare cependant et ne se rencontre guère qu'en poésie.

ROER, *ronger.*

Ce verbe est inusité à la *1re pers. sing. du prés. de l'indicatif (je ronge)* et à tout le prés. du subjonctif. Les autres formes sont régulières : **roes, roe ; roía ; roí,** etc. ; mais seule la 3e pers. est d'un emploi courant.

RAER, *racler.*

Comme dans les verbes précédents, les formes théoriques *rao, raa*, qui correspondaient aux prés. de l'indic. et du subj., sont proscrites pour des raisons d'euphonie. Sont seules connues les formes : **raes, rae, raía, rayendo, raído.**

262. Les verbes **balbucir,** *balbutier* ; **abolir, aguerrir, arrecirse,** *se raidir*, **despavorirse,** *s'effrayer*, ne sont usités qu'aux personnes où la terminaison commence par un **i** accentué ou consonantique : **balbucimos, aboliendo, nos aguerrimos, se arrecía, despavorido,** etc.

Raisons de sens.

263. Le verbe **concernir,** *concerner* (cf. § 232), ne peut, en raison de son sens, être employé qu'à *la 3e pers.* C'est pour le même motif que le verbe **soler** (suelo, sueles), *avoir coutume*, n'a pas l'occasion d'être employé au *passé simple* ni au *futur.*

CHAPITRE XV

L'ADVERBE

ADVERBES DE LIEU

264. ***Formes simples :***

donde, *où ;*
aquí, acá, *ici ;*
ahí, allí, *là ;*
allá, *là-bas ;*
lejos, *loin ;*
cerca, *près ;*
dentro, *dedans ;*
fuera, *dehors ;*

arriba, *en haut ;*
abajo, *en bas ;*
adelante, *en avant ;*
atrás, *en arrière ;*
delante, *devant ;*
detrás, *derrière ;*
debajo, *dessous ;*
encima, *dessus ;*
enfrente, *en face.*

Locutions :

aquí y allí / **acá y acullá** } *çà et là ;*

aquí bajo, *ici-bas ;*
allá arriba, *là-haut ;*
allá abajo, *là-bas ;*

(a, en) por todas partes, *partout ;*
(a, en) por ninguna parte, *nulle part ;*
(a, en) por otra parte, *ailleurs ;*
aparte, a una parte, *à l'écart ;*
dondequiera, / **doquier** (archaïque), } *n'importe où, partout.*

Formes archaïques :

265. **Aquende** (= más acá), *en deçà* ; **allende** (= más allá), *au delà* ; **dende** (= desde allí), *de là*. La langue du moyen âge possédait aussi **ende** ou **end** et **hi** qui correspondaient aux pronoms adverbes français *en* et *y*.

Il faut citer à côté de **donde**, la forme archaïque **do** (*lat.* de ubi), qui vit encore dans certains parlers populaires, et le composé **doquier, doquiera,** employé surtout en poésie.

Sabe sus gustos y condiciones, **y a do va y de do vienen** (Duque de Rivas). Il connaît leurs goûts et leur caractère et sait *où ils vont et d'où ils viennent.*

Suso, *en haut* et **ayuso,** *en bas.* De Dios en **ayuso,** *ici-bas.*

Distance relative.

266. **Acá** et **allá** impliquent une idée de rapprochement ou d'éloignement par rapport à celui qui parle. On emploie ces formes de préférence à *aquí* et *allí* s'il s'agit de comparaison ou de déplacement: **más acá, más allá** sont synonymes de *plus loin*, *plus près* (distances relatives).

Venga Ud **acá.**	*Venez* ici. *Approchez-vous.*
Póngase Ud **más acá.**	Mettez-vous *plus près* (de moi).
Está Ud **muy allá.**	Vous êtes *bien loin.*
Un poco más allá del puente.	*Un peu plus loin que* le pont (*au delà du* pont).

Éloignement figuré.

267. Celui qui parle peut exprimer son *désintéressement* d'une affaire, c'est-à-dire une idée d'éloignement figuré par l'adverbe **allá.**

¿ Lo quieres así ? **Pues allá tú.**	Tu le veux comme ça ? *Eh bien, cela te regarde. (Je m'en désintéresse.)*
Si se pierden, **allá ellos.**	S'ils se perdent, *tant pis pour eux. (C'est leur affaire.)*

Éloignement dans le temps.

268. Les adverbes **aquí, acá, allí, allá** peuvent parfois se référer *au temps:* **aquí, acá** comme équivalents de *maintenant* ou *alors;* **allá,** marquant un *éloignement* dans le passé ou l'avenir.

Aquí fue su aflicción, **aquí** su pena. (Samaniego.)	*C'est alors que* se manifestèrent son affliction et sa peine.
Desde entonces **acá** no ha hecho nada bueno.	Depuis lors, *jusqu'à présent,* il n'a rien fait de bon.
Allá, a principios del siglo XIX.	*Autrefois, vers le début* du XIXe siècle.
Allá, dentro de un año, veremos los resultados.	*Plus tard, dans un an,* nous verrons les résultats.

ADVERBES DE TEMPS

269. ***Formes simples :***

¿ cuándo ?, *quand ;*
ahora, *maintenant ;*
ya, *déjà, à présent ;*
hoy, *aujourd'hui ;*
ayer, *hier ;*

anteayer / **antes de ayer** } *avant-hier ;*
anoche, *hier soir ;*
anteanoche, *avant-hier soir ;*
mañana, *demain ;*
pasado mañana, *après-demain ;*
antaño, *jadis ;*
antes, *avant ;*

antiguamente, *autrefois ;*
entonces, *alors ;*
luego, *puis ;*
después, *ensuite ;*
pronto, *bientôt, vite ;*
rápidamente / **aprisa** } *vite, rapidement,*
temprano, *tôt, de bonne heure ;*

tarde, *tard ;*
siempre, *toujours ;*
nunca, jamás, *jamais ;*
aún, todavía, *encore ;*
aína (archaïque), *vite.*

270. ***Locutions :***

de madrugada, *de bon matin ;*
al día siguiente, *le lendemain ;*
algunas veces, *quelquefois ;*
a veces, *parfois ;*
a menudo / **muchas veces** } *souvent ;*
raras veces / **pocas veces** } *rarement ;*
en breve / **dentro de poco** } *bientôt, sous peu ;*
en otros tiempos, *autrefois ;*
para siempre / **por siempre** } *pour toujours, à jamais ;*
mucho tiempo, *longtemps ;*
cuando quiera, *n'importe quand ;*
cuanto antes, *le plus tôt possible ;*
en seguida, *aussitot ;*
en el acto, *sur-le-champ ;*
acto continuo, *tout de suite après ;*
de antemano, *à l'avance ;*
de repente / **de pronto** } *soudain, tout à coup ;*
en adelante, *désormais ;*
de aquí en adelante, *dorénavant ;*
en lo sucesivo / **en lo futuro** } *à l'avenir ;*
por de pronto / **desde luego** } *tout d'abord, pour l'instant ;*
a la sazón, *à ce moment-là ;*
de vez en cuando / **de cuando en vez** / **de cuando en cuando** } *de temps en temps.*

etc.

Ya.

271. Outre son rôle d'adverbe de temps, **ya** peut servir à renforcer une affirmation avec le sens du français *bien;* dans ce dernier cas, il précède toujours le verbe.

Ya ve Ud lo que pasa.	*Vous voyez bien* ce qui arrive.
Ya lo veo.	*Je le vois bien.*
Lo sé **ya**	Je le sais *déjà.*

Nunca, jamás.

272. Notre *jamais* négatif se traduit indifféremment par **nunca** ou **jamás**, qui peuvent même se superposer pour renforcer la négation : **nunca jamás** lo haré, *je ne le ferai jamais* (au grand jamais).

Mais, dans la traduction de *si jamais*, qui a le sens de *si quelquefois*, *si une fois ou l'autre...*, c'est seulement **jamás** que l'on peut employer.

Si jamais tu me trompes...	**Si jamás** me engañas... / **Si alguna vez** me engañas...
Si jamais je le rencontre, il m'entendra.	**Si jamás** le encuentro, me ha de oir.

Jamais de la vie.

273. Les équivalents espagnols de cette locution : **en mi vida en mis días, en mis años** supposent l'ellipse du mot *nunca*, qui leur confère une valeur négative. (Cf. *Syntaxe*, § 688.)

Jamais de la vie je n'ai vu pareille chose.	**En mi vida** he visto cosa tal.

Luego, después.

274. Dans la succession des faits, **luego** marque toujours une postériorité plus immédiate que **después** et peut parfois être synonyme de : *bientôt*, *tout à l'heure.*

Eso lo voy a hacer **luego, y después** saldré.	Cela, je vais le faire *tout à l'heure et ensuite* je sortirai.
Venga Ud **luego.**	Venez *vite (sans tarder).*

Les deux adverbes peuvent se trouver réunis pour marquer la succession immédiate : **luego después** salió, *il sortit tout de suite après.* Employé comme conjonction, **luego** prend le sens de *par conséquent.*

Primero, antes.

275. L'adjectif **primero** se présente comme adverbe dans les deux acceptions suivantes :

a) comme équivalent de **desde luego, en primer lugar,** *tout d'abord :* Hay que hacer esto **primero,** il faut faire ceci *tout d'abord ;*

b) comme équivalent de **antes** avec la double valeur comparative de *plus tôt* (antériorité) et de *plutôt* (préférence).

La tortuga llegó **primero que** la liebre.	La tortue arriva *avant* le lièvre.
Primero morir **que** vivir en la esclavitud.	*Plutôt* mourir *que* vivre dans l'esclavage.

Tout à l'heure.

276. *Tout à l'heure*, synonyme de *maintenant*, se rend par **ahora.** Mais on le traduira par **luego,** si l'expression se réfère à un temps prochain, et par **hace poco,** s'il s'agit d'un moment récent.

Tout à l'heure il dort.	**Ahora** está durmiendo.
Tout à l'heure il nous racontait...	**Hace poco** nos contaba...
Je reviendrai *tout à l'heure.*	Volveré **luego.**

Vite.

277. *Vite*, signifiant : *dans un bref délai*, *bientôt*, se rend par **pronto, luego, dentro de poco** ; signifiant *rapidement*, *prestement*, par **rápidamente, aprisa, ligero,** etc.

Ils arrivèrent *vite après.*	Llegaron **pronto después.**
Nous reviendrons *vite.*	Volveremos **pronto.**
Il marchait *très vite.*	Andaba **muy aprisa.**
L'enfant comprenait *vite.*	El niño comprendía **rápidamente.**

Encore.

278. Ordinairement **todavía** et **aún** sont synonymes et peuvent traduire *encore*, qu'il s'agisse d'un rapport de temps ou d'un renchérissement.

Je n'ai pas *encore* terminé.	No he acabado **aún** (*ou* **todavía**).
Il est *encore* plus bête que l'autre.	Es **todavía** (*ou* **aún**) más tonto que el otro.

Cependant, lorsque *encore* a le sens de *même*, il est préférable d'employer **aun**, afin d'éviter des équivoques possibles. **Aun** s'écrit sans accent quand il précède les mots qu'il modifie. (Cf. § 481).

Tu me refuses *encore* cela.	Me niegas **aun** eso.
(= cela aussi)	
(= *encore à présent*).	Me niegas **todavía** eso.
Il fait *encore* les mêmes fautes. (= encore à présent)	Hace **todavía** las mismas faltas.

Encore avec le sens de *plus*, *davantage*, se rend par **más.**

En désirez-vous *encore un peu ?*	¿ Desea Ud **un poco más** (de eso) ?
Encore deux secondes et nous étions perdus.	**Dos segundos más** y estábamos perdidos.

Confusions à éviter.

279. Anoche, *hier soir, la nuit précédente;* **esta noche,** *ce soir, la nuit à venir.*

Mañana, *demain,* par rapport à aujourd'hui ; **al día siguiente** ou **al otro día,** *le lendemain,* par rapport à un jour passé ou à venir.

Pronto, *bientôt;* **de pronto,** *soudain;* **por de pronto,** *tout d'abord.*

Hace poco ou **poco ha,** *naguère, récemment.* — **Antaño,** *jadis, autrefois :* période antérieure à la période actuelle, qui peut se désigner par **hogaño** *(aujourd'hui);* **antes,** *auparavant, autrefois,* marque l'antériorité par rapport à n'importe quelle période du présent, du passé ou de l'avenir. — **Antiguamente,** *autrefois, dans l'ancien temps,* se réfère à une époque plus reculée que *antaño* et *antes.*

De aquí en adelante, **de hoy** en adelante, **de ahora** en adelante : *dorénavant, à partir d'à présent.* — **De allí** en adelante, *désormais,* par rapport à un autre moment. Le simple **en adelante** peut être employé dans les deux sens, étant donné son imprécision.

ADVERBES DE MANIÈRE

280. *Formes simples.*

¿ cómo ?, *comment ?;*
bien, *bien ;*
mal, *mal;*
mejor, *mieux ;*
peor, *pire ;*
así, *ainsi ;*
aína (arch.), *vite ;*
casi, *presque ;*
despacio, *lentement ;*
aprisa, *vite ;*
adrede, *à dessein ;*
apenas, *à peine ;*
quedo, *bas, doucement.*

281. *Locutions.*

a hurtadillas / **a escondidas**, *en cachette ;*
a carcajadas, *aux éclats* (rire) ;
a sus anchas, *à son aise ;*
a ciegas / **a oscuras**, *à l'aveuglette ;*
a tientas, *à tâtons ;*
a las claras, *au grand jour ;*
a sabiendas, *à bon escient ;*
a tontas y a locas, *à tort et à travers ;*
a gatas, *à quatre pattes ;*
a horcajadas, *à califourchon ;*
a duras penas, *à grand'peine ;*
a cuál mejor / **a cuál más** / **a porfía**, *à qui mieux mieux ; à l'envi ; les uns plus que les autres ;*
al acaso / **a la ventura** / **al azar**, *au hasard ;*
a lo sumo / **a lo más** / **a todo tirar**, *tout au plus ;*
a destajo, *à forfait ;*
a pedir de boca, *à bouche que veux-tu, à souhait ;*
a todo escape / **a todo correr** / **a más andar**, *ventre à terre, à toutes jambes, en toute hâte, au plus vite ;*
a todo mecha / **a rienda suelta**, *à bride abattue ;*
a quemarropa *à brûle-pourpoint ;*
a toque de caja, *tambour battant ;*
a vuelapluma, *au courant de la plume ;*
a continuación, *à la suite ;*
a la cozcojita / **a la pata coja**, *à cloche-pied ;*
al descuido, *négligemment ;*
de buena gana, *volontiers ;*
de mala gana, *à contre-cœur ;*
de verdad, *tout de bon ;*
de veras, *vraiment ;*
de broma / **de burla** / **de mentirijillas** / **de chanza**, *pour rire, en plaisantant ;*
de prisa, *à la hâte ;*
de antemano, *à l'avance ;*
de paso, *en passant ;*
de camino, *chemin-faisant ;*
de pie, *debout ;*
de puntillas, *sur la pointe des pieds ;*
de rodillas, *à genoux ;*
de bruces / **boca abajo**, *sur le ventre ;*
de espaldas / **boca arriba,** *sur le dos ;*
de grado o por fuerza / **quiera o no quiera** / **que quieras que no**, *bon gré mal gré ;*
por casualidad / **casualmente**, *par hasard ;*
por debajo de cuerda, *par-dessous main ;*
por descuido, *par mégarde ;*
por las buenas, *de bon gré ;*
por las malas / **por fuerza**, *de mauvais gré, par force ;*
con gusto, *volontiers ;*
a disgusto, *à contre-cœur ;*
con razón / **con justicia**, *à bon droit ;*
sin razón, *à tort ;*
con mayor razón, *à plus forte raison ;*
con más fuerza, *de plus belle ;*
con comodidad, *à l'aise ;*
sin más, *sans plus ;*
sin más ni más, *de but en blanc ;*
como quiera, *n'importe comment ;*
etc.

Adverbes en -MENTE.

282. Ces adverbes remontent aux locutions latines du type **severa mente,** *d'une façon sérieuse.* **Mente** est l'ablatif du nom féminin **mens, mentis,** *esprit.* C'est pourquoi l'adjectif (ou le participe) doit toujours se présenter sous la forme du *féminin ;* c'est pourquoi aussi ces adverbes comportent en réalité deux accents toniques : l'un sur la terminaison **mente,** l'autre sur l'adjectif, sur lequel il faut l'écrire, s'il le porte normalement.

Adjectif.	*Féminin.*	*Adverbe.*	
claro	clara	**claramente**	*clairement*
exagerado	exagerada	**exageradamente**	*exagérément*
rápido	rápida	**rápidamente**	*rapidement*
constante	constante	**constantemente**	*constamment*
hábil	hábil	**hábilmente**	*habilement*

283. Dans le cas de plusieurs adverbes en *-ment* consécutifs, l'espagnol n'ajoute la terminaison **-mente** qu'au dernier, mais les adjectifs précédents doivent se présenter au féminin :

Des règles *clairement et habilement* exposées.	Unas reglas **clara y hábilmente** expuestas.
Ils se battirent *bravement quoique désespérément.*	Pelearon **valerosa aunque desesperadamente.**

284. La terminaison **-mente** n'est pas admise :

a) Par les adjectifs : **ninguno, otro, tal, mismo,** bien que le parler populaire emploie **talmente, mismamente.** En espagnol correct, il faut traduire : *aucunement* par **de ninguna manera, de ningún modo** ; *autrement*, par **de otra manera, de otro modo** ; *tellement*, par **tan** (devant adjectif ou adverbe), **tanto** (devant un nom : **tantas faltas,** *tellement de fautes*) ; **de tal manera** ou **de tal modo,** s'il modifie un verbe : gritó **de tal manera que,** il cria *tellement que... ; mêmement*, par **lo mismo, igualmente, de igual manera, del mismo modo.**

b) Ni par les ordinaux, à part **primeramente** et **últimamente.** Pour rendre *deuxièmement*, *troisièmement*, etc., on dira : **en segundo lugar** *(en second lieu)*, **en tercer lugar,** etc.

c) Aux formes en **-mente,** toujours un peu lourdes, l'espagnol préfère dans bien des cas les locutions adverbiales de même sens, lorsqu'elles existent : au lieu de *seguramente*, *gravemente*, *verdaderamente*, *extremadamente*, etc., il emploiera : **de seguro, de gravedad** ou **con gravedad, de verdad** ou **en verdad, en extremo,** etc.

Inclusivamente et *exclusivamente* sont presque toujours remplacés par les latinismes **inclusive** et **exclusive** postposés à l'expression qu'ils modifient : **hasta el martes inclusive,** *jusqu'à mardi inclus.*

Un certain nombre d'autres locutions latines sont d'un emploi courant en espagnol comme en français : **a priori, a posteriori, de jure, de facto, ex abrupto, ex professo, extra muros, intra muros, in fine, manu militari, passim, sine die, verbi gratia,** abrégé ordinairement en **V. gr. :** *par exemple*, etc.

Valeurs diverses de ASÍ.

285. L'adverbe **así** placé après un nom peut lui servir d'attribut avec la valeur de **tal** ou du franç. *de ce genre :* **Una joya así** bien valdrá 20 duros *Un bijou comme celui-là (de ce genre)* doit bien valoir 20 duros.

Le langage courant emploie très volontiers la locution **así de** devant un adjectif avec la valeur démonstrative de la locution française populaire *comme ça* postposée à l'adjectif : Una mesa **así de grande**, une table *grande comme ça*; un mango **así de gordo**, un manche *gros comme ça;* una lámpara **así de alta**, une lampe *haute comme ça*, etc.

La locution adverbiale **así así** correspond au franç. *comme ci comme ça.*

L'emploi de **así** comme équivalent de **tan** ou **tanto** est un archaïsme qui peut se retrouver dialectalement, mais qui n'est pas à imiter.

Que no **ansí** vuela el viento cuanto es fugaz y vano aquel contento. (Fr. Luis de León.)	Car le vent n'est pas *aussi rapide* que cette joie n'est fugitive et vaine.
Niños **así puros e inocentes que** aun no tienen pensamientos ni ideas. (F. Caballero, — *Cuentos andaluces.*)	Des enfants *si purs et si innocents* qu'ils n'ont encore ni pensées ni idées.

Ansí est une forme archaïque de **así**. On trouve aussi dialectalement (Léon, Asturies) les formes **asín** et **asina**.

ADVERBES DE QUANTITÉ

286. *Formes simples.*

poco, *peu ;*
bastante, *assez ;*
mucho, *beaucoup ;*
muy, *très ;*
harto / **demasiado** } *trop ;*
tan, *aussi, si ;*
tanto, *autant ;*
cuan / **cuanto** } *combien ;*

más, *plus, davantage ;*
menos, *moins ;*
nada, (pas) *du tout ;*
algo, *un peu ;*
apenas, *à peine ;*
escasamente, *tout juste ;*
medio, a medias, *à demi, à moitié.*
asaz (arch.), *assez ;*
además (arch.), *excessivement.*

287. *Locutions.*

poco más o menos, / **apróximadamente**, } *environ ;*
a lo sumo / **cuando más** } *tout au plus ;*
cuando menos / **a lo menos** } *tout au moins ;*
al menos, *au moins ;*
cada vez más / **cada día más** } *de plus en plus ;*

cada día menos, / **cada vez menos**, } *de moins en moins ;*
poco a poco / **poquito a poco** } *peu à peu, petit à petit ;*
al pormayor, *en gros ;*
al pormenor, *au détail ;*
por junto, *en bloc.*
etc.

Nous rappelons que les mots **poco, bastante, mucho, demasiado, harto, tanto, cuanto,** placés devant des noms, sont en espagnol des adjectifs (§ 149).

288. Les formes **tan** et **cuan** (apocopes de *tanto* et *cuanto*) ne peuvent précéder que des *adjectifs* et des *adverbes* (ou de noms pris adjectivement).

Me encuentro **tan a gusto** aquí.	Je me trouve *si bien* ici.
Soy **tan poeta como** tú.	Je suis *aussi* " *poète* " *que* toi.
...Cuán pronto pasan los años.	...*Combien vite* passent les années !

Un poco, algo, nada.

289. Ne pas confondre **poco,** *peu*, avec **un poco de,** *un peu de*, qui fonctionne comme un nom *(= une petite quantité de).*

Tengo **poco dinero,** *j'ai peu d'argent.* — Tengo **un poco de** dinero, j'ai *un peu* d'argent.

Les mots **algo** et **nada,** dans les expressions de quantité, se comportent comme **un poco** et sont suivis de la préposition **de :**

Si sientes **algo de** cansancio.	Si tu ressens *un peu de* fatigue.
No tengo **nada de** miedo.	Je n'ai *pas du tout* peur.
No tiene Ud **nada de** paciencia.	Vous n'avez *pas du tout de* patience.

Plus de... moins de...

290. *a*) **Más** et **menos** précédant un nom dans des expressions de quantité se construisent sans la préposition *de* (comme *mucho*, *poco*, etc.).

Prenez *plus de viande.*	Tome Ud **más carne.**
J'ai *moins de travail* que vous.	Tengo **menos trabajo** que Ud.
Il y a *plus de jours* que de saucisses.	Hay **más días** que longanizas.

Dans l'expression **un poco más de** carne, la préposition **de** est régie par **un poco** et non par *más.*

b) **Más** et **menos** sont suivis de la préposition *de*, devant une expression *numérique qui précise* la quantité.

Plus de cinq minutes.	**Más de cinco** minutos.
J'ai bu *moins d'un demi-litre.*	He bebido **menos de medio** litro.

... De plus, de moins.

291. Ces expressions placées après un nom se réduisent à **más** et **menos.**

Un coup de pinceau *de plus.*	Una pincelada **más.**
Une heure *de moins.*	Una hora **menos.**
Il aurait dû rester *une demi-heure de plus* au feu.	Debía haber quedado **media hora más** al fuego.

Ne... plus de...

292. Dans les phrases négatives contenant ce *plus* quantitatif, le verbe doit être accompagné de **ya** (Cf. § 694, 695) ; l'adverbe *más* peut être remplacé par **ninguno** ou **alguno,** ou même être supprimé.

*Je n'ai plus d'*espoir d'arriver.	**Ya no tengo más** esperanza... **Ya no tengo** esperanza **alguna...** **No tengo ya** esperanza de llegar.
Nous ne voulons plus de conseils.	**Ya no queremos más** consejos. **Ya no queremos** consejo **ninguno**

Plus de... pas de... elliptiques.

293. *Plus de, pas de* peuvent servir à marquer l'exclusion *(pas de piti pour...)*; l'ellipse peut être conservée en espagnol en rendant *plus de* par **no más** et *pas de* par **nada de** (§ 289). Mais pour la clarté de l'expression il y aura lieu parfois de suppléer au verbe sous-entendu.

¡ **No más** esclavitud y acatamiento **no más** humiliación, **no más** afrentas ! (J. AROLAS.)	*Plus* d'esclavage ni de soumission ! *plus d'*humiliations ! *plus d'*affronts !
¡ **Nada de** miramientos con esa gente !	*Pas d'*égards avec ces gens-là !
Y ahora, amigos ¡ **adiós** temores y angustias !	Et maintenant, mes amis, *plus de* craintes ni d'angoisses.
Acabóse el amor y por tanto la alegría.	*Plus* d'amour, partant plus de joie !

A demi, à moitié.

294. *a*) Ces expressions précédant un adjectif ou un participe se rendent par **medio,** invariable :

A moitié fou : **medio** loco ; *à demi* caché : **medio** oculto ; *à demi* morte de froid : **medio** muerta de frío.

Si elles se rapportent à un verbe qui précède, elles se rendent par **a medias.**

Tu fais tout *à moitié.*	Todo lo haces **a medias.**
Je ne le comprends qu'*à moitié.*	No le entiendo sino **a medias.**

b) La locution française *moitié... moitié...* précédant deux noms qui constituent un tout se rend par **mitad... mitad... :**

El centauro era un ser fabuloso, **mitad** hombre, **mitad** caballo.	Le centaure était un être fabuleux, *moitié* homme, *moitié* cheval.

Mais on peut dire aussi : **medio** hombre, **medio** caballo.

c) Avec un participe marquant une action à moitié réalisée, l'espagnol envisage plutôt ce qui reste à faire sous la forme de **a medio + infinitif.**

Un pré *à moitié fauché.*	Un prado **a medio segar.**
Une tâche *à moitié terminée.*	Una tarea **a medio terminar.**

Environ.

295. Cet adverbe peut se traduire par **aproximadamente, poco más o menos, cosa de...**

Hace un mes **aproximadamente.** Hace un mes **poco más o menos.** Hace **cosa de** un mes.	*Il y a un mois environ.*

Aux environs de, devant une indication de temps *(année, date, heure)*, se rend ordinairement par **hacia : hacia** las tres y media, *aux environs de* 3 heures et demie ; **hacia el** 15 de agosto, *aux environs* du 15 août.

L'approximation numérique peut s'exprimer aussi en espagnol par l'indéfini **unos, unas** placé devant un nom de nombre (§ 363) : **unos veinte** días, vingt jours *environ*, ou *quelque* vingt jours.

A peine.

296. Devant un nom de nombre ou de quantité, au lieu de **apenas** il est préférable d'employer l'adjectif **escaso** s'accordant avec ce nom, ou l'adverbe **escasamente** : il y a quatre ans *à peine*, hace cuatro años **escasos** (ou **escasamente**). — J'ai bu *à peine un demi-litre:* he bebido **medio litro escaso.**

La locution **apenas si**, au début d'une phrase, correspond comme valeur à notre *à peine* suivi de la tournure interrogative ou à la formule : *c'est à peine si...* La construction **es apenas si...** serait un *gallicisme.*

Apenas si se percibe una lucecita en la lejanía. (AZORÍN.)	*A peine aperçoit-on*, ou *C'est à peine si* on aperçoit une petite lumière dans le lointain.

AFFIRMATION, NÉGATION, DOUTE

297. ***Formes simples :***

sí, *oui ;*	**tal vez**, *peut-être bien, tout aussi bien ;*
no, *non ;*	**puede ser**, *c'est possible ;*
también, *aussi ;*	**aún, hasta**, *même.*
tampoco, *non plus ;*	**más bien**, *plutôt, de préférence.*
acaso, **quizá, quizás** *peut-être ;*	

298. ***Locutions :***

por cierto, *certainement ;*	**ni con mucho**, **ni mucho menos**, *pas le moins du monde, loin de là ;*
de seguro, *sûrement ;*	**no... siquiera**, **ni** *pas même ;*
a buen seguro, *à coup sûr ;*	**ni por asomo**, *pas même en apparence ;*
sin duda, *sans doute ;*	**ni por pienso**, *pas même en pensée.*
de ninguna manera, **de ningún modo**, *nullement ; en aucune façon ;*	

¿ Cómo no?

299. Pour marquer l'affirmation, l'espagnol d'Amérique emploie volontiers au lieu de *sí* la formule **¿ cómo no ?** (litt. *comment non ?*).

¿ Puedo contar contigo ? — **¿ Cómo no ?**	Puis-je compter sur toi ? — *Bien sûr que oui.*

Sí, sí que + verbe.

300. Dans une réponse affirmative que l'on veut rendre plus énergique, **sí** peut précéder le verbe répété de la phrase interrogative.

Te ruego, Sancho, que tengas buen ánimo. — **Sí tendré,** si a Dios place, respondió Sancho. (CERVANTES. — *D. Quijote,* I, 19.)	Je te prie, Sancho, d'avoir bon courage. — *Oui, j'en aurai,* s'il plaît à Dieu, répondit-il.

La langue moderne emploie plutôt dans ce cas la formule **sí que** et répète également le régime sous forme de pronom : **Sí que lo tendré.**

No dice Ud la verdad. — **Sí que la digo.**	Vous ne dites pas la vérité. — *Mais si, je la dis.*

Cette formule peut être employée en dehors des réponses pour renforcer une affirmation (Cf. *Syntaxe,* § 685) : **Ahora sí que** nos vamos a divertir. *C'est maintenant que* nous allons nous amuser.

No.

301. No exprime à lui seul les deux éléments de la formule française *ne... pas.* Il précède habituellement le verbe, mais il peut aussi se placer au début de la phrase devant un élément (adjectif ou adverbe) dont on veut détacher l'aspect négatif.

No todos lo consiguen.	*Ce n'est pas tout le monde qui* y arrive.
No siempre está uno dispuesto.	*On n'est pas toujours* dispesé.
No sin causa lo dije.	*Ce n'est pas sans motif* que je l'ai dit.

Le renforcement négatif (pas)... *du tout* se rend non par *del todo,* mais par **nada** (Cf. § 289.) :

Je ne t'entends *pas du tout.*	No te oigo **nada.**

Acaso.

302. Outre son sens habituel de *peut-être,* **acaso** peut exprimer dans les phrases interrogatives la nuance *par hasard.*

¿ **Acaso** me equivoco ?	*Est-ce que par hasard* je me trompe ?
¿ **Acaso** no te conviene esto ?	*Est-ce que par hasard* ceci ne te convient pas ?

La même nuance se retrouve dans **si acaso,** *si par hasard, si d'aventure* et dans l'expression souvent elliptique : **por si acaso,** *en cas.*

Si acaso llueve...	*Si d'aventure* il pleut...
Toma un paraguas **por si acaso.**	Prends un parapluie, *en cas.*

Tal vez.

303. Tal vez présente par rapport à *quizá* la nuance atténuative de l'affirmation contenue dans les expressions françaises : *peut-être bien*, *tout aussi bien.*

Tal vez no habrá salido de casa.	*Peut-être bien* n'est-il pas sorti de chez lui.
Tal vez no le han visto.	*Tout aussi bien* ne l'a-t-on pas aperçu.

Cette locution avait primitivement, et encore au XVIIe siècle, le sens de *parfois, une fois ou l'autre.*

Y tal vez hay que se busca una cosa y se halla otra. (CERVANTES. — *D. Quijote,* I, 16.)	*Il arrive parfois que* l'on cherche une chose et qu'on en trouve une autre.

Sin duda.

304. Dans l'espagnol actuel, comme dans le français *sans doute*, cette locution n'exprime plus qu'une simple *probabilité*, alors que primitivement et jusqu'au XVIIe siècle inclus elle était équivalente de *certainement*, *sans le moindre doute.*

Sin duda este pecador está herido de muerte. (CERVANTES. — *D. Quijote,* I, 19.)	*Certainement*, ce pauvre homme est blessé à mort.

Siquiera.

305. Cet adverbe sert à présenter un minimum dont on se contenterait : *ne serait-ce que*, *seulement.*

Déme Ud **siquiera** un real.	Donnez-moi *au moins (ne serait-ce que)* un réal.
¡ Si ganara **siquiera** para comer !	Si je gagnais *seulement* de quoi manger !
¡ Ojalá podamos verle **siquiera** una hora !	Dieu veuille que nous puissions le voir, *ne serait-ce qu*'une heure !

Ne... pas seulement.

306. Cette expression est parfois équivoque en français et peut présenter deux sens différents :

a) Dans l'acception de *pas uniquement*, elle se rend par **no sólo...** (sino también).

Il *n'est pas seulement* égoïste, mais aussi avare.	**No es sólo** egoísta, sino también avaro.

b) Dans l'acception de *pas même*, elle doit être traduite par **no... siquiera,** encadrant le verbe, ou par **ni siquiera** le précédant. Cette dernière forme est souvent réduite à **ni.**

Il n'a pas seulement commencé.	**No** ha empezado **siquiera.** **Ni siquiera** ha empezado.
Il ne m'a pas seulement (= pas même) *remercié.*	**Ni me dió las gracias.**

Ni mucho menos.

307. A la différence de **no** (ou **ni**) **... siquiera,** les termes des locutions analogues : **ni mucho menos, ni por asomo, ni por pienso,** ne sont pas séparables.

No es tonto, **ni por asomo.**	*Il n'a rien* d'un sot.
No llegaremos a tiempo, **ni mucho menos.**	Nous n'arriverons pas à temps, *loin de là* (il s'en faut de beaucoup).

Ne... guère.

308. *Guère* peut être rendu soit par ses équivalents **muy,** *très,* **mucho,** *beaucoup,* soit par **apenas,** précédé ou non de la négation.

Il n'est guère attentif à ce qu'on dit.	**No** está **muy atento** a lo que se dice.
Il ne fait guère de progrès.	**No** hace **muchos progresos.**
Nous ne l'avons *guère* vu.	Le hemos **visto apenas,** *ou bien :* **No** le hemos **visto apenas.**

309. La formule **que digamos,** fréquente dans le langage parlé, se place après l'expression que l'on veut atténuer et peut se surajouter à **muy** et **mucho.**

Ce n'est *guère difficile.*	No es **difícil que digamos.**
Ce n'est *guère très cher.*	No es **muy caro que digamos.**
Il ne travaille *guère.*	No trabaja **mucho que digamos.**

Ne... guère que.

310. Cette formule se rend par **no... casi otra cosa sino** (ou **más que**).

Je ne mange *guère que des légumes.*	No como **casi otra cosa sino** verduras.
Il ne dit *guère que* des sottises.	No dice **casi más que** tonterías.

CHAPITRE XVI

LA PRÉPOSITION

311. ***Prépositions simples.***

a,	*à ;*	**ante,**	*devant ;*
de,	*de ;*	**tras,**	*derrière ;*
en,	*en, dans ;*	**bajo,**	*sous ;*
por,	*par ;*	**sobre,**	*sur ;*
para,	*pour ;*	**según,**	*selon ;*
con,	*avec ;*	**durante,**	*pendant ;*
sin,	*sans ;*	**mediante,**	*moyennant ;*
desde,	*depuis, dès ;*	**excepto,**	*excepté ;*
hasta,	*jusqu'à ;*	**salvo,**	*sauf ;*
hacia,	*vers ;*	**so** (arch.),	*sous ;*
contra,	*contre ;*	**cabe** (arch.)	*près de.*
entre,	*entre ;*		

312. Certains adverbes suivis des prépositions **de** ou **a** constituent des prépositions composées : **delante de,** *devant;* **detrás de,** *derrière;* **dentro de,** *dans;* **fuera de,** *hors de;* **encima de,** *sur, au-dessus de;* **debajo de,** *sous, au-dessous de;* **cerca de,** *près de;* **lejos de,** *loin de;* **junto a,** *tout près de, contre;* **antes de,** *avant de;* **después de,** *après;* **además de,** *outre;* **conforme a,** *conformément à.*

313. ***Locutions :***

a causa de / **por causa de**	*à cause de ;*	**a la vuelta de,**	*au retour de ;*
a cargo de,	*à charge ;*	**al frente de,**	*à la tête de ;*
a costa de,	*aux dépens de ;*	**en frente de,**	*en face de ;*
a pesar de / **a despecho de**	*malgré, en dépit de ;*	**frente a,**	*face à ;*
a propósito de / **pese a** / **respecto de**	*à propos de ;*	**con objeto de,**	*dans le but de ;*
a espaldas de,	*derrière ;*	**con motivo de,**	*à l'occasion de ;*
a fuerza de,	*à force de ;*	**con el favor de** / **a favor de,**	*à la faveur de ;*
a fin de,	*afin de ;*	**con peligro de,**	*au péril de ;*
a través,	*à travers ;*	**con perjuicio de,**	*au préjudice de ;*
al través de,	*au travers de ;*	**por medio de,**	*au moyen de ;*
al lado de,	*à côté de ;*	**por encima de,**	*par-dessus ;*
alrededor de / **en derredor de** / **en torno a**	*autour de ;*	**por debajo de,**	*par-dessous ;*
al cabo de,	*au bout de* (temps);	**en vista de** / **en atención a**	*eu égard à ; en raison de ;*
al extremo de,	*au bout de* (lieu) ;	**en caso de,**	*en cas de ;*
a vuelta de,	*au bout de ;*	**en casa de** / **a casa de**	*chez ;*
		con respecto a / **respecto a**	*par rapport à ; à l'égard de ;*
		en cuanto a	*quant à.*

etc.

Prépositions doubles.

314. L'espagnol emploie avec une valeur spéciale les prépositions doubles : **para con,** *envers, à l'égard de...* Amable **para con** todos, *aimable envers tout le monde;* **por entre,** *à travers.* **Por entre** las zarzas, *à travers les* buissons (Cf. § 717, *b*).

De por sí a la valeur de : *pris à part, de lui-même.*

Chacune des prépositions conserve sa valeur dans les rencontres : **desde por** la mañana, *depuis le matin;* la gente **de a caballo,** les gens *(qui vont) à cheval;* juguetes **de a peseta,** des jouets *à 20 sous,* etc.

Construction de A PESAR de, MALGRÉ.

315. Après cette locution, l'espagnol remplace les pronoms de personnes (malgré *moi,* malgré *toi,* etc.) par les possessifs de la série **mío, tuyo, suyo.**

Je l'ai fait *malgré moi.*	Lo hice **a pesar mío.**
Il répondit *malgré lui...*	Contestó **a pesar suyo...**

Une substitution analogue, mais avec la série atone **mi, tu, su,** a lieu dans les locutions équivalentes à cette dernière : **mal de mi grado,** *malgré moi;* mal **de tu grado,** *malgré toi;* mal **de su grado,** *malgré lui.*

Devant des noms on construit : **a pesar de** las dificultades, *malgré* les difficultés ; **a despecho de** los asistentes, *en dépit de* ou *malgré* les assistants, et comme en français : **no obstante** (invar.) **las dificultades.**

Traduction de CHEZ.

316. *a*) Ce mot n'existe pas comme préposition en espagnol. Il est rendu par le mot **casa,** précédé d'une des prépositions **a, en, de.** Pour le choix de la préposition, Cf. *Syntaxe,* § 813.

Il est chez son oncle *(station).*	**Está en casa de** su tío.
Je vais chez le docteur *(mouvement).*	**Voy a casa del** doctor.
Je viens *de chez* mon tailleur.	Vengo **de casa de** mi sastre.

b) *Chez moi, chez toi, chez lui* se traduisent en principe par **mi casa, tu casa, su casa, nuestra casa,** etc. ; mais le possessif est omis lorsqu'il s'agit du domicile du sujet du verbe :

1° **Estoy en casa.**	*Je suis chez moi.*
Se fue a casa.	*Il s'en alla chez lui.*
¿ Vienes de casa ?	*Tu viens de chez toi ?*
2° Iré **a tu casa.**	J'irai *chez toi* (1re et 2e pers.).
Vinieron **a mi casa.**	Ils vinrent *chez moi* (3e pers. pl. et 1er sing.).
Nos reuniremos **en su casa.**	Nous nous réunirons *chez lui* (1er personne plur. et 3e sing.).

317. *Chez*, employé dans un sens figuré *(= auprès de, parmi)*, est rendu par **en** (individualité), **entre** (collectivité), **en tierra de** (pays).

Chez lui tout était orgueil et égoïsme.	**En él** todo era orgullo y egoísmo.
Chez les paysans il y a plus de noblesse et de droiture.	**Entre los labradores** hay más hidalguía y rectitud.
Chez les esquimaux, on se sert du renne pour tirer les traîneaux.	**En tierra de los esquimales,** se utiliza el reno para tirar de los trineos.

318. ***Confusions à éviter :***

a) **Respecto** ou **con respecto al** ejército : *par rapport à* (à l'égard de) l'armée. **Respecto de** lo dicho : *à propos de* ce qui a été dit.

En tant que substantif, le mot *respect* n'a pas de *c* en espagnol : **el respeto.**

b) **En vista de,** marque un motif : *en égard à, étant donné :* **en vista de** lo sucedido, *étant donné* ce qui est arrivé.

En vue de (but) se rend par : **con objeto de** (vigilar), *en vue de* surveiller.

c) **En cuanto a,** *quant à, en ce qui concerne* (Cf. § 459). — **En cuanto** devant un verbe est conjonction : **en cuanto llegó,** *dès qu'il arriva* (cf. § 937).

Prépositions à double forme.

319. Plusieurs prépositions se présentent à la fois sous la forme simple : **ante, bajo, sobre, tras** et sous une forme composée : **delante, debajo, encima, detrás,** toujours suivie de **de.** L'emploi des unes et des autres n'est pas indifférent.

a) Les prépositions composées se réfèrent toujours à une position matérielle et concrète : **delante de la casa,** *devant la maison ;* **debajo de la mesa,** *sous la table;* **detrás de un seto,** *derrière une haie.*

b) **Ante** et **bajo** ne sont employées ordinairement qu'au sens figuré :

ante Dios y ante los hombres,	*devant Dieu et devant les hommes ;*
bajo el yugo de un tirano,	*sous le joug* d'un tyran ;
bajo las órdenes de un jefe,	*sous les ordres* d'un chef.

c) **Sobre** et **tras** admettent les deux sens : **dejar sobre la mesa,** *poser sur la table* (concret) ; **reinar sobre los corazones,** *régner sur les cœurs* (figuré). — L'emploi de **encima** implique la position sur un objet déjà élevé par lui-même : **encima de un armario,** *sur une armoire;* **encima de un árbol,** *sur un arbre;* **encima de un peñasco,** *sur un rocher*, etc.

320. A l'encontre des prépositions précédentes, **tras** se construit soit directement, soit suivie de **de.** Elle admet les trois acceptions suivantes : a) *derrière* (= detrás de) ; b) *en plus de* (= además de) ; c) *après* (= después de).

Y tras de cada montaña parece que nos espera.	*Et, derrière chaque montagne,* il semble qu'il (le bonheur) nous attend.
(J. SELGAS. — *La felicidad.*)	
Tras de ser malo, es carísimo.	*Outre qu'il est mauvais,* il est très cher.
Tras un período de buen tiempo.	*Après une période* de beau temps (idée de succession).
Corrí tras ti clamando y ya eras ido.	*Je m'élançai après toi* en criant et tu étais déjà parti (idée de mouvement).
(S. JUAN DE LA CRUZ.)	

Dans cette dernière acception, **tras** peut être remplacé par **en pos de :** salir **en pos de uno,** *partir à la poursuite,* ou *sur les traces* de quelqu'un.

Traduction de CONTRE.

321. *Contre,* marquant opposition, se rend habituellement par **contra : contra mi voluntad,** *contre ma volonté;* **contra viento y marea,** *contre vents et marées.* Mais, après certains verbes, elle peut être remplacée par **con** (Cf. *Syntaxe,* § 790.)

Marquant juxtaposition, elle a comme termes équivalents **contra** et **junto a : junto a** la pared, ou **contra** la pared, *contre le mur.*

Sens divers de ENTRE.

322. Cette préposition qui ordinairement évoque une idée d'intervalle : **entre la mesa y la pared,** *entre la table et le mur,* peut aussi évoquer une idée de réunion que l'on retrouve dans **entrambos,** *à tous les deux.*

Entre los presentes y los que han de llegar todavía, no pasarán de veinte.	*En comptant les présents et ceux qui doivent encore arriver,* ils ne dépasseront pas la vingtaine.
Entre tú y yo lo vamos a probar.	Nous allons l'essayer *à tous deux, en nous y mettant tous les deux.*

La préposition **entre** ne réclame les formes pronominales **mí, ti, sí** que lorsqu'elle est employée avec le sens de *au-dedans de:* decía **entre mí,** je me disais *en moi-même, en mon for intérieur* (Cf. § 123).

Desde, de.

323. Comme le français, l'espagnol emploie souvent **de** au lieu de **desde,** *depuis*, pour marquer le point de départ d'un mouvement ; on peut dire : **desde allí** se pasa al jardín, ou bien : **de allí** se pasa al jardín. Cependant, il faut préférer **desde** lorsque la considération de la distance a une importance pour l'idée exprimée : **He venido desde Madrid** en cuatro horas, *je suis arrivé de Madrid* en quatre heures.

Pour marquer le point de vue, l'espagnol préfère aussi **desde** à **de :**

Desde el castillo se domina todo el valle.	*Du château on domine* toute la vallée.
Desde lo alto de la calle de Alcalá **veíase** la ancha vía... (Bl. Ibáñez. — *Sangre y arena.*)	*Du haut* de la rue d'Alcalá *on voyait* la large avenue...
Desde este punto de vista...	*A ce point de vue, sous ce point de vue...*

Prépositions archaïques.

324. So (*lat.* sub), *sous*, persiste encore dans certaines locutions : **so pena de,** *sous peine de ;* **so color de,** *sous prétexte de ;* **so c pa,** *sous le manteau.*

Cabe, *près de, vers :* **cabe la mar,** *du côté de la mer.*

Aquende, *en deçà de ;* **allende,** *au delà de :* **allende los mares,** *au delà des mers.*

CHAPITRE XVII

LA CONJONCTION

325. *Conjonctions simples.*

a) De coordination.

y, e,	*et ;*
o, u,	*ou ;*
ni,	*ni ;*
mas, pero,	*mais ;*
sino,	*mais, sinon ;*
antes **antes bien**	*mais plutôt ;*
empero (archaïque),	*par contre ;*
pues,	*en effet, car, donc ;*
luego,	*donc ;*
así,	*ainsi ;*
ora... ora **sea... sea** **ya... ya**	*soit... soit ;* *tantôt... tantôt.*

b) De subordination.

que,	*que ;*
como,	*comme ;*
cuando,	*quand, lorsque ;*
mientras,	*pendant que ;*
según,	*suivant que,* *d'après ce que.*
si,	*si ;*
ya que,	*puisque ;*
aunque,	*quoique ;*
porque,	*parce que ;*
conforme,	*conformément à ce que, à mesure que.*

326. *Conjonctions composées.*

a) **ahora bien,**	*or ;*
sin embargo **no obstante**	*cependant,* *toutefois ;*
así y todo **con todo** **después de todo**	*malgré tout,* *au demeurant ;*
entretanto **mientras tanto**	*pendant ce temps,* *en attendant ;*
por otra parte **por lo demás**	*d'ailleurs,* *du reste ;*
sea lo que fuere,	*quoi qu'il en soit ;*
con más razón **cuanto más**	*à plus forte raison*
a saber,	*à savoir ;*
así que **en cuanto** **tan pronto como**	*dès que,* *aussitot que ;*
desde que,	*depuis que ;*
después que **luego que**	*après que ;*
en tanto que	*tandis que,* *en attendant que ;*
hasta que,	*jusqu'à ce que ;*
siempre que,	*chaque fois que ;*
aun cuando,	*quand bien même ;*
a no ser que **a menos que**	*à moins que,* *si ce n'est que ;*
si es cosa que **si es que**	*si tant est que ;*

es decir, **esto es**, **o sea**, *c'est-à-dire;*
por tanto, *par conséquent;*
por lo tanto, *par le fait même;*
b) **según como,** *suivant que;*
así como, *de même que;*
por si acaso, *au cas où;*
por si..., *en cas que;*
de (tal) manera que, **de (tal) modo que**, *de façon que, si bien que;*

por poco que *si peu que;*
por más que, **por mucho que**, *quoi... que;*
por temor de que, **por miedo de que**, *de crainte que;*
puesto que, **dado que**, **en vista de que**, *étant donné que;*
por cuanto, *pour autant que;*
por lo mismo que, *par le fait même que;*
sólo que, *seulement.*

Formes Y, E.

327. Au lieu de **y,** l'espagnol emploie la forme **e** devant tout mot qui commence par le son de **i** vocalique (écrit *i* ou *hi*) :

Sabios **e ignorantes,** savants *et ignorants;* Fernando **e Isabel,** Ferdinand *et Isabelle;* egoísta **e ingrato,** égoïste *et ingrat;* bienestar **e higiene,** bien-être *et hygiène;* madre **e hija,** mère *et fille*, etc.

Mais devant un **i** consonantique *(y* ou *hi suivis de voyelle)*: musgo **y hierba,** de la mousse *et de l'herbe;* tú **y yo,** toi *et moi;* nieve **y hielo,** de la neige *et de la glace*, etc.

Formes O, U.

328. Pareillement, au lieu de **o,** on emploie la forme **u** devant tout mot commençant par **o** ou **ho :**

siete **u ocho,** sept *ou huit;* transparente **u opaco,** transparent *ou opaque;* mujer **u hombre,** femme *ou homme*, etc.

L'emploi de **u** entre un *o final* et une *voyelle initiale* de mot est facultatif : leyendo **u escribiendo,** en lisant *ou en écrivant.*

Autres particularités d'accent et de graphie.

329. Mas, conjonction, ne porte pas l'accent tonique écrit, tandis que l'adverbe **más,** *plus*, le porte.

L'accent de l'adverbe **aún** n'apparaît pas, non plus, dans la conjonction qui en dérive : **aunque,** *quoique;* d'ailleurs la voyelle dominante de ce mot est **a** et non **u,** si bien que la prononciation populaire le réduit à **anque.**

La conjonction **porque,** *parce que*, ne porte pas d'accent et a, comme voyelle dominante, l'**o** de la première syllabe. La formule interrogative **¿ por qué ?** *pourquoi*, constituée des mêmes éléments, s'écrit en deux mots et porte l'accent écrit sur **qué,** qui est effectivement détaché par l'intonation.

Sino.

330. Cette conjonction est écrite en un seul mot accentué sur **si** lorsqu'elle marque restriction ou rectification ; dans ce cas elle s'oppose toujours à une négation précédemment exprimée : **No** haces **sino** molestar, *tu ne fais que* déranger. — **No** era él, **sino** su hermano, *ce n'était pas lui*, *mais* son frère. Pour ses emplois divers, cf. § 691, 692, 693, 1000.

La formule restrictive présente le sens de *seulement* dans les locutions **no falta sino que, no es sino que,** et de *vraiment*, *absolument* dans **no parece sino que.**

El Plantagenet no puede entrar en esta ría. **No es sino que** pasaba para Levante, se sintió con averías y quiso guarecerse en el abra de Ficóbriga...

(P. Galdós. — *Gloria.*)

Le Plantagenet ne peut pas entrer dans cette ria. *C'est tout simplement* qu'en passant vers le Levant il s'est trouvé avoir des avaries et il a voulu se réfugier dans le havre de Fricobriga...

Pues **no faltaba más sino que** se cambiara de política porque Fulanito está malhumorado...

(P. Galdós. — *Realidad.*)

Eh bien ! *il n'y aurait plus qu'à changer* de politique parce que M. un Tel est de mauvaise humeur... (litt. *il ne manquerait plus que* l'on changeât...).

No parece sino que todos los diablos han andado conmigo esta noche.
(Cervantes. — *D. Quijote,* I, 17.)

On dirait absolument que, cette nuit, j'ai eu tous les diables sur le dos.

La codorniz **no parece sino que** me hace burla.
(P. Bazán. — *Los pazos de Ulloa.*)

On dirait vraiment que la caille se moque de moi.

331. On écrit en deux mots **si no** lorsque *sinon* exprime elliptiquement une hypothèse, avec le sens de *autrement*, *dans le cas contraire.*

Si je le vois, je lui ferai ta commission ; *sinon*, je lui écrirai.

Si le veo, le haré tu recado ; **si no,** le escribiré.

On trouve dans Cervantès avec cette même valeur la formule archaïque **donde no.**

Sin verla lo habéis de creer, confesar, afirmar, jurar y defender ; **donde no,** conmigo sois en batalla...
(*D. Quijote,* I, 4.)

Sans la voir, vous devez le croire, l'avouer, l'affirmer, le jurer et le soutenir ; *sinon*, vous aurez affaire à moi...

L'élément de subordination QUE.

332. Que est, comme en français, l'élément caractéristique de la subordination dans les conjonctions composées. Il est soudé au premier élément dans **aunque** et **porque.**

Au lieu de *que*, nous avons **de que,** dans les cas où la subordonnée peut être considérée comme complément d'un nom (cf. Syntaxe : § 411, 913) : **por temor de que** se extravíe, *de crainte qu'*il ne s'égare ; **en vista de que** no me quisiste ayudar ; *étant donné que* tu n'as pas voulu m'aider.

Nous avons **como** dans **tan pronto como,** *aussitot que* (cf. § 94) et **así como,** *de même que.*

Autrefois, la langue classique employait aussi **así como** dans le sens de *dès que :* **Así como** don Quijote los vio (los molinos de viento), dijo a su escudero. *Dès que D. Quichotte les aperçut,* il dit à son écuyer. La langue moderne, pour éviter l'équivoque, dit de préférence dans ce sens : **así que,** construction calquée sur **luego que.**

SEGÚN.

333. Les conjonctions **según** et **conforme,** dont le sens est voisin, se construisent en espagnol moderne sans *que.*

Según exprime ordinairement le rapport de dépendance ou de conformité que nous rendons en français par *d'après ce que, selon que ;* la traduction de *ce que* par **lo que** n'est pas nécessaire, mais elle rend le sens plus précis.

Según decía mi abuelo *ou :* **Según lo que decía** mi abuelo...	*D'après ce que disait* mon grand-père...
Según veo *ou* **según lo que veo...**	*D'après ce que je vois...*
Según te portes bien o mal...	*Selon que tu te conduiras bien ou mal...*

Según admet encore d'autres acceptions :

a) *le point de vue* sous lequel on se place pour juger une situation :

Está a la izquierda **según se entra.**	Il est à gauche *en entrant.*

b) *le moment d'une action*, avec la valeur de *tandis que:*

Según veníamos, me fue contando...	*Tandis que nous arrivions*, il me raconta... (tout en arrivant...)

c) *le degré* d'un état, avec la valeur de *tant*, *tellement* (Cf. § 959).

Según venía de cansado, no quiso cenar.	Il ne voulut pas dîner, *tellement il était fatigué.*

Si le rapport de dépendance ou de conformité exprimé par *selon* se réfère plutôt à une *façon de faire* ou à un *état*, on le rend par la formule **según y como,** pratiquement réduite à **según como.**

Según como me lo dieron, te lo entrego.	Je te le remets *dans le même état où on me l'a donné.*
Según como salgas en los exámenes...	*Selon la façon dont tu auras passé* les examens...

CONFORME.

334. Cette conjonction exprime en principe une concordance plus précise que **según** entre les deux termes comparés.

Preparó la cena **conforme le habían dicho.**	Il prépara le dîner *conformément à ce qu'on lui avait dit.*
Te refiero el lance **conforme le oí contar.**	Je te rapporte l'aventure *telle que je l'ai entendu raconter.*

Conforme a aussi le sens de *à mesure que, en même temps que.*

Conforme sube el viajero, se ve envuelto en el profundo silencio de las grandes alturas.	*A mesure que le voyageur s'élève,* il se voit enveloppé du profond silence qui règne dans les grandes altitudes.
(Bl. Ibáñez. — *En el país del arte.*)	

Pour renforcer cette concordance dans les deux acceptions précédentes, l'espagnol emploie la locution **según y conforme.**

Le traigo a Ud las pruebas **según y conforme han salido** de la imprenta.	Je vous apporte les épreuves *telles qu'elles sont sorties* de l'imprimerie.
El médico reconocía a los heridos **según y conforme iban llegando.**	Le médecin examinait les blessés *au fur et à mesure qu'ils arrivaient.*

335. Mientras s'emploie ordinairement sans *que:* **mientras dormías,** *pendant que tu dormais.* **Mientras estuviste fuera,** *pendant que tu fus absent.* L'emploi de **mientras que** implique une idée d'opposition, comme le français *tandis que.* **Nosotros** acabamos nuestra tarea, **mientras que tú** no hiciste nada. *Nous autres,* nous avons terminé notre tâche, *tandis que toi* tu n'as rien fait.

Confusions à éviter :

336. Después que = *après que* et non : *depuis que,* qui se dit : **desde que.** Le parler populaire emploie la forme contractée archaïque **desque,** comme équivalente de **después que, luego que.**

Puesto que et **supuesto que,** *attendu que, vu que,* sont aujourd'hui à peu près synonymes de **ya que,** *puisque.* Mais dans l'espagnol classique ces locutions pouvaient marquer une opposition et aller jusqu'au sens de : *bien que :* **Puesto que dos veces le dijo D. Quijote** que prosiguiese su historia, ni alzaba la cabeza ni respondía. *Bien que D. Quichotte lui eût dit* par deux fois de poursuivre son histoire...

Ne confondez pas *quoique* en un seul mot, synonyme de *bien que,* et qui se rend par **aunque** (cf. Syntaxe, § 983), avec *quoi... que* en deux mots, dont la valeur est différente, et qui se rend par **por más que:** *quoi que vous fassiez,* **por más que haga Ud.**

CHAPITRE XVIII

L'INTERJECTION

337. Les interjections sont constituées : *a*) soit par des mots vides de sens, qui sont plutôt des cris ou des onomatopées ; *b*) soit par des noms, des verbes (surtout à l'impératif), des locutions, souvent déviés de leur sens habituel.

La valeur des unes et des autres est toujours très imprécise et dépend principalement de leur intonation et du contexte.

a) ¡ **Ah !** ¡ **eh !** ¡ **oh !** ¡ **bah !** expriment diverses nuances d'*étonnement*, comme les mots français identiques.

¡ **Huy !** ¡ **uf !** étonnement mêlé de *réprobation*, de *répugnance* ou de douleur.

¡ **Ay !** douleur ou pitié : *aïe ! hélas !*

¡ **Hola !** *surprise agréable;* peut être aussi employé familièrement pour saluer.

¡ **Chito !** ¡ **chitón !** appel au silence ou à l'attention : *chut !*

¡ **Zas !** imitation d'un bruit.

¡ **Micho !** ¡ **michito !** ¡ **michín !** pour appeler les chats ; ¡ **zape !** pour les chasser.

¡ **Tus !** *(arch.)* pour appeler les chiens ; ¡ **za !** *(arch.)* pour les chasser.

¡ **Arre !** pour exciter le bétail : *hue !* — ¡ **So !** pour l'arrêter ou le calmer.

¡ **Ox !** pour chasser la volaille.

b) ¡ **Anda !** ¡ **dale !** pour engager quelqu'un à partir ou à agir : *vas-y !*

¡ **Y dale !** se dit ironiquement à propos d'une insistance importune.

¡ **Sus !** ¡ **ea !** ¡ **vamos !** pour presser quelqu'un dans un mouvement ou dans une poursuite : *sus ! allons-y !*

¡ **Ánimo !** ¡ **valor !** pour encourager : *courage !*

¡ **Adelante !** pour engager quelqu'un à *continuer* ou à *avancer*.

¡ **Otra vez !** ¡ **que se repita !** pour demander de recommencer : *bis !*

¡ **Basta !** *assez ! ça suffit !*

¡ **Bravo** ! ¡ **Olé** ! ¡ **viva** ! ¡ **arriba** ! marquent l'approbation : *bravo ! vive !*

¡ **Muera** ! ¡ **abajo** ! marquent la réprobation : *à bas !*

¡ **Cuidado** (con) ! ¡ **ojo** (con) ! *attention* (à) !

¡ **Auxilio** ! ¡**Socorro** ! ¡ **Fuego** ! ¡ **Ladrones** ! ¡ **Que me matan** ! cris d'alarme : *au secours ! à l'aide ! au feu ! au voleur ! à l'assassin !*

¡ **Fuera** ! *à la porte ! dehors !* (¡ **Adelante** ! *entrez !*)

¡ **Bueno** ! ¡ **Vaya** ! surprise sans réprobation : *bon ! allons !*

¡ **Toma** ! surprise attendue : *tiens ! parbleu !*

¡ **Tate** ! (déformation de *estáte*) : surprise plus vive et appel à l'attention : *ne bougez pas !* — ¡ **Calle** ! ¡ **Calla** ! même nuance.

¡ **Caracoles** ! ¡ **Cáspita** ! ¡ **Caramba** ! ¡ **Canastos** ! ¡ **Diantre** ! ¡ **Diablos** ! surprise et dépit : *peste ! morbleu ! fichtre ! diable !*

¡ **Válgame Dios** ! mécontentement ou résignation : *bon Dieu !*

¡ **Oye** ! ¡ **Oiga** ! pour solliciter l'attention ou une réponse : *dis donc ! dites donc !*

¡ **A callar** ! ¡ **Punto en boca** ! pour réclamer le *silence.*

¡ **Ca** ! ¡ **Quiá** ! ¡ **Quita** ! ¡ **Quita allá** ! marquent l'incrédulité par rapport à ce qui vient d'être dit : *Allons donc ! Voulez-vous vous taire ! Jamais de la vie !*

¡ **Albricias** ! (litt. *étrennes*) pour annoncer une bonne nouvelle.

¡ **Vaya con Dios** ! ¡ **Quede Ud con Dios** ! pour prendre congé de quelqu'un : *Dieu vous garde.*

¡ **Vaya por Dios** ! ¡ **Vaya por mis pecados** ! formules de résignation dans une contrariété : *Que Dieu m'en tienne compte.*

¡ **Voto a Dios** ! ¡ **Voto al diablo** ! ¡ **Voto a san** (pour **Satanás**, *Satan*) ! imprécations : *je me donne à Dieu ! je me donne au diable !*

¡ **Gracias a Dios** ! ¡ **Bendito sea Dios** ! satisfaction : *Dieu soit loué ! A Dieu merci.*

¡ **Por Dios..., por tu vida..., por tu madre..., por la Virgen...** ! etc., formules rogatives équivalentes à *je t'en prie*, *je vous en supplie*, etc.

L'exclamation ¡ **hombre** ! est très employée dans la conversation et traduit les nuances les plus diverses : *mon ami*, *mon vieux*, *tiens ! diable ! bah ! peste !* etc.

Les femmes emploient de même, mais moins fréquemment, le mot *¡ mujer !*

338. Des mots et expressions à sens imprécis comme : **bueno, vaya, eso, eso es** *(c'est cela)*, **pues** *(en effet, donc)*, **hombre, mujer, ché** (= ¡ hombre ! en Amérique), etc., peuvent constituer par leur abus des **muletillas,** c'est-à-dire des chevilles, des bouche-trous (en espagnol *des béquilles*) de la conversation, sans autre but que de remplir un vide.

Valeurs diverses de AY.

339. Selon l'intonation qui l'accompagne, le mot **¡ ay !** peut être un appel à la pitié : **¡ Ay de mí !** *Pauvre de moi !* ou une imprécation : **¡ Ay de ti, si lo haces !** *Malheur à toi si tu le fais!* **¡ Ay de los que no sigan la ley de Dios !** *Malheur à ceux qui ne suivront pas la loi du Seigneur !*

Le mot **ay** peut aussi être pris comme un nom masculin avec le sens de *cri de douleur, plainte.* **Los ayes de los moribundos,** *les plaintes des mourants.*

LIVRE III

SYNTAXE

CHAPITRE PREMIER

L'ARTICLE DÉFINI

EMPLOIS DE L'ARTICLE DÉFINI PARTICULIERS A L'ESPAGNOL

A) Devant les noms propres.

Monsieur le..., Madame la...

340. L'article défini doit précéder les mots **señor, señora, señorita** quand on cite une personne par son *nom* ou par son *titre:*

¿Está en casa **la Señora X...?**	Est-ce que *Madame X...* est chez elle ?
El señor Pérez, la señora Marquesa.	*M. Pérez, Mme la Marquise.*
El señor Doctor, el señor Obispo.	*M. le Docteur, Mgr l'Evêque.*

Mais on dit, sans article, si on s'adresse à la personne : Gracias, **señor Doctor** ; Hasta la vista, **señor Marqués.** — Merci, *monsieur le Docteur ;* au revoir, *monsieur le Marquis.*

Omission du titre.

341. *Madame* Fernandez, désignant *l'épouse* de M. Fernandez, se traduit normalement par : **la señora de** Fernández.

Dans le langage familier et entre intimes, on dit parfois : **la de Fernández,** par *omission du titre.* Mais cette expression est équivoque, surtout au pluriel, car on peut aussi bien sous-entendre les mots **chicas, hijas : las de** Fernández, *mesdemoiselles* Fernandez.

On dit de même très souvent, par *omission du titre* nobiliaire : **el de** Osuna pour **el duque de** Osuna, *le duc d'Osuna;* **el de** Santa Cruz (*s.-e.:* **marqués**) : *le marquis de Santa Cruz.*

L'article, signe de popularité ou de familiarité.

342. On trouve encore l'article, mais employé directement, devant le nom de *personnalités* du théâtre, du concert, de la littérature, de la tauromachie, etc., devenues *populaires:* **la Raquel, la Argentina, los Quinteros, la Pardo Bazán, el Bomba,** etc.

Enfin le langage familier emploie volontiers l'article devant les *noms de fillettes:* **la Chucha, la Lola, la Paquita,** etc.

B) Devant les noms communs.

343. *a) Désignation de l'heure.*

L'article défini est employé pour désigner un moment de la journée par l'indication de l'heure :

Es la una. Son las cuatro.	*Il est* une heure. *Il est* 4 heures.
Desde **las** 3 hasta **las cinco.**	*Depuis 3 heures jusqu'à 5 heures.*

b) Désignation de l'âge.

De même, pour situer un moment de l'existence par l'indication de l'âge (question *quand ?*) :

A los 15 años, ya se ganaba la vida.	*A 15 ans,* il gagnait déjà sa vie.
Falleció **a los 73 años.**	Il mourut *à l'âge de 73 ans.*

Ne pas confondre :

Desde las 2, *depuis 2 heures* (moment de la journée).
Desde hace dos horas, *depuis 2 heures* (une durée de deux heures).
Desde los 7 años, *depuis l'âge de 7 ans* (moment de l'existence).
Desde hace 7 años, *depuis 7 ans* (une période de 7 ans).

c) Désignation du jour de la semaine.

L'article précède aussi le nom du jour, s'il s'agit de la semaine présente ou d'une semaine déterminée (sans article en français).

Vendré **el jueves** próximo.	Je viendrai *jeudi* prochain.
El domingo pasado.	*Dimanche* dernier.

L'emploi du pluriel indique la *périodicité* (singulier en français).

No hay clase **los jueves.**	Il n'y a pas classe *le jeudi.*
Hay mercado **los lunes.**	Il y a marché *le lundi.*

Noms en apposition à un pronom personnel.

344. Le nom qui sert d'apposition à un pronom personnel est précédé de l'article s'il désigne une *personne déterminée.*

Yo, **el infrascrito,** declaro...	Je, *soussigné,* déclare...
Nosotros, **los caballeros andantes,** medimos la tierra con nuestros pies.	Nous autres, *chevaliers errants,* nous mesurons la terre avec nos pieds

(CERVANTES. — *D. Quijote.*)
Mais on dira : vosotros, **gente de paz** (indéterminé), *vous, gens de paix...*

Expression de la fraction.

345. Dans l'ancien espagnol et jusqu'au XVIIe siècle inclus, l'article qui précédait un nom de nombre lui conférait un sens partitif : **los tres, los cuatro** équivalait à : *trois d'entre eux, quatre d'entre eux.*

Dans la désignation d'une fraction, l'entier (c'est-à-dire le dénominateur) est supposé supérieur d'une unité au nombre des parties (numérateur) : **la una parte** $\left(\frac{1}{2}\right)$, *la moitié;* **las dos partes** $\left(\frac{2}{3}\right)$, *les deux tiers;* **las tres partes** $\left(\frac{3}{4}\right)$, *les trois quarts.*

L'article EL, signe de substantivation.

346. L'article **el** est employé devant tout mot pris *substantivement* : **el beber,** *le boire;* **el por qué,** *le pourquoi;* **el donde** (litt. l'où), *la situation;* **El Sí de las niñas,** *le oui des jeunes filles* (titre d'une œuvre de Moratín).

Mais cet emploi est beaucoup plus étendu qu'en français : l'article **el** peut être appelé à déterminer non seulement tout infinitif (el dormir, el vagar, el reír, etc.), mais aussi des *propositions infinitives complètes* :

¿ Acaso es crimen **el haber salido yo de casa sin avisarle a Ud ?**	Est-ce par hasard un crime *que je sois sorti de chez moi sans vous en avertir ?*

ou des propositions subordonnées prises dans leur ensemble comme sujet, attribut ou complément d'un verbe :

¿ Acaso es crimen **el que haya salido yo de casa** sin avisarle a Ud ?

Su generosidad y su pundonor no le permitieron sufrir por más tiempo **el que todos padeciesen por su causa.** (MESONERO ROMANOS).	Sa générosité et son amour-propre ne lui permirent pas de supporter plus longtemps *que tout le monde souffrît par sa faute.*

OMISSION DE L'ARTICLE DÉFINI

Noms de pays.

347. L'espagnol présente sans article les noms de pays cités sans autre détermination.

España es la nación más occidental de **Europa.**	*L'Espagne* est la nation la plus occidentale de *l'Europe.*
Viajé por **Alemania, Holanda y Bélgica.**	J'ai voyagé à travers *l'Allemagne, la Hollande et la Belgique.*

Quelques noms de pays (la plupart masculins) sont ordinairement précédés de l'article : **el Brasil, el Japón, el Perú, el Ecuador, el Canadá, el Luxemburgo, el Franco-Contado, el Rosellón, los Países Bajos, la China, la India, la Argentina, la Persia, el África.**

L'article féminin de ces derniers peut être supprimé, surtout dans *les compléments de lieu* : Vengo **de África, de China, de Argentina, de Persia,** etc.

348. Mais tous les noms de pays sont précédés de l'article, s'ils sont accompagnés d'un *adjectif* ou d'un complément *déterminatif.*

La España **de Carlos V.**	*L'Espagne de Charles Quint.*
La infortunada Polonia.	*La malheureuse Pologne.*
La Italia **del Norte.**	*L'Italie du Nord.*

Remarquez la construction spéciale : Castilla **la Nueva,** Castilla **la Vieja,** *la Nouvelle* Castille, *la Vieille* Castille.

Casa, misa, clase (compléments de lieu).

349. On construit sans article les compléments de lieu constitués par les mots : **casa** (dans toutes les équivalences du français *chez*) ; **misa,** messe, et **clase,** classe, cours, même suivis d'un complément d'ordre général.

Vengo **de casa de mi tío.**	Je viens *de chez mon oncle.*
Tañían campanas **para misa de alba.**	Des cloches sonnaient *la messe de l'aurore.*
Voy **a clase de dibujo.**	Je vais *en classe de dessin.*

Mais si le complément particularise le mot, on dira : Vengo **de la casa que están construyendo,** *de la maison qu'on construit.* — No asistí **a las clases de la tarde,** *aux classes de l'après-midi.* — Llegaremos tarde **a la misa de tu tío,** *à la messe de ton oncle.*

Caza, pesca, paseo, Palacio, presidio (d°).

350. Les mots : **paseo,** *promenade;* **Palacio** dans le sens de *Palais Royal ;* **presidio,** *bagne,* se construisent également sans article dans les compléments de lieu, mais à condition qu'ils ne soient accompagnés d'aucune autre détermination.

Casa, pesca n'admettent cette construction qu'avec le verbe **ir**. *aller.*

Le mandaron **a presidio.**	On l'envoya *au bagne.*
Me llaman **a Palacio.**	On m'appelle *au Palais.*
Voy **de caza, de pesca.**	Je vais *à la chasse, à la pêche.*
Vete **a paseo.**	*Va te promener.*

Mais : está **en el presidio de Ceuta,** *au bagne de Ceuta;* salieron **a la pesca del atún,** *à la pêche du thon,* etc.

Noms de fêtes (compl. de temps).

351. Enfin l'article est encore omis dans les noms de fêtes employés comme compléments de temps, sauf si la fête est énoncée par les mots **día** ou **noche.**

Volveremos **para Pentecostés.**	Nous reviendrons *pour la Pentecote.*
En San Martín ya tuvimos nieve.	*A la Saint-Martin,* nous avons déjà eu de la neige.
De Pascuas a Ramos.	*De Pâques aux Rameaux* (c'est-à-dire : de loin en loin).
Venga Ud **por Navidad.**	Venez *à la Noël.*

Mais on dira : desde **la Nochebuena** hasta **el día de Reyes,** *depuis la nuit de Noël jusqu'au jour des Rois.*

L'article à valeur exclamative.

352. L'article défini employé en français avec une valeur exclamative doit être omis, ou bien être rendu par **¡ qué... !** (Cf. § 704.)

Le bel animal ! **¡ Hermoso animal !** *ou* **¡ Qué hermoso animal !**
Le pauvre homme ! **¡ Pobre hombre !** *ou* **¡ Qué pobre hombre !**

Cas communs d'omission.

353. L'espagnol, comme le français, admet fréquemment l'omission de l'article dans les proverbes et dans les énumérations.

Piedra movediza nunca **moho** la cobija.	*Pierre qui remue jamais mousse ne la recouvre.*
Hombres, animales, plantas, todo pereció.	*Hommes, animaux, plantes, tout périt.*

Cas restreints d'omission.

354. *a*) Devant les mots **tiempo, ocasión, paciencia, permiso, fuerza, valor, ánimo** (para...), *le temps, l'occasion, la patience, la permission, la force, le courage (de)*, après les verbes **tener, dar, pedir** ou leurs synonymes.

Notez la différence des prépositions : No tengo **tiempo para acompañarte,** je n'ai pas *le temps de t'accompagner.* — Pidió **permiso para salir,** il demande *la permission de sortir* (Cf. § 856).

b) Devant les mots qui désignent des matières d'étude : **latín, griego,** *grec*, **lenguas,** *langues*, **filosofía, ciencias,** *sciences*, **pintura, escultura,** etc., employés avec les verbes **aprender, estudiar, cursar, enseñar :** Estudio **inglés y latín.** Mais : estoy practicando **el inglés.**

c) Devant le nom d'un certain nombre de locutions que l'usage seul peut apprendre.

Après préposition :

a imagen de, *à l'image de ;*
a orillas de, *sur les bords de ;*
a prueba de, / **a riesgo de,** *à l'épreuve de ;*
a excepción de, *à l'exception de ;*
a ruegos de, *à la prière de ;*
a instancias de, *sur la demande de ;*
a favor de, *à la faveur de ;*
a costa de, *aux frais de ;*
a expensas de, *aux dépens de ;*
con motivo de, *à l'occasion de ;*
con perjuicio de, *au préjudice de ;*
con auxilio de, *à l'aide de ;*
con peligro de, *au péril de ;*
de parte de / **por parte de** *de la part de ;*
en honor de, *en l'honneur de ;*
en nombre de, *au nom de ;*
en lugar de, *au lieu de ;*
en poder de, *au pouvoir de ;* etc.

d) Après un verbe :

ser obra de, *être l'œuvre de ;*
ser costumbre, *être l'habitude ;*
ser presa de, *être la proie de ;*
estar de moda, *être à la mode ;*
echar mano a, *se mettre à ;*
poner manos a, *mettre la main à ;*
pedir limosna, *demander l'aumône ;* etc.

EMPLOI PRONOMINAL DE L'ARTICLE DÉFINI

El, la, etc. = celui, celle, etc.

355. Par omission du nom devant un complément déterminatif ou une proposition relative, l'article défini **el, la, los, las** devient pronom et sert à traduire *celui de, celle de*, etc., *celui qui* ou *que, celle qui* ou *que*, etc.

Tu opinión y **la del autor.**	Ton opinion et *celle de l'auteur.*
Prefiero mi libro **al que tienes tú.**	Je préfère mon livre *à celui que tu as.*
La cosecha será mejor que **la del año pasado.**	La récolte sera meilleure que *celle de l'année dernière.*
El asiento que hacía frente **al en que yo me había colocado.** (BÉCQUER.)	Le siège qui faisait face *à celui où je m'étais installé.*

Celui qui, *celle qui*, *ceux qui*, etc., employés sans antécédent et désignant des personnes, peuvent être traduits par **quien, quienes.** (Cf. § 450.)

Lo que.

356. L'article **lo** suivi d'un relatif correspond à notre démonstratif neutre *ce.*

Ce qui est arrivé hier.	**Lo que** sucedió ayer.
Ce que vous dites est vrai.	**Lo que** dice Ud es verdad.

Rappelons que l'article **lo** équivaut par lui-même à *ce qui est*, *ce qu'il y a de*; il dispense donc de traduire le relatif et le verbe des expressions ainsi présentées.

Ce qui est dangereux, c'est de s'y engager la nuit.	**Lo peligroso** es meterse ahí de noche.
Ce qu'il y a d'agaçant dans cette conversation...	**Lo molesto** de esta conversación...

Lo que = *lo mismo que.*

357. Dans les fonctions de *régime direct* ou d'*attribut*, **lo que** peut prendre la valeur de **lo mismo que** ; il laisse dans ce cas sous-entendre le verbe précédent, comme dans les compléments de comparatifs.

Si hicieras **lo que yo** (*s.-e. :* hago)...	Si tu faisais *comme moi...*
Hizo **lo que todos.**	Il fit *comme tout le monde.*
Yo no digo **lo que** Ud (*sa.* : dice)...	Je ne dis pas *comme vous.*
De ser yo **lo que Ud** (*s.-e. :* es).	Si j'étais *comme vous* (à votre place).

Pour une réduction possible de **lo que** a **que**, Cf. § 455.

Lo de.

358. Lo de (litt. : *ce de*) n'a pas d'équivalent exact en français et doit se rendre par une périphrase : *ce qui concerne*, *ce qui appartient*, *ce qui se trouve*, etc. Le rapport ainsi marqué est toujours assez vague et ne peut se préciser qu'en raison du contexte.

Me interesa mucho **todo lo de las Comunidades.**	*Tout ce qui concerne les Communautés* m'intéresse beaucoup.
Lo del otro día.	*Cette affaire de l'autre jour* (ce dont nous parlions, ce qui est arrivé...).
Lo de más allá.	*Ce qui se trouve plus loin.*
Todo lo de su tía le tocó por herencia.	*Tout ce qui appartenait à sa tante* lui échut en héritage.

Lo de suivi d'un nom propre peut désigner dans certaines régions une *propriété terrienne* (champ, ferme, terrain) : **Lo de Trasmonte** está por segar todavía. *La propriété (ou le champ) de Trasmonte* est encore à moissonner.

CHAPITRE II

LE PARTITIF ET L'INDÉFINI

Expressions partitives.

359. L'espagnol ne traduit d'habitude ni l'article ni la préposition des expressions partitives françaises : *du pain*, *de la viande*, ni des pluriels indéfinis : *des fruits*, *des légumes*, etc.

Aquí no hay **carne ;** pero comeremos **legumbres.**	Ici il n'y a pas *de viande ;* mais nous mangerons *des légumes.*
Beberemos agua y no vino.	Nous boirons de l'eau et non du vin.

360. Cependant on traduit la préposition *de* si l'expression partitive est déterminée par un démonstratif, un possessif, un indéfini qualitatif ou une proposition relative.

¿ Bebiste **de mi vino ?**	As-tu bu *de mon vin ?*
Tome Ud **de esa salsa.**	Prenez *de cette sauce.*
Comieron **del mismo pan.**	Ils mangèrent *du même pain.*
Me dió **de las frutas que llevaba en la cesta.** Me dió **frutas de las que llevaba.**	Il me donna *des fruits qu'il portait dans le panier (...quelques fruits de ceux qu'il portait).*

361. Si l'expression partitive est déterminée par un qualificatif, celui-ci peut être présenté sous la forme d'un complément déterminatif ; l'article et l'adjectif du complément restent en accord avec le nom, sauf au masculin singulier, qui est remplacé par le neutre.

Llevarás **ropa de la fina.**	*Tu porteras du linge fin.*
Encendieron el fuego **con ramas de las secas.**	Ils allumèrent le feu *avec des branches sèches.*
Si te casaras conmigo, pastor, **comieras pan de lo bueno.** *(C. popular asturiano.)*	Si tu te mariais avec moi, berger, *tu mangerais de bon pain.*

Désignations approximatives.

362. L'article indéfini suivi de **como** peut servir à rendre les formules françaises *une sorte de*, *une espèce de*, employées à défaut d'un terme propre, pour désigner un objet d'une façon approximative. On emploie également les expressions **un a modo de, una a manera de.**

Allá dentro hay **una como hebilla** que se menea a un lado y a otro. (PEREDA. — *El buey suelto.*)	Tout au fond, il y a *une espèce de boucle* qui se meut de droite à gauche et de gauche à droite.
El labrar uno sus heredades es **una como escuela** de inocencia. (FR. L. DE LEÓN.)	Labourer ses champs est *une sorte d'école* d'innocence.
Vestía **un a modo de sayo** que le caía más abajo de las rodillas.	Il portait *une sorte de sarrau* qui lui tombait au-dessous du genou.
Eran éstos (los descargaderos) **a modo de baluartes** que... llegaban hasta la ría. (BL. IBÁÑEZ. — *El intruso.*)	Ces quais de déchargement étaient *des sortes de terre-pleins* qui... arrivaient jusqu'à la ría.

D'une façon analogue, l'expression **un casi... una casi** sert à atténuer la valeur du mot qui suit :

Las artes experimentaron **una casi resurrección.**	Les arts connurent *une sorte de résurrection* (*presque une* résurrection).
Tengo por **una casi impertinencia** el hacer la biografía de los vivos. (MENÉNDEZ Y PELAYO.)	Je considère *presque comme une impertinence* d'écrire la biographie des vivants.

L'approximation numérique.

363. Le pluriel **unos, unas** est la façon la plus commune en espagnol de désigner approximativement un nombre.

Il y a là *quelque 60 arpents* de bonne terre.	Allí hay **unos sesenta días de bueyes** de buena tierra.
Je l'ai payé *dans les 150 pesetas.*	Lo pagué **unas 150 pesetas.**
Nous sommes à *une quarantaine de kilomètres.*	Estamos **a unos cuarenta kilómetros.**

Emploi de l'indéfini pluriel UNOS, UNAS.

364. On emploie l'indéfini **unos, unas,** comme équivalent du français *des :*

a) devant des mots qui, sous la forme du pluriel, représentent *un seul* objet (Cf. § 61) :

Se lo llevaron en **unas andas.**	On l'emporta sur *un brancard.*
Había **unos llares enormes.**	Il y avait *une énorme crémaillère.*

b) devant des noms d'objet que l'on considère habituellement par *paires*, si l'on ne désigne qu'une seule paire (des yeux, des pendants, des gants, etc.) :

Tenía **unas manazas** de verdugo.	Il avait *de grosses mains* de bourreau.
Llevas **unos zapatitos** preciosos.	Tu portes *des souliers* très mignons.

L'absence de **unos** laisse entendre un pluriel indéfini supérieur à la paire : se venden **zapatos** de todas clases, *on vend des souliers de toutes sortes.*

c) devant des pluriels qui se trouvent *restreints numériquement* ou *qualitativement* par un adjectif, par un complément ou simplement par le contexte.

Fumaba **unos pitillos que parecían cañones.**	Il fumait *des cigarettes qui ressemblaient à des canons.*
Me encontré **con unos señores de mucho respeto.**	Je tombai sur *des messieurs très respectables.*
Tienes **unos amigos la mar de raros.**	Tu as *des amis extrêmement bizarres.*
Eran **unos animales que metían miedo.**	C'était *des animaux qui faisaient peur.*

d) devant des adjectifs ou des participes au pluriel *pris substantivement*, pour noter la nuance qui existe entre *vous êtes égoïstes* et *vous êtes des égoïstes.*

Sois **unos tontos.**	Vous êtes *des sots.*
Se portaron como **unos desagradecidos y unos sinvergüenzas.**	Ils se comportèrent comme *des ingrats et des gens sans vergogne.*

e) *au début de la phrase*, devant un nom pluriel indéfini, remplissant la fonction de sujet :

Unos pastores tañían la flauta debajo de un haya.	*Des bergers* jouaient de la flûte sous un hêtre.
Unos sucesos imprevistos me obligan...	*Des événements imprévus* m'obligent...
Unos campesinos acudieron a los gritos del zagal.	*Des paysans* accoururent aux cris du jeune berger.

Les exemples précédents introduits sans l'article, sans être absolument incorrects, choqueraient l'oreille d'un Espagnol. Un nom pluriel indéfini ne peut se trouver au début de la phrase qu'en vertu d'une inversion, c'est-à-dire s'il remplit toute autre fonction que celle de sujet : **Cosas** (attribut) **son éstas** que merecen atención. *Ce sont des choses qui méritent l'attention.* — **Verdades** (complément) **hay** que más vale callar. *Il y a des vérités qu'il vaut mieux taire.*

CONSTRUCTIONS SANS L'ARTICLE INDÉFINI

365. L'emploi du numéral **un** comme article était inconnu du latin. C'est là une innovation des langues romanes, que le français moderne a généralisée à plus de cas que l'espagnol. Au moyen âge, cet emploi était sensiblement le même dans les deux langues. Par conséquent, on ne saurait parler, en grammaire espagnole, de l'omission de l'article, que comparativement avec l'usage du français moderne. Les cas de construction sans article que nous allons examiner pour l'espagnol ne sont pas des cas où l'emploi de l'article a disparu, mais des cas où l'article n'a jamais été employé régulièrement.

Les circonstances qui demandent ou qui favorisent cette construction sans l'article **un una** peuvent se ramener à deux.

1° Le rôle déterminatif de l'article *un* se trouve déjà suffisamment **assuré par un autre élément** qui accompagne le nom.

2° Le nom n'est pas envisagé sous l'aspect d'unité, mais seulement sous un aspect **partitif** (Cf. § 359) ou sous celui d'**espèce** ou de **catégorie.**

De même qu'en français, l'article indéfini est exclu, en principe, par la présence d'une négation. En face de : *j'ai un lit, j'ai trouvé un siège,* nous disons : *je n'ai pas de lit, je n'ai pas trouvé de siège:* **no tengo cama, no hallé asiento.**

On ne peut trouver **un, una** dans une phrase négative qu'avec la valeur particulière de *un seul, pas un:* **No hay un árbol** en toda la llanura, *il n'y a pas un seul arbre sur toute la plaine.*

Dans les expressions d'identité.

366. L'article indéfini est exclu par les déterminatifs **tal, igual, semejante, otro, tanto, tamaño, cierto** et **cualquiera,** lorsqu'ils sont placés devant le nom.

En **tal situación.**	Dans *une telle situation.*
En **semejante caso.**	Dans *un cas semblable.*
La trató con **igual cariño.**	Elle la traita avec *une égale tendresse.*
Cuéntame **otra historia.**	Raconte-moi *une autre histoire.*
No le creía capaz de **tanta maldad.**	Je ne le croyais pas capable de *tant de méchanceté* ou (*d'une telle*).
En **cierta circunstancia.**	Dans *une certaine circonstance.*
Cualquier día volveré.	*Un de ces jours*, je reviendrai.

367. Certains de ces adjectifs placés après le nom prennent une valeur différente et rendent possible en ce cas l'emploi de l'article : **una** cosa **cierta,** *une chose certaine;* **un** día **cualquiera,** *un jour quelconque;* **un** vestido **igual,** *un costume pareil;* **un** género **semejante,** *un article dans ce genre*, etc.

Cependant **tal, igual, semejante,** même placés après le nom, maintiennent l'exclusion de l'article indéfini, si la phrase est négative ou interrogative.

Nunca vi cosa semejante.	*Je n'ai jamais vu chose semblable.*

368. La présence de l'adjectif **medio,** soit devant le nom, soit après le nom sous la forme de **y medio,** exclut habituellement l'article indéfini.

Compraremos **medio kilo de patatas.**	Nous achèterons *un demi-kilo de pommes de terre.*
Después de esperar **hora y media.**	Après avoir attendu *une heure et demie.*

Mais l'article peut être employé si l'objet envisagé sous cet aspect constitue en quelque sorte une *unité d'usage courant*; on dira par exemple : **una media tostada,** *un demi petit pain grillé* ; **una media pausa,** *une demi-pause* ; **una media fanega,** *une demi-fanègue* et même : el discurso duró **una media hora** escasa, *à peine une demi-heure.*

Dans les expressions comparatives.

369. Pratiquement, toute formule qui exprime *un rapport d'identité* analogue à celui représenté par **tal, igual, semejante,** est susceptible d'exclure l'article indéfini. C'est le cas des *comparatifs d'égalité* établis avec **tan** ou **tanto** :

Sitio tan apacible convidaba al reposo.	*Un endroit si paisible* engageait au repos.
Insistió **con tanto ahinco que...**	Il insista avec *une telle obstination que...*

et des *comparatifs de supériorité ou d'infériorité* présentés sous les formes négative, interrogative ou dubitative :

Dudo que encuentres **peor camino.**	Je doute que tu trouves *un pire chemin.*
No halló **sitio más apropiado.**	Il ne trouva pas *d'endroit plus à propos.*
No era posible **mayor resistencia.**	*Une plus grande résistance* était impossible.
¿ Sacaste **mejor nota** esta vez ?	As-tu obtenu *une meilleure note* cette fois-ci ?

370. L'omission de l'indéfini, sans être obligatoire, est très fréquente (surtout dans le style noble et poétique) dans les expressions comparatives et les métaphores présentées par **como, cual, a fuer de, a manera de, igual que, al modo de,** etc.

...y descendieron
cual piedra en el profundo.
(Herrera.)

...et sombrèrent
comme une pierre dans l'abîme.

...y luego rebuznase
como trompa de caza en el ojeo.
(Samaniego.)

...et qu'ensuite il se mît à braire *comme un cor de chasse* dans la battue.

La cuadrilla de la miseria... acecha el paso de la caridad **al modo de guardia de alcabaleros** (P. Galdós. — *Misericordia*). — Oye luego un *richs* interminable, **como ruido de puchero** que se va sobre las brasas (Pereda. — *El buey suelto*).

Dans les compléments de manière.

371. Le français construit sans article beaucoup de compléments de manière formés d'une préposition et d'un mot simple : *avec joie*, *avec lenteur*, *avec énergie*, *avec calme*, *avec soin*, etc. ; mais il y ajoute l'article indéfini dès que ce terme est modifié par un adjectif : avec *une* grande joie, avec *une* lenteur calculée, avec *une* énergie indomptable, avec *un* calme surprenant, avec *un* soin particulier, etc.

L'espagnol, en pareil cas, maintient toujours l'exclusion de l'article : **con gran alegría, con calculada lentitud, con indomable energía, con sorprendente calma, con particular cuidado,** etc., et de même : **con profunda devoción, con destemplada voz, con torva inquietud,** etc.

Dans les expressions d'aspect partitif.

372. Pareillement, l'espagnol omet l'article devant tout nom abstrait (quelle que soit sa fonction) accompagné d'un adjectif, dans le cas où le français présenterait le terme simple sous la forme *partitive*.

D. Nemesio experimentó **viva inquietud.**
(P. Valdés. — *La hermana S. Sulpicio.*)

D. Nemesio éprouva *une vive inquiétude* (éprouver *de l'inquiétude*).

Fingía **gran menosprecio** por...

Il affectait *un grand mépris* pour... (affecter *du mépris*).

Los árboles vestidos de **reluciente y fresco verdor.**
(Clarín.)

Les arbres revêtus *d'une verdure brillante et fraîche* (revêtus de *verdure*).

Autres cas d'omission de l'article.

373. Voici encore quelques cas où l'omission de l'article, sans être une règle absolue, est néanmoins couramment observée :

a) Devant les expressions *indéfinies de quantité* formées soit à l'aide de noms : **parte, cantidad, infinidad, copia, número, multitud**, etc., soit à l'aide d'adjectifs : **suficiente, escaso, excesivo, sobrante**, etc.

Trajeron **buena cantidad de pescado.**	... *une bonne quantité de poisson.*
No había **gran número de parroquianos.**	... *un grand nombre de clients.*
Hubo **multitud de accidentes.**	... *une multitude d'accidents.*
No disponemos de **suficiente espacio.**	... *d'un espace suffisant.*
Dicho señor gozaba de **escaso crédito.**	... *d'un maigre crédit.*
Me diste **sobrado motivo para...**	... *un motif plus que suffisant pour*
Un alma en que el cielo puso **infinita parte de sus riquezas.** (CERVANTES.)	Une âme où le ciel a mis *une grande partie de ses richesses.*

b) Devant les compléments qui montrent un aspect caractéristique ou une *partie intéressante d'un tout,* introduits soit par les prépositions **con, sin, de,** soit par un *verbe de possession.*

Un cristo de ébano y marfil **con cabellera humana.** (VALLE INCLÁN.)	Un Christ d'ébène et d'ivoire, *avec une chevelure humaine.*
Un anciano **de calva sien y nevada barba.**	Un vieillard *aux tempes chauves et à la barbe de neige.*
Alguna procesión de pardas encinas **de verde severo y perenne.** (UNAMUNO.)	Quelque procession de sombres chênes verts, *d'une verdeur sévère et persistante.*
La habitación **tiene cuarto de baño y ventana a la calle.**	La chambre *a une salle de bains et une fenêtre sur la rue.*

Le doublement des termes ou *l'énumération* favorisent toujours l'omission de l'article. Cf. en français : ... *Avait mis ce jour-là... cotillon simple et souliers plats.*

Algunos de aquellos señores llevaban **sombrero alto y frac** ; otros vestían **calzón corto, sombrero ancho y amplia capa.** (P. BAROJA.)

Después de yo degollado, ... nada son **cuerpo y alma.** (D. DE RIVAS.)

Una mezcla que hace del conjunto **cifra y símbolo** de nuestra genialidad nacional. (P. BAZÁN.)

c) Devant un nom attribut où l'objet se présente sous *l'aspect de catégorie* et non sous celui d'unité.

Fue llegando a la venta que a él le **pareció castillo.** (CERVANTES. — *D. Quijote.*)	Il approcha de l'auberge qui lui *semblait être un château.*
Lo que **juzgábamos poblado** se va cambiando en estos pináculos de cantos grises. (AZORÍN. — *La ruta de D. Quijote.*)	Ce que *nous prenions pour un village* se transforme peu à peu en ces pyramides de cailloux gris.

C'est aussi le cas d'un grand nombre de proverbes : Más vale **pájaro** en mano que **águila** volando, *un oiseau* dans la main *qu'un aigle*... et de locutions : **es obra de**, *c'est une œuvre (ou l'œuvre) de* ; es **motivo** para, *c'est un motif pour...* ; es **cosa** de ver, *c'est une chose à voir*, etc.

374. Nous n'avons énuméré ici que les principaux cas d'omission de l'article indéfini qui se pratiquent dans le langage courant. La langue poétique et la prose littéraire soignée restreignent encore davantage cet emploi, pour des raisons extra-grammaticales, en vue seulement de rechercher l'élégance du style et la distinction du ton. C'est pourquoi on ne saurait assigner à cette pratique de règle bien définie : pour que l'oreille d'un Espagnol ne soit pas choquée par l'absence de l'article indéfini, il suffit, semble-t-il, que le nom soit accompagné d'un adjectif ou d'un élément déterminatif quelconque.

Toda la ciudad vive **intensa vida** cívica. (P. Galdós.)
Se alza **universal gemido.** (D. de Rivas.)
Dilatados los ojos por **ávida mirada** de estupor. (Valle Inclán.)
Una hermosa finca situada en **majestuosa pero muy alegre** soledad. (A. Alarcón.)
Dulce luz el campo baña... (E. de Mesa.)

Emploi pronominal de UNO, UNA.

375. L'article indéfini peut être employé pour rappeler un terme précédent, comme le français *un* précédé de *en ;* dans ce cas, il peut être suivi d'un adjectif ou d'un complément, mais il n'est jamais apocopé.

Éste es un buen lápiz ; ¿ quieres **uno igual ?**	Voici un bon crayon ; *en veux-tu un pareil ?*
Gracias, tengo **uno mejor.**	Merci, *j'en ai un meilleur.*
Prefiero **uno de color.**	J'en préfère *un de couleur.*
Tomaré **uno cualquiera.**	J'en prendrai *un quelconque.*

Cette règle s'applique également aux composés **alguno** et **ninguno.**

Pour l'emploi de **uno** comme équivalent du français *on*, Cf. § 657.

Uno = mismo.

376. En tant qu'adjectif, **uno** a conservé le sens de *même* qu'il avait en latin.

Los dos primos eran **de una edad.**	Les deux cousins étaient *du même âge.*
Lleva la corbata y los calcetines **de un color.**	Il porte la cravate et les chaussettes *de la même couleur.*
Olivo y aceituno **todo es uno.**	*...C'est tout un, c'est la même chose.*

CHAPITRE III

LES DÉMONSTRATIFS

Valeurs spéciales de quelques formes.

377. Dans le style de la correspondance, **ésta** désigne la localité de celui qui écrit et **ésa** celle de son correspondant.

Ayer llegué **a ésta...**	Je suis arrivé hier *ici.*
¿ Qué tiempo hace **por ésa ?**	Quel temps fait-il *par là-bas (chez vous) ?*

La forme **ese** (**esa, esos,** etc.) est employée de préférence aux autres dans les expressions qui marquent le *dépit* ou le *mépris.*

¿ Qué querrá decir **ese tío ?**	Qu'est-ce qu'il peut bien vouloir dire, *cet individu ?*
¡ Que te vea otra vez con **esa sinvergüenza !**	Que je te voie de nouveau avec *cette dévergondée !*
¡ A ése !	*Arrêtez-le !*

Rappel de termes précédents.

378. *a*) Pour faire allusion à des personnes ou des objets déjà nommés, les démonstratifs sont souvent remplacés par **tal, dicho** (ordinairement sans article) ou **el susodicho :**

Tal solución hemos adoptado.	*C'est cette solution* que nous avons adoptée.
Dicho sermón nos aburrió.	*Ce sermon (ledit sermon)* nous a ennuyés.
El susodicho capellán no era ningún orador.	*L'aumônier en question* n'avait rien d'un orateur.

b) S'il y a plusieurs termes à rappeler, **éste** se rapporte au dernier nommé, **aquél** au premier.

Amo y criado salieron juntos ; **éste** a pie, **aquél** a caballo	*Maître et valet* partirent ensemble ; *celui-ci* à pied, *celui-là* à cheval.

Dans la traduction de *ce dernier*, l'espagnol remplace le démonstratif par l'article : **el último.**

Creyó entonces necesario el general francés emprender un ataque formal contra las puertas del Carmen y del Portillo. Puso su mayor conato en apoderarse de **la última.**	Le général français crut alors nécessaire de tenter une attaque en règle contre les portes du Carmen et du Portillo. Il déploya son plus grand effort à s'emparer de *cette dernière.*

(CONDE DE TORENO. — *Levantamiento.*)

c) Le relatif **el cual** peut être employé au lieu d'un démonstratif, lorsqu'il est sujet de la proposition suivante.

(El licenciado) ...se vino a casa de don Quijote. **El cual** aún todavía dormía. (CERVANTES. — *D. Quijote*, I, 6.)	(Le curé) arriva chez don Quichotte. *Celui-ci* dormait encore.

LES POSSESSIFS

Emploi de MÍO dans le vocatif.

379. Quand on s'adresse à quelqu'un, le possessif est habituellement exprimé sous la forme accentuée **(mío, nuestro)** placée après le nom.

Muy señor mío...	*Cher Monsieur...*
Navega, **velero mío,** sin temor... (ESPRONCEDA.)	Navigue sans crainte, *mon voilier...*
Padre nuestro que estás en los cielos...	*Notre père* qui êtes aux cieux...

Lorsque le nom est accompagné d'un adjectif, **mío** peut être maintenu si l'interpellation a une valeur exclamative ou tout au moins emphatique : **¡ Pobre hermano mío !** *Mon pauvre frère !* Mais, ordinairement, le possessif est ou bien supprimé : **querida prima,** *chère cousine;* **apreciado señor,** *mon cher monsieur*; ou bien rendu par la forme **mi : mi querido** Pepito, **mis amados** hermanos, **mi buen** señor, etc.

Le langage militaire emploie aussi **mi** pour s'adresser aux supérieurs : Mande Ud, **mi capitán,** à vos ordres, *mon capitaine.* — Entendido, **mi comandante,** entendu, *mon commandant.*

Substitution du possessif par des pronoms personnels.

380. Les possessifs **su, suyo** peuvent correspondre soit à la 3e personne du singulier, *son, sien*; soit à la 3e personne du pluriel, *leur*; soit encore à **de Ud,** c'est-à-dire, en français, à **votre.** C'est pourquoi, quand il y a danger d'équivoque, l'espagnol précise la personne du possesseur en employant après le nom, précédé seulement de l'article, les pronoms personnels **de él, de ella, de ellos,** etc. (Cf. § 117.

Pedro pretende que **su bicicleta** es mejor que **la de Ud.**	Pierre prétend que *sa bicyclette* est meilleure que *la vôtre.*
Su casa está junto a **la de ellos.**	*Sa maison* est à côté de *la leur.*
Udes no pueden comparar **su situación** con **la de ella.**	Vous ne pouvez pas comparer *votre situation* avec *la sienne.*

Bien que le langage courant admette ces tournures en dehors de tout danger d'équivoque, il convient de ne pas en abuser, car elles alourdissent la phrase.

DOUBLE DÉTERMINATION

Avec un démonstratif.

381. L'espagnol permet de donner à un nom deux déterminatifs différents dont l'un est ordinairement postposé.

Le démonstratif postposé au nom n'admet comme autre déterminatif que *l'article défini.*

El libro aquel que me señalaste.	*Ce livre-là* que tu m'as signalé.
¿ Qué me dices de **la obra esta ?**	Que me dis-tu *de cette œuvre-ci ?*

Avec un possessif.

382. *L'article et l'adjectif possessif* précédant tous les deux le nom sont des archaïsmes qui persistent dans l'*Oraison dominicale :* santificado sea **el tu nombre,** vénganos **el tu reino,** et aussi dans les parlers dialectaux de tout le nord-ouest de l'Espagne (Santander, Asturies, León, Zamora) : **la tu casa, un su feligrés, otro su hermano,** etc. Le castillan littéraire dit plutôt : un feligrés **suyo,** otro hermano **suyo,** etc. ; mais admet cependant cette construction avec le démonstratif dans quelques formules : **este su servidor, esta su casa,** etc.

383. Avec la forme possessive accentuée **(mío, tuyo, suyo)** postposée au nom, celui-ci peut être précédé de n'importe quelle catégorie de déterminatifs.

Un primo **nuestro.**	*Un* cousin *à nous.*
Algunas obras **mías.**	*Quelques-unes de mes* œuvres.
Aquella finca **tuya.**	*Cette* propriété *à toi.*
Otra mentira **suya.**	*Un autre de ses* mensonges.
Cualquier palabra **tuya.**	*N'importe quel* mot *de toi.*

On peut dire aussi, comme en français : **un** primo **de los míos, dos** tías **de las nuestras,** etc., mais cette tournure implique qu'on désigne une ou deux personnes seulement *parmi un nombre supérieur.*

Avec l'adjectif OTRO.

384. L'adjectif **otro** se place ordinairement comme en français par rapport aux autres déterminatifs (**algún otro,** *quelque autre,* **cualquier otro,** *n'importe quel autre,* **aquel otro,** *cet autre,* **mi otro,** *mon autre,* etc.). Mais il doit précéder les *noms de nombre* et les *indéfinis quantitatifs* **mucho, poco, tanto.**

Tengo **otras dos** botellas.	J'ai *deux autres* bouteilles.
En **otras muchas** ocasiones.	En *beaucoup d'autres* occasions.
Tome Ud **otras pocas** aceitunas.	Prenez *quelques autres* olives.

DÉTERMINATION ET QUALIFICATION DE PLUSIEURS NOMS CONSÉCUTIFS

Répétition du déterminatif.

385. Le déterminatif est répété devant *chacun des termes* s'ils n'offrent pas de lien commun ou si on a le désir d'attirer l'attention sur chacun d'eux.

Los pastores, **los** ganados, **los** reyes, **los** ángeles reconocieron a su Creador. (LOPE DE VEGA. — *Pastores de Belén.*)	*Les bergers, les troupeaux, les rois, les anges* reconnurent leur Créateur.
Mi voz, **mi** corazón, **mi** fantasía la gloria cantan de la patria mía. (ZORRILLA.)	*Ma voix, mon cœur, ma fantaisie* chantent la gloire de ma patrie.

Le déterminatif n'est pas répété.

386. Il suffit de déterminer *le premier terme* de la série s'il s'agit de personnes ou d'objets de la même catégorie ou de catégories voisines, et si on les considère plutôt dans leur ensemble.

Manifestando a Guzmán **los socorros y abundancia** que les pueden venir a ellos... (QUINTANA.)	En montrant à Guzman *les secours et l'abondance* qui peut leur arriver...
Saludó con **mucha cortesía y afectuosidad** al embajador de Austria. (LAFUENTE.)	Il salua avec *beaucoup de courtoisie et beaucoup d'amabilité* l'ambassadeur d'Autriche.

Aquellas sus callejas curvas y tortuosas, desiertas plazuelas, viejos caserones de amplias portaladas... tienen su natural complemento en los campos fértiles **del Sur y Sudeste.** (CIRO BAYO. — *Lazarillo español.*)

387. D'une façon analogue, le qualificatif qui précède le premier terme d'une série s'applique également aux suivants.

Los hechos en que la Reina Católica puso toda su alma son de **singular magnitud y belleza.**	Les faits dans lesquels la Reine Catholique mit toute son âme sont *d'une grandeur et d'une beauté singulières.*

Constructions sans déterminatif.

388. Comme le français, l'espagnol peut réunir sans aucun déterminatif des termes que l'on envisage habituellement ensemble, qui sont reliés par un rapport étroit, ou dont il a été question précédemment.

Banderolas y gallardetes adornaban **casas particulares y edificios públicos.** (PÉREZ GALDÓS. — *Cádiz.*)	*Banderoles et* fanions ornaient (les) *maisons particulières et (les) édifices publics.*

CHAPITRE IV

ACCORD DE GENRE ET DE NOMBRE

Les règles d'accord de l'adjectif avec le nom sont en principe les mêmes qu'en français, mais elles sont observées avec moins de régularité lorsqu'il s'agit d'un adjectif se rapportant à deux noms de genre différent. Il convient de distinguer deux cas.

a) Adjectif placé après deux ou plusieurs noms de genre différent.

389. Il se met ordinairement au *masculin pluriel.*

Has de llevar pantalón y chaqueta **negros.**	Tu dois porter un pantalon et une veste *noirs.*
Es mayor que Portugal y Castilla **juntos.** (CERVANTES. — *D. Quijote.*)	Il est plus grand que le Portugal et la Castille *réunis.*

Mais il est toujours préférable dans ce cas de placer le nom masculin en dernier lieu pour que l'oreille ne soit pas choquée par le contact d'un mot féminin avec un adjectif masculin.

Il arrive parfois que l'adjectif ainsi placé ne s'accorde qu'avec le terme précédent (c'est-à-dire le dernier) : talento y **habilidad extremada**; ... ejército y **milicia desorganizadas** (exemples cités par BELLO, § 844), mais ces exemples ne sont pas à imiter.

La règle est observée plus strictement lorsque l'adjectif est employé comme attribut et séparé par le verbe des noms qu'il qualifie.

Ni su talento ni su cultura me parecen **extraordinarios.**	Ni son talent ni sa culture ne me semblent *extraordinaires.*

b) Adjectif placé avant les noms qu'il qualifie ou détermine.

390. Ce cas concerne surtout les articles et autres déterminatifs. Ici l'usage s'écarte nettement du français, en n'établissant l'accord en genre et en nombre qu'avec le premier terme.

Estas rosas y claveles...	*Ces roses* et ces œillets...
Tantas lágrimas y suspiros.	*Tant de larmes* et de soupirs.
Con **la combinación** y contraste de luces.	Avec *la combinaison* et le contraste des lumières.
Se vino al suelo con **el más horroroso estruendo** y confusión. (M. J. DE LARRA.)	Tomba par terre avec *le plus horrible* fracas et dans la confusion *la plus horrible.*
N. P., enanillo alegre, **cuya postura** y movimiento no hubiera sorprendido mejor una instantánea fotográfica. (J. O. PICÓN.)	N. P., nain joyeux, *dont* un instantané n'aurait pas mieux surpris *l'attitude* et le mouvement.

L'exemple suivant présente les deux genres d'accord.

En posesión de todas **las facultades** y atributos **propios** de la soberanía. (A. GANIVET.)	En possession *de toutes les facultés* et de *tous* les attributs *propres* à la souveraineté.

CAS PARTICULIERS D'ACCORD ET DE CONSTRUCTION

Personnes désignées par un titre.

391. Quand on emploie les formules **Su Majestad** ou **Vuestra Majestad, Vuecencia (Vuestra Excelencia), Usía (Vuestra Señoría), Usted (Vuestra Merced),** etc., toutes basées sur un nom féminin, on ne tient compte pour l'accord que du sexe de la personne dont on parle ou à qui on s'adresse. On dira à un monsieur : ¿ Se siente Usted **incómodo** ? *vous sentez-vous mal à votre aise?* et à une dame : ¿ Se siente Usted **incómoda** ? — Dicen que Vuestra Señoría es **bravo, orgulloso, impaciente** (A. DE GUEVARA).

L'accord a lieu néanmoins pour l'adjectif épithète en contact direct avec le titre formulé : **Su Majestad leonesa** ; **Su augusta Majestad** ; **Su Alteza serenísima,** etc.

Cas de : algo de, tanto de, mas de, etc.

392. L'attribut placé après certaines locutions verbales comprenant un neutre : tener **algo de, poco de, mucho de, nada de,** etc., ou un nom : tener **cara de, facha de, traza de, pelo de** (synonymes de *avoir l'air*), s'accorde normalement avec le sujet du verbe.

Esa historia tiene **tanto de imaginada** como de **vivida.**
Las manos de Roque tienen **más de compasivas** que de **rigurosas.** (Cervantes.)
La muchacha tiene **traza de aldeana,** pero no tiene **pelo de tonta.** La fillette a *l'air d'une paysanne*, mais elle n'a *rien d'une sotte.*

Cependant, après **algo** et **nada,** l'adjectif peut être considéré comme attribut de ces pronoms et rester par conséquent invariable.

Tu aventura no tiene **nada de extraordinario** (ou **extraordinaria**).	Ton aventure n'a *rien d'extraordinaire.*
Aquellos fulanos tienen **algo de sospechoso** (ou **sospechosos**).	Ces individus ont *quelque chose de suspect.*

393. On peut rattacher au genre d'accord précédent les tournures où l'article neutre **lo** sert à présenter un adjectif sous l'aspect de point de vue ou de degré (Cf. § 190, 191) ; cet adjectif doit s'accorder avec le nom auquel il se rapporte.

En **lo alta y rubia,** la hija se parece a la madre.	La fille ressemble à sa mère *dans le fait qu'elle est grande et blonde.*
Rosas llamadas locas **por lo frívolas que son.**	Des roses appelées folles, *à cause de ce qu'elles sont frivoles* (littéralement).

(P. Baroja. — *Idilios vascos.*)

QUELQUE CHOSE DE, RIEN DE, JE NE SAIS QUOI DE + adjectif.

394. Dans ces constructions, **algo, nada, no sé qué** sont suivis de **de** lorsqu'ils sont employés pour restreindre la qualification de l'adjectif à un aspect ou à une partie seulement de l'objet envisagé. C'est le cas des exemples du § 392.

El asunto no ofrece **nada de particular.**	L'affaire n'offre *rien de particulier.*
A esa música le encuentro **algo de picaresco.**	Je trouve à cette musique *quelque chose de picaresque.*
La pobre chica no tenía **nada de elegante.**	La pauvre fille *n'avait rien d'élégant.*

On n'emploie pas la préposition si l'adjectif ne qualifie que les mots **algo** et **nada** pris dans leur sens absolu.

¿ Hay **algo interesante** en el periódico ?	Y a-t-il *quelque chose d'intéressant* dans le journal ?
Esta novela es **algo maravilloso.**	Ce roman est *quelque chose de merveilleux.*
¿ Tienes **algo nuevo** que contar ?	As-tu *quelque chose de nouveau* à raconter ?
No hizo Ud **nada extraordinario.**	Vous n'avez *rien fait d'extraordinaire.*
El hormigueo en la planta de los pies que nos causa la sensación de pisar **algo blando, algo viviente...**	Le fourmillement sur la plante des pieds que nous cause la sensation de fouler *quelque chose de mou, quelque chose de vivant...*

(P. Bazán. — *Los pazos de Ulloa.*)

395. L'attribut placé après le verbe *(ser, estar, parecer, resultar, etc.)* peut, dans certaines conditions, que nous signalerons au passage, se substituer au sujet pour imposer aux autres éléments de la phrase son genre et son nombre.

Cette réaction de l'attribut s'exerce tout d'abord dans les cas où l'attribut est un nom pluriel tandis que le sujet est un nom singulier : Mi juego preferido **son los bolos**. Mon jeu préféré *ce sont les quilles.*

Cet accord s'explique par le fait que le sujet parlant a en même temps dans l'esprit la construction grammaticalement équivalente : **los bolos son** mi juego preferido, *les quilles sont mon jeu préféré,* où les termes se trouvent invertis. Constatons cependant que, logiquement, le terme **los bolos** joue bien le rôle d'attribut du moment qu'il est répondu à la question : *¿ cuál es su juego preferido?* et que la réponse doit forcément débuter par : *mi juego preferido...* Le français essaie d'éviter le contact choquant d'un sujet singulier *mon jeu* avec un verbe au pluriel en substituant à la forme verbale simple *est* la formule *ce sont* couramment employée devant des pluriels en l'absence d'un sujet réel (§ 439).

L'attribut est susceptible aussi de transmettre son genre au sujet si celui-ci est représenté par la forme neutre d'un adjectif. Nous verrons que cet accord est observé régulièrement comme dans la syntaxe latine *(Hæc est culpa mea)* lorsque l'attribut est un nom déterminé et que le sujet est exprimé en français sous la forme d'un démonstratif neutre : *c'était là son unique passion,* **ésa era** su única pasión (§ 441).

L'accord avec l'attribut est seulement facultatif, et rare dans la langue moderne, lorsque le sujet est l'adjectif neutre **todo** pris dans le sens de *ce n'est que, ce ne sont que :* **Todas son** apariencias fabulosas, maravillas soñadas (Liñán y Verdugo). *Ce ne sont qu'*apparences trompeuses, merveilles de rêve (§ 464).

CHAPITRE V

COMPLÉMENTS D'ADJECTIFS

396. Le choix de la préposition dépend à la fois du sens de l'adjectif et de la nature du rapport à exprimer ; car, selon la nature de ce rapport, la préposition peut varier : un objeto útil **al alumno,** útil **para trabajar,** útil **en la clase,** útil **a cada momento,** etc.

Les exemples que nous présentons à la suite, groupés d'après la nature du rapport à exprimer, sont donnés à titre d'indication et ne constituent pas un répertoire complet. Nous y faisons figurer surtout les cas qui diffèrent du français.

397. *A.*

a) *Rapport de proximité.*

Cercano a la plaza,	*proche de* la place ;
contiguo a la casa,	*contigu à* la maison ;
inmediato a la cuadra,	*attenant à* l'écurie ;
próximo a la muerte,	*proche de* la mort ;
vecino a (ou **de**) la estación,	*voisin de* la gare.

b) *But d'une inclination.*

Aficionado a los toros,	*amateur de* taureaux ;
propenso a la clemencia,	*porté à* la clémence.

c) *Titre d'une faveur ou d'une reconnaissance.*

Acreedor a la confianza,	*digne de* la confiance ;
agradecido a los beneficios,	*reconnaissant pour* les bienfaits ;
ingrato a los favores,	*ingrat pour* les faveurs.

Mais devant un *nom de personne:* **ingrato con** sus bienhechores, *ingrat envers* ses bienfaiteurs.

398. *PARA.*

But d'une aptitude ou d'un avantage.

Apto, idóneo para el asunto,	*apte à* la matière ;
capaz para los negocios,	*apte aux* affaires ;
incapaz para tal empleo,	*inapte à* cet emploi.

Mais devant un *infinitif:* **capaz de** enseñar, **incapaz de** decir.

Util, necesario para el comercio,	*utile, nécessaire au* commerce ;
provechoso para los estudios,	*profitable aux* études ;
benéfico para la salud,	*excellent pour* la santé ;
dañoso para el estómago,	*mauvais pour* l'estomac.

Mais devant des *noms de personnes* : **útil a** los alumnos, **necesario al** maestro.

399. *POR.*

Objet d'une préoccupation ou d'une passion.

Inquieto por el resultado,	*inquiet du* résultat ;
ansioso por el triunfo,	*anxieux du* triomphe ;
curioso por (ou **de**) saber,	*curieux de* savoir ;
apasionado por la poesía,	*épris de* poésie ;
loca por sus nietos,	*folle de* ses petits enfants.

400. *CON.*

a) *Objet d'une conformité ou d'une satisfaction.*

Conforme con los deseos,	*conforme aux* désirs ;
conforme con uno, ...**con** quedarse,	*d'accord avec* quelqu'un ; *pour* rester ;
contento con las noticias,	*content des* nouvelles ;
descontento con el fracaso,	*mécontent de* l'échec ;
satisfecho con las promesas,	*satisfait des* promesses.

Mais devant des noms de personnes ou des infinitifs : **satisfecho de** ti, **de** (*ou* **con**) sus empleados ; **contento de** saber ; **dichoso de** ver ; **satisfecho de** llegar, etc.

b) *Devant des noms de personnes qui sont l'objet d'un sentiment* (en concurrence avec **para**, et **para con**, *envers*, qui dans le parler d'aujourd'hui cède le pas à la prép. simple **con**).

Amable con todos,	*aimable pour* tout le monde ;
indulgente con el prójimo,	*indulgent envers* le prochain ;
orgulloso con sus iguales,	*orgueilleux envers* ses égaux ;
severo con los chicos,	*sévère pour* les enfants ;
duro con los criados,	*dur pour (envers)* les domestiques.

401. *EN.*

a) *Devant la matière d'une compétence ou d'une expérience.*

Diestro en manejar, **en** el manejo,	*adroit à* manier, *dans* le maniement ;
hábil en su oficio, en ejercer...,	*habile dans* son métier, *à* exercer... ;
embebido en tales doctrinas,	*imbu de* telles doctrines ;
erudito en historia,	*érudit en* histoire ;
versado en sociología,	*versé dans* la sociologie ;
graduado en leyes,	*gradué en* droit.

b) *Devant un infinitif ou un nom d'action mettant en évidence une qualité ou un défaut.*

Tardo, largo en resolver,	*long, lent à* résoudre ;
indeciso en marchar,	*indécis pour* partir ;
lento en ejecutar,	*lent à* exécuter ;
presto en obrar,	*prompt à* agir ;
animoso en emprender,	*courageux à* entreprendre ;
suelto en hablar,	qui a la parole facile (*dégagé à* parler) ;
parco en comer, **en** gastar,	*(parcimonieux à...)*, qui mange peu, qui dépense peu.

402. *DE.*

a) *Devant un nom qui marque le point de vue sous lequel est envisagée la qualité attribuée à un objet:* moreno **de tez,** brun *de teint.* En pareil cas, l'adjectif convient tout aussi bien au complément *(teint)* qu'à la personne ou à l'objet qu'il détermine. L'espagnol préfère la tournure : un homme *brun de teint*; le français : un homme *au teint brun.*

Una fruta **amarga de sabor**	(litt. un fruit amer *de saveur*),	*à la saveur amère ;*
pobre de color	(pauvre en couleur),	*au teint pâle ;*
ancho de pecho	(large de poitrine),	*à la poitrine large ;*
bajo de techo	(bas de plafond),	*au plafond bas ;*
dócil de condición	(docile de caractère),	*au caractère docile ;*
cargado de espaldas	(voûté de dos),	*au dos voûté ;*
llano de cogote	(plat de la nuque),	*à la nuque plate ;*
duro de cabeza	(dur de tête),	*à la tête dure.*

403. On trouve parfois chez les poètes classiques, de Garcilaso à Góngora, cette catégorie de compléments construite sans préposition, sur le modèle du latin : **nudus brachia,** *nu quant aux bras.* Cette construction est connue sous le nom d'**accusatif grec.**

... los Alemanes, **el fiero cuello** atados. (GARCILASO DE LA VEGA.)	Les Allemands farouches, *enchaînés par le cou...* (ou : *le cou enchaîné*).
Desnuda **el pecho** anda ella... (GÓNGORA. — *Angélica y Medoro.*)	Elle s'en va *la poitrine découverte.*

404. b) *Devant un infinitif qui marque le point de vue sous lequel est envisagée la qualité attribuée à un objet.* Cet infinitif se présente sous l'aspect passif par rapport à l'objet.

(Una historia) **larga de contar,**	(une histoire) *longue à raconter ;*
breve de referir,	*brève à rapporter ;*
difícil de creer,	*difficile à croire ;*
(una cosa) **fácil de hacer,**	(une chose) *facile à faire ;*
agradable de recordar,	*agréable à rappeler ;*
dura de digerir,	*dure à digérer.*

COMPLÉMENTS DE NOMS

405. Le rapport sémantique du nom avec l'adjectif d'une part et le verbe d'autre part apparaît surtout dans les noms abstraits qui indiquent une action, un sentiment, un état, une qualité : *l'obéissance, l'inquiétude, l'habileté, la lenteur*, etc. Sauf les compléments introduits par la préposition *de* que nous classons à part, les autres compléments de noms se construisent généralement comme ceux des adjectifs (§ 397-404) et des verbes correspondants (§ 774-779).

a : la afición **a los toros** ; el agradecimiento a los favores. (Mais : la proximidad **del peligro,** ce dernier mot senti comme sujet.)

con : la conformidad **con las leyes.** Mais : la satisfacción **del** maestro (sujet) **por el trabajo** del niño (motif).

en : la destreza del obrero **en manejar** el cincel ; la tardanza **del** tren **en llegar.**

para : la aptitud del niño **para las ciencias** ; la utilidad de las lenguas **para el comercio.**

por : la inquietud de Pedro **por el resultado** de sus exámenes, etc.

406. Après un nom abstrait de sentiment, le complément introduit par la préposition **de** représente aussi bien le sujet (la peur de l'enfant = *l'enfant a peur*) que l'objet (la peur du loup : *il a peur du loup*).

L'espagnol cherche à éviter la plupart du temps cette confusion en remplaçant la préposition **de** par la préposition **a,** quand le complément représente l'objet :

el miedo **al peligro,**	la peur *du danger ;*
el amor **al arte,**	l'amour *de l'art ;*
el terror **a lo desconocido,**	la terreur *de l'inconnu.*

Pour une raison analogue de clarté, on retrouve également le régime du verbe dans les cas suivants :

Un olor **a tabaco**	(oler a tabaco),	une odeur *de tabac ;*
un sabor **a pescado**	(saber a pescado),	une saveur *de poisson ;*
una traducción **al inglés**	(traducir al inglés),	une traduction *en anglais ;*
la venta **al pormayor**	(vender al pormayor),	la vente *en gros ;*
la vuelta **al mundo**	(dar la vuelta a...),	le tour *du monde.*

DE pour EN (matière).

407. L'espagnol construit toujours avec **de** les compléments de noms qui indiquent la *matière* de l'objet.

Mi reloj es **de oro,**	ma montre est *en or ;*
un cubierto **de plata,**	un couvert *en argent ;*
una mesa **de caoba,**	une table *en acajou ;*
un sombrero **de papel,**	un chapeau *en papier,* etc.

DE pour A (caractérisation).

408. L'espagnol emploie encore **de** devant les compléments, construits en français avec *a*, qui servent à *caractériser* une personne ou un objet.

a) Un barco **de vela, de vapor,**	un bateau *à voile, à vapeur ;*
un hornillo **de gas,**	un fourneau *à gaz ;*
una lámpara **de acetileno,**	une lampe *à acétylène ;*
un molino **de aceite,**	un moulin *à huile ;*
una máquina **de escribir,**	une machine *à écrire ;*
la serpiente **de cascabel,**	le serpent *à sonnettes ;*
papel **de fumar,**	du papier *à fumer ;* etc.
b) El hombre **de la pata de palo,**	l'homme *à la jambe de bois ;*
la niña **del pelo de lino,**	la fille *aux cheveux de lin ;*
la máscara **de los dientes blancos,**	le masque *aux dents blanches ;* etc.

409. Lorsque le complément n'est pas donné comme une caractéristique constante, mais comme un *trait momentané*, il se construit avec **con** :

Apareció un niño **con el pelo enmarañado.**	Un enfant apparut, *les cheveux ébouriffés.*
Había un anciano **con lentes de oro.**	Il y avait un vieillard, *avec des lunettes d'or.*

Dans les combinaisons d'ordre *culinaire*, on trouve tantôt **con**, tantôt **en** :

Café **con leche,**	du café *au lait ;*
un bistec **con patatas,**	un bifteck *aux pommes,*
sardinas **en aceite,**	des sardines *à l'huile ;*
arroz **con leche,**	du riz *au lait.*

410. En regard des locutions adverbiales françaises introduites par *à la* (= à la manière) : *à la housarde*, *à l'anglaise*, *à la russe*, etc., l'espagnol possède une série avec **a la** devant des *adjectifs :*

Despedirse **a la francesa,**	filer *à l'anglaise ;*
bacalao **a la vizcaína,**	de la morue *à la biscayenne ;*
langosta **a la catalana,**	du homard *à la catalane ;* etc.

et une autre série avec **a lo,** devant des *noms* masculins ou féminins :

Vestir **a lo torero,**	s'habiller à la façon des toreros ;
vivir **a lo sátrapa,**	vivre comme un satrape ;
conducirse **a lo reina,**	se conduire comme une reine ; etc.

Maintien de la préposition devant une complétive.

411 La préposition qui relie un nom ou un adjectif à son complément doit être maintenue devant la conjonction lorsque ce complément est constitué par une subordonnée à mode personnel.

El miedo **a que le viesen** tan mal vestido.	La peur *qu'on le vît* si mal habillé.
Estaba ansioso **por que llegase** la hora.	Il était anxieux *que l'heure arrivât.*
Está conforme **con que le paguen** la mitad.	Il se contente *qu'on lui en paie* la moitié.

LES NOMS EN APPOSITION

Noms propres.

412. Les noms géographiques en apposition se construisent ordinairement comme en français : la ciudad **de Toledo,** *la ville de Tolède*; la villa **de Llanes**; la provincia **de León**; los montes **Pirineos,** etc.

On nomme *les fleuves et rivières* sans préposition : **el río Sena, el río Ebro, el río Amazonas** (ou **de las Amazonas**), sauf si le nom est à l'origine un déterminatif (c'est le cas du précédent) : el río **de la Plata,** el río **de las Cabras,** el río Grande **del Norte,** etc.

Pour ce qui concerne les noms de *rues et lieux publics*, *d'établissements commerciaux*, *de raisons sociales*, etc., il n'existe pas de règle fixe : calle **Fruela** (ou **de Fruela**), paseo **Colón** (ou **de Colón**), banco **Herrero,** casa **Espasa Calpe,** etc.

L'emploi de la préposition est normal si le nom en apposition indique *le propriétaire*: la ferretería **de Álvarez,** *la quincaillerie (d')Alvarez*; la farmacia **de Olmedo,** *la pharmacie (d')Olmedo.*

Dans le même ordre d'idées, l'espagnol énonce sous forme de complément et non sous forme d'apposition : la familia **de Alvareda** (Cf. *la famille Benoiton)*; la señora **de Velasco,** *Madame Velasco*; los hijos **de Gutiérrez,** *les fils Gutierrez*; la viuda **de Castañedo,** *la veuve Castañedo*, etc.

Noms communs.

413. La construction est la même dans les deux langues lorsque le premier terme est précédé d'un article ou adjectif indéfini, ou d'un démonstratif.

Un bribón **de chico,**	un fripon *d'enfant ;*
una preciosidad **de niña,**	un bijou *de fillette ;*
algún pillo **de gitano,**	quelque coquin *de gitane ;*
aquel tuno **de pinche,**	ce vaurien *de marmiton.*

Lorsque le démonstratif n'a qu'une valeur affective, il est rendu seulement par l'article, qui se répète devant le second terme : **el pícaro del barbero**, *ce coquin de barbier*; à moins que celui-ci ne soit un nom propre : **el bueno de** don Justo, *ce brave monsieur* Justo.

Le possessif se place plutôt devant le second terme : *mon fripon de cousin*, **el bribón de mi primo.**

CHAPITRE VI

PLACE DE L'ADJECTIF

Les déterminatifs.

414. Les déterminatifs sont, comme en français, habituellement placés devant le nom :

en tal caso, en **semejante caso,**	*en pareil cas ;*
el susodicho hidalgo,	*le gentilhomme en question* (ledit) ;
con tamaña perseverancia,	*avec une si grande persévérance.*

Les indéfinis **tal, igual, semejante, alguno, ninguno,** peuvent se placer après le nom dans les phrases interrogatives ou négatives.

¿ Has visto **cosa igual ?**	As-tu vu *pareille chose ?*
No es **molestia ninguna.**	Ce n'est *aucun dérangement.*

L'adjectif **alguno** prend toujours en pareil cas le sens négatif du français *aucun :* sin perjuicio **alguno,** *sans aucun préjudice.* ¿ Tengo culpa **alguna ?** *Ai-je aucun tort ?*

Les qualificatifs.

415. Leur place vis-à-vis du nom dépend en premier lieu de l'importance qui leur est attribuée dans la circonstance par celui qui parle. L'adjectif que l'on veut mettre en évidence est placé après le nom ; l'adjectif jugé d'importance secondaire est placé devant.

On place toujours **après le nom** :

a) Les adjectifs qui marquent *une catégorie* dans l'espèce désignée par le nom :

Un camino **vecinal,**	un chemin *vicinal ;*
una piedra **caliza,**	une pierre *calcaire ;*
un agua **alcalina,**	une eau *alcaline ;*
una planta **trepadora,**	une plante *grimpante ;*
un animal **doméstico,**	un animal *domestique.*

Remarquez, en contradiction avec le français : la luna **llena,** *la pleine lune;* el premio **gordo,** *le gros lot;* el año **nuevo,** *le nouvel an;* un sombrero de copa **alta,** un chapeau *haute* forme.

b) Ceux qui désignent une qualité ou un état (couleur, dimension, forme) qui affecte *notablement* l'aspect de la personne ou de l'objet :

Un árbol **viejo,**	un arbre *vieux* ou un *vieil* arbre ;
un terreno **llano,**	un terrain *plat ;*
un hombre **alto,**	un homme *grand ;*
un chico **gordo,**	un *gros* garçon ;
un perro **blanco,**	un chien *blanc ;*
una fruta **madura,**	un fruit *mûr.*

c) Ceux qui équivalent à une *condition* ou qui jouent le rôle d'un *attribut* :

Has de hacer partes **iguales** (= partes que sean iguales).	Tu feras des parties *égales.*
Necesito una tela **ligera.**	J'ai besoin d'une étoffe *légère.*
Queremos una cama **ancha.**	Nous voulons un lit *large.*
Hacer el camino **fácil.**	Rendre le chemin *facile.*

Il est évident qu'il convient de placer aussi après le nom les adjectifs qui sont suivis d'un complément : un hombre **escaso de medios,** un homme *dépourvu de moyens.*

Tendance de la langue littéraire.

416. Des adjectifs qui échappent aux conditions que nous venons d'énumérer, on peut dire seulement que leur place après le nom n'est plus obligée. Elle est parfois indifférente comme en français : un rumor **extraño,** un **extraño** rumor, *une rumeur étrange;* un sombrero **enorme,** un **enorme** sombrero, *un chapeau énorme*, etc.

D'autre part, en principe, tout adjectif qui indique en la circonstance une qualité ou un état censés connus de la personne à qui on s'adresse est susceptible d'être placé devant le nom.

Cette possibilité, peu exploitée par le langage courant, l'est au contraire largement par la langue littéraire. Les poètes et les prosateurs soucieux du style aiment bien faire précéder le nom d'épithètes plus ou moins banales, harmonieuses ou colorées, qui servent d'ornement à la pensée, mais ne nous apprennent rien : la **inmaculada** cumbre, las **coronadas** sienes, los **fructíferos** olivos, las **doradas** mieses, las **relucientes** hoces, la **inagotable** fuente, el **inspirado** poeta, etc.

Tendance de la langue parlée.

417. Mais la langue courante, par souci d'équilibre, énoncera plutôt ces exemples en commençant par le terme le plus court, d'accord en cela avec le français : la cumbre **inmaculada,** *la cime immaculée;* las sienes **coronadas,** *les tempes couronnées ;* los olivos **fructí-**

feros, *les oliviers chargés de fruits;* las mieses **doradas,** *les moissons dorées;* las hoces **relucientes,** *les faulx étincelantes;* la fuente **inagotable,** *la source inépuisable;* el poeta **inspirado,** *le poète inspiré,* etc.

Cela ne veut pas dire que la langue courante soit toujours en accord avec la construction française. En dehors de toute considération d'équilibre ou d'harmonie, elle dit plutôt : **un arroyo claro** que **un claro arroyo,** *un clair ruisseau;* **un camino malo** que **un mal camino,** *un mauvais chemin;* **un mozo alegre** que **un alegre mozo,** *un joyeux garçon;* **un trabajo duro** que **un duro trabajo,** *un dur travail;* **un soldado valiente** que **un valiente soldado,** *un vaillant soldat;* **un sitio delicioso** que **un delicioso sitio,** *un délicieux endroit,* etc.

Il semble bien qu'en dépit des constructions littéraires qui représentent toujours un état archaïque la tendance actuelle de la langue soit à placer en toute occasion l'adjectif *après le nom.* En tout cas, cette construction sera toujours correcte.

418. Le langage courant n'emploie d'une façon constante devant le nom qu'un petit nombre d'adjectifs : **bueno, malo, grande, mejor, peor, mayor, menor, pobre, simple, mero** (simple), etc., **primero, último,** et les *ordinaux* en général. Encore faut-il remarquer que quelques-uns de ces adjectifs affectent un sens particulier du moment où ils sont placés devant le nom. On trouve de même en français des adjectifs dont le sens est différent selon la place qu'ils occupent.

419. *Modification du sens en raison de la place.*

Un **gran** poeta (grandeur figurée) ;	una casa **grande** (grandeur matérielle) ;
un **buen** hombre, *un brave homme ;*	un hombre **bueno,** *un homme bon ;*
la **pura** verdad, *la vérité même ;*	un agua **pura,** *une eau pure ;*
un **simple** soldado, *un simple soldat ;*	un mozo **simple**, *un garçon naïf ;*
un **nuevo** ardor, *une ardeur nouvelle ;*	un traje **nuevo,** *un costume neuf ;*
media naranja, *une moitié d'orange ;*	por término **medio,** *en moyenne ;*
el **medio** luto, *le demi-deuil ;*	la edad **media,** *le moyen âge ;*
cierto valor, *une certaine valeur ;*	un dato **cierto,** *une donnée sûre ;*
el **mismo** día, *le même jour ;*	el día **mismo,** *le jour même ;*
un **pobre** hombre, *un pauvre diable ;*	un hombre **pobre,** *un homme pauvre ;*
un **flaco** servicio, *un piètre service ;*	un buey **flaco,** *un bœuf maigre ;*
¡ **menudo** cuento ! *la belle histoire !*	hierba **menuda,** *de l'herbe menue ;*
el **antiguo** dueño, *l'ancien propriétaire ;*	un mueble **antiguo,** *un meuble ancien.*

Notons encore pour leur emploi constant devant le nom : **el mero** hecho, *le simple fait, le seul fait;* mi **futura** suegra, *ma future belle-mère;* el **presunto** autor, *l'auteur présumé;* un **supuesto** capitán, *un prétendu capitaine;* su **difunto** padre, *feu son père.*

Les adjectifs **negro** et **maldito** placés devant le nom affectent le plus souvent un sens *despectif:* **la negra** suerte, *la mauvaise chance;* **la negra** honrilla, *le maudit point d'honneur;* no tengo una **maldita** perra, *je n'ai pas le moindre sou*, etc.

420. Les adjectifs **mayor, menor, mejor, peor,** dont la place habituelle est devant le nom (con el **mayor** esmero, *avec le plus grand soin;* la **menor** imprudencia, *la moindre imprudence;* la **mejor** solución, *la meilleure solution;* no hay **peor** sordo, *il n'y a de pire sourd*) peuvent se placer après dans les phrases négatives et interrogatives: ¿ habrá cosa **mejor ?** *peut-il y avoir quelque chose de meilleur ?* No he visto camino **peor,** *je n'ai pas vu de chemin plus mauvais.*

Cette dernière construction se retrouve dans quelques appellations consacrées par l'usage : **el Alcalde Mayor,** *le Maire;* **la calle Mayor,** *la grand'rue;* **las órdenes menores,** *les ordres mineurs;* **el hermano mayor,** *le grand frère* (aîné) ; **la hermana menor,** *la cadette.* Dans tous ces cas, l'adjectif désigne une catégorie. (Cf. § 415, *a.*)

421. Pour désigner des personnages (souverains, pontifes, princes, etc.) ordinairement classés en séries, ou des divisions d'ouvrages (livres, chapitres, chants d'un poème, strophes, etc.), on met l'ordinal après le nom : Francisco **primero** ; Carlos **quinto** ; capítulo **segundo** ; parte **tercera** ; canto **séptimo,** etc. Pour les étages d'une maison, on dit indifféremment : **primer** piso ou piso **primero, tercer** piso ou piso **tercero,** etc.

Les cardinaux, qu'on emploie au lieu des ordinaux à partir de 11 ou 12, se placent comme ceux-ci après le nom : el día **23 de mayo** ; el capítulo **19** ; el párrafo **doce** ; el siglo xv, *le quinzième siècle*, etc.

Licences poétiques de construction.

422. Il faut noter comme appartenant exclusivement à la langue poétique (principalement celle de l'époque classique, XVIe et XVIIe siècles) les constructions particulières où les déterminatifs et les adjectifs se trouvent séparés du nom par d'autres éléments de la phrase (figure appelée **hyberbate**) :

	Construction normale :
Estos, Fabio ¡ ay dolor ! que ves ahora **campos** de soledad, mustio collado, fueron un tiempo Itálica famosa.	*Estos campos de soledad, estos collados que ves ahora, fueron...*

(RODRIGO CARO. — *A las ruinas de Itálica.*)

Pasos de un peregrino son errante **cuantos** me dictó versos dulce musa.	*Cuantos versos me dictó (la) dulce Musa son pasos de un peregrino errante.*

(GÓNGORA. — *Soledades.*)

423. *a*) L'adjectif appelé à noter une attitude ou à remplacer le participe dans la proposition-participe (Cf. § 812) doit être placé non seulement avant le nom, mais aussi avant les déterminatifs du nom.

Lleno el cestillo, cógenlo dos hombres, etc.	*Une fois le panier plein*, deux hommes le saisissent...
Entró Isabel, **alta** la cabeza y **altiva** la mirada. (P. Coloma.)	Isabelle entra, *la tête levée et le regard* hautain.

b) La place normale de l'adjectif **todo** est avant le déterminatif du nom : **Toda tu** riqueza, **todos sus** esfuerzos. *Toute ta* richesse, *tous ses* efforts.

L'adjectif **solo** admet aussi la même construction : **con sola su** presencia ou **con su sola** presencia, *par sa seule présence*. Mais il faut observer que, séparé du nom, *solo* est plutôt traité comme adverbe invariable : **con sólo** su presencia (= **sólo con** su presencia).

L'espagnol archaïque offrait quelques autres exemples de l'adjectif séparé du nom par l'article : **con ambas las manos, en media la plaza, por somo el cerro,** etc. (cf. Hanssen. — *Gram.* § 160.)

CHAPITRE VII

LES PRONOMS PERSONNELS

Ellipse des pronoms sujets.

424. Les pronoms sujets **yo, tú, él,** etc., sont ordinairement omis en espagnol, parce que les terminaisons verbales sont suffisantes à désigner la personne.

Hablo ; **comes** ; **escribe** ; **he** viajado ; **has** bebido, etc.	*Je parle ; tu manges ; il écrit ; j'ai* voyagé ; *tu as* bu, etc.

425. Ces pronoms peuvent être omis également, bien que le français les énonce toujours en pareil cas, lorsqu'ils sont accompagnés d'un substantif en apposition.

Mi hermana y yo saldremos mañana.	Ma sœur et moi *nous partirons* demain.
Los franceses tenéis más iniciativa.	*Vous autres, français, vous* avez plus d'initiative.

Ou bien, si l'on veut insister : **vosotros los franceses,** tenéis más iniciativa.

Expression des pronoms sujets.

426. On exprime les pronoms lorsqu'on veut insister sur la personne du sujet, ou bien opposer deux personnes différentes. Mais leur place n'est pas forcément devant le verbe (§ 733).

Lo dijiste tú.	Tu l'as dit toi-même. *C'est toi* qui l'as dit.
Yo iré delante y **vosotros me seguiréis.**	*Moi j'irai* devant, et vous autres, vous me suivrez.

On les exprime aussi, pour éviter l'équivoque, lorsque le verbe est à un temps où la 1re et la 3e personnes du singulier sont identiques (§ 177). Mais il n'est pas nécessaire de répéter les pronoms, s'il se trouve plusieurs verbes consécutifs ayant le même sujet.

¿ Es preciso que **yo conteste ?**	Faut-il que *je réponde ?*
¿ Es preciso que **él conteste ?**	Faut-il qu'*il réponde ?*
Cuando **yo llegaba,** se ocultaba.	Quand *j'arrivais, il se cachait.*
Cuando **él llegaba, yo abría** la puerta.	Quand *il arrivait, j'ouvrais la porte.*

Cas de Ud, Udes.

427. En principe, les formules **Ud, Udes,** doivent accompagner le verbe pour qu'il n'y ait pas de confusion avec d'autres 3es personnes. Mais il n'est pas nécessaire de les répéter devant plusieurs verbes consécutifs se rapportant à la même personne.

El pez picaba y **Ud no le veía.**	Le poisson mordait et *vous ne le voyiez pas.*
¿ Qué **hizo Ud** y qué **dijo** cuando **vió** ese espectáculo ?	*Qu'avez-vous fait et qu'avez-vous dit quand vous avez vu ce spectacle ?*

Pronoms explétifs se rapportant à l'interlocuteur (dativo ético).

428. L'emploi explétif des pronoms de la 1re et de la 2e personne dans le but de donner à la phrase une allure plus vivante ou plus familière comme dans le français : *On lui lia les pieds, on vous le suspendit*, est également connu de l'espagnol, mais relativement rare aussi :

Suélta**me** ese perro en seguida.	*Lâche-moi* ce chien tout de suite.
¡ **Te** le tengo pegado cada paliza !...	*Je te lui ai* fichu de ces raclées !...
¿ Otra vez os **me** pegáis a la colmena, abejón ?	De nouveau, *vous vous collez à ma ruche*, frelon ?

(TIRSO DE MOLINA. — *La huerta de J. Fernández*, cité par BELLO. — *Gram.*, § 936.)

Cet emploi n'est plus possible avec la formule de politesse **Ud**, car la forme **le** qui y correspondrait serai équivoque et **a Ud** trop lourd. Néanmoins, les Galiciens, même en parlant castillan, abusent de ce **le** explétif que le castillan ignore.

¿ Y siempre llueve como hoy ? — Mucho más. Lo de hoy no **le** es nada... ¡ Ay ! **le** hay veces que se **le** pasa un mes lloviendo.	*Et il pleut toujours comme aujourd'hui ? — Beaucoup plus. La pluie d'aujourd'hui n'est rien. Ah ! il y a des fois qu'il ne cesse de pleuvoir pendant un mois.*

(PÉREZ LUJÍN. — *La casa de la Troya.*)

Emploi explétif des pronoms ÉL, ELLA, ELLOS, etc.

429. L'espagnol emploie volontiers sans nécessité, après l'adjectif **todo,** les pronoms **él, ella, ellos,** etc., pour rappeler à l'esprit un terme précédemment énoncé. Ces pronoms se présentent d'une façon analogue sous la forme de **de él, de ella, de ellos,** etc., après des expressions quantitatives.

La niña me escribió una carta la mar de atenta, pero **toda ella** llena de borrones y faltas de ortografía.	*La fillette m'a écrit une lettre extrêmement gentille, mais toute pleine de taches et de fautes d'orthographe.*

Desde él se pasaba a las amplias estufas del verdadero jardín, **todas ellas** ricamente alfombradas y llenas de macetones con árboles exóticos.	*De là on passait dans les vastes serres du vrai jardin, toutes couvertes de riches tapis et encombrées de baquets avec des arbres exotiques.*
(Alarcón. — *La pródiga.*)	
Todos los vecinos de la quintana habían salido para la romería, **los más de ellos** a pie y en burro las mozas y los viejos.	*Tous les gens du hameau étaient partis à la fête, la plupart à pied, et à dos d'âne les jeunes filles et les vieux.*

Traduction de MOI, TOI.

430. Avant de traduire *moi*, *toi*, formes qui, en français, représentent aussi bien un sujet qu'un complément, il convient de bien analyser leur rôle dans la phrase.

On les traduit par **yo, tú,** s'ils sont sujets d'un verbe exprimé ou sous-entendu, ou s'ils servent d'apposition au sujet.

Qui m'appelle ? — *Moi* (sujet, s.-e. : *je vous appelle*).	¿ Quién me llama ? — **Yo.**
Toi, mon ami, *tu* vas te taire *(toi* est en apposition à *tu).*	**Tú,** amigo mío, te vas a callar.
Je travaille plus que *toi* (s.-e. : *tu ne travailles).*	Yo trabajo más que **tú.**

On les traduit par **mí, ti** chaque fois qu'ils sont compléments du verbe. Pour l'emploi que fait l'espagnol de la préposition **a** devant les compléments directs représentant des personnes, cf. § 749.

Qui appelle-t-on ? — *Moi* (complément du verbe s.-e. on appelle).	¿ A quién llaman ? — **A mí.**
J'apprécie ton frère plus *que toi* (plus *que* je ne *t*'apprécie).	Aprecio a tu hermano más que **a ti.**

Emploi explétif des pronoms compléments.

431. *a*) Les pronoms personnels dans la fonction de régime direct ne sont guère employés d'une façon explétive que dans des cas d'emphase, par exemple lorsque le nom qu'ils représentent est placé en tête de la phrase et précédé d'un démonstratif ou d'un possessif.

Aquella finca la trabajé yo solo, sin ayuda de nadie.	*Ce champ, je l'ai* travaillé tout seul sans l'aide de personne.
Mi honra no me **la** quitará nadie mientras yo viva.	*Mon honneur*, personne ne me *l*'enlèvera tant que je serai vivant.

Pour l'emploi explétif de **lo** se rapportant au pronom neutre **todo,** cf. § 463.

b) En revanche, l'emploi explétif des pronoms personnels est très fréquent pour représenter des compléments au datif, placés avant ou après le verbe.

Le pregunté **a una gitana** de qué mal me moriría... (*Copla popular.*)	*J'ai demandé à une gitane* de quel mal je mourrais...
Estos diálogos iban exornados de miradas furtivas del marido para **advertirle** continuamente **a su mujer** alguna negligencia. (M. J. DE LARRA. — *El castellano viejo.*)	Ces dialogues étaient accompagnés de regards furtifs du mari *pour faire remarquer continuellement à sa femme* quelque négligence.
A cuantos pasan por el Burgo de Osma les pregunta cómo está. (MORATÍN. — *El sí de las niñas.*)	*A tous ceux qui passent par le Burgo de Osma* il demande de ses nouvelles.
Les temo a los caprichos más que a la muerte. (*Copla popular.*)	*Je redoute les caprices* plus que la mort.

Pronoms explétifs avec Ud.

432. L'emploi de ces pronoms est pour ainsi dire de règle avec **Ud, Udes,** qui, dans la fonction de complément direct ou indirect, sont toujours accompagnés de **le, la, los, las.**

No **le** conozco **a Ud,** pero **le** aprecio.	*Je ne vous connais pas, mais je vous estime.*
Nunca pensé **abandonarla a Ud.**	Je n'ai jamais songé *à vous abandonner.*
Les he de decir a Udes una cosa.	*Je dois vous dire* une chose.
Si las molestan a Udes, señoras...	*Si on vous dérange*, mesdames.

Autres cas de pléonasmes.

433. La langue et la poésie populaires répètent parfois sous la forme du pronom personnel le régime déjà exprimé par un relatif.

Bienaventurado el pueblo **a quien** el Señor **le da** muchos para obedecer y pocos para mandar.	Bienheureux le peuple *à qui le Seigneur donne* beaucoup de gens pour obéir et peu pour commander.
Por más contento que esté, una pena en mí se esconde **que la** siento no sé dónde y nace de no sé qué.	Si content que je sois, une peine en moi se cache *que je ressens* je ne sais où et qui naît de je ne sais quoi.
Tengo una pena en mi pecho **que** a nadie se **la diré.**	J'ai une peine dans mon cœur *que je ne dirai à personne.*

Omission du pronom neutre LO.

434. Le pronom neutre **lo,** *le*, remplaçant un adjectif ou un verbe, est ordinairement omis :

a) Entre une formule comparative d'égalité et un verbe attributif :

Riche *comme il l'était...*	Rico **como era...**
Fatigué *comme tu l'es...*	Cansado **como estás...**
Est-il *aussi* méchant *qu'il le paraît ?*	¿ Es **tan** malo **como parece ?**

b) Entre la conjonction *comme* et *dire*, ou tout verbe permettant de sous-entendre le verbe précédent :

Il partit seul, *comme il le disait.*	Se marchó solo, **como decía.**
Il m'a écrit *comme il l'avait promis* (il avait promis s.-e. : *d'écrire*).	Me escribió **como había prometido.**
Tout s'est passé *comme je le pensais* (je pensais s.-e. : *que cela se passerait*).	Todo sucedió **como yo pensaba.**

Dans tous ces exemples précédents (*a* et *b*), le pronom ferait en quelque sorte double emploi avec **como,** qui suffit à rappeler l'antécédent de **lo.** Le français populaire pratique d'ailleurs très fréquemment l'omission du pronom en pareil cas.

c) Entre une conjonction quelconque et les verbes auxiliaires *vouloir*, *pouvoir*, *falloir*, *devoir*.

J'irai te voir *dès que je le pourrai.*	Iré a verte **en cuanto pueda.**
Nous devons nous résigner *quand il le faut.*	Hemos de resignarnos **cuando hace falta.**
Il pourrait faire davantage *s'il le voulait.*	Podría hacer más, **si quisiera.**
Si nous sommes honnêtes *comme nous le devons.*	Si somos honrados **como debemos.**

Par contre, ce **lo** se retrouve en espagnol dans les compléments de comparatifs de supériorité ou d'infériorité constitués par une proposition (§ 700). Es más listo **de lo que parece,** il est plus malin *qu'il ne semble* (s.-e. : *malin*, représenté par *lo*). — Hace más **de lo que puede,** *il fait plus qu'il ne peut* (s.-e. : *faire*, représenté par *lo*).

Les exemples précédents ne représentent pas une règle absolue, mais seulement une tendance de la langue qui s'applique à peu près constamment. Avec les verbes autres que *dire*, *faire* et *être*, l'emploi de **lo** serait correct grammaticalement et on en trouve en effet des exemples dans les bons auteurs.

Rota es de noble y antiguo origen **como lo atestiguan** la historia y su magnífico castillo.
(F. Caballero. — *Pobre Dolores.*)

Rota est d'origine noble et ancienne *comme en témoignent* l'histoire et son magnifique château-fort.

Locutions verbales avec un pronom personnel (LO, LA, LAS).

435. Certains verbes constituent avec les pronoms **lo, le** et surtout **la, las,** des locutions verbales elliptiques où le pronom n'évoque pas un antécédent, mais un nom sous-entendu. (Cf. en français : *l'emporter sur*, *en imposer*, *en vouloir*, *vous me la baillez belle*, etc.). Ces locutions, qui présentent toujours un sens particulier, relèvent plutôt du lexique que de la grammaire. En voici néanmoins quelques-unes, à titre d'exemples :

Armarla con uno (*s.-e. :* reyerta) ; **armarla** gorda.	*Susciter une querelle à quelqu'un ; susciter un gros scandale.*
Arreglárselas (*s.-e. :* las cosas) para...	*S'arranger pour...*
Cantarlas claras a uno (*s.-e. :* las verdades).	*Dire à quelqu'un ses quatre vérités.*
Echarlas de valiente (*s.-e. :* ínfulas).	*Faire le brave.*
Habérselas con uno (*s.-e. :* las cosas.)	*Avoir affaire à quelqu'un.*
Emprenderla ou **tomarla con** uno.	*S'en prendre à quelqu'un.*
Correrla (*s.-e. :* la juerga).	*Faire la noce.*
¡ Y dale !	*Encore ! Et vas-y !* pour marquer la lassitude.
Pasarlo bien, **pasarlo** mal.	*Se bien porter, se porter mal.*
Pegarla a uno (*s.-e. :* la bola).	*Jouer une blague à quelqu'un.*
Tragarla (*s.-e. :* la bola).	*Avaler une blague.*
Pelárselas por (*s.-e. :* las barbas).	*Mourir d'envie d'une chose.*
Me la pagarás.	*Tu me la paieras.*
Un trabajo que **se las trae.**	Un travail *épineux, plein de difficultés.*
Tenérselas tiesas con uno.	*Traiter quelqu'un durement, avec fermeté.*
No sabe Ud cómo **las gasta** ese tío.	Vous ne connaissez pas *les façons d'agir de cet individu.*
El público **se las prometió muy felices.** (P. Valdés. — *Riverita.*)	Le public *se promit de passer un bon moment.*
El chico no **las llevaba todas consigo** (*s.-e. :* seguridades).	L'enfant *n'était pas très rassuré.*

Autres locutions elliptiques de même nature.

436. On trouve d'autres ellipses du même genre, où un nom est sous-entendu, avec des articles, des possessifs et des démonstratifs.

Pasar **las de Caín** (*s.-e. :* penas).	*En voir de toutes les couleurs, en voir de dures.*

Tomar las de Villadiego (*s.-e.* : calzas, *chausses*).	*Filer, prendre les jambes à son cou.*
Una de las suyas (*s.-e.* : cosa).	*Une des siennes.*
Salir con la suya (*s.-e.* : idea).	*Avoir gain de cause, le dernier mot.*
¡ A mí con esas ! (*s.-e.* : razones).	*Avec moi, ça ne prend pas.*
¡ Ni por esas !	*Pas même ainsi, dans ces conditions-là,* ou *avec ces arguments ; d'aucune façon.*

Substitution du pronom personnel par le possessif.

437. Les pronoms personnels compléments d'un nom qui fait partie d'une locution prépositive sont ordinairement remplacés par le possessif à forme accentuée qui correspond à la personne.

a pesar **mío,** *malgré moi ;*
a despecho **tuyo,** *en dépit de toi ;*

alrededor **suyo** / en derredor **suyo** / en torno **suyo** — *autour de lui ;*
al lado **tuyo,** *à côté de toi ;*

por causa **nuestra,** *à cause de nous ;*
por culpa **mía,** *à cause de moi, par ma faute ;*
en contra **suya,** *contre lui ;*
en favor **nuestro,** *en notre faveur ;*
en nombre **vuestro,** *en votre nom ;*
a costa **suya,** *aux dépens de lui, à ses dépens.*

Néanmoins la formule *de Ud, de Udes*, et les pluriels *de nosotros, de vosotros, de ellos, de ellas*, sont admis dans tous ces exemples, notamment lorsqu'ils représentent des personnes différentes du sujet de la phrase : Lo diremos **a despecho de Ud,** nous le dirons *malgré vous ;* **por causa de nosotros,** *à cause de nous ;* **al lado de vosotros,** *à côté de vous ;* **en nombre de Udes,** *en votre nom*, etc.

Sont admises également les formes atones des possessifs dans : **a mi** lado, **a su** alrededor, **por tu** culpa, **por mi** causa, **en su** contra, **en su** favor, **en mi** nombre. Mais elles ne le sont jamais avec **a pesar, a despecho, en torno.**

Quoi qu'il en soit, l'emploi des formes accentuées **mío, tuyo, suyo,** est toujours possible et la plupart du temps préférable à celui des formes atones **mi, tu, su,** dans les locutions où le nom se présente sans article : **a instigación suya,** *sur son instigation ;* **a cargo tuyo,** *à ta charge ;* **por cuenta mía,** *pour mon compte ;* **en desdoro suyo,** *à sa honte*, etc.

DE SUYO.

438. Au lieu du pronom personnel nous trouvons aussi le possessif dans la locution **de suyo,** invariable, qui veut dire : *de lui-même, d'elle-même, d'eux-mêmes, par nature, spontanément :* Aquella tierra es **de suyo** muy fértil, *cette terre est d'elle-même très fertile.*

Le pronom neutre CE.

439. La plupart du temps, notamment dans les expressions *c'est*, *ce sont*, *c'était*, *ce me semble*, etc., le pronom neutre *ce* ne représente aucun objet précis et n'est qu'un simple substitut de *il* qui sert à présenter un attribut sans sujet énoncé. Il n'y a pas lieu alors de le traduire.

C'est dommage. *C'est* bien. *C'est* mal.	**Es** lástima. **Está** bien. **Está** mal.
C'est une sottise. — *C'était* hier.	**Es** una tontería. — **Era** ayer.
Ce fut horrible. — *C'est* perdre son temps.	**Fue** horrible. — **Es** perder el tiempo.
Ce me semble.	**Me parece.**
Qui *était-ce ?*	¿ Quién **era ?**
Ce sont des fous.	**Son** unos locos.

440. Lorsque *ce* est un équivalent de *ceci*, *cela*, et représente quelque chose de plus précis dans l'esprit, on le rend par **esto, eso, aquello, ello,** si l'attribut est indéterminé.

C'est une énorme sottise (= *ce que vous faites là*).	**Eso es** una tontería enorme.
C'est sans importance (= *la chose en question* est...).	**Ello** ne tiene importancia.
Ce fut une pitoyable défaite.	**Aquello fue** una lastimosa derrota.

441. Mais si l'attribut est déterminé, le démonstratif, au lieu de rester neutre, s'accorde en genre et en nombre avec lui. Cf. en latin : **haec est culpa mea,** *c'est ma faute.*

C'est là le but de toute son existence.	**Ése** (masc.) **es el fin** de toda su existencia.
C'était son unique passion.	**Ésa** (fém.) **era su única pasión.**
Ce furent ses derniers mots.	**Aquéllas** (fém. plur.) **fueron sus últimas palabras.**
Ce n'est rien.	**Esto** (neutre) **no es nada.**
On entendit un coup de sifflet. *Ce fut la perte* du pauvre garçon. (P. VALDÉS. — *Riverita.*)	Se oyó un silbido. **Ésta fue la perdición** del pobre mozo.

La langue d'aujourd'hui ne pratique plus l'accord avec un attribut indéterminé. Mais on peut en trouver des exemples dans l'espagnol classique. Voici une phrase de Cervantes qui présente successivement un cas d'accord et un cas de conservation du neutre : Mire vuestra merced, respondió Sancho, que **aquéllos** que allí se parecen no son gigantes, sino molinos de viento, y **lo que** en ellos parecen brazos son las aspas... (*D. Quijote*, I, 8.) *Remarquez bien, répondit Sancho, que ce qui apparaît là-bas ce ne sont pas des géants, mais des moulins à vent et que ce qui là dedans ressemble à des bras ce sont les ailes...*

LES PRONOMS ADVERBES « EN », « Y »

Ces deux mots qui peuvent être pronoms ou adverbes n'existent pas dans l'espagnol moderne. Quand il y aura lieu de les traduire, il conviendra de bien analyser leur rôle dans la phrase afin de leur trouver un équivalent exact.

EN, équivalent des pronoms « de lui, d'elle, d'eux », etc.

442. *En*, remplaçant un nom précédemment exprimé et complément d'un verbe ou d'un adjectif, se rend par le pronom équivalent (accord de genre et de nombre) : *de lui*, *d'elle*, *d'eux*, *d'elles*, *de cela.*

J'ai connu ton père et *je m'en souviens* (= *de lui*).	Conocí a tu padre y **me acuerdo de él.**
J'ai connu tes parents et *je m'en souviens* (= *d'eux*).	Conocí a tus padres y **me acuerdo de ellos.**
Si toi tu aimes cette musique, *moi j'en suis las* (= *d'elle*).	Si a ti te gusta esa música, **yo estoy harto de ella.**
Il se mit à peindre, mais *il s'en lassa vite* (= *de cela*).	Se puso a pintar, pero **se cansó pronto de ello.**

Avec certains verbes et adjectifs, il y aura lieu parfois de remplacer la préposition française par une autre. (Cf. *Compléments d'adjectifs*, § 306-404, *et de verbes*, § 774-777).

Je garde cette bonne parce que *j'en suis très satisfait* (d'elle).	Guardo esa criada porque **estoy muy satisfecho con ella.**
Il se mariera avec cette fille, parce qu'*il en est fou* (d'elle).	Se casará con esa muchacha, porque **está loco por ella.**

EN, complément d'un nom.

443. Dans le cas où *en* est complément d'un nom, ses équivalents **de él, de ella,** etc., peuvent être remplacés par *le possessif.*

Ne lui dites pas de mal de ce tableau parce qu'*il en est l'auteur.*	Ne le habléis mal de aquel cuadro, porque **es el autor de él** (ou **él es su autor**).
Je connais cette ville et *j'en connais aussi les environs.*	Conozco ese pueblo y conozco también **los alrededores de él** (ou **sus alrededores**).

EN, dans les expressions partitives.

444. Il n'y a pas lieu de traduire *en* s'il est suivi (après le verbe) d'une expression quelconque de nombre ou de quantité.

Ne me donnez pas d'autres livres, *j'en ai assez.*	No me dé Ud más libros, **tengo bastantes.**
Tu as treize ans et *moi j'en ai douze.*	Tienes trece años y **yo tengo doce.**
Si tu aimes les romans, *je t'en prêterai un.*	Si te gustan las novelas, **te prestaré una.**

Mais si *en* est employé seul, avec une valeur partitive, il convient de le rendre par une expression équivalente : *un peu*, *quelques-uns*, ou par les pronoms régimes : *le*, *la*, *les.*

Voulez-vous de l'essence ? — *J'en ai ;* merci.	¿ Quiere Ud gasolina ? — **Tengo alguna** ou **tengo una poca ;** gracias.
Puisque vous mangez des pommes, *nous en mangerons aussi.*	Ya que coméis manzanas, también **comeremos algunas** *ou* **las comeremos.**

445. *En* est rendu par les pronoms **lo, la, los, las** lorsque l'expression partitive qu'il remplace est accompagnée d'un attribut ou d'un complément.

Il y a des merles noirs et *il y en a aussi de blancs.*	Hay mirlos negros y **también los hay blancos.**
Parmi ces élèves, *il y en a d'excellents ; il y en a aussi qui ne font rien.*	Entre esos alumnos, **los hay excelentes ; los hay también** que **no hacen nada.**
Prenez cette poire, *vous n'en goûterez jamais de meilleures.*	Tome esa pera, **nunca las probará mejores.**
Vous m'apporterez du fil noir, *si vous en trouvez.*	Me traerá Ud hilo negro, **si lo encuentra.**

EN à valeur adverbiale.

'447. Si *en* a comme antécédent un adverbe ou un nom de lieu, il se rend par un adverbe correspondant au sens : **de aquí, de allí, de allá.**

Je puis parler de cette ville, *puisque j'en viens.*	Puedo hablar de esa población, **ya que vengo de allí.**
Maintenant que nous sommes au fond du puits, comment feronsnous *pour en sortir ?*	Ahora que estamos en el fondo del pozo, ¿ cómo haremos **para salir de aquí ?**

En peut ne pas être traduit, si le sens n'en souffre pas.

Il est arrivé ici le matin *pour en repartir le lendemain.*	Llegó aquí por la mañana, **saliendo al día siguiente.**

Autant, tout autant, précédés de EN.

446. *Autant* (ou *tout autant*) précédé de *en* se rend par **otro tanto** ; les deux adjectifs s'accordent avec le terme qu'ils représentent.

L'année dernière, nous eûmes cent barriques de vin et cette année *nous en aurons autant.*	El año pasado sacamos cien pipas de vino y este año **sacaremos otras tantas.**
Vous ne pouvez *en dire autant* (neutre).	No puede Ud **decir otro tanto.**

Y, pronom complément.

448. Le pronom *y* remplaçant un nom comme complément d'un verbe ou d'un adjectif se rend par les pronoms équivalents : **a él, a ella, a ellos,** etc., ou plutôt par les datifs **le, les** *(lui, leur)*, s'il est complément d'un verbe.

Je travaille mieux avec cet outil, parce que *j'y suis habitué.*	Trabajo mejor con esta herramienta, porque **estoy acostumbrado a ella.**
Quand l'eau bout, *j'y ajoute un peu de sel.*	Cuando el agua está hirviendo, **le añado un poco de sal.**

Il y aura lieu parfois de remplacer la préposition *a* par **en** ou **con.** Cf. Compléments d'adjectifs, § 400, 401, et de verbes 776-780, 789-792.

Je le fais *quand j'y pense.*	Lo hago **cuando pienso en ello.**
Apporte-moi ta bicyclette, *j'y compte pour demain.*	Tráeme tu bicicleta, **cuento con ella para mañana.**

Y, adverbe.

449. Y est adverbe s'il a pour antécédent un nom de lieu ou un autre adverbe. Il doit se rendre alors par **aquí, allí, allá,** selon le sens.

L'espagnol primitif possédait l'adverbe **y** (ou **hi**) qui s'est conservé dans **hay,** *il y a.*

Si on me demande, dites que *je n'y suis pas.*	Si preguntan por mí, diga Ud que **no estoy aquí.**
J'aime beaucoup ce coin-là et *j'y vais souvent.*	Me gusta mucho aquel rincón y **voy allá a menudo.**

CHAPITRE VIII

LES PRONOMS RELATIFS

employés sans antécédent.

Quien = el que, la que.

450. Dans le langage poétique, dans les dictons et proverbes, et dans le style sentencieux en général, **quien** est employé comme équivalent de *celui qui*, *celle qui* (plur. **quienes**). Le français *qui* est susceptible d'un usage analogue.

Quien va a Sevilla pierde su silla.	*Qui va à Séville* perd sa chaise (*qui va en chasse* perd sa place).
Amad **a quien os aconseja** y no **a quien os alaba.**	Aimez *qui vous conseille* et non *qui vous loue.*
Tenga paciencia **quien se cree infelice.** (1) (SAMANIEGO.)	*Que celui qui se croit malheureux* prenne patience.
Es mil veces más trabajoso el desengaño **para quienes han sido** confiados y soberbios. (J. VALERA. — *Pepita Jiménez.*)	La déception est mille fois plus pénible pour *ceux qui ont été* présomptueux et orgueilleux.

La valeur de **quien** englobant son antécédent se retrouve dans les constructions du genre : *c'est un tel qui*, es fulano **quien** ou **el que.** (Cf. § 710.)

Quien = alguno que, nadie que.

451. Quien peut désigner aussi des personnes indéterminées : *quelqu'un qui*, *des personnes qui* (et dans les phrases négatives : *personne qui*).

Hay quien sostiene que...	*Il y a des gens qui* soutiennent que...
Hubo quien aplaudió.	*Il y en eut qui applaudirent.*
No hay quien baile mejor que Virginia. (AZORÍN. — *D. Juan.*)	*Il n'y a personne qui danse* mieux que Virginie.

(1). — **Infelice** pour **infeliz** ; l'addition d'un *e* final (appelé *paragogique*) est une licence poétique employée pour les besoins de la rime ou de l'assonance. Les formes de ce genre sont fréquentes dans certains *romances* primitifs.

Dans les phrases négatives (Cf. l'exemple précédent) ou devant un verbe marquant une action à exécuter ultérieurement (futur ou conditionnel), **quien** est suivi du subjonctif (Cf. § 707) ; il a alors le sens de : *quelqu'un pour*, *une personne capable de.*

Ya tendré **quien me cuide.**	J'aurai *quelqu'un pour me soigner.*
Habrá **quien diga que no.**	Il y en aura *qui refuseront.*
No encontró **quien le enterase.**	Il ne trouva *personne pour l'informer.*

Quien = yo.

452. Devant l'imparfait du subjonctif employé pour énoncer un souhait ou un regret, **quien** peut être pour celui qui parle une façon détournée d'exprimer son propre sentiment.

¡ Quién supiera escribir !	*Ah! si je savais écrire!*

Quién... quién = uno... otro.

453. Quiên peut être encore employé dans des clauses distributives comme équivalent de *l'un*, *l'autre*, *celui-ci*, *celui-là.*

Cogieron **quién una pala, quién un pico** y se marcharon al campo.	Ils saisirent *celui-ci une pelle*, *celui-là une pioche*, et partirent au champ.

Como quien, como que.

454. L'expression **como quien** (litt. *comme quelqu'un qui*) ordinairement suivie de l'indicatif a le sens hypothétique de *comme si...*

...el infeliz, sudando y forcejeando, más **como quien cava que como quien trincha.**	...le malheureux suant et se démenant, *plutôt comme s'il piochait que comme s'il découpait.*

(M. J. de Larra. — *El castellano viejo.*)

Pasó **como quien no ve nada.**	Il passa *comme s'il ne voyait rien.*
Como quien dice.	*Pour ainsi dire* (comme si l'on disait).

L'expression voisine **hacer como que** a le sens de *faire semblant de:* **hace como que** llora, *il fait semblant de pleurer.* Par omission de **como,** cette expression peut se réduire à **hacer que** : **hace que se va,** *il fait mine de s'en aller.*

Que = lo que.

455. D'une façon analogue à **quien** (§ 450), le relatif neutre **que** apparaît sans antécédent, soit avec la valeur de **lo que** dans l'expression : **si fuera que,** *si j'étais à votre place, si j'étais que vous.*

Hablara yo más bien criado, respondió D. Quijote, **si fuera que vos.** (CERVANTES. — *D. Quijote*, I, 17.)	Je parlerais plus poliment, répondit D. Quichotte, *si j'étais à votre place.*
Yo que Federico, me entregaría a él en cuerpo y alma. (P. GALDÓS. — *Realidad.*)	*Moi, à la place de Frédéric,* je me livrerais à lui corps et âme.

soit avec la valeur de **algo que,** ou **nada que** dans les phrases négatives : Si tienes **quê hacer...,** si tu as *quelque chose à faire;* no halló **quê decir,** il ne trouva *rien à dire*, etc.

Dans les locutions obligatives **hay que** trabajar, **tengo que** escribir, **que** était à l'origine le pronom relatif et non une conjonction. Cet aspect relatif est encore manifeste dans : hay poco **que hacer,** tengo mucho **que decir,** hay algo **que ver,** etc.

Pour **que,** équivalent de **lo cual,** cf. § 771.

Cual = tal como, como.

456. De même que **quien** peut englober son antécédent *(celui qui),* le mot **cual** est susceptible aussi de représenter à lui seul l'expression complète : **tal cual, tal como,** *tel que, comme*, pour introduire une comparaison. Il est employé dans ce sens surtout dans le langage poétique, et reste invariable.

...y descendieron **cual piedra** en el profundo. (HERRERA.)	...et ils tombèrent *comme (telle) une pierre* dans l'abîme.
Cual las flores del almendro.	*Comme les fleurs* de l'amandier.

Il peut même dans ce sens précéder un verbe :

¡ **Cuál gritan** esos malditos ! (ZORRILLA.)	*Comme ils crient*, ces enragés !

Cuál... cuál = uno... otro.

457. Cuál peut aussi, de même que **quiên,** alterner avec lui-même dans des clauses distributives.

Todas andaban atareadas, **cuál** en el corral, **cuál** en la cocina, **cuál** en la despensa.	Toutes étaient affairées, *l'une* à la basse-cour, *l'autre* à la cuisine, *l'autre* à l'office.
Cuál más, cuál menos, todos sacaron provecho de aquel descubrimiento.	*(Qui plus qui moins) A des degrés différents*, tous tirèrent profit de cette découverte.

COMBINAISONS DE DÉTERMINATIFS ET DE RELATIFS

Celui qui (ou que), celle qui, ceux qui, etc.

458. Dans ces combinaisons, l'espagnol remplace habituellement le démonstratif par l'article (§ 355).

Celui qui vient, **el que** viene ; *celle que vous préférez*, **la que** Ud prefiere ; *ceux que vous voyez*, **los que** Ud ve ; *ce que vous faites*, **lo que** Ud hace, etc.

Le démonstratif est maintenu :

1° Lorsqu'il y a l'intention de *situer* l'objet ou de marquer une *opposition.*

Éstos que traigo conmigo son mejores que ésos.	*Ceux-ci que je porte avec moi* sont meilleurs que ceux-là.
¿ Qué gigantes ?... **Aquéllos que allí ves...**	Quels géants ?... *Ceux que tu vois là-bas...*

(CERVANTES. — *D. Quijote*, I, 8.)

2° Lorsque le relatif est précédé d'une préposition. C'est la forme **aquél** qui s'emploie dans ce cas.

Aquél en quien tengo mayor confianza.	*Celui en qui j'ai* le plus de confiance.
Aquélla por quien suspiro.	*Celle après qui je soupire.*
...la hora, que era **aquélla en que** el sol empieza a subir desde el cénit.	...l'heure, qui était *celle où* le soleil commence à monter au zénith.

(P. BAZÁN. — *Los pazos de Ulloa.*)

Tous les... qui, tous ceux... qui = cuantos.

459. De même que **cual** se substitue à **tal como** et **quien** à **el que, cuantos** peut se substituer à **tantos como** (ou **cuantos**) et à la formule équivalente **todos los que :** tantas cosas como puedes llevar = **cuantas cosas puedes llevar,** *toutes les choses que tu peux emporter, autant de choses que tu peux emporter.*

Cuantos est préférable à **todos los que** lorsque le nombre ou la quantité sont limités par la proposition relative. Il peut être employé soit comme adjectif devant un nom, soit comme pronom, et dans ce dernier cas il est souvent renforcé par **todos.** Le neutre **cuanto** correspond à **todo lo que.**

Cuantas seguridades puedo apetecer.	*Toutes les garanties que* je puis souhaiter.
A cuantos veía les preguntaba...	*A tous ceux qu'il voyait*, il leur demandait...
¡ Ay si decir pudieras **cuanto sabes !**	Ah ! si tu pouvais dire *tout ce que tu sais !*

(NÚÑEZ DE ARCE. — ***El mar.***)

El señorito podía otear **todo cuanto sucediese.** (P. BAZÁN. — *Los pazos de Ulloa.*)	Le jeune homme pouvait observer *tout ce qui se passerait.*

La locution **en cuanto a** a la valeur de **en lo que se refiere a** : *en ce qui concerne, quant à...*

460. La formule **todos los que** est employée, à l'exclusion de **cuantos**, s'il y a dans la phrase une négation qui affecte l'aspect collectif de **todos.**

No son locos **todos los que** están allí.	*Tous ceux qui sont là ne sont pas fous.*
No todos los que no oyen son sordos.	*Tous ceux qui n'entendent pas ne sont pas sourds.*

461. D'autre part, si *tous* a le sens de *quiconque, toute personne qui*, il est rendu plutôt par le singulier **todo el que, todo aquel que.**

(Su agrado) va diciendo a **todo el que le advierte...** (SAMANIEGO.)	Son air charmant semble dire à *tous ceux qui l'aperçoivent...*
Todo el que sea tresillista que me siga. (P. GALDÓS. — *Realidad.*)	*Que quiconque saura jouer au tresillo* me suive.

Todo lo... que = tan... como.

462. L'équivalence **todos los... que = tantos... como = cuantos**, que nous venons de signaler dans la construction des noms, doit théoriquement être représentée dans la construction des adjectifs par : **todo lo... que = tan... como = cuan.** Elle existe en effet, mais dans ce cas-ci l'espagnol l'a exploitée en sens inverse, c'est-à-dire au profit de **todo lo... que** (ou **lo... que**) se substituant à **tan... como.**

Todo lo... que, à vrai dire, exprime plus exactement la nuance *tout à fait aussi... que :* **del todo tan... como.** Cet emploi se présente seulement dans des comparaisons négatives ou concessives ayant pour complément un verbe.

La cosecha no ha sido **todo lo buena que se esperaba.**	La récolte n'a pas été *tout à fait aussi bonne qu'on l'espérait.*
Será aquella casa **todo lo confortable que se quiera**, eso no quita que...	Cette maison *a beau être aussi confortable qu'on voudra*, cela n'empêche pas que...
Aun siendo este remedio **todo lo eficaz que se pretende**, no lo tomaré.	Même si ce remède est *aussi efficace qu'on le prétend*, je ne le prendrai pas.

Todo disparaît dans l'équivalence de **cuan...** qui est donnée simplement par **lo... que.** Cette équivalence est à la base de l'emploi adverbial de l'article neutre **lo**, beaucoup plus souple que **cuan** : No sabe Ud **lo buena que es** esa persona = No sabe Ud **cuán buena es** esa persona. *Vous ne savez pas combien cette personne est aimable.*

Pour les divers emplois de **lo... que** (= cuan), cf. § 708.

CHAPITRE IX

VALEURS DIVERSES DE QUELQUES INDÉFINIS

TODO, neutre, complément du verbe.

463. Lorsque **todo**, employé comme nom neutre dans le sens de *toute chose*, est complément d'un verbe, celui-ci est ordinairement précédé ou suivi du pronom neutre **lo.**

Lo sé todo.	*Je sais tout.*
Dios **lo ve todo.**	Dieu *voit tout.*
...para **decirlo todo** de una vez.	...pour *tout dire* en une fois.

Todo es, todo son = ce n'est que, ce ne sont que.

464. Todo, nom neutre, peut servir de sujet apparent à un attribut avec le sens de : *ce n'est que, ce ne sont que.* Le verbe peut rester au singulier ou s'accorder avec l'attribut.

Todo era llantos y lamentos ou **todo eran** llantos, etc.	*Ce n'étaient que* pleurs et lamentations.
Al otro lado, **todo son** prados, viñedos y cultivos.	De l'autre côté, *ce ne sont que* prairies, vignobles et cultures.

Todo peut même être entraîné dans l'accord de genre et de nombre avec l'attribut ; mais cet accord fréquent dans l'espagnol classique est rare aujourd'hui.

Todas son desgracias y calamidades.	*Ce ne sont que misères et calamités.*
Todas son apariencias fabulosas, maravillas soñadas...	*Ce ne sont qu'apparences trompeuses,* merveilles de rêve...

(Liñán y Verdugo. — *Guía y aviso de forasteros.*)

465. Todo peut encore se présenter avec cette même valeur adverbiale de *ne... que*, précédant directement un attribut comme le français *tout yeux, tout oreilles.* Dans cet emploi, **todo** s'accorde généralement avec un sujet singulier, mais reste invariable après un sujet pluriel.

Su **vida fue toda** amor y sacrificio.	*Sa vie fut tout* amour et sacrifice.
Unos caminos que **eran todo** baches.	Des chemins qui *n'étaient qu'*ornières.
Es toda ojos azules y en los ojos lágrimas. (M. Machado.)	*(Elle est tout yeux bleus) On ne voit que ses yeux bleus* baignés de larmes.

TOUT = tout à fait.

466. *Tout*, précédant un adjectif ou un participe avec le sens de *tout à fait*, peut se rendre soit par **todo** s'accordant avec le sujet, soit d'une façon plus expressive par l'adverbe **del todo** placé après l'adjectif ou le participe.

Il est *tout confus.*	Está **todo confuso** *ou* **confuso del todo.**
Une casserole *toute noire de suie.*	Una cazuela **toda tiznada de hollín.**
Un fourneau *tout abîmé.*	Un hornillo **todo estropeado** *ou* **estropeado del todo.**

Après un sujet pluriel, **del todo** évite l'équivoque :

Nous sommes *tout disposés.*	Estamos **dispuestos del todo** (ou **enteramente** dispuestos).
Nous sommes *tous disposés.*	Estamos **todos dispuestos.**

La locution *du tout*, exprimant l'idée contraire, doit se rendre par **nada** ou **de ningún modo.**

Je ne suis *pas du tout disposé.*	No estoy **nada dispuesto.**
Ce fourneau n'est *pas du tout abîmé.*	Ese hornillo no está **nada estropeado.**

TOUT devant un gérondif.

468. *Tout*, précédant un gérondif, ne doit pas être rendu (à moins qu'il ne comporte une nuance concessive, cf. 853 *b* et 470).

Il parlait *tout en mangeant.*	Hablaba **comiendo.**
Tout en venant, j'ai rencontré...	**Al venir,** *ou* **como venía,** encontré...
Tout en passant, j'ai vu...	**De paso** *ou* **de camino,** he visto...

TOUT devant un adverbe de manière.

467. *Tout* peut prendre devant quelques adverbes un sens imprécis et surtout affectif, qu'il faut rendre de façons diverses, selon l'intention exacte de celui qui parle.

Il parlait *tout doucement:* hablaba **muy bajito** *(diminutif).* — Il me dit *tout haut:* me dijo **en voz alta.** — Ça se trouve *tout là-bas:* se encuentra **allá lejos.** — C'est *tout près:* está **muy cerca** ou **cerquita.** — Mettez-le *tout en haut:* póngalo Ud **arriba del todo.**

Omission de TOUT.

469. *Tout* n'est jamais à traduire dans : *tous les deux*, **los dos** ou **ambos** (§ 153) ; *tout seul*, **solo** ou dans un sens affectif : **solito** ; *tout le long de*, **a lo largo de.**

TOUT concessif.

470. *Tout* peut prendre une valeur concessive devant un gérondif, un adjectif, un participe ou un adverbe. Cette concession porte ordinairement sur un fait ou un état réel. Dans le cas du gérondif, elle est rendue par **con, a pesar de** suivis de l'infinitif ou par **aunque** suivi d'un temps de l'indicatif.

Tout en plaisantant, il lui a dit la vérité.	**Con bromear,** le dijo la verdad (ou **aunque bromeaba...**).
Tout en faisant des gestes si désespérés, il riait sous cape.	**Con hacer ademanes tan desesperados,** se reía solapadamente.

L'adjectif, le participe ou l'adverbe sont encadrés par les formules **a pesar de lo... que, ou con lo... que** (ou d'autres analogues), et suivis du verbe à l'indicatif.

Tout riche qu'il paraît, il vit misérablement.	**Con lo rico que parece,** vive miserablemente ; *ou :* **con parecer tan rico...**
Tout malade qu'il était, il voulut se lever.	**A pesar de lo malo que estaba,** quiso levantarse.
Tout loin qu'il est, il nous voit.	**A pesar de estar tan lejos,** nos ve.

Autres valeurs de TOUT.

471. Demandez-moi *toute autre chose* (n'importe quelle autre chose) : Pídame Usted **cualquier otra cosa.**

Ceci est *tout autre chose* (une chose tout à fait différente) : Esto es **ya otra cosa.**

Tous les quarts d'heure (chaque quart d'heure) : **Cada cuarto de hora.**

Tous les 15 jours (chaque 15 jours) : **Cada 15 días** (cf. § 155).

Traduction de NUL.

472. L'espagnol **nulo** ne peut être employé que comme qualificatif après un nom : **de valor nulo,** *de valeur nulle.* Notre *nul* déterminatif doit être rendu par **ninguno** dans le rôle d'adjectif et par **nadie** dans le rôle de pronom.

Nul homme n'est infaillible.	**Ningún hombre** es infalible.
En nulle occasion...	**En ninguna ocasión...**
Nul ne vous aidera.	**Nadie** os ayudará.

Ningun(o) = pas du tout un...

473. Ningun(o) peut être employé devant un nom attribut avec la valeur de notre indéfini *un* renforcé par une formule négative du genre de *pas du tout*, *pas le moins du monde*, *loin de là*, etc.

Y no es ningún catedrático, ni bachiller, ni nada de eso... (Moratín. — *El sí de las niñas.*)	*Et ce n'est pas le moins du monde un professeur*, ni un bachelier, ni rien de tout cela...

En cuentas **no era ningún Pitágoras...**	En fait de calcul, *il n'avait rien d'un Pithagore...*
(ALARCÓN. — *Cosas que fueron.*)	
No me parece ningún tonto el chico ese.	Cet enfant-là *ne me semble pas sot du tout.*

Ni uno = pas un.

474. La locution **ni uno** suppose l'ellipse de **siquiera (ni uno siquiera),** et la particule **ni** s'y présente avec le sens de *pas même* que nous signalons ailleurs (§ 485). Elle est par conséquent plus exclusive que **ninguno.**

Ni un minuto más me quedaré.	Je ne resterai *pas une minute de plus.*
De tantos como hoy la halagan, **ni uno** se acordará de ella mañana.	De tous ceux qui la flattent aujourd'hui, *pas un seul ne* se souviendra d'elle demain.

ALGUNO à sens négatif.

475. Alguno peut prendre un sens négatif dans une phrase négative ou après la préposition **sin.** Il est dans ce cas postposé au nom.

Sin consideración alguna ; sin valor alguno.	*Sans aucune considération ; sans aucune valeur.*
No tiene **calentura alguna.**	Il n'a *pas du tout de fièvre.*

Remarquez que notre déterminatif *aucun* était à l'origine affirmatif comme **alguno** *(d'aucuns prétendent que...).*

Quantitatifs singuliers à valeur de pluriel.

476. Les quantitatifs **tanto, cuanto, mucho, poco,** etc. (§ 149), précédant au singulier un nom pris sous l'aspect d'espèce et non d'unité, peuvent néanmoins signifier une pluralité.

Al punto empezó a ver escaparates, solicitada **de tanto objeto bonito, rico o suntuoso.**	Elle se mit aussitôt à regarder les devantures, attirée par *tant d'objets jolis, précieux ou somptueux.*
(P. GALDÓS. — *La desheredada.*)	
Vese **mucho pino** por esta región.	On voit *beaucoup de pins* dans cette région.
¡ Cuánta manzana hay este año !	*Que de pommes il y a* cette année !

Le distributif **cada** peut prendre aussi ce sens pluriel dans les phrases exclamatives : **¡ Hay cada pillo** por aquí ! *Il y a tant de filous* par ici !

Quelques = pocos.

477. *Quelques* précédé d'un démonstratif ou d'un possessif se rend par **pocos, pocas** :

Ces quelques lignes sont pour toi.	**Estas pocas líneas** son para ti.
Il laissa *ses quelques biens.*	Dejó **sus pocos bienes** (*ou* **su poca hacienda**).

478. Quelque = *environ* se rend par **unos, unas.** (Cf. § 363).

La ville est à *quelque douze lieues* d'ici.	La ciudad está a **unas doce leguas** de aquí.

QUELQUE à sens concessif.

479. *Quelque* ayant le sens concessif de *quel que soit le* ou *la...* et précédant un nom doit être rendu par **cualquiera... que** si la concession porte sur le *choix*, ou par **por más... que, por mucho... que,** si la concession porte sur la *quantité* ou le *nombre.*

Quelque chemin que vous preniez, vous arriverez à temps.	**Cualquier camino que Ud tome,** ha de llegar a tiempo.
Quelques efforts que nous fassions, nous n'obtiendrons rien.	**Por más esfuerzos que hagamos,** no conseguiremos nada.
Quelque envie que tu en aies...	**Por mucha gana que tengas de ello...**

Quelque, précédant un adjectif ou un adverbe avec ce même sens concessif, est rendu par **por... que** ou **por más... que.**

Quelque insignifiant qu'il paraisse...	**Por insignificante que parezca...**
Quelque abîmé qu'il soit, je le garde.	**Por más estropeado que esté,** me quedo con él.

Lui-même, elle-même, etc.

480. Les pronoms *lui-même, elle-même, eux-mêmes,* etc., ne peuvent être traduits par **él mismo, ella misma, ellos mismos,** etc., que s'ils sont employés seuls (ou, en français, apposés à un pronom personnel).

Il vint lui-même voir ce qui était arrivé.	**Vino él mismo** a ver lo que había pasado.
Ils l'avaient dit *eux-mêmes.*	**Ellos mismos** lo habían dicho.

Si ces pronoms accompagnent un nom, on ne traduit que l'adjectif *même,* que l'on place avant ou après ce dernier.

Le maître lui-même vint voir...	**El amo mismo** vino a ver...
Les intéressés eux-mêmes l'avaient dit.	**Los mismos interesados** lo habían dicho.
Dieu lui-même ne pourrait te pardonner	**Dios mismo** *ou* **el mismo Dios** no te podría perdonar.

MÊME, adverbe.

481. Le mot *même* ayant une valeur adverbiale peut toujours se traduire par **mismo, -a, -os, -as,** du moment qu'il accompagne un nom. Il peut aussi être rendu par les adverbes **aun** ou **hasta.** Ce dernier marque mieux le renchérissement.

Même les voisins t'ont entendu.	**Los mismos vecinos** te han oído. **(Aun los vecinos** *ou* **hasta los vecinos...)**
Il finit par lasser *même ses admirateurs.*	Acabó por cansar a **sus mismos admiradores** (*ou* **hasta a sus admiradores**).

482. La traduction de *même* par un adverbe est obligée dans tous les autres cas, c'est-à-dire s'il modifie un adjectif, un participe, un adverbe ou un verbe.

Il est adroit et *même ingénieux.*	Es hábil y **aun ingenioso.**
Même de près, il ne voit rien.	**Aun de cerca,** no ve nada.
Il écrit très bien et *fait même des vers.*	Escribe bien y **hasta hace versos.**
Même en courant, tu arriveras trop tard.	**Aun corriendo** llegarás tarde.

483. Ces dernières constructions avec *même* (§ 482) ont parfois la valeur d'une condition, d'une supposition. Il est mieux alors de faire suivre le terme modifié par l'expression **y todo.**

Il mange les pommes *même vertes (même si elles sont vertes).*	Se come las manzanas, **verdes y todo.**
Même malade, j'irai là-bas.	**Enfermo y todo,** he de ir allá.
Même en fuyant, ils continuaient à tirer.	**Huyendo y todo,** seguían disparando.

Autres valeurs de MÊME.

484. Les adverbes simples de *lieu* et de *temps* peuvent être accompagnés de **mismo : aquí mismo, ahí mismo, hoy mismo, ayer mismo, ahora mismo,** etc., comme en français : *ici même, là même, aujourd'hui même*, etc. Après ces adverbes, *même* et **mismo** ont la valeur de *précisément, justement*, que nous retrouvons dans d'autres expressions du lieu ou du temps : *au bord même* du précipice = *juste au bord* du précipice ; *à l'heure même* où je disais = *juste à l'heure* où je disais, etc.

La nuance de concession ou de renchérissement exprimée en français en plaçant *même* devant l'adverbe : *même ici, même là, même alors*, etc., ne peut s'obtenir en espagnol que par l'adverbe **aun :**

Même ici, je sens le froid.	**Aun aquí** siento el frío.
Même à présent, je le regrette.	**Aun ahora** le echo de menos.
Même alors, il ne soupçonnait pas...	**Aun entonces** no sospechaba...

L'emploi de **hasta** devant ces adverbes fausserait le sens : **hasta aquí,** *jusqu'ici ;* **hasta entonces,** *jusqu'alors*, etc.

Même pas, pas même.

485. *Même* accompagné de la négation se rend par **no... siquiera** encadrant le verbe ou **ni siquiera** le précédant. Cette dernière formule souvent réduite à **ni** peut précéder aussi tout autre élément de la phrase.

Je ne le connais même pas.	**No le conozco siquiera,** *ou :* **Ni le conozco.**
Pas même en courant, tu ne l'atteindras.	**Ni siquiera corriendo** le alcanzarás.
Il ne lui donna *pas même un sou.*	No le dió **ni una perra siquiera.**
On ne voyait *pas même un chien* dans la rue.	**Ni un perro** se veía en la calle.

Hispanismes : ni por pienso, *pas même en pensée;* **ni por esas, ni con esas,** *pas même ainsi, pas même à ce prix.*

Substitution de OTRO par MÁS.

486. Tandis que **otro** désigne en principe un objet appartenant à une catégorie différente de l'objet précédemment nommé : esto es **otra cosa,** prefiero **otra solución,** etc., **más** indique dans la même catégorie d'objets une quantité ou un nombre *en plus :* il correspond au français *autre, d'autres* pris dans un sens partitif ou indéfini. Tout en restant invariable, il tient le rôle et occupe la place de l'adjectif **otro.**

¿ Desea Ud **más vino ?... más galletas ?**	Désirez-vous *d'autre vin ?... d'autres biscuits.*
No hay **más salida** que ésta.	Il n'y a pas *d'autre sortie* que celle-ci.
Una barraca vieja, **sin más luz** que la de la puerta y la que se colaba por las grietas de la techumbre. (Bl. Ibáñez. — *La Barraca.*)	Une vieille chaumière, *sans autre lumière* que celle de la porte et celle qui filtrait par les fissures du toit.

Mais il se place après le nom si celui-ci est précédé d'un numéral ou d'un déterminatif de quantité ou de nombre.

Sacaron **dos botellas más** de Manzanilla.	On apporta *deux autres bouteilles* de vin de Manzanilla.
Mándenos Ud **algunas novelas más** de la misma colección.	Envoyez-nous *quelques autres romans* de la même collection.
Tome Ud **unos pocos más,** si le gustan.	Prenez-en *quelques autres* si vous les aimez.

Los demás, las demás, lo demás.

487. Devant un nom déterminé par l'article défini, on emploie pour exprimer la même nuance la forme **demás.**

Los domingos y lunes se le veía en la taberna ; **los demás días** se metía en casa.	Le dimanche et le lundi on le voyait à l'auberge ; *les autres jours* il restait chez lui.
Si te lo llevas todo, ¿ qué van a decir **los demás compañeros ?**	Si tu emportes tout, que vont dire *les autres camarades ?*
Pero en obra destinada sólo al gusto y diversión, si no es varia la invención, **todo lo demás** es nada. (IRIARTE.)	Mais dans une œuvre destinée seulement au plaisir et à la distraction, si les thèmes ne sont pas renouvelés, *tout le reste* ne vaut rien.

Il ne faut pas confondre **los demás** avec **los más,** *la plupart:* **los más de** los hombres, *la plupart des* hommes ; **las más veces** *ou* **las más de las veces,** *la plupart du temps, le plus souvent.*

Après les démonstratifs et les possessifs, on conserve l'adjectif **otro : aquellos otros muebles,** *ces autres meubles;* **mis otros compañeros,** *mes autres compagnons.* Mais en postposant le possessif on peut dire aussi : **los demás compañeros míos.**

POCO et UN POCO.

488. Il ne faut pas confondre **poco,** *peu*, qui dans l'expression de la quantité ou du nombre fonctionne comme un adjectif (*poca* gente, *pocos* hombres), avec **un poco de,** *un peu de*, qui fonctionne comme un nom.

Tiene Ud **poca paciencia** (accord).	Vous avez *peu de patience.*
Tenga Ud **un poco de** paciencia.	Ayez *un peu de patience.*

Néanmoins, dans ce second exemple l'accord de **poco** est possible et se pratique parfois : Tenga Ud **una poca** de paciencia. L'accord est normal lorsque le nom est sous-entendu : Si tuviera Ud **una poca,** no diría eso. *Si vous en aviez un peu, vous ne diriez pas cela.*

Un peu plus de, un peu moins de...

489. *Un peu plus* se rapportant à la quantité, c'est-à-dire devant un nom singulier, se traduit littéralement par **un poco más de :** Tenga Ud **un poco más de** paciencia. — Tomaré **un poco más de** sopa.

Mais si cette locution se rapporte au nombre, c'est-à-dire si elle précède un pluriel, elle devient l'équivalent de *quelques... de plus* (ou *de moins*). Elle peut se traduire par **unos pocos, unos cuantos, algunos,** qui se sont pas suivis de préposition, et on place **más** ou **menos** après le nom (§ 291).

Je prendrai *un peu plus de cerises.*	Tomaré **unas pocas cerezas más.**
Il avait *un peu moins de loisirs* (= *quelques loisirs de moins*).	Tenía **algunos ocios menos.**

Un peu plus peut aussi, dans ce cas, être rendu par **otros pocos, otras pocas** (§ 161) : Tomaré **otras pocas** cerezas.

ALGO = un peu

490. Algo est susceptible de remplacer **un poco** dans tous ses emplois.

Si tuvieras **algo de paciencia...**	Si tu avais *un peu de patience...*
Nos apartamos **algo** de la puerta.	Nous nous écartâmes *un peu* de la porte.
Yo lo sentía **algo más que él.**	Je le regrettais *un peu plus que lui.*
Aparejó su asno, que también había andado **algo distraído** con la demasiada libertad de aquel día.	Il bâta son âne qui, lui aussi, s'était *un peu oublié* par suite de l'excessive liberté de ce jour-là.
(Cervantes. — *D. Quijote*, I, 25.)	
Tenía la nariz **algo torcida.**	Il avait le nez *un peu tordu.*

Autres substituts de UN POCO.

491. L'idée de **un poco** peut être nuancée par : **algún tanto** ou **un tanto,** *quelque peu;* **un si es no es,** *un tant soit peu, un tantinet;* et par les diminutifs **un poquito, un poquitín.**

Las espaldas, que **algún tanto** la cargaban, la hacían mirar al suelo...	Le dos qu'elle avait *légèrement voûté* lui faisait baisser les yeux (regarder à terre)...
(Cervantes. — *D. Quijote*, I, 26.)	
Tenía la nariz **un si es no es torcida.**	Il avait le nez *un tantinet tordu.*
Si me esperas **un poquitín...**	Si tu m'attends *un tout petit peu...*

MUY et MUCHO.

492. En général, **muy** correspond à *très* et **mucho** à *beaucoup.*

Muy doit être employé devant les adjectifs, les participes et les autres adverbes : es **muy listo** ; está **muy divertido** ; llegó **muy tarde,** etc.

C'est **muy** que l'on trouve également devant les locutions qui ont une valeur d'adjectif ou d'adverbe : **muy a propósito,** *très à propos;* **muy en breve,** *très vite;* **muy a la ligera,** *très à la légère;* **muy por encima,** *bien au-dessus;* **muy de veras,** *très sérieusement;* **muy de temer,** *très redoutable, fort à craindre,* etc.

Cependant, devant **más, menos** *(adv.);* **mejor, peor, mayor, menor** *(adv.* et *adjectifs),* c'est **mucho** qu'on emploie régulièrement.

Hoy vivimos **mucho mejor** que antes.	Aujourd'hui nous vivons *beaucoup mieux* qu'autrefois.
La vida es **mucho más** fácil.	La vie est *beaucoup plus* facile.

L'emploi de **muy** en pareil cas est un archaïsme et n'est pas à imiter.

Poderosos o bullidores hijos del país, **muy más interesados** que ellos en la contienda... (ALARCÓN. — *La pródiga*, 1.)	Des indigènes puissants ou remuants, *beaucoup plus intéressés* qu'eux-mêmes dans la lutte...

Il fait très chaud se traduit par : hace **mucho calor,** litt. *beaucoup de chaleur*, et *il fait très froid* par : hace **mucho frío,** car **frío** est aussi senti comme nom.

Beaucoup plus de, beaucoup moins de.

493. Dans ces expressions de quantité ou de nombre, **mucho** doit s'accorder avec le nom exprimé ou sous-entendu qu'elles déterminent.

Has hecho **muchas más faltas** que yo.	Tu as fait *beaucoup plus de fautes* que moi.
Ahora tengo **mucha menos tranquilidad.**	Maintenant, *j'ai beaucoup moins de tranquillité.*
Como poeta, fray Luis deja una obra relativamente breve pero muy intensa, a la que prestó **mucha menos atención** que a la producción en prosa. (VALBUENA PRAT. — *Literatura*, 24.)	Comme poète, frère Luis de León laisse une œuvre relativement courte, mais intense, à laquelle il prêta *une attention beaucoup moins grande* qu'à sa production en prose.

Autres valeurs de MUCHO.

494. Mucho a la valeur de **por cierto que** dans : **mucho que sí,** *bien sur que oui.* Par contre, il a pris le sens de *difficile à croire*, *étrange*, dans les locutions elliptiques : **mucho es que ...¿ qué mucho que... ?** où il faut sous-entendre **de extrañar.**

Mucho será que D. Diego no haya tenido algún encuentro por ahí. (MORATÍN. — *El sí de las niñas.*)	*Ce sera bien étonnant si* D. Diègue n'a pas fait quelque rencontre par là.
¿ Qué mucho que la miren todos con envidia ?	*Qu'il y a-t-il d'étonnant à ce* que tout le monde la regarde avec envie ?

Trop = mucho.

495. *Trop* a souvent en français un sens atténué, voisin de *très* ou de *beaucoup*, notamment devant *peu* ou dans les expressions négatives. Il convient de le traduire alors par *muy*, *mucho*, ou des expressions équivalentes.

Vous voyez que je ne suis pas *trop exigeant.*	Ve Ud que no soy **muy exigente.**
Il a vraiment *trop peu de chance.*	En verdad que tiene **muy poca suerte.**
Je ne crois pas qu'il aura *trop de peine à* le faire.	No creo que el hacerlo le cueste **mucho trabajo.**
Je suis trop peu partisan de ce système pour vous le conseiller.	**No soy bastante partidario** de dicho sistema para aconsejárselo.

La mar de = très, beaucoup.

496. Le langage parlé utilise très souvent la locution **la mar de** avec la valeur à la fois de **muy** et de **mucho.**

Es un señor **la mar de generoso.**	C'est un monsieur *très généreux.*
Aquel sombrerito le sienta a Ud **la mar de bien.**	Ce petit chapeau vous *va à ravir.*
Tengo **la mar de cosas** que decirte.	J'ai *des tas de choses* à te dire.
Estoy **la mar de cansado.**	Je suis *extrêmement fatigué.*

Una de, la de = une (telle) quantité de...

497. Les locutions **la de, una de,** employées par le peuple avec le sens de **tanto** et de **mucho,** supposent l'ellipse du mot **cantidad** ; elles sont suivies ordinairement d'une proposition relative ou consécutive, et jouent devant le nom sensiblement le même rôle que l'article neutre **lo** devant les adjectifs ou adverbes (§ 191).

¡ Si vieras **là de palos** que me llevé !	Si tu savais *ce que j'ai reçu de coups !*
Se tragó **una de callos** que por poco revienta.	Il avala *une telle quantité de tripes* qu'il en faillit crever.
Con la de gente que había, no podía uno dar un paso.	*Avec la quantité de gens qu'il y avait,* on ne pouvait pas faire un pas.

CHAPITRE X

EMPLOI ADVERBIAL DE L'ADJECTIF

L'adjectif attribut à valeur adverbiale.

498. Sur le modèle de la Syntaxe latine, l'espagnol peut détacher à côté du verbe des adjectifs de toute catégorie qui, tout en servant d'attribut au sujet et en s'accordant avec lui, modifient l'action exprimée par le verbe et jouent par conséquent le rôle d'adverbes.

Cet emploi, quoique particulier à la langue littéraire, est beaucoup plus fréquent en espagnol qu'en français.

En la obscuridad **sonaba lúgubre** el mugido del río. (BL. IBÁÑEZ. — *Entre naranjos.*)	Dans l'obscurité le mugissement de la rivière *résonnait lugubrement.*
Pero a tal distancia no consiguió cerciorarse. **Vigiló más atento.** (P. BAZÁN. — *Los pazos de Ulloa.*)	Mais, à cette distance, il ne parvint pas à se rendre compte. *Il guetta avec plus d'attention.*
Al ver mis horas de fiebre e insomnio **lentas pasar...** (G. BÉCQUER. — *Rimas.*)	En voyant mes heures de fièvre et d'insomnie *passer lentement...*

Cette valeur que prend l'adjectif attribut ainsi placé est à l'origine du changement de catégorie grammaticale qu'ont subi un certain nombre d'adjectifs employés couramment comme adverbes (Cf. § 500-508).

Adjectifs employés occasionnellement comme adverbes.

499. Il existe en espagnol comme en français des adjectifs qui peuvent fonctionner dans la phrase comme des adverbes et rester dans ce cas invariables ; mais les conditions d'emploi ne sont pas toujours les mêmes dans les deux langues. Ainsi les adjectifs *beau*, *dur*, *grand* ne sont pas admis en espagnol à l'emploi adverbial. *Avoir beau* est rendu par la locution **por más que** (§ 985) ; *dur* doit être traduit par un adverbe : **firmemente, de firme,** ou une expression équivalente dans *croire dur*, *travailler dur ; grand ouvert* a comme équivalent ordinaire **abierto de par en par.**

500. Bajo, alto, recio, *rudement*, **claro,** *clairement*, **quedo,** *tout doucement*, ne peuvent jouer le rôle d'adverbes que s'ils se réfèrent à la voix et à la parole, avec les verbes **decir, hablar, charlar, cantar : hablar alto,** *parler haut;* **decía eso muy quedo,** *il disait cela tout doucement;* **llame Ud más alto,** *appelez plus fort*, etc. Mais, avec des verbes de sens voisin, l'emploi peut déjà changer.

Expresar, *exprimer*, **explicar, presentar, demostrar** n'admettent plus *bajo*, *alto*, *recio*, on dira : **expresarse en voz baja, explicar en voz alta, expresar en voz recia.** Toutefois le langage courant emploie **claro** après ces verbes, de même qu'après **ver : expresarse claro,** *s'exprimer clairement;* **ver claro,** *voir clairement;* **nos mostró muy claro** el porqué de la cosa, *il nous montra très clairement le pourquoi de la chose.* Mais dans des exemples comme : la cosa **se presenta claro, presentar claro** una idea, l'emploi de l'adjectif invariable est choquant, car il est plus ou moins senti comme attribut du sujet ou du complément, l'un et l'autre féminins dans le cas présent ; il conviendra donc de le traduire soit par l'adverbe : **presentar claramente** una idea, soit par l'adjectif au féminin : **la cosa se presenta clara** (§ 498).

De même, après le verbe **sonar, claro** et les autres adjectifs précédents seront toujours sentis comme des attributs et devront s'accorder : **su voz sonaba recia, sonaba clara, sonaba muy alta,** etc. : *sa voix résonnait fort*, *sonnait clair*, *résonnait très haut*, etc.

Par contre, **quedo** est d'un emploi plus étendu et peut s'appliquer aussi à la démarche et à l'allure : **andar quedo,** *marcher doucement;* **llegó muy quedo,** *il arriva tout doucement.*

501. *a*) Les adjectifs **derecho,** *droit*, *tout droit*, et **caro,** *cher*, restent ordinairement invariables dans l'emploi adverbial, mais ils admettent aussi l'accord avec le sujet.

La niña **se fue derecho** (ou **derecha**) a casa.	La fillette *s'en alla tout droit* chez elle.
Me costó caro (ou **cara**) aquella broma.	Cette plaisanterie *me coûta cher.*

Avec un verbe proprement attributif (*resultar*, *quedar*, *permanecer*, *seguir*, cf. 573-580) **caro** reste adjectif et doit toujours s'accorder : **me resultó cara** la expedicion, l'expédition *me revint cher.*

b) L'adverbe **sólo,** *seulement*, *rien que*, est aussi susceptible d'être traité comme un adjectif lorsqu'il se rapporte à un nom : esto se dirige **sólo a los jóvenes** ou **a los jóvenes solos,** ceci s'adresse *seulement aux jeunes gens* ou *aux jeunes gens seuls.* Mais l'accord de l'adjectif n'est pas toujours à conseiller, surtout s'il est postposé au nom car il est susceptible dans ce cas là de présenter un sens différent.

Sólo aquella mujer lo puede hacer.	*Il n'y a que cette femme* qui puisse le faire.
Aquella mujer sola lo puede hacer.	*Cette femme* peut le faire *toute seule (à elle seule)*.

502. L'emploi de **justo,** *juste,* et **falso,** *faux,* est courant avec les verbes **cantar, tocar,** *jouer,* **sonar.** Mais *jouer faux, chanter faux* seront mieux rendus par les verbes **desafinar, desentonar.** Par ailleurs, **justo** peut remplacer **justamente** devant un attribut : **es justo lo contrario,** *c'est juste le contraire,* ou un adverbe : **justo enfrente,** *juste en face.*

Dans le sens de *à peine,* il doit être rendu par **apenas** ou **escasamente** : *nous venons juste d'arriver,* **apenas** acabamos de llegar ; *il a tout juste vingt ans,* tiene **escasamente** veinte años, *ou* veinte **años escasos.**

503. Fuerte est employé comme adverbe de manière, au lieu de **fuertemente,** à peu près dans les mêmes cas que le français *fort:* **hablar fuerte,** *parler fort;* **pegar fuerte,** *frapper fort;* **respirar fuerte,** *respirer fort;* **toser fuerte,** *tousser fort;* **apretar fuerte,** *serrer fort;* **pisar fuerte,** *marcher bruyamment,* etc.

Mais lorsque *fort* a le sens de *très, beaucoup,* il doit être traduit par **muy** ou **mucho** selon le cas : *c'est fort bien,* **está muy bien** ; *il est fort avancé,* **está muy adelantado** ; *je crois fort que...* **creo mucho que...** *ou* **bien creo que...**

504. *a*) **Medio,** *mi, à demi,* est adverbe devant un adjectif ou un participe : una mujer **medio loca,** *une femme à moitié folle;* está **medio muerta** de cansancio, *elle est à demi morte* de fatigue ; et sous la forme **a medio** devant un infinitif : **un prado a medio segar,** *un pré à demi fauché* (Cf. § 519.)

b) **Recién,** forme apocopée de **reciente,** *récent,* correspond comme adverbe aux mots français *nouveau, frais* employés devant des adjectifs ou des participes : *les nouveaux mariés,* **los recién casados** ; *un nouveau-né,* **un recién nacido** ; *une fleur fraîche éclose,* **una flor recién abierta,** etc.

505. L'adverbe français *ensemble* a comme correspondant en espagnol **juntos, juntas,** qui est un adjectif : *La mère et la bru habitaient ensemble;* la madre y la nuera **vivían juntas.** Mais on emploie la forme adverbiale **juntamente** si on envisage non plus des personnes ou des objets, mais des actions simultanées : No puede uno **juntamente coser y rascarse,** *on ne peut tout ensemble coudre et se gratter.*

La forme **junto a** est un adverbe de lieu et désigne une proximité immédiate : **junto a la pared,** *contre le mur.*

506. Les adverbes **pronto,** *bientôt,* **temprano,** *tôt,* **quedo,** *doucement,* de même que **mejor,** *mieux,* **peor,** *pire,* sont à l'origine des adjectifs et peuvent toujours être employés comme tels : **estoy pronto,** *je suis prêt;* **una fruta temprana,** *un fruit précoce* ; **una voz queda,** *une voix douce,* etc. Pour l'emploi adverbial de **primero,** cf. § 275.

507. Pour **mucho, poco, bastante, tanto,** etc., cf. § 149. Après les verbes transitifs, ils sont non point adverbes, mais adjectifs neutres, et ils jouent le rôle de compléments d'objet : ese señor **sabe mucho,** *ce monsieur sait beaucoup de choses;* **hiciste tanto** por mí, *tu as tant fait pour moi;* quien **abarca demasiado,** *celui qui embrasse trop de choses...*

Valeur particulière de PURO.

508. Puro joue un rôle adverbial et reste invariable dans la locution **de puro** qui précède un adjectif ou un participe : **de puro buena, de puro tontos, de puro aburrido** ; et dans la locution **a puro** devant un infinitif : **a puro llorar, a puro sudar, a puro reír** ; mais il s'accorde dans **a puro** précédant un nom : **a puras lágrimas, a puras súplicas,** etc.

Dans ces locutions, le sens de **puro** a été à l'origine le même que celui qu'il présente dans : **la pura verdad,** *la pure vérité, rien que la vérité;* lo hicieron **por pura caridad** = puramente por caridad, *uniquement par charité.* Les grammairiens considèrent aujourd'hui **de puro, a puro** comme équivalents de **a fuerza de,** *à force de;* ces locutions conservent néanmoins cet aspect restrictif qui est à la base de leur emploi, car elles servent surtout à présenter une condition du résultat obtenu *suffisante à elle seule* et indépendamment de toute autre : La pobre mujer se arruinó **de puro buena** ; *la pauvre femme se ruina à force d'être bonne et seulement parce qu'elle était bonne.* — Salieron a trabajar **de puro aburridos** ; *ils sortirent travailler tant ils s'ennuyaient et uniquement parce qu'ils s'ennuyaient.*

CHAPITRE XI

LE VERBE

VALEUR GÉNÉRALE DES TEMPS ET DES MODES
MODES PERSONNELS

Passé simple et passé composé.

509. L'emploi du **passé composé** et du **passé simple** ne coïncide pas dans les deux langues : le français manifeste une préférence pour le premier et l'espagnol pour le second. Leur emploi correct obéit aux deux considérations que nous exposons ci-dessous.

Passé composé en espagnol.

On emploie le passé composé :

a) quand l'action est située dans *une période de temps* (exprimée ou tacite) *qui dure encore* au moment où l'on parle.

Aujourd'hui, il a plu toute la journée.	**Hoy ha llovido** todo el día.
Cette année, j'ai fait beaucoup de progrès.	**Este año he hecho** muchos progresos.
Au début du XXe *siècle ont paru* les premiers avions.	**A princípios del siglo XX han salido** los primeros aviones.

b) quand l'action est encadrée de circonstances ou de conséquences (contexte) *énoncées au présent.*

Quand j'ai bien mangé, je dors mieux (présent).	Cuando **he comido bien, duermo** mejor.
Je suis puni (présent) *parce que je suis arrivé en retard.*	**Estoy castigado** porque **he llegado** tarde.

Passé simple (pretérito perfecto).

510. On emploie le passé simple :

a) quand l'action est située dans *une période de temps* (exprimée ou tacite) *déjà écoulée* au moment où l'on parle.

Hier il a plu toute la journée.	**Ayer llovió** todo el día.
L'année dernière, j'ai fait beaucoup de progrès.	**El año pasado, hice** muchos progresos.
Au milieu du XIXe siècle ont paru les premiers chemins de fer.	**A mediados del siglo XIX, aparecieron** los primeros ferrocarriles.

et de même : *ce matin il a fait froid:* **esta mañana hizo frío**, si nous en parlons dans l'après-midi ;

b) quand l'action est encadrée de circonstances ou de conséquences (contexte) *énoncées à l'imparfait* ou à un autre temps du passé.

Quand je suis sorti, il pleuvait.	**Cuando salí, estaba lloviendo.**
J'ai demandé ce qu'il y avait de meilleur.	**Pedí lo mejor que había.**

Le plus-que-parfait.

511. L'espagnol aime peu les formes lourdes de la conjugaison, c'est-à-dire les temps composés, et les remplace par les temps simples chaque fois que le sens ne doit pas en souffrir.

Le plus-que-parfait : **había hablado, había comido, había dicho,** etc., reste courant dans les propositions principales ; mais, dans les relatives et les subordonnées, on le trouve souvent remplacé soit par le passé simple, soit par l'imparfait du subjonctif en **-ara, -iera** (§ 209), qui d'ailleurs était à l'origine un plus-que-parfait.

Ce dernier emploi, courant en portugais, doit être considéré en espagnol comme un archaïsme ou un provincialisme à ne pas imiter.

Las compañías **que quedaran allí** fueron presas. (MARIANA.)	Les compagnies *qui étaient restées là* furent faites prisonnières.
Una flor que desde lejos **llamara su atención...** (P. GALDÓS. — *Marianela.*)	Une fleur qui de loin *avait attiré son attention...*
Deshizo en un minuto **lo que tanto trabajo le costó.**	Il défit en une minute *ce qui lui avait coûté tant de travail.*

Le passé antérieur.

512. Le passé antérieur, même en français, ne se rencontre guère que dans les propositions temporelles après *quand* ou *lorsque:* quand *il eut terminé*, lorsque *nous fûmes arrivés.* Les formes **cuando hubo terminado, cuando hubimos llegado** sont réduites ordinairement au passé simple en substituant **cuando** par **después que** ou **luego que.**

Después que terminó su tarea.	*Quand il eut terminé* sa besogne.
Luego que llegamos allí.	*Quand nous fûmes arrivés* là.

Le mode subjonctif.

513. Tandis que le mode indicatif affirme la pensée et envisage les faits comme *réels* dans le passé, le présent ou l'avenir, le mode subjonctif envisage et rapporte seulement des faits *éventuels*, c'est-à-dire ceux dont l'exécution, non encore réalisée, est liée à un ordre ou une défense, une prière, un désir, une condition, une restriction ou une hypothèse.

L'espagnol observe avec plus de régularité que le français cette distinction du réel et de l'éventuel par les modes. Ainsi, quand nous disons : *Bien qu'il soit riche (il n'est pas heureux)*, nous formulons *une réalité*, et l'espagnol a raison d'employer l'indicatif au lieu du subjonctif : **aunque es rico**... (§ 983). Par contre, l'expression *quand tu viendras (tu m'apporteras cela)* ne formule qu'une *éventualité*, et l'espagnol est encore dans la logique en employant pour ce cas le subjonctif : **cuando vengas**... (§ 945).

Concordance des temps du subjonctif.

514. Le français moderne n'est pas très rigoureux sur la concordance des temps du subjonctif avec le verbe de la proposition principale et tolère bien souvent l'emploi du présent au lieu de l'imparfait : J'avais peur *qu'il ne s'égare*, *qu'il n'arrive pas*, *qu'il ne sache pas*, etc. Il conviendra toujours de rectifier la concordance avant de traduire.

J'avais peur *qu'il n'arrivât pas*, *qu'il ne sût pas*...	Temía **que no llegase... que no supiese...**
Je voudrais *que tout le monde fût là* (et non *soit là*).	Quisiera que todos **estuviesen ahí.**

Les imparfaits en -ARA et -IERA.

515. On peut la plupart du temps employer indifféremment pour l'imparfait du subjonctif les formes en **-ase, -iese** ou celles en **-ara, -iera.** Néanmoins ces dernières (qui, comme nous l'avons dit, représentent d'anciens plus-que-parfaits) sont employées, à l'exclusion des premières, comme équivalentes du conditionnel passé.

¡ Quién lo creyera !	*Qui l'aurait cru !*
Nunca pensara que acertarías.	*Je n'aurais jamais pensé* que tu réussirais.

Les subjonctifs imparfaits **quisiera** et **hubiera** remplacent à peu près constamment les conditionnels présents **querría** et **habría.**

Hubiérase dicho (habríase dicho)...	*On aurait dit...*
No lo hubiera creído (habría creído).	*Je ne l'aurais pas cru.*
Quisiera que me dijeses (querría que)...	*Je voudrais que tu me dises...*

Le futur du subjonctif.

516. Le futur du subjonctif a disparu depuis deux siècles de la langue courante et plus récemment de la langue littéraire. On ne le trouve que très rarement dans les écrivains du 19e siècle, et plus du tout de nos jours. Il ne survit que dans quelques locutions du genre : **sea lo que fuere,** *quoi qu'il en soit;* **venga lo que viniere**, *quoi qu'il advienne*, etc.

Il servait à marquer l'éventualité dans le futur et ne se présentait que dans les propositions relatives ou subordonnées. Son emploi peut se réduire aux deux cas suivants :

a) Expression d'une condition dont la conséquence s'énonce au futur ou au présent.

Si mi sobrina quisiere casarse, se case con hombre que no sepa... (CERVANTES.)	*Si ma nièce veut se marier*, qu'elle se marie avec un homme qui ne sache pas...
Si ella fuere de tanta hermosura como significáis, de buena gana confesaremos... (CERVANTES.)	*Si elle est aussi belle* que vous le dites, nous proclamerons bien volontiers...

Ces conditions se rendent aujourd'hui par le présent de l'indicatif, comme en français : Si mi sobrina **quiere casarse...** Si ella **es** de tanta hermosura, etc.

b) Expression d'un fait futur envisagé seulement comme éventuel, dans les propositions subordonnées ou relatives.

A cuantos se acordaren de mí, dirás de mi parte todo lo que quisieres. (P. ISLA.)	*A tous ceux qui se souviendront de moi*, tu diras de ma part tout ce que tu voudras.
Uno ha de ser el consejo, **en cuanto se resolviere...**	L'avis doit être unanime, *dès qu'on aura décidé...*

Il est aujourd'hui remplacé dans cet emploi par le présent du subjonctif (§ 945) : a cuantos **se acuerden** de mí... todo lo que **quieras** ; en cuanto **se resuelva.**

CHAPITRE XII

MODES IMPERSONNELS

L'INFINITIF

517. L'infinitif admet tous les emplois du nom : il peut être dans la phrase sujet ou attribut, complément d'un verbe, d'un adjectif ou d'un nom. Dans ce dernier emploi, l'espagnol le construit avec les prépositions **en, con, por,** que le français n'admet pas : hábil **en manejar,** *habile à manier ;* tardo **en llegar,** *lent à arriver ;* conforme **con quedar,** *d'accord pour rester ;* impaciente **por saber,** *impatient de savoir*, etc. (Cf. encore pour d'autres emplois de l'infinitif après des prépositions : § 848-858).

L'infinitif français précédé de DE ou de QUE DE.

518. L'infinitif français est souvent précédé de la préposition *de*, notamment après les expressions impersonnelles du type : *il est bon*, *il est utile*, *il convient*, etc. Ce *de* n'a pas de rôle logique dans la phrase et ne doit pas être traduit.

Il est prudent *de se taire.*	Es prudente **callar.**
Il est honteux *de mentir.*	Es vergonzoso **mentir.**
(Logiquement : *mentir est honteux.*)	

On ne doit pas traduire, non plus, la formule *que de* qui précède l'infinitif lorsqu'il a pour attribut logique un nom introduit par *c'est*, *c'était*, etc. Mais dans ce cas l'infinitif espagnol peut être substantivé et précédé de l'article.

C'est une honte *que de traiter ainsi un enfant.*	Es una vergüenza **(el) tratar a un niño de esa manera.**
C'est une folie *que de sortir par ce temps.*	Es locura **(el) salir con este temporal.**

L'infinitif à sens passif.

519. L'aspect passif de l'infinitif qui se manifeste en français dans les expressions : une *chose bonne à manger*, *difficile à dire*, etc., se retrouve en espagnol :

a) Dans les expressions analogues avec **bueno, malo, fácil, difícil,** etc., mais suivis de la préposition **de** : un proyecto **fácil de realizar,** una fruta **mala de digerir,** etc. (Cf. § 404) ;

b) Dans les infinitifs reliés au nom qui précède par les prépositions **por, sin, a medio** et qui envisagent une action encore à faire ;

Una tarea **sin terminar,**	une tâche *à terminer* (inachevée) ;
una tierra **por sembrar,**	une terre *à ensemencer* (non ensemencée) ;
una pipa **a medio llenar,**	une barrique *à moitié pleine.*

c) Dans certaines formules elliptiques où l'on peut sous-entendre les mots **cosa conveniente :**

Es cosa de notar (cosa conveniente de).	*Il est à remarquer.*
Es de ver, de saber, de creer, etc.	*Il faut voir, savoir, croire,* etc.

L'INFINITIF SUBSTANTIVÉ

520. La substantivation de l'infinitif — et de la proposition en général — est un des traits les plus caractéristiques de la syntaxe espagnole. Les rares exemples d'infinitifs substantivés que nous possédons en français (*un être, un devoir, le rire, le manger,* etc.) ne sauraient nous donner qu'une idée imparfaite, sinon fausse, de la question, car ils n'en révèlent qu'un aspect seulement, et le moins intéressant ; la substantivation telle que l'Espagnol la pratique a une portée beaucoup plus vaste et répond à un but différent.

Il convient d'abord de classer à part, comme étrangers à la question, un certain nombre d'infinitifs, passés définitivement dans la catégorie des noms, et qui, comme tels, ont une existence indépendante de l'infinitif verbal et un sens particulier : **un ser, un haber, un deber, un poder, un pesar, un cantar, un andar, un querer, un parecer, un placer, un amanecer, un anochecer, etc.** Ils ne se distinguent en rien des noms et peuvent prendre la marque du pluriel : **los seres, los haberes, los deberes, los poderes, los pesares, los cantares,** etc. De même en français : *les êtres, les devoirs, les pouvoirs, les rires,* etc.

Il ne s'agit pas ici d'infinitifs substantivés en vertu d'un emploi syntaxique, mais d'infinitifs devenus depuis longtemps des noms par *changement de catégorie grammaticale,* au même titre que des participes présents (*un montant, un saillant, un penchant, un lieutenant,* etc.) ou des *participes passés* (*un aperçu, un fait, un couvert, un parti, un reçu, une tranchée, une découverte,* etc.).

Il faut entendre par l'infinitif substantivé la forme verbale de l'infinitif employée occasionnellement comme équivalente d'un nom ; il ne constitue pas un mot d'une catégorie différente du verbe, dont il garde le sens ; en vertu même de ce sens, toujours abstrait, il ne peut être mis au pluriel.

Il convient en outre de ne pas confondre l'infinitif substantivé avec *la proposition infinitive substantivée,* dans laquelle l'infinitif ne fonctionne plus comme nom, mais comme verbe.

Valeur et rôle grammatical de l'infinitif substantivé.

521. Sont susceptibles d'être substantivés tous les infinitifs qui expriment à eux seuls un sens complet d'action, c'est-à-dire ceux des verbes intransitifs : **el reir, el llorar, el andar, el correr, el gritar, el lucir, el llover,** etc., ou des verbes employés intransitivement : **el comer, el vestir, el dar, el contestar,** etc.

Leur emploi s'explique par l'avantage qu'ils offrent sur les noms abstraits d'origine et de sens analogues : *la risa*, *el llanto*, *la carrera*, *el grito*, *el brillo*, *la lluvia*, etc., d'évoquer seulement l'action et de la présenter par conséquent d'une façon plus vivante : l'équivalent exact de **el reir, el andar, el correr,** etc., est en réalité : *le fait de rire*, *le fait de marcher*, *le fait de courir*, etc., tandis que les noms abstraits, d'un sens plus étendu et par conséquent plus imprécis, sont susceptibles d'évoquer aussi bien un état *(la tristesse*, *la gaieté*, *l'éclat)*, l'objet de l'action au lieu de l'action elle-même *(le chant*, *le repas)*, une mesure de l'action *(la course)* ou le résultat de l'action *(la pluie*, *la réponse)*, etc.

Si l'infinitif substantivé est accompagné d'autres déterminatifs que l'article **el,** il exprime la nuance que nous rendons en français par *la façon de:* **un hablar,** *une façon de parler;* **aquel llorar,** *cette façon de pleurer;* **tu andar,** *ta façon de marcher*, *ton allure;* **el gritar de un loco,** *la façon de crier d'un fou.*

522. Au point de vue grammatical, les infinitifs substantivés se comportent dans la phrase comme des noms et peuvent prendre les mêmes déterminatifs que ceux-ci, articles, démonstratifs, possessifs, etc. (Cf. les exemples cités). Rappelons cependant qu'ils n'admettent pas le pluriel.

Il convient de remarquer, d'autre part, que ces infinitifs perdent toute valeur verbale. Cet aspect de leur emploi se manifeste dans les deux traits suivants :

a) L'agent de l'action exprimée par l'infinitif s'y présente sous la forme d'*un complément déterminatif*, comme dans le nom : El vocear **de los carreteros** = las voces *de los carreteros*, et non directement comme dans le verbe : **vocean los carreteros.**

b) L'action est modifiée *par un adjectif*, comme dans le nom : **el triste sollozar** = *los tristes sollozos*, et non par un adverbe comme dans le verbe : **sollozar tristemente.**

Tiene un mirar que me hechiza.	*Il a un regard* qui m'ensorcelle (une façon de regarder...).
El manso susurrar de las hojas...	*Le paisible bruissement* des feuilles...
Aquel confuso rechinar de ejes...	*Ce confus grincement* d'essieux...
Con mi llorar las piedras enternecen su natural dureza.	*Avec mes pleurs*, les pierres laissent amollir leur dureté naturelle.
(Garcilaso de la Vega.)	

No es la sirenita, madre, que ésa tiene **otro cantar.**	Ce n'est pas la sirène, ma mère, car celle-là *a une autre façon de chanter.*
(Romance popular.)	
El dulce lamentar de dos pastores he de cantar...	Je vais chanter *les douces plaintes de deux bergers...*
(GARCILASO DE LA VEGA.)	

Opportunité de la substantivation.

523. Si nous examinons ces derniers exemples, nous pouvons observer que l'infinitif substantivé y tient chaque fois la place d'un nom et qu'on aurait pu dire en d'autres termes : tiene **una mirada...** ; **el manso susurro...** ; aquel **confuso rechinamiento...** ; con **mi llanto...** ; tiene **otro canto...** ; **los dulces lamentos...** ; la phrase aurait été grammaticalement la même et tout aussi correcte, mais bien moins expressive. En effet, le but de la substantivation n'est pas de particulariser un infinitif dans l'un de ses emplois, mais de remplacer un nom par un mode d'expression jugé plus clair et plus vivant.

Ce serait donc placer la question sur un terrain faux que de se demander dans quels cas un infinitif français peut être rendu par un infinitif substantivé espagnol. Ce cas peut se présenter, comme nous le verrons tout à l'heure (§ 525), mais en général la question ne se pose qu'à propos de la traduction d'un **nom d'action** : c'est affaire de choix du vocabulaire et de style.

L'infinitif substantivé et l'infinitif verbal.

524. Au point de vue grammatical, l'infinitif substantivé, de même que le nom, présente l'action verbale d'une façon tout à fait impersonnelle (el subir, el llorar = *la subida, el llanto*) ou avec un sujet qui lui est propre (el dulce lamentar *de dos pastores*), tandis que l'infinitif simple, en tant que complément d'un verbe ou d'un nom, est toujours supposé avoir le même sujet que le verbe qui le précède : *je préfère* (1re pers.) *descendre* (1re pers.) : **prefiero bajar** ; *tu te contentes* (2e pers.) *de lire* (2e pers.) : **te contentas con leer** ; *Pierre a envie d'éternuer* (3e pers.) : **Pedro tiene gana de estornudar.**

Il y a donc incompatibilité entre la valeur de l'infinitif substantivé et la fonction de complément ; des phrases telles que : **prefiero el bajar, te contentas con el leer, Pedro tiene gana del estornudar** ne pourraient que dérouter le lecteur ou l'auditeur.

525. Cette incompatibilité cesse d'exister du moment où l'infinitif fait fonction de sujet, et dans ce cas il est en effet possible, mais non nécessaire, de le substantiver.

Cansa **el leer**, cansa **el dormir.** | *Lire et dormir* finissent par lasser. On se fatigue *de lire*, on se fatigue *de dormir.*

(MORATIN. — *El sí de las niñas*, I.)

Me molesta todo el día **el rechinar de los tranvías.** | *Le grincement des tramways* m'agace tout le long de la journée.
Al freir es **el reir**, y al pagar será **el llorar.** | Au moment de frire, *c'est le rire*, et au moment de payer *viendront les pleurs.*

(Refrán pop.)

526. Cependant l'emploi de l'infinitif substantivé n'est guère pratiqué avec les tournures affectives d'usage courant *(me gusta, me pesa, me ocurre*, etc.), ni avec les verbes impersonnels (*conviene, importa, es fácil, es lícito*, etc.), sans doute parce que dans ces cas-là l'infinitif est senti plutôt comme complément que comme sujet.

Me pesa **haber hablado** = Siento (1re p.) haber hablado (1re p.). | Je regrette *d'avoir parlé.*
No me gusta **calumniar.** | Je n'aime pas *calomnier.*
No se me ocurrió **salir.** | Il ne m'est pas venu à l'idée *de sortir.*

La proposition infinitive substantivée.

527. On peut trouver l'article **el** devant un infinitif accompagné d'un adverbe : **el comer bien,** *le fait de bien manger ;* d'un complément direct : **el beber vino,** *le fait de boire du vin ;* ou indirect : **el salir de paseo,** *le fait de sortir en promenade ;* d'un sujet : **el llegar todos juntos,** *le fait d'arriver tous ensemble ;* d'un attribut : **el andar descalzo,** *le fait de marcher pieds nus ;* d'un réfléchi : **el levantarse temprano,** *le fait de se lever tôt*, etc., enfin de n'importe quel élément susceptible d'accompagner un verbe.

Il serait impropre en pareil cas de parler d'infinitif substantivé puisqu'il garde partout sa valeur verbale. Ce qui est substantivé ici par l'article **el,** c'est l'ensemble des termes qui expriment l'idée. Ces termes ne constituent le plus souvent qu'une proposition infinitive impersonnelle et par conséquent incomplète à cause de l'ellipse du sujet, mais cette ellipse ne saurait rien changer au caractère grammatical des autres éléments de la proposition, qui pourrait aussi bien se présenter substantivée sous sa forme complète : **el salir uno de paseo, el andar uno descalzo, el comer todos bien, el levantarse Usted temprano,** etc.

Le rôle de l'article **el,** qui est le seul déterminatif possible d'une proposition infinitive, est de la présenter dans son ensemble sous un aspect d'*unité* et sous un aspect *nominal*, comme s'il s'agissait d'un nom composé.

El comer a deshora nunca sienta bien al estómago. | Cela ne fait jamais de bien à l'estomac *de manger à des heures indues.*
¿ Qué vale **el beber en oro, el vestir seda y brocado ?** | A quoi sert *de boire dans de l'or, d'être couvert de soie et de brocart ?*

(FR. LUIS DE LEÓN.)

Será una delicia... y un embeleso **el verlos juguetear y reir, y acariciarlos y merecer sus fiestecillas inocentes.**

(MORATÍN. — *El sí de las niñas*, I.)

Ce sera un délice, un ravissement *de les voir folâtrer et rire, de les cajoler et de mériter leurs innocentes caresses.*

Conditions de cet emploi.

528. Les observations que nous avons faites sur l'opportunité de la substantivation de l'infinitif (§ 523-526) sont applicables à la proposition infinitive, qui elle aussi est destinée à occuper la place grammaticale d'un nom. La proposition infinitive substantivée, c'est-à-dire précédée de l'article **el**, n'est possible que dans les cas suivants :

a) Comme sujet d'un verbe.

Le costó la vida **el querer afrentar solo aquel peligro.**

Compasión me daba **el oirle.**

Il lui coûta la vie *de vouloir affronter seul ce danger.*

Cela me faisait de la peine *de l'entendre.*

Elle ne peut guère servir de sujet à une tournure affective que si l'infinitif est suivi d'un autre verbe.

Me costó trabajo **el hacerle confesar** que me había robado...

Mais : Le costó trabajo **confesarlo.**

J'eus de la peine *à lui faire avouer* qu'il m'avait volé.

Il lui en coûta *de l'avouer.*

b) Comme complément d'un verbe qui normalement ne régit pas un infinitif, mais un nom.

¿ Sería ésta una razón para que me culparas **el ser tratable con las gentes, el tener buen humor, el gustar de vestirme con decencia,** andar limpio y... ?

Serait-ce là une raison pour me blâmer *d'être affable avec les gens, d'avoir l'humeur gaie, d'aimer m'habiller convenablement,* de tenir à ma propreté et... ?

(MORATÍN. — *La escuela de los maridos,* I.)

c) Quand elle est opposée à un nom comme sujet ou comme attribut.

¿ Acaso es **empresa** imposible **el levantarse Ud** a las ocho de la mañana ?

Est-ce par hasard une entreprise impossible *que de vous lever à 8 heures du matin ?*

Substantivation des subordonnées personnelles.

529. L'article **el** peut de la même façon et dans les mêmes circonstances que ci-dessus (§ 528) servir à substantiver une proposition personnelle introduite par *que.* (Cf. § 928, 929.)

Ne te ha de servir de disculpa **el que lo hicieras con buen fin.**

Mucho me ofende **el que presuma Ud que yo he podido hacer ni pensar cosa alguna impropia de una mujer honesta.**

Cela ne te servira pas d'excuse *que tu l'aies fait avec de bonnes intentions.*

Vous m'offensez beaucoup *en croyant que j'ai pu faire ou penser quoi que ce soit qui fût indigne d'une femme honnête.*

(MORATÍN. — *La escuela de los maridos,* II.)

LE GÉRONDIF

Valeurs diverses du gérondif.

530. Le gérondif est comme l'infinitif une forme invariable du verbe. Il se distingue en cela de notre participe présent.

Il peut se présenter dans la phrase avec deux valeurs différentes :

a) Celle d'un *complément de manière* qui correspond au gérondif latin **amando, legendo, audiendo** et au participe présent français précédé de *en : en aimant, en lisant, en entendant* (= par le fait d'aimer, de lire, d'entendre) ;

b) Celle (plus voisine de notre participe présent employé seul) d'un *complément de temps* où l'action verbale se présente en train de se réaliser *(= en train d'aimer, de lire, d'entendre)* et sert de repère dans le temps pour situer l'action du verbe principal : **Apacentando un joven su ganado,** gritó desde la cima de un collado (Samaniego). *Étant en train de garder son troupeau*, un jeune homme cria du haut d'une colline.

Cette localisation dans le temps, toujours assez vague, s'accompagne souvent d'un rapport de cause, de condition, de but et même de conséquence, et dépasse en certains cas les acceptions du participe présent français (Cf. § 860-863).

Substitution par une relative.

531. Le gérondif espagnol ne peut, comme notre participe présent, jouer le rôle de déterminatif vis-à-vis d'un nom *(Tout soldat manquant à l'appel...)* ; il est dans ce cas remplacé par une proposition relative *(Tout soldat qui manquera à l'appel...)*. Cet emploi, parfois tolérable après un nom sujet, serait surtout choquant après un nom complément.

Un lion chassant dans les forêts se trouva par hasard... (Chassant *est plutôt circonstanciel que déterminatif.*)	**Un león cazando por las selvas** *ou mieux* **un león que cazaba** por las selvas se halló por casualidad...
Les élèves ne sachant pas leur leçon seront punis.	**Los alumnos que no sepan su lección** serán castigados.
Je reçus *un panier contenant des œufs.*	Recibí **una cesta que contenía huevos.**
J'ai besoin *d'un secrétaire sachant parler espagnol.*	Necesito **un secretario que sepa hablar español.**

Il faut regarder comme incorrectes et ne pas imiter les constructions dans le genre de celle-ci : Llevaban... **pañuelos de seda cubriendo las espaldas** (J. Valera, *Pepita Jiménez*). La langue courante emploie néanmoins quelques constructions analogues : a la velocidad **de un hombre andando,** à la vitesse *d'un homme au pas;* con la atención de **una fiera acechando su presa,** avec l'attention *d'un fauve guettant sa proie*, etc.

Le sujet du gérondif.

532. Le sujet non énoncé du gérondif est en principe celui du verbe principal de la phrase. Dans une phrase comme : **los guardias le alcanzaron corriendo,** l'action de *courir* doit être imputée aux gardes et non à la personne qu'ils poursuivent.

Gérondif apposé à un complément.

533. Cependant le gérondif peut se rapporter au complément du verbe et jouer vis-à-vis de ce complément le rôle d'attribut, après les verbes **dejar, encontrar, hallar,** des verbes de perception : **ver, oír, sentir,** etc., ou de présentation : **mostrar, pintar, describir,** etc.

Encontró a **su padre expirando.**	Il trouva *son père expirant.*
Le ví llegar corriendo.	*Je le vis arriver en courant.*
Hallamos **siete demonios escribiendo.** (QUEVEDO.)	Nous trouvâmes *sept diables en train d'écrire.*

Le gérondif dans l'action impersonnelle.

534. Le sujet du gérondif ne s'identifie pas non plus avec celui du verbe principal, lorsque celui-ci, sous la forme réfléchie, représente une action impersonnelle : Se hace el vino **estrujando las uvas.** *On fait le vin* (le vin se fait) *en pressant les raisins.* Le sujet grammatical de **se hace** est **el vino,** qui ne saurait être aussi celui de **estrujando.** En réalité, le sujet des deux verbes est une personne indéterminée (français *on*).

La proposition gérondive.

535. Le gérondif peut recevoir un sujet propre, différent de celui du verbe principal, et constituer ainsi une proposition complète, dite gérondive, qui fonctionne dans la phrase comme une subordonnée. Dans ce cas, le sujet est toujours placé après le gérondif (Cf. § 764).

Estando el mar en calma, he contemplado mi rostro en la ribera.	*Comme la mer était calme*, j'ai contemplé mon visage sur la rive.

(FR. DE LEÓN. — *Egl. de Virg.*, 2.)

L'adjectif verbal.

536. L'adjectif verbal du français devra toujours être tradui par des formes en **-ante, -iente, -dor,** ou de simples adjectifs : *un soleil accablant*, un sol **abrumador** ; *le soleil couchant*, el solt **poniente** ; *un récit palpitant*, un relato **palpitante** ; *une conver sation lassante*, una conversación **pesada** ; *un bruit agaçant*, un ruido **molesto,** etc.

Cependant, le gérondif **hirviendo** est employé habituellement au lieu de l'adjectif verbal **hirviente,** *bouillant:* Averiguó lo que duele una quemadura **de lejía hirviendo** (Fernán Caballero). *Il se rendit compte de ce que peut faire mal une brûlure de lessive bouillante.* **Ardiendo** peut se présenter parfois aussi avec la valeur de **ardiente.**

Constructions affectives équivalentes du gérondif.

537. Dans le langage familier, certains gérondifs admettent la forme diminutive : **andandito,** *en marchant à petits pas;* **callandito,** *sans faire le moindre bruit;* **volandito,** *à toute vitesse, en volant*, etc.

Ils peuvent aussi être répétés pour marquer une insistance : **charlando, charlando,** *à force de bavarder.* **Andando, andando** descubrió un profundo valle (Trueba). *A force de marcher, il aperçut une profonde vallée.*

538. Pour marquer l'insistance, le langage populaire remplace parfois le gérondif par des formules figées où le verbe présenté d'abord à l'impératif singulier est répété au présent ou au futur : **charla que te charla,** ou **charla que charlarás,** *à force de bavarder;* **pega que te pega,** *à force de frapper.*

La víspera quedaron abiertas las barberías y **afeita que afeita** hasta muy dadas las 12.	La veille, les salons de coiffure restèrent ouverts *et on ne cessa de raser* jusqu'à bien après minuit.
(J. Valera. — *Juanita la larga.*)	

Cette construction particulière **(imperativo gerundial)** peut remplacer le gérondif dans l'expression de l'action sous ses divers aspects, après les auxiliaires **estar, quedar, seguir, dejar, llevar** (Cf. § 581-585).

LE PARTICIPE PASSÉ

Accord du participe passé.

539. *a*) Le participe passé précédé de l'auxiliaire **haber** sert à former les temps composés de la conjugaison active, intransitive ou pronominale. Dans cet emploi, il est toujours invariable.

Les chemins que *nous avons parcourus.*	Los caminos que **hemos corrido.**
Les choses que *nous nous étions dites.*	Las cosas que **nos habíamos dicho.**

b) Conjugué avec **ser** *(action passive)*, avec **estar** *(état consécutif d'une action)* ou un verbe attributif (**parecer, resultar, quedar,** etc.), il s'accorde avec le sujet.

Los enemigos **fueron vencidos.**	Les ennemis *furent vaincus.*
La ventana **está abierta.**	La fenêtre *est ouverte.*

Valeur temporelle du participe passé.

540. Le participe passé par lui-même envisage l'action verbale comme étant déjà accomplie. C'est avec ce sens qu'il se présente lorsqu'il sert d'épithète ou d'attribut à un nom.

Una ventana **abierta.**	Une fenêtre *ouverte.*
Quiero un trabajo **bien hecho.**	Je veux un travail *bien fait.*
La tarea quedó **empezada.**	Le travail resta *commencé.*

Substitution du participe par un adjectif.

541. Dans le rôle d'épithète, l'espagnol remplace, quand c'est possible, les participes passés, jugés trop lourds, par des adjectifs de même sens :

Du bois desséché : leña **seca,** *au lieu de* leña **secada ;**
un encrier rempli d'eau : un tintero **lleno de agua,** au lieu de **llenado**... ;
une vache rassasiée de foin : una vaca **harta** (*et non* **hartada**) de heno ;
une chambre nettoyée : una habitación **limpia,** *et non* **limpiada,** etc.

Emploi du participe passé comme épithète.

542. L'emploi d'un participe comme épithète d'un nom suppose qu'il est susceptible d'être conjugué avec **ser** ou **estar :**

Una ventana abierta = una ventana que **ha sido** (ou que **está**) abierta.

Par conséquent, les participes des verbes intransitifs de mouvement ou de station (*venir*, *entrar*, *salir*, *quedar*, etc.), qui en espagnol admettent seulement l'auxiliaire **haber,** ne peuvent être employés comme épithètes d'un nom. Ces participes (*venus*, *entrés*, *sortis*, etc.) devront être rendus par une proposition relative.

Les voyageurs *arrivés par le dernier train.*	Los viajeros **que llegaron por el último tren** (*ou* **que han llegado**).
Les bagages *demeurés sur le quai.*	Los equipajes **que quedaron en el andén** (*ou* **que han quedado**).
Les élèves *sortis sans permission.*	Los alumnos **que han salido sin permiso.**

Nota (constructions archaïques).

543. L'ancien espagnol pouvait, comme le français, construire les verbes intransitifs avec l'auxiliaire **ser** et dire : **soy nacido, es ido, es venido, era llegado, era pasado, fue muerto** *(il mourut)*, etc. On en trouve encore des exemples, quoique déjà rares, dans la langue de Cervantes : ¿ Cuántas horas **son pasadas** de la noche ? (*D. Quijote*, II, 18.)

Il est resté de cet emploi la possibilité de construire quelques-uns de ces participes comme épithètes d'un nom : **las cosas pasadas,** *les choses passées ;* **los hombres nacidos** en tal año, *les hommes nés en telle année ;* **los soldados muertos** en la guerra, *les soldats morts à la guerre ;* **las hojas caídas,** *les feuilles tombées ;* **un árbol crecido,** *un arbre déjà haut ;* et, seulement précédés de **recién** : un viajero **recién llegado, recién venido,** *un voyageur récemment arrivé, nouveau-venu,* **recién salido,** *parti récemment.*

Ces mêmes participes peuvent aussi former avec le nom des propositions participes : **llegada la hora,** *l'heure étant arrivée ;* **muerta la fiera**; *morte la bête ;* **pasado el susto,** *une fois la frayeur passée*, etc.

La proposition participe.

544. La proposition participe, analogue à l'ablatif absolu latin, est plus fréquente en espagnol qu'en français. Elle est caractérisée par la position du participe avant le nom.

Hechas las partes, así dijo el león.	*Les parts étant faites*, ainsi parla le lion.
Acabada la tarea, podremos salir.	*Le travail terminé*, nous pourrons sortir.
Dicho esto, haga Ud lo que quiera.	*Ceci dit*, faites ce que vous voudrez.

En principe, on ne peut employer en proposition participe que les participes passés des verbes transitifs. (Pour quelques exceptions, cf. cependant § 543).

Participe substitué à l'infinitif passé.

545. Par ellipse d'un auxiliaire **(ser** ou **estar),** le participe peut tenir lieu parfois d'un *infinitif passé ;* cette construction est courante après les prépositions : **antes de,** *avant ;* **después de,** *après, une fois ;* **para,** *pour ;* **de** ou **de puro,** *à force de ;* et après les locutions de temps du type de : **a los dos días de...**

Después de recibidos todos los sacramentos (= de ser recibidos). (CERVANTES.)	*Après avoir reçu (Une fois reçus)* tous les sacrements.
Después de yo muerta, procúrenlo. (STA TERESA.)	*Quand je serai morte,* qu'on s'y applique.
No era obra **para ejecutada sin ruido.** (SOLIS.)	Ce n'était pas une œuvre *à exécuter* (pour être exécutée) *sans bruit.*
No me falta **para muerto** sino la sepultura. (QUEVEDO.)	Il ne me manque *pour être mort* que la sépulture.
He dejado el mal **de cansado** y no **de arrepentido.** (QUEVEDO.)	J'ai cessé de faire le mal *à force d'en être las*, mais non *parce que je me repentais.*
A los dos días de llegado, ya se aburría. (Cf. § 833.)	*Deux jours après son arrivée,* il s'ennuyait déjà.

Participes à double forme.

546. Les participes irréguliers (entendons par là ceux qui dérivent directement des participes latins en **-tus** et **-sus,** comme **hecho, dicho, abierto,** etc.) sont relativement peu nombreux (Cf. liste § 255), car dans le rôle verbal la langue leur a préféré les formes refaites régulièrement en **-ado** et **-ido.** Pour certains, il y a encore lutte entre la forme primitive et la forme refaite :

prender : **preso,** prendido ;
proveer : **provisto,** proveído ;
freír : **frito,** freído ;
romper : **roto,** rompido ;
imprimir : **impreso,** imprimido.

Preso, provisto et **frito** peuvent encore s'employer avec les auxiliaires **haber** et **ser** pour marquer l'action :

Me han provisto de todo.	*On m'a pourvu* de tout.
Los demás **fueron presos.**	Les autres *furent faits prisonniers* (ou *arrêtés*).
Le han frito a preguntas.	*On l'a assommé* de questions.

On dira plutôt **prendido** dans le sens de *attacher* ou *fixer :* **prendido** (*et non* **preso**) con alfileres, *attaché avec des épingles.*

Roto et **impreso** sont applicables à tous les sens de *casser*, *déchirer* et *imprimer.*

Se ha roto la pierna.	*Il s'est cassé* la jambe.
El libro **fue impreso** en el año 1604.	Le livre *fut imprimé* en l'an 1604.

Les formes **rompido** et **imprimido**, assez courantes à l'époque classique ont à peu près disparu de la langue littéraire ; on ne les retrouve plus que dans le parler populaire.

Les participes réguliers **bendecido**, **maldecido** (§ 255) sont seuls employés, en principe, dans l'énoncé d'une action ou de son résultat : esta cruz **fue bendecida** por... ; la **han bendecido**... **está bencedida**... ; car **bendito** et **maldito** n'ont plus qu'une valeur d'adjectifs (Cf. § 547). Il convient de noter cependant, comme survivances d'un usage archaïque, les formules de prière et d'imprécation : **bendita eres** entre todas las mujeres... ; **bendito sea** tu nombre... ; **maldito seas**, etc.

Adjectifs tirés de participes latins.

547. Beaucoup de participes passés latins sont représentés dans le vocabulaire espagnol par des mots d'origine populaire ou savante, mais dont le lien avec le verbe correspondant a cessé d'être apparent. Parfois même le verbe primitif a été abandonné et refait sur ce participe : solver (**lat.** solvere), suelto, **soltar**, *lâcher*, *libérer*.

Ces mots-là dans la langue actuelle n'ont plus aucune valeur verbale, c'est-à-dire qu'ils ne sauraient intervenir dans l'énoncé de l'action ni avec **haber** *(action active)*, ni avec **ser** *(action passive)*. Ce sont des adjectifs qui marquent un état ; ils peuvent être employés avec **estar** ou servir d'épithètes à des noms (Cf. § 541).

Nous n'en donnons pas la liste complète, mais seulement quelques-uns, parmi les plus usités, à titre d'exemples.

atento, *attentif ;*
bendito, *béni ;*
bienquisto, *estimé ;*
desierto, *désert ;*
confuso, *confus ;*
difuso, *diffus ;*
disperso, *dispersé ;*
electo, *élu ;*
falto, *privé ;*
harto, *rassasié ;*
exento, *exempt ;*
despierto, *éveillé ;*
inserto, *inséré ;*
fijo, *fixé ;*
incluso, *inclus ;*
infuso, *infus ;*
maldito, *maudit ;*
marchito, *flétri ;*
injerto, *greffé ;*
junto, *rassemblé ;*
oculto, *caché ;*
omiso, *omis ;*
suelto, *libre ;*
suspenso, *suspendu ;*
tinto, *teint ;*
sito, *situé ;*
sujeto, *attaché ;* etc.

D'autres ne marquent plus même un état, mais une qualité, et doivent s'employer avec **ser : culto**, *cultivé ;* **extenso**, *étendu ;* **perverso**, *perverti ;* **concreto**, *concret ;* **distinto**, *distinct*, etc.

Participes à valeur d'adjectif.

548. Certains participes, en dehors de leur emploi normal, sont susceptibles d'être traités comme de simples adjectifs pour attribuer à une personne la qualité exprimée par le verbe et propre au sujet du verbe. Ils peuvent ainsi servir d'épithètes, et, en tant qu'attributs ils sont construits avec **ser** et non avec **estar** (§ 561). **Eres muy atrevido,** *tu es bien hardi;* **un chico presumido,** *un enfant présomptueux, orgueilleux* (= un chico **que presume**).

De même :

callado (= que se calla), *discret ;*	**divertido,** *amusant ;*
cansado, *fatigant ;*	**entendido,** *compétent ;*
comedido, *mesuré ;*	**esforzado,** *courageux ;*
considerado, *circonspect ;*	**leído,** *qui a beaucoup lu ;*
desconfiado, *méfiant ;*	**mirado,** *prudent ;*
disimulado, *hypocrite ;*	**porfiado,** *entêté ;*
desprendido, *généreux ;*	**resuelto,** *décidé ;*
sentido, *susceptible ;*	**sufrido,** *patient ;* etc.

Le français, surtout dans le parler populaire, offre aussi des exemples de ce participe à sens d'adjectif : un homme *entendu en affaires;* une femme *décidée;* une personne *pondérée*, etc.

Participes analogiques de DESAYUNADO.

549. Le participe passé des verbes réfléchis *(sentarse, levantarse, desayunarse)*, par suite de l'identité du sujet et du complément, ne saurait revêtir un aspect passif. **Estoy levantado** ou **sentado** est seulement l'équivalent de **me he levantado, me he sentado.** L'espagnol est donc dans la logique quand il dit : **estoy desayunado** (litt. *je suis déjeuné*), équivalent de **me he desayunado**, et qui s'oppose à **estoy en ayunas,** *je suis à jeun.* Cet emploi de **desayunado** avec **estar** s'est, par analogie, étendu aux participes : **comido, cenado, almorzado, bebido,** leur communiquant en quelque sorte un sens actif : **estoy comido,** *j'ai mangé* (= je suis *ayant mangé*). **Y mejor bebidos que comidos,** emprendieron la marcha... (P. GALDÓS). *Et ayant mieux bu que mangé, ils se mirent en marche...*

CHAPITRE XIII

ACCORD DU VERBE

Accord de personne.

550. Lorsque le sujet est présenté sous la forme d'un *nom pluriel* ou des formules **los que, las que,** *ceux qui, celles qui*, en apposition avec **nosotros** ou **vosotros** sous-entendus, le verbe s'accorde avec ces derniers. Le français doit toujours énoncer les pronoms *nous* et *vous* (Cf. § 425).

Los que lucháis por la verdad.	*(Ceux qui) Vous qui luttez* pour la vérité.
Los pobres tenemos también nuestro orgullo.	*(Nous) les pauvres, nous* avons aussi notre orgueil.
Los españoles somos así.	*(Nous autres) les Espagnols, nous* sommes ainsi.

Sujet collectif.

551. Comme en français, si le nom collectif (*multitud, infinidad, ropa*, etc.) est précédé de l'article défini, d'un démonstratif ou d'un possessif, le verbe reste au singulier, même si le collectif est suivi d'un complément au pluriel.

La multitud no se movió.	*La multitude ne bougea pas.*
Aquella tropa de mendigos nos fue acompañando un buen rato.	*Cette troupe de mendiants nous suivit* un bon moment.

Si le collectif est indéterminé et suivi d'un complément au pluriel, le verbe peut se mettre au pluriel.

Un enjambre de niños se nos echaron (*ou* **se nos echó**) **encima.**	*Un essaim d'enfants se jeta sur nous.*

Accord à distance avec l'idée.

552. Le verbe qui a directement comme sujet le nom collectif employé seul reste toujours au singulier ; mais le verbe de la proposition suivante, où le collectif reste sous-entendu, peut se mettre au pluriel, car à distance l'idée se substitue au mot.

Habíase juntado allí **infinidad de gente** *(sing.)*... pero con las primeras gotas de lluvia **huyeron cada uno por su lado.**	*Une multitude de gens s'étaient réunis là...* mais, aux premières gouttes de pluie, *ils s'enfuirent chacun de son côté.*

Verbe placé devant plusieurs sujets.

553. Lorsque le verbe est placé devant plusieurs sujets réunis par **y**, **ni**, **o**, il peut rester au singulier, si les sujets sont censés ne pas agir ensemble, mais successivement ou séparément. Dans ce cas, l'accord avec le premier sujet est normal, et le verbe est considéré comme sous-entendu devant les suivants

Crecía el número de los enemigos y la fatiga de los españoles. (SOLÍS.)	*Le nombre des ennemis augmentait* et, par suite, la lassitude des Espagnols.
Se presentará el padre o el tutor del niño.	*(soit le père, soit le tuteur).*
Llegó el gobernador a caballo y el alcalde a pie.	*(ils arrivèrent séparément, l'un à cheval, l'autre à pied).*

Mais on doit mettre le pluriel si les sujets agissent ensemble, ce qui est, d'ailleurs, le cas le plus fréquent.

A la hora señalada, **se presentaron el gobernador y el alcalde.**	A l'heure dite, *le gouverneur et l'alcalde se présentèrent.*

No se presentaron ni el gobernador ni el alcalde.

Verbe placé après plusieurs sujets.

554. Lorsque le verbe est placé après plusieurs sujets, il est toujours plus correct de le mettre au pluriel, comme en français. Les exemples d'accord au singulier que l'on peut trouver dans les classiques choqueraient dans la langue moderne. Cet accord n'est guère légitime que lorsque, entre les sujets consécutifs, il y a une sorte de synonymie ou d'analogie qui en fait l'unité.

El Gran Capitán les dijo que se acordaran... que la gloria y la reputación militar, no sólo de ellos mismos, sino la del ejército, la de la nación y la de sus príncipes, **dependía** de aquel conflicto. (QUINTANA.)	*(Sujets synonymes :* gloire et réputation militaire, identifiés dans la reprise par *la de.)*

Plusieurs sujets consécutifs sont parfois repris devant le verbe sous un terme plus général qui les englobe et avec lequel s'établit l'accord.

La soledad, el sitio, la oscuridad, el ruido del agua con el susurro de las hojas, **todo causaba** horror y espanto. (CERVANTES. — *D. Quijote*, I, 20.

Sujet partitif.

555. Les noms partitifs **parte, buena parte, gran parte, el resto, la mitad, la mayoría,** etc., ainsi que les collectifs **docena veintena, centenar,** demandent le verbe au pluriel, s'ils se réfèrent à un nombre, c'est-à-dire s'ils sous-entendent **de ellos, de ellas.**

De los que habían de venir conmigo **la mitad se quedaron** en casa, **gran parte llegaron** al día siguiente.	De ceux qui devaient venir avec moi, *la moitié restèrent chez eux*, *une grande partie arrivèrent* le lendemain.

Le verbe reste au singulier si le partitif se réfère à la quantité (*sous-entendu :* **de él, de ella, de ello**).

No me pude comer todo el queso y **gran parte se perdió.**	Je ne pus manger tout le fromage et *une bonne partie en fut perdue.*

Pluriel apparent.

556. Les noms de localités ou de régions à forme de pluriel : **Asturias, Batuecas, Ciempozuelos, Arriondas, Manzanares,** etc., sont traités comme des singuliers s'ils ne sont pas précédés de l'article.

Asturias tiene un clima muy húmedo.	*Les Asturies ont* un climat très humide.
Arriondas dista unas dos leguas del mar.	*Arriondas est* à deux lieues de la mer.

Mais :

Las Asturias de Santillana comprendían el valle de Liébana.	*Les Asturies de Santillane comprenaient* la vallée de Liebana.
Las Batuecas pertenecen a la provincia de Salamanca.	*Les Batuecas appartiennent* à la province de Salamanque.

Accord du verbe avec l'attribut.

557. Par suite d'une réaction spéciale de l'attribut que nous avons signalée déjà (§ 375), le verbe **ser**, placé entre un sujet singulier et un attribut pluriel, s'accorde avec ce dernier. Le français met aussi en pareil cas le verbe au pluriel, mais il le fait précéder du pronom neutre *ce*.

Mi juego preferido son los bolos.	*Mon jeu préféré, ce sont* les quilles.
Su vestimenta eran cuatro trapos viejos que de caridad le habían dado.	*Son accoutrement, c'était* quatre vieilles hardes qu'on lui avait données par charité.
Lo más interesante del libro son los grabados.	*Ce qu'il y a de plus intéressant dans le livre, ce sont* les gravures.
Todo aquello son cosas suyas.	*Tout cela, ce sont* des affaires à lui.

Dans l'espagnol classique, la réaction de l'attribut pouvait s'exercer aussi sur le verbe **parecer** :

La ventera... dijo que **aquello más parecían** golpes que caída. (CERVANTES. — *D. Quijote*, I, 16.)	La femme de l'aubergiste... dit que *cela avait plutôt l'air* de coups que de chute.

CHAPITRE XIV

LES VERBES AUXILIAIRES

HABER

HABER auxiliaire.

558. Le rôle principal de **haber** est de servir d'auxiliaire dans la formation des temps composés des verbes (§ 211) : **he hablado,** *j'ai parlé;* **habías comido,** *tu avais mangé;* cuando **hubo terminado,** quand *il eut terminé*, etc.

Il remplace notre verbe être : *a*) dans les temps composés des verbes intransitifs de mouvement et de station : *aller*, *venir*, *monter*, *rester*, etc. (Même construction en anglais : *he has come.*) Pour quelques exceptions archaïques, cf. § 543.

Nous sommes allés et revenus.	**Hemos ido y vuelto.**
Quand *êtes-vous descendu ?*	¿ Cuándo **ha bajado Ud ?**
Ceux qui *sont restés* là-bas.	Los que **han quedado** allá.

b) Dans les temps composés des verbes pronominaux : *se promener*, *se lever*, *s'asseoir*, etc. (Même construction en anglais) :

Ils s'étaient promenés par là.	**Se habían paseado** por allí.
Quand *ils se furent assis.*	Cuando **se hubieron sentado.**
Je crains qu'*ils ne se soient trompés.*	Me temo que **se hayan equivocado.**

HABER transitif.

559. Dans le sens de *posséder*, **haber** a été remplacé par **tener** ; il a néanmoins gardé son sens transitif dans quelques expressions figées :

Los hijos habidos de aquel matrimonio.	*Les enfants nés (eus)* de ce mariage
Más vale saber que **haber.**	Mieux vaut savoir que *posséder.*
Bien haya quien... **Mal haya** quien...	*Heureux celui qui... Malheur à qui...*
...Que Dios haya... (en parlant d'un défunt).	*...Que Dieu l'ait avec lui...*
Haber menester.	*Avoir besoin.*
Habérselas con uno.	*Avoir affaire à quelqu'un.*
etc.	etc.

HABER impersonnel.

560. Haber est employé aussi comme impersonnel dans le sens de *y avoir*. La forme **hay,** particulière au présent de l'indicatif, contient l'ancien adverbe de lieu **y,** identique au français. Aux autres temps : **había,** *il y avait;* **hubo,** *il y eut;* **habrá,** *il y aura*, etc.

Haber admet comme régimes les pronoms **lo, le, la, los, las,** dans un sens partitif :

¿ Hay cerezas ? — **Las hay** muy buenas (ou **haylas...**) *il y en a* de très bonnes.

¿ Hay vino ? — **No lo hay** por ahora, pero **lo habrá** mañana.

Pour **haber de,** *devoir*, cf. § 577, et pour **hay que,** *il faut*, cf. § 571.

SER

Traduction de ÊTRE par SER.

561. Pour traduire notre verbe *être*, on doit employer **ser :**

1. toutes les fois qu'il a *pour attribut un nom* (ou un terme qui le remplace : pronom, numéral) ou un infinitif :

Mis arreos **son las armas,**	Ma parure, *ce sont les armes*;
mi descanso **(es) el pelear.**	mon repos, *c'est la lutte.*
Soy el último (*s.-e. :* alumno) de la clase.	*Je suis le dernier* de la classe.
Éramos siete (*s.-e. :* personas).	*Nous étions sept.*
Hoy es el 27 (*s.-e. :* día) de abril.	*Aujourd'hui c'est le* 27 avril.
Lo mejor **es callar.**	Le mieux *est de se taire.*

2. pour attribuer à une personne ou à un objet *les éléments qui constituent sa définition* ou sa façon d'être normale :

a) catégorie, sexe, nature, rang, fonction ;

b) matière, propriété, provenance, destination ;

c) qualités physiques ou morales qui caractérisent l'individu ou l'objet.

Margarita **es una niña ; es joven ; es católica ; es de la aldea ; es alta ; es delgada ; es rubia ; es graciosa y amable ; es atenta ; es trabajadora,** etc.

El arado **es un apero** de labranza ; este arado **es de doble vertedera** *(double versoir)*; **es de un modelo nuevo ; es todo de hierro ; es para roturar...** *(défoncer)*; **es muy práctico ; es de Pedro ; es de fabricación americana ; es cómodo ; es ligero ; es fácil de manejar ; es barato,** etc.

Valeur absolue de SER.

562. Bien que rarement employé seul, le verbe **ser** n'est pas un mot vide de sens. Par lui-même, il peut marquer :

a) *L'existence.* Sous cet aspect, il sert à présenter des personnes ou des objets et équivaut à nos formules : *c'est, c'était... (il est, il était)*, etc.

Dios es.	*Dieu existe.*
Era una mañana espléndida de abril.	*C'était une matinée* splendide d'avril.
Era la hora de la despedida.	*C'était l'heure* des adieux.

b) *La réalisation d'un fait sous la forme passive* (sens du latin *fieri*), comme s'il impliquait l'ellipse d'un participe équivalent de **hecho : verificado, celebrado, llevado a cabo,** etc.

¿ Qué es de tí ?	*Qu'advient-il de toi ? Que deviens-tu ?*
Esto era en los tiempos de Napoleón.	*Ceci se passait* au temps de Napoléon.
La toma de Granada fue en 1492.	*La prise de Grenade eut lieu* en 1492.
La escena es en una posada.	*La scène se passe* dans une hôtellerie.
Este año, **Carnaval es** a principios de marzo.	Cette année, *Carnaval tombe* (= *se célèbre*) au début de mars.
La última y más terrible lucha fue a la entrada del puerto. (Bl. Ibáñez. — *Flor de Mayo.*)	*La dernière lutte et la plus terrible, ce fut (eut lieu)* à l'entrée du port.

ESTAR

Traduction de ÊTRE par ESTAR.

563. Tandis que **ser** marque l'existence absolue, **estar** indique une façon d'être relative dans le cadre du temps et de l'espace.

Il revêt plus ou moins ouvertement dans tous ses emplois un aspect de durée, mais de durée limitée. C'est pourquoi il ne peut, en principe, avoir comme attribut un nom ou un pronom (Cf. § 561) : c'est-à-dire qu'il ne peut servir pour la définition d'un objet, ni pour son classement dans une catégorie.

Il peut être employé seulement pour attribuer au sujet, par le moyen d'un adjectif, d'un participe ou d'un complément déterminatif :

a) *un état*, ou une qualité valable pour le moment dont on parle.

El piso **está húmedo... está seco.**	Le sol *est humide... est sec.*
Margarita **está triste, ...está contenta.**	Marguerite *est triste, ...est contente.*
¡ Qué **pálido estás !**	*Que tu es pâle !*
No estás atento a lo que digo.	*Tu n'es pas attentif* à ce que je dis.
El compás **está sucio ; está lleno** de orín. Mañana **estará limpio.**	Le compas *est sale ; il est plein de rouille.* Demain *il sera propre.*
El arado **está como nuevo.**	La charrue *est comme neuve.*
Estaba la moza lindísima con tan simple aparato. (R. León. — *El amor de los Amores.*)	*La jeune fille était très mignonne* dans une toilette si simple.

b) *une situation ou une position dans l'espace*, par le moyen d'un adverbe ou d'un complément de lieu.

Margarita **está en el primer banco.**	Marguerite est *au premier banc.*
Está de pie ; está junto a su amiga.	*Elle est debout ; elle est à côté de son amie.*
Ayer **estaba de viaje.**	Hier, *elle était en voyage.*
Julia **está en Madrid de enfermera.**	Julie *est infirmière à Madrid* (est à Madrid comme infirmière).

Ce dernier exemple, sans localisation, serait énoncé : **Julia es enfermera** *(fonction)*, conformément au § 561, 2°.

L'expression **estar... de,** *être... en qualité de, remplir les fonctions de...*, est ordinairement accompagnée d'une localisation exprimée ou tacite, et implique que la fonction exercée est temporaire : Mi tío **está de alcalde en su pueblo,** mon oncle *fait (actuellement) fonction de maire dans son village.*

c) *une localisation dans le temps*, ayant pour sujet une personne.

Hoy **estamos a 12 de enero.**	Aujourd'hui *nous sommes le 12 janvier.*
La niña **estaba en la primavera** de la vida.	La jeune fille *était au printemps* de sa vie.
Estamos en el siglo XX.	*Nous sommes au XX*e *siècle.*

Remarquez l'emploi de **es** dans les phrases : **hoy es martes,** Navidad **es el 24 de diciembre,** qui présentent un *nom attribut* (conformément au § 561, 1) et non *un complément de temps.*

Pour l'emploi de **ser** et **estar** devant un participe passé, cf. § 665, 666.

Locutions elliptiques avec ESTAR.

564. Le verbe **estar** employé seul ou suivi d'une préposition implique généralement l'ellipse d'un participe ou d'un adjectif. Le contexte et l'intonation permettent seuls d'en préciser le sens.

a) **¡ Ya está !** (*sous-entendu :* hecho).	*Ça y est ! C'est fait !*
¡ Ya está ! (*s.-e. :* entendido).	*Ça y est ! c'est compris !*
¿ Estamos ? (*s.-e. :* conformes).	*On est d'accord? C'est entendu?*
¿ Estamos ? (*s.-e. :* listos).	*Nous y sommes ? On est prêt ?*
Está bien ; está mal (*s.-e. :* dicho *ou* hecho).	*C'est bien ; c'est mal.*
b) **Estoy para salir** (*s.-e. :* pronto).	*Je suis sur le point de* (prêt à) *sortir.*
No estoy para bromas (*s.-e. :* dispuesto).	*Je ne suis pas d'humeur à plaisanter.*
Estoy por mandarlo todo a paseo (*s.-e. :* tentado por).	*Je suis tenté de tout envoyer promener.*

La tierra **está por labrar** (*s.-e.* : esperando, aguardando).	La terre *attend d'être labourée, n'est pas encore labourée.*
Estoy en que no ha de pasar nada (*s.-e.* : confiado en que).	*Je suis convaincu qu'*il ne se passera rien.

Estar hecho.

565. Estar hecho, littéralement *être converti en*, *être devenu* s'emploie avec une intention pondérative ou exclamative, comme équivalent du français : *tu es vraiment*, *tu es un vrai...*

Estás hecho un sabio.	*Tu es un vrai savant ! Te voilà devenu savant !*
Estoy hecho una sopa.	*Je suis une vraie soupe. Je suis trempé comme une soupe.*
Estás hecho una calamidad.	*Tu es une vraie calamité.*

Le verbe **estar** employé seul (*hecho* étant sous-entendu) peut affecter ce même sens et se trouver ainsi exceptionnellement en contact avec un nom attribut (§ 561, 563).

¡**Buenas alhajas estáis,** los hombres ! (TRUEBA.)	*Vous êtes vraiment précieux* (*litt.* de beaux bijoux), vous autres, hommes.
¡ **Muy filósofo estás,** amigo mio !	*Te voilà bien philosophe*, mon ami.

Nuancement des adjectifs par SER et ESTAR.

566. Il est important pour l'emploi de **ser** et de **estar** de bien distinguer la notion de *qualité* de celle d'*état*. Certains adjectifs expriment en principe une qualité : *long*, *large*, *rond*, *pointu*, *vertical*, etc., et comme tels n'admettent que **ser** ; d'autres, un état : *sec*, *plein*, *vide*, *humide*, *content*, etc., et n'admettent que **estar.** Mais un certain nombre, *clair*, *sombre*, *gros*, etc., ont un sens qui peut se manifester sous l'un ou l'autre de ces deux aspects. L'espagnol distingue toujours ces deux aspects en employant **ser** ou **estar,** selon la nuance envisagée.

Malo, bueno. — **Es bueno, es malo,** *il est bon*, *il est mauvais* (qualité morale ou physique). — **Está bueno, está malo,** *il est bien portant*, *il est malade* (état physique ou moral).

Atento. — **Es atento,** *il est attentionné* (qualité morale habituelle). — **Está atento,** *il est attentif* (état momentané d'attention).

Nuevo. — **Este libro es nuevo,** *est nouveau* (récemment paru ou acheté). — **Está nuevo,** *il est en bon état*, *pas encore abîmé.*

Obscuro. — **La bodega es obscura,** *la cave est obscure* (parce qu'elle a été faite ainsi). — **La habitación estaba obscura,** *la chambre était sombre* (parce que les volets étaient fermés, ou pour tout autre motif passager).

Claro. — **Mi habitación es clara,** *ma chambre est claire* (parce qu'il y a de grandes ouvertures). — **Ahora el problema está claro,** *maintenant le problème est clair* (il l'est devenu à la suite d'une explication).

Delgado. — **Este hilo es muy delgado,** *très mince* (parce qu'il est ainsi fait). — La **niña estaba delgada,** *était mince ou maigre* (parce qu'elle avait maigri).

Loco. — **Fulano es loco,** *un tel est fou* (affection constante). — **Está loco de alegría,** *il est fou de joie* (affection passagère). — **Mudo,** *muet* et **cojo,** *boiteux*, se prêtent aux mêmes nuances. — On dit : **es sordo, es ciego, es manco,** *il est sourd*, *aveugle*, *manchot*, si on envisage l'infirmité sous son aspect d'état constant ; mais **está sordo, está ciego, está manco,** si on l'envisage en rapport avec son origine, ou limitée dans sa durée : **hace un año que está ciego,** *il y a un an... ;* **con este romadizo estoy sordo,** *par suite du rhume ;* **estaba manco del reuma,** *à la suite d'un rhumatisme.*

567. Blanco, rojo, amarillo, etc. — Les adjectifs de *couleur* se construisent avec **ser** s'il s'agit de la couleur naturelle ou primitive de l'objet : **la pared es blanca, la ventana es gris, las hojas son verdes,** etc. Mais, avec **estar,** s'il s'agit d'une coloration momentanée ou récemment acquise : **la tierra está toda blanca** *(par suite d'une chute de neige) ;* **estás todo negro de hollín** *(parce que tu t'es sali avec de la suie) ;* **los tomates están ya rojos** *(elles sont devenues rouges) ;* **las manzanas están verdes** *(parce qu'elles ne sont pas encore mûres)*, etc.

568. Les adjectifs qui se réfèrent à l'*état atmosphérique* admettent aussi **ser** et **estar,** mais la nuance n'est pas toujours perceptible, ni d'ailleurs nécessaire. On emploie **ser** si la période est considérée dans son ensemble : **El mes de julio había sido** sumamente caluroso ; *le mois de juillet avait été extrêmement chaud.* — **El invierno pasado fué** muy frío ; *l'hiver dernier fut très froid.* — **El día era hermoso,** *la journée était belle.* Mais en disant : **la mañana está hermosa,** *la matinée est belle ;* **la noche estaba tranquila y serena,** *la nuit était calme et sereine*, celui qui parle se réfère plutôt à *un moment donné* de la matinée ou de la nuit.

569. Feliz, dichoso, *heureux*, **infeliz,** *malheureux*, de par le sens qu'ils ont en espagnol, n'admettent en principe que **ser** et se réfèrent toujours à un état constant. **¡ Qué dichoso eres !** *Que tu es heureux !* — Si l'on n'envisage qu'une satisfaction momentanée, il faudra remplacer ces adjectifs par **contento, descontento, satisfecho :** *je suis heureux de te voir :* **estoy contento de verte.**

570. Alto, bajo, se référant aux dimensions d'un objet ou à la stature d'une personne, se construisent évidemment avec **ser.** Aquel árbol **es muy alto. Soy más bajo** *(plus petit)* que tú.

Mais ils peuvent aussi, comme en français, indiquer une situation : *Ce nid est très haut;* et, dans ce cas-là, il faut employer **estar** comme devant les adverbes de lieu. **Aquel nido está muy alto** *(= está muy arriba).* **Está Ud muy bajo en aquel banco,** súbase aquí. *Vous êtes trop bas sur ce banc, montez ici.*

On construit de même les adjectifs **cercano, próximo :** la casa está **próxima al río** ; *la maison est près du ruisseau.*

Enfin, les adjectifs **largo, corto, ancho,** etc., s'emploient aussi avec **estar,** pour indiquer les dimensions d'un effet par rapport à la taille de quelqu'un : Tu sombrero **me está muy ancho,** *ton chapeau est trop large pour moi.* — El pantalón **le estaba corto,** *le pantalon était trop court pour lui* (Cf. § 571, *b*).

Valeurs secondaires de ESTAR.

571. Estar peut par lui-même affecter les sens de :

a) *Résider, consister :* La dificultad **está en que** no tenemos dinero. *La difficulté réside dans le fait que...* La diferencia **está en que...** *la différence consiste en ce que...*

b) *Seoir, convenir.* Aquel sombrero **le está muy bien,** *ce chapeau lui va très bien.* — **Te está mal** decir esas cosas, *c'est mal à toi de dire ces choses-là.*

Sous la forme réfléchie **(estarse),** il équivaut à **quedarse** et implique, comme ce dernier, l'initiative ou la volonté du sujet : **Estáte quieto,** *tiens-toi tranquille.* — **Se estuvo una hora esperándole,** *il resta une heure à l'attendre.*

572. *Hispanismes :*

Estar **sobre sí :** *être sur ses gardes.*
Estar **en sí :** *être dans son assiette* ou *dans son bon sens.* On dit aussi dans ce dernier sens : **estar en su juicio.**
Estar **de perlas :** *être opportun, venir à merveille.*
Estar **a matar :** *être à couteaux tirés.*
Está en mí, en sí, en el, etc. : *il est en mon pouvoir, en ton pouvoir ; il dépend de moi, de toi, de lui,* etc.
Está de Dios : *c'est la volonté de Dieu.*
Estar que : *être dans un tel état que* (Cf. Syntaxe, § 966).

Comment choisir entre SER et ESTAR ?

Demandez-vous d'abord à quelle question répondent les éléments placés après le verbe être.

Question : *Devant :*

1° ***Qui ? quoi ? lequel ?*** — Un nom ; un pronom ; un infinitif.

toujours SER

Pedro **es un niño.** Mi gorra **es aquélla.** Lo mejor **es salir.**

2° ***Comment ?*** — Un adjectif, un complément de qualité ou de matière.

Si l'on peut ajouter *en ce moment* : ***ESTAR***

Le mur est sale (en ce moment).

La pared **está sucia.**

El piso **está húmedo.**

Este sombrero **está de moda.**

Sinon : ***SER***

Le mur est haut.

La pared **es alta.**

El piso **es de tablas.**

Tu traje **es de color muy claro.**

3° ***Où ?*** — Adverbe de lieu ou complément de lieu.

toujours ESTAR

Estamos aquí. La estufa **está en un rincón.**

4° (*Auxiliaire*) + Participe passé.

Action : ***SER***

Las paredes **son construidas** por los albañiles.

(*On envisage* ***l'action même*** *de construire*).

État : ***ESTAR***

La ventana **está abierta.**

L'action est passée (= a été ouverte).

On n'envisage plus ici que ***l'état qui en résulte.***

Autres substituts du verbe ÊTRE.

573. Le verbe **resultar,** qui est d'un emploi très fréquent en espagnol, est préféré à **ser** ou **estar** chaque fois que l'attribut est envisagé comme conséquence de faits antérieurs ou de motifs que l'on vient de considérer.

Después de una tormenta, la temperatura **resulta** más soportable.	*Après un orage, la température est plus supportable.*
Fabricado en tales condiciones, el género **resulta** muy caro.	*Fabriqué dans ces conditions, l'article revient très cher.*
Visto desde aquí, el conjunto **resulta** mejor.	*Vu d'ici, l'ensemble fait meilleur effet.*
La empresa **resultó un fracaso.**	L'entreprise *s'avéra un échec.*

574. On emploie **ir,** ou, d'une façon plus précise, **andar, venir, llegar,** lorsque le sujet est présenté dans un mouvement ou un déplacement.

D. Luis **iba muy apuesto.**	D. Louis *était très élégant.*
Andas siempre roto como un mendigo.	*Tu es* (tu t'en vas) *toujours déchiré* comme un mendiant.
Llegó muy cansado.	*Il était* (en arrivant) *très fatigué.*

575. **Seguir** sert à constater la persistance d'une qualité ou d'un état. Il correspond au verbe *être* accompagné de *toujours* ou *encore.*

Mi hermana **sigue delicada de salud.**	Ma sœur *est toujours aussi délicate de santé.*
El tiempo **seguía tan húmedo.**	Le temps *était toujours aussi humide.*
Fulano **sigue preso.**	Un tel *est toujours* (encore) *en prison.*

577. Ce même aspect peut être rendu par **permanecer,** *rester:* el tiempo **permanece húmedo** ; mais non par **quedar,** qui envisage un état final, comme conséquence d'un fait.

Con ese contratiempo, la cosa **quedó mal parada.**	Par suite de ce contre-temps, l'affaire *se trouva en mauvaise posture.*
Del golpe, **quedó medio tuerto.**	Du coup reçu, *il resta à moitié borgne.*

Traduction de DEVENIR.

578. L'espagnol ne possède pas le verbe *devenir* et le traduit par des équivalents.

a) **Ponerse** n'est employé que devant des *adjectifs;* il envisage surtout un moment de l'évolution ou un changement passager.

La niña **se puso toda colorada.**	La fillette *devint toute rouge.*
Cada vez que le oía, **se ponía furioso.**	Chaque fois qu'il l'entendait, *il devenait furieux.*
Las hojas **se ponen amarillas.**	Les feuilles *deviennent jaunes.*

b) On emploie plutôt **volverse,** quand on envisage une évolution complète, un changement radical et définitif. Les *noms attributs* ne peuvent se construire qu'avec **volverse.**

¿ Te vuelves loco ?	*Tu deviens fou ?*
Los árboles **se vuelven esqueletos.**	Les arbres *deviennent des squelettes.*
El vino **se ha vuelto vinagre.**	Le vin est *devenu du vinaigre.*

579. Hacerse correspond au français *se faire:* **te haces viejo,** *tu te fais vieux;* **se hace tarde,** *il se fait tard.* Mais il traduit aussi *devenir* quand il s'agit d'un changement *voulu.*

Te haces elegante, amigo.	*Tu deviens élégant,* mon ami.
Se hizo rico en dos años.	*Il devint riche* en deux ans.
El lobo **se hizo pastor.**	*Le loup se fit berger.*

Il traduit enfin notre expression *faire le,* dans le sens de *se faire passer pour :*

Se hacía el tonto.	*Il faisait l'idiot.*
Me hice el sordo.	*Je fis le sourd,* ou *la sourde oreille.*

580. Venir a ser, llegar a ser, acabar por ser marquent plutôt un aboutissement, un état final, sans idée d'évolution.

Si llegas a ser artista un día...	Si, un jour, *tu deviens artiste...*
El tabaco **me vino a ser indispensable.**	Le tabac *me devint (finalement) indispensable.*
Acabó por ser alcalde de su pueblo.	*Il devint (finalement)* maire de son village.

Venir a ser peut servir aussi à énoncer la conclusion d'un jugement ou d'un calcul : *être au bout du compte, être après tout.*

Viene a ser un total de 1 000 pesetas.	*C'est (au bout du compte) un total* de 1 000 pesetas.
La operación **venía a ser una estafa.**	L'opération *était après tout une escroquerie.*
Las dos cosas **vienen a ser lo mismo.**	Les deux choses *reviennent au même.*

CHAPITRE XV

L'ASPECT DE L'ACTION DANS SON EXÉCUTION

Ces aspects sont marqués par le gérondif précédé d'un auxiliaire.

Durée.

581. Estar suivi du gérondif présente l'action sous son aspect de durée et correspond au français : *être en train de*, *rester à...*

Estamos contemplando el paisaje.	*Nous sommes en train de contempler* le paysage.
Los niños **estaban durmiendo.**	Les enfants *dormaient.*
Te estuve esperando una hora.	*Je t'attendis une heure. Je restai une heure à t'attendre.*

Développement progressif ou successif.

582. Au lieu de *estar*, on emploie **ir** quand il s'agit d'une action qui se réalise progressivement ou par étapes successives. Pour en donner l'équivalent en français, il faut ajouter les adverbes appropriés : *peu à peu*, *de plus en plus*, *progressivement*, *l'un après l'autre*, etc.

Las flores **se van deshojando.**	Les fleurs *s'effeuillent (peu à peu*, ou *l'une après l'autre).*
Fuimos llenando los sacos.	*Nous remplîmes les sacs (l'un après l'autre).*
Los alumnos **iban entrando.**	*Les élèves entraient (successivement).*
Iba el tiempo **curando** su dolencia. (SAMANIEGO.)	Le temps *guérissait peu à peu son mal.*

Déplacement du champ d'action.

583. Andar indique que l'agent se déplace pour réaliser l'action ou l'applique à des objets différents. En français : *de-ci de-là; d'un côté et d'autre*, etc.

Andaba contando que...	*Il racontait (à l'un et l'autre) que...*
D. Pedro **andaba buscando** sus lentes.	D. Pedro *cherchait (d'un côté et d'autre)* ses lunettes.
Anduvieron visitando los museos.	*Ils visitèrent* les musées.

Continuité de l'action.

584. Seguir (ou, parfois, **proseguir, continuar**) indiquent que l'agent poursuit une action déjà commencée. En français : *continuer à...*

El enfermo **sigue mejorando.**	Le malade *continue à aller mieux.*
Sigan Udes escribiendo.	*Continuez à écrire.*
Seguiremos defendiendo nuestra libertad.	*Nous continuerons à défendre* notre liberté.

585. Llevar envisage rétrospectivement cet aspect de continuité dans une action commencée ; il comporte toujours un complément (direct) de temps.

Llevo un mes guardando cama.	*Il y a un mois que je garde le lit.* (*Litt.* je mène un mois gardant...)
Llevamos más de cuatro horas caminando.	*Il y a plus de quatre heures que nous marchons.*

Llevar, dans cet emploi, correspond exactement à **haber estado : Llevo un mes,** etc. = he estado un mes guardando cama, *je suis resté un mois à garder le lit;* **llevamos más de cuatro horas** = hemos estado más de cuatro horas...

L'ACTION EXÉCUTÉE

(Substituts de HABER suivis d'un participe passé.)

Tener.

586. Dans **he cerrado los ojos,** l'auxiliaire est un mot vide de sens dont la présence sert uniquement à indiquer un temps du passé et une personne. Mais, quand je dis : **tengo los ojos cerrados,** je n'envisage plus une action passée, mais je confirme au présent les effets de cette action. **Tener** possède une valeur active : le participe devient attribut de **ojos** et s'accorde avec lui. Cette construction de **tener** avec le participe est employée pour marquer la persistance d'une action déjà exécutée (ou, du moins, dans ses effets) au moment spécifié par le verbe **tener.**

Tengo ahorradas mil pesetas.	*J'ai économisé* 1 000 pesetas *(que j'ai toujours).*
¿ Y esa muchacha que **tienen Udes recogida ?**	Et cette fillette que *vous avez recueillie (et que vous avez encore avec vous) ?*
Tiene esta mentira **arruinadas** las repúblicas. (B. Gracián.)	Ce mensonge *a ruiné (et continue à ruiner)* les Etats.

D'autre part, on trouve, surtout dans la langue populaire, **tener**, employé pour **haber**, et devant un participe invariable, sans autre intention que d'affirmer le fait avec plus de force.

Te tengo dicho la verdad.	*Je t'ai dit* la vérité.
Tengo entendido que...	*J'ai compris que...*
¡ Lo que **me tengo reído** con él !	Ce que *j'ai pu rire* avec lui !

Dejar.

587. Dejar devant le participe passé exprime le même aspect de persistance que **tener,** mais il implique que l'agent est *absent.* Le participe s'accorde avec l'attribut.

La suma que **dejé guardada.**	La somme que *j'avais mise de côté (et qui est toujours là).*
En su testamento, **deja mandado que...**	Dans son testament, *il ordonne* (ou *il a ordonné) que...*
Dejó arruinada a su familia.	*Il a ruiné* sa famille *(il l'a laissée dans la ruine).*

Quedar.

588. Quedar se substitue à *estar* pour marquer sous la forme passive les nuances exprimées par **tener** et **dejar** suivis du participe.

Action.	*Résultat.*
Tengo guardadas unas joyas...	**Quedan guardadas** unas joyas...
Tengo dicho que...	**Queda dicho** que...
Deja mandado que...	**Queda mandado** que...
Dejó arruinada a su familia.	**Queda arruinada** su familia.

Llevar.

589. Llevar, suivi du participe, exprime une nuance assez voisine de **tener :** il sert à indiquer ce qui a été déjà réalisé d'une action commencée, mais non encore terminée.

Llevamos hecha la mitad del trabajo.	*Nous avons déjà fait* la moitié du travail.
Llevo escritos tres pliegos.	*J'en ai déjà écrit* trois feuillets.
Llevamos andadas unas diez leguas.	*Nous avons déjà fait* dix lieues.

Le résultat de ces actions en cours s'exprime sous la forme passive par **ir** suivi du participe : **Va hecha** la mitad del trabajo. — **Van escritos** tres pliegos. — **Van andadas** unas 10 leguas. *Il y a la moitié du travail de fait. — Il y a trois feuillets d'écrits. — Il y a dix lieues de faites.*

Tener, traer, llevar puesto.

590. En parlant du costume, de l'équipement, de la parure, l'espagnol fusionne les idées de *porter* et *d'avoir mis* dans les expressions : **tener puesto, traer puesto, llevar puesto** (ou **calzado,** *chaussé,* **terciado,** *passé en bandoulière,* etc.).

Tiene puesta su chaqueta nueva.	*Il porte sur lui* son veston neuf.
Traía puestas unas botas de charol.	*Il avait aux pieds* des souliers vernis.
Llevaba terciada la escopeta.	*Il portait* le fusil *en bandoulière.*

L'ACTION A EXÉCUTER

(Aspects futurs et conditionnels de l'action.)

L'obligation impersonnelle.

591. L'obligation sans sujet énoncé (en français : *il faut travailler, on doit faire)* se rend ordinairement par **hay que, había que, hubo que,** etc. On peut la rendre aussi par **es preciso, es menester, hace falta** et l'infinitif.

Hay que trabajar.	*Il faut* travailler.
No hay que reír.	*Il ne faut pas* rire.
Es preciso estudiar los verbos.	*Il faut* étudier les verbes.
Hace falta practicar una lengua.	*Il faut* pratiquer une langue.

La défense ne peut être rendue que par **no hay que.** Les expressions négatives **no es preciso, no es menester, no hace falta** veulent dire seulement : *il n'est pas nécessaire, il n'est pas besoin de...*

Primitivement, l'obligation pouvait s'exprimer par **hay** suivi directement de l'infinitif. Il reste encore des traces de cet emploi dans la langue de Cervantès : **No hay mover** el paso ; *il ne faut pas bouger* (*Tratos de Argel*, j. IV). **No hay sino** callar y encoger los hombros (*D. Quijote*, I, 19). *Il n'y a qu'à se taire et hausser les épaules.*

592. Avec la formule impersonnelle **se ha de** (Cf. haber de, § 598), l'espagnol énonce une chose à faire plutôt sous l'aspect de convenance ou d'opportunité que sous l'aspect d'obligation catégorique.

Se ha de pronunciar así esa letra.	*Il faut (il convient de) prononcer* cette lettre ainsi.
No sé por dónde **se ha de salir.**	Je ne sais pas où *il faut (il convient de) sortir.*
Se habrá de ver eso.	*Cela est à voir. Il conviendra de voir cela.*

Avoir à, être à + infinitif.

593. Dans le cas d'une action envisagée comme étant à faire, la préposition *à* qui, en français, précède l'infinitif est rendue en espagnol par **que** (Cf. pour l'origine de ce *que*, § 455) ; mais elle est rendue par **por** après le verbe *estar*, exprimé ou sous-entendu.

a) Il y a *beaucoup à dire* là-dessus.	Hay **mucho que decir** acerca de eso.
Y a-t-il *quelque chose à voir ?*	¿ Hay **algo que ver?**
J'ai *deux lettres à écrire.*	Tengo **dos cartas que escribir.** (Tengo **que escribir dos cartas.** Cf. § 596.)
Il ne me reste rien à faire.	No me queda **nada que hacer** (*ou* por hacer).
b) Les lits *sont encore à faire.*	Las camas **están aún por hacer.**
Ce champ de blé *est à moissonner.*	Aquel trigal **está por segar.**
Une bouteille *à déboucher.*	Una botella **por destapar.**
Il restait du grain *à moudre.*	**Quedaba** grano **por moler.**

Les tournures **estar por** ou **quedar por** + infinitif se bornent seulement à constater qu'une chose n'est pas faite alors qu'elle devrait l'être. Si le français *est à* ou *reste à* présente un aspect d'obligation, il faudra le rendre par **se ha de** ou **hay que.**

Ces lits *sont à faire* avant midi.	Esas camas **se han de hacer** antes de las doce, *ou bien :* **Hay que hacer** esas camas...

Il y a lieu de.

594. Dans le sens de : *il est opportun*, *il convient*, cette expression peut se traduire littéralement ou se rendre par **cabe :** *Il y a lieu de* réfléchir avant d'agir, **hay lugar de** reflexionar antes de obrar ; *ici il y a lieu de* citer le proverbe, **aquí cabe** citar el refrán.

Si on veut faire ressortir l'idée de motif, on dira plutôt : *il y a lieu de* réclamer, **hay motivo para** reclamar ; *il n'y a pas lieu de* se fâcher, **no hay por qué** enfadarse.

Il n'y a qu'à, il n'y a plus qu'à.

595. *Il n'y a qu'à*, dans le sens de *il suffit*, peut se rendre par **no hay más que** ou simplement par **basta.**

Il n'y a qu'à faire un pas pour voir...	**No hay más que** dar un paso para ver...
Il n'y a qu'à presser sur un bouton pour avoir la lumière.	**No hay más que** (*ou* **basta**) apretar un botón para tener luz.

Tournures équivalentes : **Con sólo dar** un paso se ve... **Con apretar un** botón se tiene luz. (Cf. § 853, *a.*)

L'expression *il n'y a qu'à*, plus précise sous la forme *il n'y a plus qu'à* dans le sens de : *il ne reste d'autre ressource que, on ne peut faire autrement que...*, a pour équivalent : **no hay** (ou **no queda**) **más remedio que, no cabe sino...**

Si ce traitement ne réussit pas, *il n'y a plus qu'à* tenter l'opération.	Si esta cura no da resultado, **no hay más remedio** que acudir a la operación.
Il n'y a plus qu'à attendre.	**No cabe sino** esperar.

Les nuances précédentes rendues par **haber** se retrouvent sous la forme personnelle avec **tener : No tengo más que** dar un paso, *je n'ai qu'à faire* un pas ; **no tendré más remedio que** callar, *je n'aurai plus qu'à* me taire, *force me sera de* me taire.

L'OBLIGATION PERSONNELLE

Emploi de TENER QUE.

596. L'obligation exprimée par *devoir (je dois travailler)* ou par *il faut* suivi du subjonctif *(il faut que je travaille)* peut être rendue par **deber,** mais mieux encore par **tener que** suivi de l'infinitif.

Debo marcharme ahora. **Tengo que** marcharme ahora.	*Je dois partir, il faut que je parte* à présent.
Tendría que escribir.	*Je devrais* écrire, *il faudrait que* j'écrive.
Tuvimos que quedarnos allí.	*Nous dûmes* rester là.

Le peuple emploie aussi la construction **tener de** qui n'est plus admise dans la langue littéraire.

Al puerto de Guadarrama, **tengo de** subir, subir... *(Canto popular.)*	Au port de Guadarrama, *il faut* que je monte...

La traduction de *il faut* par **es preciso, es menester, hace falta que + subjonctif** est toujours possible en espagnol, mais plus lourde et moins pratique que par **tener que + infinitif.**

Es preciso que marchemos ahora.	*Il faut que nous partions* à présent.
Hace falta que me digas adónde vas.	*Il faut que tu me dises* où tu vas.

597. Dans l'expression d'une défense, la négation de *il ne faut pas* doit être reportée sur le verbe au subjonctif.

Il ne faut pas que tu sortes (= *il faut que tu ne sortes pas).*	Es preciso **que no salgas.**
Il ne fallait pas qu'il nous vît.	Hacía falta **que no nos viese.**

Sens divers de : HABER DE + infinitif.

598. Haber de est d'un emploi assez délicat : les nuances qu'il exprime peuvent varier selon le temps, la personne, l'aspect interrogatif ou affirmatif du verbe et même selon l'intonation.

a) *A la 1re personne du présent de l'indicatif*, c'est un simple équivalent du futur : il dénote chez celui qui parle le simple propos de faire une chose, sans qu'il y ait pour cela obligation.

He de verte mañana.	*Je te verrai* (je me propose de te voir) *demain.*
Hemos de arreglar eso.	*Nous allons arranger cela.*
Te aseguro que **nos hemos de divertir.**	Je t'assure que *nous nous amuserons* (que nous allons nous amuser).

b) *Aux 2e et 3e personnes* apparaît une nuance d'obligation moins impérative qu'avec **tener que,** comme celle qui découle d'un plan établi, d'une convention, d'une convenance, d'un désir de celui qui parle.

Han de empezar mañana los ensayos.	Les répétitions *doivent commencer demain.*
Los jugadores **han de colocarse así.**	Les joueurs *doivent se placer ainsi.*
Has de traerme ese libro mañana.	*Je voudrais que tu m'apportes* ce livre demain.

c) *A l'imparfait*, après un verbe d'opinion ou sous la forme interrogative, **haber de** peut traduire un conditionnel présent ou passé.

Creí que los ensayos **habían de empezar mañana.**	J'ai cru que les répétitions *commenceraient demain.*
No pensé que **habías de volver.**	Je n'ai pas songé que *tu reviendrais.*
¡ **Quién había de decirme** que eras tú !	*Qui m'aurait dit* que c'était toi !

d) *Au passé*, il peut marquer une simple conjecture :

Hubiste de pensar que...	*Tu as dû* penser que...
Hubo de perder el tren.	*Il a dû manquer* le train.

e) *Dans les phrases interrogatives*, tout aspect d'obligation disparaît. Mais l'interlocuteur (ou l'auditeur) est pris à témoin du fait que l'on énonce.

¿ Qué le he de hacer ?	*Que voulez-vous que j'y fasse ?*
¿ Y hemos de reñir por tan poco ?	*Et vous voudriez que nous nous fâchions pour si peu ?*
¿ Quién había de protestar ?	*Qui aurait bien pu protester* (je vous le demande) ?

DEBER.

599. Suivi directement de l'infinitif, ce verbe marque le même genre d'obligation que **tener que : debemos observar** las leyes, *nous devons observer les lois, il faut que nous observions les lois ;* **debías contestar,** *tu devais répondre;* **debe Ud quedarse,** *vous devez rester*, etc.

Sous la forme **deber de,** plus fréquente, il sert à indiquer une simple conjecture.

Debe Ud de equivocarse. — *Vous devez* vous tromper.
Debiste de salir tarde. — *Tu as dû* partir en retard.
Debía de estar borracho. — *Il devait être* saoul.

PODER.

600. Ce verbe traduit *pouvoir* dans toutes ses acceptions. Il sert aussi à rendre les conditionnels négatifs de *savoir* (qui équivalent au présent de *pouvoir*).

Pouvons-nous nous en aller ? — **¿ Podemos** irnos ?
Il ne peut bouger de son lit. — **No puedo moverse** de la cama.
Je ne saurais te renseigner. — **No puedo** informarte.
On ne saurait mieux dire. — **No se puede** decir mejor.

Sens conditionnel de PODER, DEBER, HABER DE.

601. L'imparfait et le passé simple de **poder, deber, haber de** (§ 598, *c*) sont souvent employés avec un sens de conditionnel passé.

Podías matarte. — *Tu aurais pu te tuer.*
Debías haberte marchado. — *Tu aurais dû partir.*
Yo pude separarlos... pero mi conciencia no lo sufre. — *J'aurais pu les séparer*, mais ma conscience ne me le permet pas.
(Moratín. — *El sí de las n ña .)*

¿ Quién había de decir que... ? — *Qui aurait dit que... ?*
Quien no ha visto tu hermosura **al nacer debió cegar.** — Celui qui n'a pas vu ta beauté *aurait dû naître aveugle.*
(Zorrilla. — *A Granada.*)

Yo no debí poner los ojos con tanta complacencia en esta mujer peligrosísima. — *Je n'aurais pas dû poser les yeux* avec tant de complaisance sur cette femme si dangereuse.
(J. Valera. — *Pepita J ménez.*)

J'avais pu, j'avais dû.

602. Les plus-que-parfaits **había podido, había debido** ne peuvent être employés devant un infinitif. L'espagnol les rend par les imparfaits **podía, debía** suivis de l'infinitif passé. Même construction en anglais : **you could have seen,** *vous auriez pu voir.*

¿ No podías haberlo dicho antes ? — *Tu n'aurais pas pu le dire avant ?* (tu ne pouvais pas l'avoir dit...)
Debía haber terminado. — *Il avait dû terminer* (il devait avoir terminé).

Verbes de volonté, de souhait, d'opinion.

603. L'espagnol, comme le français, fait suivre directement de l'infinitif les verbes de volonté, de souhait, d'opinion.

No queremos quedarnos más tiempo ; preferimos marchar.	*Nous ne voulons pas rester davantage; nous préférons partir.*
Deseo verte cuanto antes.	*Je désire te voir* le plus tôt possible.
Creo haberla visto antes.	*Je crois l'avoir vue* auparavant.
Determinaron salir.	*Ils décidèrent de sortir.*
Me prometió callar.	*Il me promit de se taire.*

FAIRE + infinitif.

604. *Faire*, suivi de l'infinitif, se rend par **hacer** s'il s'agit d'une action simple, exécutée par un seul et même agent.

Il fit tomber l'encrier.	**Hizo caer** el tintero.
Le vent *faisait plier* les roseaux.	El viento **hacía doblarse** las cañas.
Il me fit passer par un autre chemin.	**Me hizo pasar** por otro camino.

On traduit *faire* par **mandar,** s'il correspond à un ordre donné ou s'il suppose l'intervention d'une autre personne.

Il lui fit faire un costume neuf.	**Le mandó hacer** un traje nuevo.
Je fis apporter deux bouteilles de vin.	**Mandé traer** dos botellas de vino.
Il fit ranger les recrues.	**Mandó formar** a los reclutas.

Pour l'emploi de l'infinitif ou du subjonctif après le verbe **mandar,** Cf. § 924.

AUTRES ASPECTS DE L'ACTION A FORME SPÉCIALE

Le commencement et la fin de l'action.

605. Comenzar a, empezar a, ponerse a, echarse a traduisent *commencer à, se mettre à.* — **Romper a** indique un déclenchement brusque. — **Dar en** marque plutôt l'effet d'un caprice ou d'une manie.

Se puso a revisar las cuentas.	*Il se mit à* vérifier les comptes.
Echó (ou **se echó**) **a** correr en seguida.	*Il se mit à* courir aussitôt.
Rompió a llorar.	*Il se mit soudain* à pleurer. *Il éclata en sanglots.*
Después de bebido, **daba en** cantar (ou **le daba por** cantar).	Après avoir bu, *il se mettait à* chanter *(il avait la manie de chanter).*

606. *Commencer par*, *finir par* se rendent par **empezar por, acabar** (ou **concluir**) **por,** si l'infinitif marque soit une antériorité, soit une postériorité ou une conséquence par rapport à d'autres faits.

L'orateur commença par s'asseoir.	**El orador comenzó por** sentarse.
Il finit par me convaincre.	**Acabó por** convencerme.

L'infinitif est remplacé par le gérondif s'il s'agit plutôt d'une façon de commencer ou de terminer une action.

L'orateur *commença par rappeler* les faits...	El orador **empezó refiriendo** los hechos...
Il finit par dire que tout s'arrangerait.	**Acabó diciendo** que todo se arreglaría.

Pour *continuer à* ou *continuer par*, Cf. § 584.

L'action récente : venir de...

607. *Venir de*, précédant un infinitif pour rapporter une action tout juste terminée, se traduit par **acabar de.**

Nous venons de voir que...	**Acabamos de ver que...**
Je viens de déjeûner.	**Acabo de almorzar.**
Je viens à peine de me lever.	**Apenas acabo de levantarme.**

Verbes de mouvement + infinitif.

608. Les verbes *aller*, *venir*, *sortir*, *monter*, *envoyer*, etc., demandent la préposition **a** devant l'infinitif qui les suit.

Vamos a marchar.	*Nous allons partir.*
¿ Vienes a jugar con nosotros ?	*Viens-tu jouer* avec nous ?
Salió a avisarles.	*Il sortit les avertir.*
Subió un rato **a descansar.**	*Il monta se reposer* un moment.

609. Après ces verbes, l'infinitif *chercher* se rend simplement par **por.**

Ir por lana y volver trasquilado.	*Aller chercher de la laine* et s'en revenir tondu.
Vengo por los libros que me prometiste.	*Je viens chercher les livres* que tu m'as promis.
Bajó a la bodega **por más vino.**	*Il descendit* à la cave *chercher d'autre vin.*

Rester à + infinitif.

610. *Rester à* se traduit par **quedar + gérondif** s'il s'agit d'une action en train de s'exécuter, et par **quedar a + infinitif** s'il s'agit d'une action encore à réaliser.

El perro **quedó guardando** chaqueta y costales. (P. Galdós.)	Le chien *resta à garder* la veste et les sacs.
¿ Te quedas a cenar con nosotros ?	*Restes-tu dîner* avec nous ?

L'itération.

611. Le préfixe **re-** à valeur itérative n'existe que dans peu de verbes : **replantar, reanudar,** *renouer;* **recontar,** *recompter;* **reeditar, reedificar, reeducar, refundir, reproducir, revalidar, revivir,** etc.

L'espagnol peut rendre l'idée de répétition de deux façons :

a) soit par le moyen de l'auxiliaire **volver a** (*recommencer, se remettre à*);

b) soit en ajoutant au verbe les adverbes **de nuevo** ou **otra vez.**

Ce dernier, outre l'idée de répétition, comporte celle de retour au point de départ ou d'action en sens inverse, comme l'anglais **back.**

Lea usted otra vez **Vuelva usted a leer**	*Relisez.*
Esa hierba **no volverá a brotar.**	Cette herbe *ne repoussera pas.*
Volveré a tomar de ese asado.	*Je reprendrai* de ce rôti.
¿ Me acompañas otra vez a casa ?	*Me raccompagnes-tu* chez moi ?
El día **se puso** bueno **otra vez.**	La journée *se remit* au beau.

La fréquence et l'habitude.

612. Soler (suelo, -es ; en vieux français *souloir*), suivi directement de l'infinitif, marque la fréquence d'une action que nous rendons en français par les adverbes *d'habitude, d'ordinaire, généralement.* Cette fréquence peut être, d'ailleurs, limitée par des adverbes : **algunas veces, a veces, de vez en cuando,** etc. Tandis que **soler** est susceptible d'avoir comme sujet n'importe quelle catégorie d'agents, le verbe **acostumbrar,** *avoir coutume,* n'admet que des êtres animés capables d'habitudes.

Aquí **suele llover** poco en agosto.	Ici *il pleut généralement* peu en août.
Este árbol **no suele llevar fruta.**	Cet arbre *ne produit pas ordinairement de fruits.*
El amo **solía ausentarse de vez en cuando.**	Le patron *s'absentait de temps à autre.*
Mi tío **acostumbraba madrugar.**	Mon oncle *avait coutume de se lever tôt.*
Las golondrinas **acostumbran** (ou **suelen) volver** al mismo nido.	Les hirondelles *ont coutume de revenir* au même nid.

Aller jusqu'à + infinitif.

613. Pour rendre cette locution en espagnol, il suffit de l'adverbe **hasta** (§ 481) ; le verbe à l'infinitif est mis au temps et à la personne où se trouve notre verbe *aller.*

Il va jusqu'à dire que nous l'avons provoqué (= *il dit même que...*)	**Hasta dice** que nosotros le hemos provocado.
Il alla jusqu'à nous menacer.	**Hasta nos amenazó.**

L'action manquée : faillir.

614. *a*) L'espagnol moderne ne possède pas l'équivalent du verbe *faillir ;* il rend ordinairement cette idée par la locution **por poco,** *d'un peu plus*, suivie du verbe au présent de l'indicatif (plus rarement à l'imparfait).

J'étais si fâché *que je faillis le battre.*	Estaba yo tan enfadado **que por poco le pego.**
Il trébucha sur le banc *et faillit tomber.*	Tropezó con el banco y **por poco se cae.**

b) L'idée de *faillir* peut encore s'exprimer, mais d'une façon plus lourde, par les locutions **poco faltó, nada faltó para que,** *peu s'en fallut, il ne s'en fallut de rien que;* **estar en nada de, estar a punto de, estar a pique de,** *être sur le point (à un rien) de.*

Nada faltó para que nos volviésemos en el acto. / **Estuvimos en nada de** volvernos...	*Il ne s'en fallut de rien* que nous ne nous en revenions sur-le-champ. / *Nous faillîmes* nous en revenir...
Poco faltó para que le pegase.	*Peu s'en fallut que* je ne le batte.
D. Quijote **no estuvo en nada de** acompañar a las doncellas en las muestras de su contento. (CERVANTES. — *D. Quijote,* I, 2.)	D. Quichotte *faillit imiter* les jeunes filles dans les démonstrations de leur joie.

c) Enfin l'espagnol parlé emploie parfois, mais d'une façon moins correcte parce que équivoque, le verbe **querer** dans le sens de *faillir*

... con tal maestría que el público **quiso volverse loco.** (P. VALDÉS. — *Riverita.*)	... avec une telle perfection que le public *faillit devenir fou.*

Poursuite d'un but : essayer de.

615. Notre verbe *essayer* se rend le plus fréquemment par **tratar de : trataba el pobre de hablar** y no podía ; *le pauvre homme essayait de parler* et ne pouvait pas. Il peut se traduire aussi par **intentar**, qui est suivi directement de l'infinitif, ou **probar a** : **intentaba ponerse** de pie, *il essayait de se mettre* debout ; **probó a levantar** el costal, *il essaya de soulever* le sac.

La nuance exprimée par *tâcher de*, *faire en sorte de*, est rendue le plus souvent par **procurar,** suivi directement de l'infinitif ; parfois aussi par **hacer por** ou **esforzarse por : Procure Ud** acabar pronto, *tâchez de* finir vite.

Haz por labrar hoy hasta la olmeda. (P. GALDÓS. — *El Caballero encantado.*)	*Tâche de labourer aujourd'hui* jusqu'au bouquet d'ormes.

Ensayar, employé surtout dans le sens de *faire des répétitions* (chant, théâtre, etc.), est rare devant un infinitif, sauf sous la forme réfléchie : **ensayarse a correr,** *s'entraîner à courir.*

Le but atteint : réussir à.

616. L'idée exprimée par *réussir*, *parvenir*, *arriver à*, est rendue surtout par les verbes **conseguir** et **lograr** qui sont suivis directement de l'infinitif :

Los barcos que **consiguieron entrar** en el puerto...	Les bateaux qui *réussirent à entrer* dans le port.
Si logras desasirte...	*Si tu réussis à te dégager...*

Double valeur de ACERTAR.

617. Acertar qui signifie *réussir*, *tomber juste*, *deviner*, est rare dans ce sens devant un infinitif : **no acertaba a decir** lo que quería, *il ne trouvait pas les mots pour dire* sa pensée. Il est surtout employé pour marquer *l'aspect fortuit* d'une action.

Un coche **acertó a pasar.**	Une voiture *vint à passer.*
Si acierto a verle, le diré...	*Si, par hasard, je le vois,* je lui dirai...

CHAPITRE XVI

REMPLACEMENT DE L'INDICATIF

par des formes impersonnelles.

L'infinitif dans l'interrogation directe et indirecte.

618. L'infinitif peut, comme en français, être employé au lieu de l'indicatif dans des interrogations directes ou indirectes qui ne portent pas sur le sujet ; cet emploi s'étend, par analogie de construction, à certaines relatives qui jouent le rôle de finales.

¿ **Qué hacer?** — ¿ **Qué decir** a todo eso?	*Que faire?* — *Que dire* à tout cela?
¿ **Adónde ir ahora?**	*Où aller maintenant?*
No sé **cómo resolver** esa dificultad.	Je ne sais *comment résoudre* cette difficulté.
No tiene Ud **por qué quejarse.**	Vous n'avez pas *de motif de vous plaindre.*
No encuentro sitio **donde abrigarme.**	Je ne trouve pas d'endroit *où m'abriter.*
Buscando algo **con que saciar su hambre.**	Cherchant quelque chose *pour apaiser sa faim...*

L'infinitif de narration.

619. L'infinitif de narration français : *Grenouilles de se plaindre et Jupin de leur dire...* (La Fontaine), appartient exclusivement à la langue littéraire et est aujourd'hui tombé en désuétude. Les constructions espagnoles qui correspondent ou qui s'apparentent à notre infinitif de narration appartiennent au contraire au langage parlé et sont toujours très employées ; elles n'apparaissent chez les écrivains qu'autant que ceux-ci s'appliquent à reproduire le parler populaire. Ces constructions, qui supposent ordinairement l'ellipse d'un auxiliaire, donnent plus de vie et de relief à la pensée et permettent en outre, malgré leur concision, de noter toute une gamme de nuances. Mais, comme elles sont constituées par des formes impersonnelles (infinitif, gérondif, participe) et qu'elles ne contiennent aucun indice de temps ni de personne, elles ne peuvent à elles seules (sauf exceptionnellement) former une phrase isolée ; elles se présentent habituellement en contre-partie d'une phrase énoncée à l'indicatif, où sont déjà exposées les circonstances de l'action et à laquelle elles sont la plupart du temps reliées par une conjonction copulative ou adversative.

A + infinitif.

620. L'infinitif précédé d'un sujet propre, nom ou pronom, et de la préposition **a**, sert à faire intervenir dans le récit une action envisagée ordinairement comme une conséquence des faits précédemment rapportés. Cet infinitif a la même valeur que s'il était précédé des verbes **echar a, ponerse a, comenzar a.**

Al oir ruido en el corral, salió la tía Sidora con un garrote en la mano, **y los pilluelos a escapar** como si los llevara el diablo.

En entendant du bruit dans la cour, la mère Sidore sortit armée d'un gourdin, *et les petits garnements de filer* comme s'ils avaient eu le diable à leurs trousses.

Los afortunados que tienen carraca, **a voltearla furiosamente,** y los que no tienen cachiporra ni carraca, **a piafar sobre** los morrillos del suelo con sus herradas almadreñas.

(Pereda. — *De mis recuerdos.*)

Les veinards qui ont une crécelle *se mettent à l'agiter furieusement,* et ceux qui n'ont ni matraque ni crécelle *commencent à piaffer* sur les pavés avec leurs sabots ferrés.

VENGA A + infinitif.

621. L'espagnol peut détacher d'une façon plus énergique l'action énoncée par l'infinitif en la faisant précéder de l'impératif **venga a** ; mais cette construction n'est employée que si l'infinitif n'a pas de sujet propre ou s'il suppose le même sujet que la proposition précédente. Après **venga,** l'infinitif peut alterner avec un nom d'action.

El chico cogió la carraca y **venga a voltearla furiosamente.**

L'enfant saisit la crécelle *et se mit à l'agiter furieusement.*

Uno de los estudiantes fue por una guitarra y **venga a cantar, venga a tocar y venga jaleo** mientras hubo vino sobre la mesa.

Un des étudiants alla chercher une guitare *et les voilà en train de chanter, de jouer et de faire du vacarme,* tant qu'il y eut du vin sur la table.

VUELTA A, OTRA VEZ A + infinitif.

622. L'itération est marquée en faisant précéder l'infinitif de **vuelta a** ou **otra vez a...** Le sujet de l'infinitif est ici aussi le même que celui de la proposition précédente.

A caballo otra vez **y vuelta a correr y a sudar y a dar chasquidos.**

(Moratín. — *El sí de las niñas,* I.)

Nous voilà de nouveau à cheval et *de nouveau à courir, à suer, à pétarader.*

...Se les ocurrió que tenían los pantalones llenos de polvo y de porquería. **Vuelta a echar mano de la esponja... y a frotarse con ella** hasta tapar las manchas.

(P. Valdés. — *Riverita.*)

Ils se souvinrent qu'ils avaient les pantalons pleins de poussière et de saleté. *Les voilà de nouveau se saisissant de l'éponge et s'en frottant* jusqu'à faire disparaître les taches.

Le gérondif.

623. Le gérondif est parfois employé seul, avec ellipse d'un auxiliaire **(estar, andar, seguir)**, pour présenter une action en train de se faire, et opposée généralement à une autre action énoncée avant ou après.

La vieja alborotaba toda la casa con voces y amenazas... **y la niña siempre riéndose.**	La vieille ameutait toute la maison par des cris et des menaces, *mais la fillette riait toujours.*
¡ Ay qué pesimista ! **Yo rabiando por hacer aquí** un paréntesis, un refugio, un mundo aparte, **y tú empeñado en traer** a este rinconcito los afanes de allá.	Ah ! quel pessimiste ! *Tandis que moi je me donnais tant de mal pour créer* ici une parenthèse, un refuge, un monde à part, *toi tu t'obstinais à apporter* dans ce petit coin les soucis du dehors.
(P. GALDÓS. — *Realidad.*)	
¿ Y doña Paquita? — **Doña Paquita siempre acordándose de sus monjas.**	Et Mlle Paquita? — *Mlle Paquita ne cesse de songer à ses nonnes.*
(MORATÍN. — *El sí de las niñas,* II.)	

624. La substitution, dans cet emploi, du gérondif par l'*impératif redoublé* (§ 538) confère à l'action, outre l'aspect de durée, celui d'insistance.

La víspera quedaron abiertas las barberías **y afeita que afeita** hasta muy dadas las 12.	La veille, les salons de coiffure étaient restés ouverts *et on ne cessa de raser* jusque bien après minuit.
(J. VALERA. — *Juanita la larga.*)	

Le participe passé.

625. Enfin, par omission des auxiliaires **estar** ou **resultar,** le participe passé peut être employé seul pour marquer un état ou un résultat. Le rôle du participe passé peut être tenu par un adjectif, un complément de situation, ou un infinitif précédé de **por, sin, a medio.**

En suma, **molidos los rocines y nosotros a medio moler.**	Bref, *les chevaux étaient crevés, et nous autres, nous l'étions à moitié.*
(MORATÍN. — *El sí de las niñas.*)	
Anduvieron por toda la casa de arriba abajo, registrando todos los muebles y trastornándolo todo, **y yo quieto en mi escondrijo, sin atreverme a respirar siquiera.**	Ils parcoururent toute la maison, fouillant tous les meubles et mettant tout sens dessus dessous, *mais moi je ne bougeais pas de ma cachette et n'osais pas même respirer.*

626. Voici un spécimen de langage parlé des plus caractéristiques, où l'on retrouvera la plupart des constructions elliptiques que nous venons de signaler :

¡ Pues dígote en agosto ! Los maíces **con pendones ya** ; y entre maizal y maizal, **los segadores tendiendo** la yerba del prado, con sus colodras a la cintura, y **las obreras deshaciendo** el lombío con el mango de la rastrilla, o **atropando** con ella la yerba oreada, y **amontonándola** en hacinas... y luego **entrar el carro** con sus horcas y dobles teleras ; y horconada va y horconada viene ; la moza de arriba, **acalda que te acalda**, y otras, desde abajo, **peina que te peina** la carga con la rastrilla ; y la carga, **sube que sube** y **crece que crece**, hasta que debajo de ella no se ven ni el carro ni los bueyes.

(PEREDA. — *El sabor de la Tierruca*, 2.)

Et il faut voir ça au mois d'août ! Voici les maïs déjà avec leurs ombelles, et entre les champs de maïs les faucheurs qui couchent l'herbe du pré, portant à la ceinture l'étui de la pierre à aiguiser, sans parler des ouvrières qui éparpillent l'andain à coups de manche du râteau, ou qui râtellent le foin déjà sec pour en faire de petites meules. Et voici ensuite venir la charrette avec ses montants en fourche et ses doubles ridelles ; une fourchée n'attend pas l'autre, sur le haut du char une jeune paysanne tasse le foin sans répit, et, d'en bas, d'autres à chaque instant peignent la charge avec le râteau ; et la charge ne cesse de monter et de grossir, jusqu'à ce que, finalement, on n'aperçoit plus en dessous ni la charrette ni les bœufs.

CHAPITRE XVII

LES TOURNURES AFFECTIVES

627. Dans les tournures dites affectives, parce qu'elles sont fréquentes surtout dans les notations du domaine affectif, la personne du sujet, au lieu d'apparaître agissante, est présentée comme *subissant* un sentiment, une impression, un désir, un goût, un caprice, un souvenir, etc. L'espagnol traduit : *j'aime la soupe* par **me gusta la sopa,** c'est-à-dire : la soupe me plaît ; le terme qui était sujet en français est devenu complément (datif) et le complément *soupe* est devenu sujet. Le verbe, de ce fait, reste toujours à la 3e personne, mais il se met au singulier ou au pluriel en accord avec le sujet grammatical : **me gustan las aceitunas** (me plaisent les olives), *j'aime les olives.*

Ces tournures ne sont pas inconnues du français, qui cependant les emploie peu : *il me souvient* a été remplacé par *je me souviens.* L'espagnol en fait au contraire grand usage et les préfère à la tournure active.

Sous la forme intransitive.

628. Gustar, *plaire.* — **Me gusta** ese color. *J'aime cette couleur* (cf. 788).
Agradar, *plaire.* — **¿ Te agrada** esta casa? *Cette maison te plaît-elle?*
Sentar, *seoir.* — **Le sienta a Ud** bien su traje nuevo. *Votre costume neuf vous va bien.*
Saber, *avoir une saveur.* — **Me sabe mal** este tabaco. *Je trouve mauvais goût à ce tabac.*
Escocer, *démanger.* — **Le escuecen** los sabañones. *Ses engelures le brûlent.*
Pesar, *causer du regret.* — **Nos pesa** haber salido. *Nous regrettons d'être partis.*
Remorder, *causer du remords.* — **Me remuerde** aquel lance. *J'ai du remords de cette aventure.*
Constar, *être évident.* — **Nos consta** que es verdad. *Nous sommes sûrs que c'est vrai.*
Prestar, *satisfaire.* — **Me presta** aquel refrán. — *Je trouve ce proverbe opportun.*
Apetecer, *faire envie.* — **No me apetece** nada. *Rien ne me fait envie.*
Tocar, *échoir.* — **Ahora me toca** hablar. *A présent, c'est à moi de parler.*
Le ha tocado el (premio) gordo. *Il a gagné le gros lot.*
Admirar, *provoquer l'admiration.* — **Me admira** tu calma. *J'admire ton calme.*
Avergonzar, *faire honte.* — **¿ No te avergüenza** decirlo? *N'as-tu pas honte de le dire?*

Sous la forme réfléchie.

629. Ocurrirse, *venir à l'esprit.* — **Se me ocurrió** probarlo. *J'eus l'idée de l'essayer.*

Antojarse : a) *prendre fantaisie.* — **Cuando se le antoja** salir. *Quand il lui prend fantaisie de sortir.* — b) *sembler :* ese duro **se me antoja falso ;** *ce douro me semble faux.*

Figurarse, *venir à l'imagination.* — **Se me figuraba** otra cosa. *J'imaginais autre chose.*

Acordarse, *venir à l'esprit* (souvenir). — **Se me acordó de pronto.** *Je m'en souvins tout à coup.*

Olvidarse, *sortir de l'esprit.* — **Se me olvidó** tu recado. *J'ai oublié ta commission.*

Ocultarse, *être caché, ignoré.* — **No se me oculta** tu conducta. *Je n'ignore pas ta conduite.*

Alcanzarse, *être à la portée.* — **No se me alcanza** ese particular. *Je ne saisis pas ce détail.*

Atragantarse, *rester dans la gorge.* — **Se me atragantan** esas cosas. *Je ne puis avaler ces choses-là.*

Hacerse, *paraître.* — **Se me hace difícil** todo eso. *Je trouve tout cela difficile.*

Sous la forme de locutions.

630. Le da por cantar. *Il tombe (il donne) dans la manie* de chanter.
Me dan ganas de llorar. *Il me prend envie* de pleurer.
No me da más hablar que callar. *Cela m'est égal* de parler ou de me taire.
¿ Qué más te da? *Qu'est-ce que cela te fait?* Que t'importe?
Me da lástima de él. *J'ai* (il me prend) *pitié de lui.*
Me da pena ver eso. *Je souffre* (cela me fait de la peine) *de voir cela.*
Me da asco entrar allí. *J'ai horreur d'entrer là.*
Me da vergüenza confesarlo. *J'ai honte de l'avouer.*
Me da miedo viajar. *J'ai peur de voyager.*
Me corre prisa volver. *J'ai hâte* (je suis pressé) *de m'en revenir.*
Me cuesta trabajo dejarte. *Il m'en coûte* de te quitter.
Me salió bien la empresa. *J'ai réussi dans* mon entreprise.

631. Après les locutions composées de **dar + nom (dar lástima),** l'infinitif peut se présenter soit directement, soit précédé de la préposition **de.** Dans **me da vergüenza de confesarlo,** l'infinitif est considéré comme complément déterminatif de **vergüenza** ; dans **me da vergüenza confesarlo,** l'infinitif est considéré comme sujet de la locution entière.

632. Lorsque l'objet (en français *le sujet*) d'une tournure affective est énoncé sous la forme d'un nom ou d'un pronom à la 3e personne (**él, ella, Usted,** etc.), dans le but d'éviter toute confusion, l'espagnol le place en tête de la phrase précédé de **a (a Usted, a él, a ella, a Pablo,** etc.), et répète néanmoins le pronom datif **le, les** devant le verbe.

A Usted le gustan las espinacas, pero **a Pablo le dan asco.**	*Vous aimez* les épinards, mais *Paul en a horreur.*
A él no le sientan bien las verduras.	Les légumes verts *ne lui réussissent pas.*

VERBES UNIPERSONNELS

Verbes unipersonnels par nature.

633. Les verbes unipersonnels par nature se rapportent au temps et aux phénomènes atmosphériques. Les auxiliaires ou semi-auxiliaires qui les précèdent se mettent comme eux à la 3e personne : **Ha llovido,** *il a plu;* **empieza a llover,** *il commence à pleuvoir.*

llover (llueve), *pleuvoir ;*	**ventear,** *faire du vent ;*
lloviznar, *bruiner ;*	**tronar,** (truena) *tonner ;*
helar (hiela). *geler ;*	**relampaguear,** *faire des éclairs ;*
nevar (nieva), *neiger ;*	**alborear,** *commence à faire jour ;*
granizar, *grêler ;*	**amanecer,** *faire jour ;*
escarchar, *se former du givre ;*	**anochecer,** *faire nuit ;*
diluviar, *pleuvoir à torrents ;*	**oscurecer,** *faire sombre.*

634. Les formules avec un sujet **amanece Dios** ou **amanece el día** n'ajoutent rien au sens du mot, qui signifie simplement : *le jour se lève.* Mais **amanecer** et **anochecer** peuvent être construits avec un sujet personnel et signifier : *se trouver au matin, se trouver le soir:* **Anochecí** en Madrid y **amanecí** en Granada. *Le soir j'étais à Madrid et, au matin, je me trouvai à Grenade.*

635. Plusieurs autres de ces verbes peuvent, en prenant un sens figuré, devenir personnels : **Sus ojos relampagueaban,** *ses yeux lançaient des éclairs.* — **Aquel grito me heló la sangre,** *ce cri me glaça le sang.* — **Nievan flores sobre el césped,** *il neige des fleurs sur le gazon.* — **Llueven bendiciones,** *il pleut des bénédictions,* etc.

Llover peut prendre aussi le sens transitif de *faire pleuvoir :* Comenzaron los galeotes **a llover tantas y tantas piedras** sobre don Quijote... *Les galériens commencèrent à faire pleuvoir une telle avalanche de pierres sur Don Quichotte...* (Cervantes, *D. Quijote,* I, 22.)

636. *Verbes accidentellement unipersonnels.*

(suceder) **sucede** } *il arrive,*	(faltar) **falta,** *il manque ;*
(ocurrir) **ocurre** } *il advient ;*	(bastar) **basta,** *il suffit ;*
(acaecer) **acaece** }	(sobrar) **sobra,** *il est de reste ;*
(acontecer) **acontece** }	(holgar) **huelga,** *il est inutile ;*
(parecer) **parece,** *il semble ;*	(caber) **cabe,** *il y a lieu ;*
(constar) **consta,** *il est sûr ;*	(urgir) **urge,** *il est urgent.*
(importar) **importa,** *il importe ;*	(apremiar) **apremia,** *il est urgent.*
(convenir) **conviene,** *il convient ;*	etc.

On trouve encore en poésie l'archaïque **diz,** équivalent de **dícese,** *on dit, il paraît que.*

Locutions impersonnelles.

637. On peut ajouter à ces verbes un grand nombre de locutions de toute sorte : **hace falta,** *il faut;* **parece mentira,** *il est incroyable;* **da vergüenza,** *il est honteux;* **da lástima** ou **es lástima,** *il est dommage;* **da pena, da miedo,** et autres locutions affectives (Cf. § 630, 631), et surtout des locutions formées du verbe *être* et d'un adjectif : **es preciso,** *il faut;* **es necesario,** *il est nécessaire;* **es conveniente,** *il convient;* **es útil,** *il est utile;* **es difícil,** *il est difficile,* etc.

638. Ces verbes et ces locutions sont suivis :

a) Soit d'une complétive avec **que.**

Basta que Ud se presente.	*Il suffit que vous vous présentiez.*
Falta que lo pruebes.	*Il faut encore que tu le prouves.*
No corre prisa que le avisemos.	*Il n'est pas urgent que nous l'avertissions.*
Sobra que le felicites.	*Il est de trop que tu le félicites.*
Parece que duerme.	*On dirait qu'il dort.*

Bien que, dans l'emploi impersonnel, la différence soit peu sensible, il convient de ne pas confondre **faltar** qui indique le *manque* avec **hacer falta** qui marque seulement le *besoin.* La nuance apparaît surtout devant un nom : **falta un libro** en la biblioteca, *il manque un livre à la bibliothèque;* **hace falta un buen método,** *il faut une bonne méthode.*

b) Soit d'un infinitif. Or, dans ce cas, l'infinitif peut être considéré comme *le sujet logique* du verbe ou de la locution impersonnelle ; c'est pourquoi il ne doit jamais être, en espagnol, précédé de la préposition **de** : *Il est inutile de parler* = parler est inutile : **es inútil hablar.**

Conviene prepararse.	*Il convient de se préparer.*
Hace falta barrer.	*Il faut balayer.*
Huelga decírselo.	*Il est inutile de le lui dire.*
Aquí cabe citar el refrán...	*Ici, il est opportun de citer le proverbe..*
Es difícil aconsejarle.	*Il est difficile de le conseiller.*

639. Parecer peut se construire avec la préposition **como** suivie de l'indicatif, et **bastar** avec la préposition **con** suivie de l'infinitif ou du subjonctif. Ces prépositions, qui sont susceptibles d'exprimer à elles seules l'une l'*apparence*, l'autre la *suffisance* (Cf. § 852), servent seulement, en pareil cas, à renforcer le sens du verbe.

Parece como que quiere despertar.	*On dirait qu'il veut se réveiller.*
Basta con apuntarlo brevemente.	*Il suffit d'en prendre note* brièvement
Basta con que tengas valor para prescindir del tirano de tu vida que es el público.	*Il suffit que tu aies le courage* de ne faire aucun cas du tyran de ta vie qui est le public.

Traduction de IL Y A par HABER et ESTAR.

640. *Il y a* ne peut être traduit par **hay** (Cf. haber, § 560) que si l'on situe dans l'espace des objets *non déterminés.*

S'il s'agit d'un objet *déterminé* par un article défini, un démonstratif, un possessif, ou désigné par un nom propre, la phrase devient personnelle et il est toujours plus correct d'employer le verbe **estar,** qui s'accorde avec son sujet.

Haber	*Estar*
Sobre la mesa **hay un libro.**	Sobre la mesa **está tu libro.**
En la pared **hay varios retratos.**	En la pared **están los retratos** de la *familia.*
En medio del gentío **habia un pobre niño** que lloraba.	En medio del gentío **estaba aquel pobre niño** que lloraba.
En el centro de España **hay varias sierras...**	En el centro de España **está Madrid.**

HACER impersonnel.

641. Lorsque *il y a* se rapporte à une période de temps écoulé, il est traduit soit par **hace** (toujours au singulier) placé devant l'expression de temps, soit par la forme apocopée **ha** placée après.

Hace dos días ou **dos días ha.**	*Il y a deux jours.*
Hacía tres meses ou **tres meses hacía.**	Il y avait trois mois.
Mañana **hará un año que...**	Demain *il y aura un an que...*

642. Le verbe **hacer** sert par ailleurs à former des locutions impersonnelles se rapportant au temps :

Hace calor, hace mucho calor (*calor* est un nom), *il fait chaud, il fait très chaud.*
Hace frío, hace mucho frío, *il fait froid, il fait très froid.*
Hace fresco, *il fait frais.* — **Hace bochorno,** *il fait une chaleur lourde.*
Hace buen tiempo, mal tiempo. *Il fait beau temps, mauvais temps.*
Se hace tarde, *il se fait tard.*

Il est = es.

643. Ser est vraiment impersonnel, c'est-à-dire sans sujet, dans : **es tarde,** *il est tard;* **es temprano,** *il est de bonne heure;* **es de día, es de noche,** *il fait jour, il fait nuit.* (Ne pas confondre avec **amanece** et **anochece,** qui se réfèrent seulement au *lever du jour* et à la *tombée de la nuit.*)

Mais, dans l'indication de l'heure, **ser** a comme sujet réel le nombre des heures, avec lequel il s'accorde.

Es la una y cuarto... y media.	*Il est une heure* et quart... et demie.
Son las tres menos diez.	*Il est trois heures* moins dix.
Eran las doce del día... de la noche.	*Il était midi... minuit.*

644. Le verbe **dar** *(sonner l'heure)* peut s'employer comme **ser,** en prenant comme sujet le nombre d'heures.

Da la una, dan las dos.	*Une heure sonne, deux heures sonnent.*

Mais il peut recevoir aussi le mot **reloj** comme sujet.

El reloj da las cuatro.	*L'horloge sonne* quatre heures.

Tournures impersonnelles apparentes du français.

645. L'espagnol fait toujours accorder avec le sujet réel les verbes que le français peut présenter accidentellement sous la forme impersonnelle :

Il est venu trois personnes. (Trois personnes sont venues).	**Han venido tres personas.**
Il tombe des hallebardes.	**Llueven** (ou **caen**) **chuzos.**
Il entre des moustiques.	**Entran mosquitos.**

Les impersonnels qui correspondent à *arriver, se passer :* **suceder, ocurrir, acaecer, acontecer, pasar,** se comportent de la même façon s'ils sont suivis d'un nom.

Il lui arriva beaucoup de malheurs.	**Le sucedieron muchas desgracias.**
Il se passe ici des choses extraordinaires.	**Aquí pasan cosas extraordinarias.**

Traduction de VOICI, VOILA.

646. Les formules *voici, voilà,* peuvent être traduites dans tous les cas par **he aquí, he allí, he ahí, he allá,** pour présenter soit une personne ou un objet, soit une action. Le mot **he** fonctionne comme un impératif et n'admet les pronoms personnels que dans la position enclitique.

Heme aquí ; hete allí ; hele allá.	*Me voici ; te voilà ; le voilà.*
He aquí a mi padre.	*Voici mon père.*
He ahí sus libros de Ud.	*Voilà vos livres.*
He aquí que acabó de limpiar su trigo y mandallo al molino.	*Voici qu'elle acheva* de nettoyer son blé pour l'envoyer au moulin.
(CERVANTES. — *D. Quijote,* I, 31.)	

On emploie parfois la forme **hete** avec le pronom explétif de la 2e personne pour prendre l'interlocuteur à témoin de ce que l'on dit ou pour donner plus de vivacité à la phrase. **Hete aquí** que empieza a llover, *voilà qu'il commence à pleuvoir...* Y **héteme aquí** sin saber dónde ir, *et me voici sans savoir où aller.*

647. L'impératif **cata** (de **catar,** *goûter*, *regarder*) peut être employé soit seul, soit sous la forme de **cata aquí, cata allí, cátate,** comme équivalent des formules précédentes.

Cata el coche de colleras y el mayoral Gasparet con sus medias azules y la madre y el novio... (MORATÍN. — *El sí de las niñas,* I.)	*Voilà le carrosse attelé de mules* et le postillon Gasparet avec ses bas bleus, et la mère et le fiancé...
Pero cata aquí que la sequedad y displicencia con que empezaron a tratarme los Marqueses... vinieron a complicar la situación. (ALARCÓN. — *La pródiga.*)	*Mais voilà que* la réserve et la froideur avec lesquelles le marquis et la marquise commencèrent à me traiter.. vinrent compliquer la situation.

648. Les formules **he aquí, he allí,** sont surtout littéraires. Le langage courant leur substitue ordinairement des formules plus précises : **éste es, ése es, aquél es,** s'il s'agit de marquer l'identité :

Ésta es mi maleta y **aquélla** la de Ud.	*Voici* ma valise et *voilà* la vôtre.
He aquí los frutos de la educación. **Esto es lo que se llama** criar bien a una niña. MORATÍN. — *El sí de las niñas,* III.)	*Voilà* les fruits de l'éducation. *Voilà ce qu'on appelle* élever comme il faut une jeune fille.

Aquí está, allí está, ou, avec mouvement : **aquí viene, ahí va,** etc., lorsqu'il y a intention de situer la personne ou l'objet :

Aquí está mi ropa y **allí está** la tuya.	*Voici* mes effets *et voilà* les tiens.
Aquí viene mi tío.	*Voici mon oncle* (qui vient).

En remettant un objet à quelqu'un on dira : **Ahí tiene Ud** su dinero, *voilà votre argent;* si on le lui lance : **ahí va** su pelota, *voilà votre balle.*

649. Dans la présentation d'un fait, l'adverbe **ya** peut aussi remplacer *voici*, *voilà* devant le verbe.

Ya se van los pastores a Extremadura ; **Ya se queda** la sierra triste y oscura. *(cantar popular.)*	*Voici que* les bergers s'en vont en Extrémadure ; *Voici que* la montagne reste triste et sombre.
Ya viene la primavera : (suene la gaita, ruede la danza). (P. PIFERRER.)	*Voici le printemps qui arrive :* que la cornemuse résonne et que la danse tourne en rond.

CHAPITRE XVIII

LA PHRASE IMPERSONNELLE

TRADUCTION DE « ON »

L'espagnol n'a pas de pronom qui corresponde exactement au français *on* pour rendre l'aspect impersonnel de la phrase. Il supplée à l'absence du sujet de trois façons :

1° Emploi de la 3e personne du pluriel ;

2° Tournure réfléchie de la phrase ;

3° Emploi du pronom indéfini **uno.**

La 3e pers. du pluriel.

650. On emploie la 3e personne du pluriel :

a) Pour présenter des faits *isolés* ou *accidentels*, même lorsque le sujet supposé ne saurait être qu'un singulier.

On frappe à la porte.	**Llaman** a la puerta.
On lui vola tout son argent.	**Le robaron** todo el dinero.
On a cassé deux vitres.	**Han roto** dos cristales.
On l'a vu entrer.	**Le han visto** entrar.

b) Lorsque le contexte fait allusion à une *collectivité* qui peut être prise comme sujet réel du verbe :

(Les gens de cette époque ne vivaient pas aussi confortablement que nous.)	(La gente de aquella época no vivía tan cómodamente como nosotros.)
On devait voyager à pied, à cheval ou en diligence.	**Tenían que viajar** a pie, a caballo o en diligencia.
On ne connaissait pas l'éclairage électrique.	**No conocían** el alumbrado eléctrico.

c) Dans certaines locutions toutes faites : **dicen,** *on dit;* **cuentan,** *on raconte;* **refieren,** *on rapporte*, etc., en concurrence d'ailleurs avec les formes réfléchies : **se dice, se cuenta, se refiere,** etc.

La tournure réfléchie.

651. La tournure réfléchie est la plus fréquemment employée. Elle sert à noter les faits considérés comme *habituels* ou d'*ordre général*.

Les phrases telles que : *on sème* le blé... *on vend* les journaux... deviennent : le blé *se sème*... les journaux *se vendent*. Le verbe prend comme sujet grammatical le terme qui en français est complément et s'accorde en nombre avec lui.

On moissonne le blé en août. *(Le blé se moissonne.)*	**Se siega el trigo** en agosto.
On passait des heures à lire. *(Des heures se passaient...)*	**Se pasaban horas** leyendo.

652. Les pronoms personnels régimes *le, la, les* ne sont pas traduits du moment où ils deviennent sujets.

(le blé). *On le sème* en octobre : = *il se sème.*	**Se siembra** en octubre.
(les livres). *On les trouve* chez le libraire : = *ils se trouvent...*	**Se encuentran** en la tienda del librero.

653. Mais il y a lieu de traduire le pronom, en laissant le verbe au singulier, si la tournure purement réfléchie, en donnant à l'action un aspect spontané, dénaturait le sens de la phrase. Ainsi, en parlant de grains de blé que l'on éparpille en les semant, on ne traduira pas **se esparcen,** ce qui signifierait qu'ils *s'éparpillent d'eux-mêmes*, mais par **se les esparce.** En analysant cette dernière construction, nous pouvons nous rendre compte que le pronom **se** n'y apparaît plus avec une valeur de réfléchi, mais avec celle d'un véritable sujet, comme le français *on*.

SE équivalent de ON.

654. Nous retrouvons **se** avec la valeur d'un véritable pronom sujet analogue à *on* et suivi par conséquent du singulier, devant les verbes intransitifs ou employés intransitivement.

On sort à 5 heures de l'après-midi.	**Se sale** a las cinco de la tarde.
Quand on parle trop...	Cuando **se habla demasiado.**
Ici on ne mange pas bien.	Aquí **no se come bien.**

655. Se est encore considéré comme un sujet singulier lorsque le complément du verbe représente des personnes déterminées : *on lfélicita les auteurs*. La tournure réfléchie produirait le contresens *es auteurs se félicitèrent*. En pareil cas, le complément doit être: précédé de la préposition **a** (Cf. § 750) ; il peut se présenter aussi sous la forme d'un pronom personnel.

On apprécie les bons artistes.	**Se aprecia a** los buenos artistas.
On félicita les acteurs.	**Se felicitó a** los actores.
On les félicita.	**Se les felicitó.**
On appelle le sereno. *On l'appelle.*	**Se llama al** sereno. **Se le llama.**

Néanmoins, si le complément qui désigne des personnes est indéterminé, on reprend la forme réfléchie avec accord du verbe.

On demande des volontaires.	**Se piden** voluntarios.
On aperçoit des pêcheurs tout le long de la rivière.	**Se ven** pescadores a lo largo del río.
On a besoin de domestiques.	**Se necesitan** criados.
Si on n'en trouve pas assez, on en cherche d'autres.	**Si no se encuentran** bastantes, **se buscan** otros.

SE LE pour SE LO.

656. Il convient de remarquer que, dans la traduction de l'impersonnel par **se**, le pronom complément masculin est toujours *le, les* et jamais **lo**, **los**, qu'il s'agisse de personnes ou de choses et que le régime soit direct ou indirect. En parlant de grain, on dit **se le** esparce, *on le répand*, et en parlant d'acteurs, **se les** felicita, *on les félicite*, et non **se lo** esparce, **se los** felicita. En adoptant cet emploi, la langue a cherché sans doute à distinguer dans leur aspect d'ensemble les combinaisons secondaires **se le**, **se les** où **se** évoque un sujet impersonnel (= *on le*), de la série primitive **se lo**, **se la**, **se los**, **se las**, où **se** évoque un pronom régime au datif (= *le lui, la lui, les lui*). La tendance actuelle de la langue est même à étendre l'emploi de **se le**, **se les**, au féminin : A las madres no **se les** quiere nunca como ellas han querido ; *les mères, on ne les aime jamais comme elles ont aimé.*

Traduction de : ON ME LE, ON TE LE, etc.

657. La tournure réfléchie permet de traduire toutes les combinaisons de pronoms (*me le, te le, le lui, la lui,* etc.) qui ne renferment pas le réfléchi *se.* Celui des pronoms qui est régime direct disparaît du moment qu'il devient sujet du verbe, l'autre pronom se place après *se.*

(Ce que tu dois faire) *On te le dira demain.*	(Lo que has de hacer) **Se te dirá mañana.**
(Le mandat) *On vous l'envoie par le même courrier.*	(El giro postal) **Se le manda a Ud** por el mismo correo.
(Les livres) *On les lui rend aussitôt.*	(Los libros) **Se le devuelven** en seguida.
(Le lait) *On nous l'apporte tous les matins.*	(La leche) **Se nos trae** todas las mañanas.

Exclusion de la tournure réfléchie.

658. Devant un verbe qui est déjà pronominal : *on se promène, on se dit,* on ne saurait, bien entendu, employer la tournure réfléchie pour rendre l'impersonnalité du sujet : **se se pasea.** Cette tournure est même à proscrire devant un verbe quelconque, si dans la même phrase il est suivi ou précédé d'un verbe réfléchi ayant le même sujet : *quand on ne peut plus avancer on s'arrête*, **cuando no se puede avanzar más se para,** phrase incorrecte et confuse, car le pronom **se** y apparaît successivement avec deux valeurs différentes applicables à la même personne.

La tournure réfléchie est également impraticable lorsqu'il se trouve le possessif **su, sus,** devant le complément *(on ne perd pas ses livres)* ; car, du moment où le complément devient sujet (**no se pierden sus libros,** *ses livres ne se perdent pas*), le possessif, n'étant rattaché à aucune personne, n'a plus aucun sens. Cependant, cette construction peut être maintenue si la substitution du possessif par l'article ne gêne pas le sens : *quand la classe commence, on met ses livres sur la table;* al comenzar la clase, **se ponen los libros sobre la mesa.**

Dans ces divers cas qui excluent la tournure réfléchie, le recours à la 3e personne du pluriel, pour traduire *on*, n'est possible que si le verbe présente une action isolée (§ 650) ; si l'action du verbe revêt un aspect coutumier ou général, c'est le pronom **uno** qu'il convient d'employer.

Emploi de UNO = ON.

659. La traduction de *on* par **uno** a l'avantage de n'apporter aucune modification à la structure de la phrase, telle qu'elle se présente en français. Mais elle est d'un emploi limité : en principe, il ne faut y faire appel que dans les cas où la traduction par **se** est impossible.

Uno fonctionne dans la phrase comme les pronoms **alguno** et **alguien** ; on ne le répète pas devant plusieurs verbes consécutifs ; il peut être accompagné des adjectifs **solo,** *tout seul*, et **mismo,** *soi-même.*

Quand on se lave tous les jours...	**Cuando uno se lava** todos los días...
On se déshabille et on se couche.	**Uno se desnuda y se acuesta.**
On garde son linge dans une armoire.	**Guarda uno su ropa** en un armario.
Cela, on peut le faire soi-même.	**Eso, lo puede hacer uno mismo.**
Dans une pièce *où on couche tout seul...*	En una habitación **donde duerme uno solo...**

Sujet identique :

On ne voit pas où on est.	**No ve uno dónde está.**
On ne sait pas ce que l'on fait.	**No sabe uno lo que hace.**

Sujets supposés différents :

On n'entend pas ce que *l'on* dit :	**No oye uno** lo que **se dice.** **No se oye** lo que **uno dice.**

660. Lorsque *on* se présente avec le sens de *n'importe qui*, *le premier venu*, il peut être rendu par **cualquiera** : *On entre là comme on veut* : **Cualquiera entra** ahí como le da la gana. Mais la traduction par **uno** est juste aussi dans ce cas : **uno entra ahí** como le da la gana.

ON équivalent de JE.

661. La phrase construite avec **uno** est moins impersonnelle que l'emploi de la tournure réfléchie ou de la 3e personne du pluriel. Elle permet à celui qui parle d'exprimer sa pensée ou son sentiment sous le couvert de *on*. Dans ce cas, une femme dira **una** au lieu de **uno**.

Quand on se regarde dans la glace.	**Cuando una se mira** en el espejo.
A mon âge, *on est encore jeune.*	A mi edad, **una es joven todavía.**
Si on ne retient pas son mari... (TRUEBA.)	**Si una no tira de la rienda** al marido...

ON = nous.

662. Le français populaire admet souvent l'emploi de *on* au lieu de la 1re personne du pluriel. A la question : *qu'avez-vous fait ?* il peut être répondu : *on est allé* au cinéma, *on a joué* aux cartes, *on s'est bien* amusé, etc. Il faudra toujours, dans ce cas, replacer en espagnol la 1re personne du pluriel : **Hemos ido** al cine, **hemos jugado** a los naipes, **nos hemos divertido** bien, etc.

ON représentant un pluriel.

663. L'emploi de **uno** suppose forcément un sujet singulier. Par conséquent, lorsque le pronom *on* représente une pluralité (c'est notamment le cas des verbes pronominaux à sens réciproque), il faut le rendre par un nom collectif : *la gente*, *la multitud*, *las personas*, etc.

On se bousculait à la porte de ce théâtre.	**La gente se atropellaba** a la puerta de aquel teatro.
Tout est plus facile *quand on s'entr'aide.*	Todo resulta más fácil **cuando la gente se ayuda mutuamente.**

S'il se trouve un pronom indéfini pluriel en apposition avec *on*, il suffit souvent d'employer le verbe à la 3e personne du pluriel, le pronom indéfini lui servant de sujet ; parfois il y aura lieu de prendre comme sujet un collectif ou un pluriel.

Quand on est plusieurs à attendre, le temps paraît moins long.	**Cuando son varios los que esperan,** no parece el tiempo tan largo.
Si on se présente tous à la fois, personne n'entrera.	**Si se presentan todos juntos,** nadie entrará.
On ne peut s'y baigner plus de deux à la fois.	**No se pueden bañar ahí más de dos a la vez** (*ou* **más de dos personas a la vez**).

VOUS régime impersonnel = UNO.

664. Le français ne peut employer *on* que comme sujet du verbe et est obligé de rendre l'impersonnalité du complément par *vous.* L'espagnol rend ce *vous* par **uno.**

Les romans finissent *par vous lasser.*	Las novelas acaban **por cansarle a uno.**
Les gens *se moquent de vous.*	La gente **se ríe de uno.**
A chaque carrefour il y a des écriteaux *qui vous indiquent la direction.*	En cada encrucijada, hay letreros **que le indican a uno la dirección.**

LA PHRASE PASSIVE

Avant de traduire, il importe de se rendre compte si on a affaire à une *action* présentée passivement ou à l'expression d'un simple *état.* Le premier cas seul comporte l'emploi de la conjugaison passive avec l'auxiliaire **ser.** (Cf. § 212.)

665. *Dans l'expression d'une action passive (auxiliaire* **ser***).*

a) L'action n'est pas considérée comme terminée, mais comme *en train de se faire.*

Les gaz sont absorbés par le charbon.	**Los gases son absorbidos** por el carbón.
Les feuilles étaient arrachées par le vent.	**Las hojas eran arrancadas** por el viento.
La moisson fut fauchée en juillet.	**La mies fue segada** en julio.

b) L'action est rendue à l'actif par *le même temps du verbe.*

Los gases **son absorbidos** por el carbón *(présent).* El carbón **absorbe** los gases.
Las hojas **eran arrancadas** *(imparfait).* El viento **arrancaba** las hojas.
La mies **fue segada** *(passé simple).* **Segaron** la mies en julio.

666. *Dans l'expression d'un simple état (auxiliaire* **estar***).*

a) L'action est considérée comme *terminée.*

b) Elle s'énoncerait *à un temps antérieur.*

Les arbres sont dépouillés de leurs feuilles (action : *ont été dépouillés*).	Los árboles **están despojados** de sus hojas (= **han sido despojados**).
Les moissons étaient détruites (action: *avaient été détruites*).	Las mieses **estaban destrozadas** (= **habían sido destrozadas**).

667. En français, comme on le voit, la forme de la phrase est la même pour les deux cas et prête souvent à équivoque. C'est seulement la présence du nom de *l'agent (par le charbon, par le vent)* ou d'une *circonstance (en juillet)* qui nous permet de conclure à l'action. A défaut de ces éléments, le sens du contexte peut encore nous éclairer.

En outre, d'une façon générale, l'emploi du *passé simple*, du *passé composé*, du *plus-que-parfait* et du *passé antérieur* dénotent toujours une action.

Les mauvais élèves *ont été punis.*	Los malos alumnos **han sido castigados.**
Les Français *furent battus à Saint-Quentin.*	Los franceses **fueron vencidos** en San Quintín.
La pièce *avait été balayée.*	El cuarto **había sido barrido.**

668. L'aspect action et l'aspect état peuvent se trouver réunis, au présent et à l'imparfait, avec certains verbes qui marquent une action continue : *garder*, *conserver*, *protéger*, *accompagner*, *surveiller*, *suivre*, etc. En pareil cas, le choix de l'auxiliaire est indifférent en principe, mais l'usage actuel semble incliner en faveur de **estar,** même si l'agent est énoncé. (Cf. § 667.) **Ser** et **estar** peuvent aussi être remplacés par un autre auxiliaire où s'exprime l'idée de continuité : **quedar, ir, andar.**

Les fruits *étaient conservés* au grenier.	Las frutas **estaban** (*ou* **eran**) **guardadas** en el desván (*ou encore :* **quedaban guardadas**).
La ville *était bien protégée.*	La ciudad **estaba bien protegida.**
Les jeunes filles *étaient toujours accompagnées de leur tante.*	Las niñas **estaban siempre acompañadas de su tía** (*ou* **iban acompañadas**).

669. L'ancien espagnol pouvait employer **ser** pour noter une action déjà achevée. Nous trouvons encore dans Cervantes : ¿ De modo que la historia **es acabada?** *Ainsi donc, l'histoire est terminée ?* (*Don Quijote*, I, cap. 20). — ¿ Luego **no es bautizada?** *Alors, elle n'est pas baptisée ?* (*D. Quijote*, I, cap. 37). On dirait aujourd'hui : **está acabada,... está bautizada.**

Substitution du passif par l'actif.

670. S'il convient de reconnaître les formes passives, il convient aussi de les éviter, car l'espagnol les emploie très rarement. On ne les rencontre guère qu'aux temps du passé. (Cf. § 667.)

Au présent et à l'imparfait, notamment si le sujet est à la 1re ou à la 2e personne, le passif est régulièrement remplacé par l'actif.

Je suis très surpris de votre visite (= votre visite me surprend beaucoup).	**Me sorprende mucho su visita de Ud.**
Tu étais harcelé par tes créanciers (= tes créanciers te harcelaient).	**Te acosaban tus acreedores.**
Nous sommes trompés par nos meilleurs amis.	**Nos engañan nuestros mejores amigos.**

Substitution par le réfléchi.

671. La phrase passive où l'agent n'est pas mentionné n'est plus en réalité qu'une phrase impersonnelle. *Le pain est cuit au four* est l'équivalent exact de : *on cuit le pain au four* ou de : *le pain se cuit au four*. C'est cette dernière tournure que l'espagnol adopte toujours en pareil cas.

Tout achat est payé comptant (= se paie).	**Toda compra se paga** al contado.
Le chocolat est servi dans de petites tasses (= se sert).	**Se sirve el chocolate** en jícaras pequeñas.
Ce blé pourrait être fauché demain (= pourrait se faucher).	**Ese trigo podría segarse** mañana.

CHAPITRE XIX

VERBES RÉFLÉCHIS ET PRONOMINAUX

Intransitifs en français, réfléchis en espagnol.

672. Certains verbes français présentés dans un *sens intransitif* doivent se traduire en espagnol sous la forme *réfléchie.*

Approcher (de) { **acercarse a** : *le jour approche*, **se acerca** el día. **aproximarse a** : *l'heure approche*, **se aproxima** la hora.

Déjeuner (prendre son petit déjeuner), **desayunarse** : *je déjeune à 7 heures*, **me desayuno** a las 7.

Pourrir, **pudrirse** : *les fruits pourrissaient*, **se pudría** la fruta.

Frissonner, **estremecerse** : *il frissonne de peur*, **se estremece** de miedo.

Étouffer, **ahogarse** : *ici, nous étouffons*, aquí **nos ahogamos.**

Enfler, **hincharse** : *sa joue enfla*, **se le hinchó** la mejilla.

Bouger, **moverse** : *je ne bouge pas d'ici*, **no me muevo** de aquí.

Remuer, **menearse** : *je ne puis remuer*, no puedo **menearme.**

Rougir, **ruborizarse** : *il rougit pour un rien*, **se ruboriza** por nada.

Plonger { **sumergirse** : *les canards plongèrent dans l'étang*, los patos **se** **zambullirse** : **zambulleron** en el estanque.

Plier, **doblarse** : *il pliait sous le poids*, **se doblaba** con el peso.

Casser, **romperse** : *la corde cassa*, la cuerda **se rompió.**

Cependant, en parlant des *vagues de la mer*, **romper** admet la forme simple : **rompían las olas con violencia.** De même **doblar**, dans le sens de sonner le glas : **doblaban tristemente las campanas del pueblo.**

Le verbe **olvidar** peut se construire comme en français : **olvidar una fecha**, *oublier une date;* mais, sous l'influence de son antonyme **acordarse**, il est arrivé à adopter très fréquemment la forme réfléchie : **me olvidé de tu recado**, *j'ai oublié ta commission.*

Au lieu de **osar** qui appartient à la langue littéraire et qui se construit comme *oser*, l'espagnol courant emploie plus volontiers **atreverse a**, de sens identique, et qui se construit comme *se risquer à:* **no me atrevo a decirle**, *je n'ose pas lui dire...*

A côté de l'intransitif **aparecer**, la langue littéraire emploie aussi le réfléchi **aparecerse**, *se montrer*, *se présenter*, avec une nuance plus active que *apparaître.*

Sens particulier à certaines formes réfléchies.

673. Admirar, *admirer* ou *étonner.* — **Admirarse,** *s'étonner, s'émerveiller.*
Cerner, *bluter.* — **Cernerse,** *planer, voler en tournoyant.*
Recoger, *recueillir, ramasser.* — **Recogerse,** *rentrer chez soi, se retirer.*
Correr, *courir.* — **Correrse,** *rougir, avoir honte, se froisser.*
Parecer, *paraître.* — **Parecerse a,** *ressembler à.*
Servir, *servir.* — **Servirse,** *vouloir bien :* **sírvase Ud entrar,** *veuillez entrer.*
Hacer, *faire.* — **Hacerse,** *se faire, devenir.* **Hacerse viejo,** *se faire vieux ;* et aussi *affecter d'être :* **hacerse el valiente,** *faire le brave.* — **Hacerse con,** *se pourvoir de.*

Ponerse et **volverse,** outre leur sens normal de *se mettre, s'en retourner*, ont aussi celui de *devenir.* (Cf. § 578.)

Reirse ne signifie pas forcément *se rire, se moquer*, mais bien souvent *se mettre à rire.*

Morirse a le sens français de *se mourir* dans **se muere** : *il se meurt, il est sur le point de mourir.* La forme réfléchie s'emploie en outre chaque fois que se trouve énoncée la cause de la mort ou du mal : **Se murió de indigestión,** *il mourut d'indigestion.* — **Me muero de pena,** *je meurs de chagrin.*

Perecerse, desvivirse por una cosa, *mourir d'envie d'une chose.*

Le réfléchi dans les verbes intransitifs.

674. Dans **irse, marcharse, venirse, dormirse, volverse, huirse, volarse,** le réfléchi a la valeur de commencement d'action rendue par **s'en** dans les correspondants français : *s'en aller, s'en venir, s'endormir, s'en retourner, s'enfuir, s'envoler.*

Aspect d'effort.

675. L'espagnol a propagé la forme réfléchie à d'autres verbes de mouvement : **entrarse, salirse, subirse, bajarse, llegarse,** *entrer, sortir, monter, descendre, s'approcher.* Ces verbes représentent ordinairement l'action sous un aspect plus vif ou plus violent, comme lorsqu'il y a un effort à faire ou un obstacle à vaincre. On dira simplement : **bajé a la bodega, subí a mi cuarto,** du moment où il s'agit d'un déplacement normal ; mais, par contre : **se subió al tejado con una cuerda** *(il grimpa sur le toit...);* **me salí por medio del gentío** *(je me frayai un chemin à travers la foule)*, pour mieux marquer l'effort.

Les constructions précédentes ont pu être favorisées d'ailleurs par l'analogie de sens avec des verbes normalement réfléchis : **elevarse, alzarse,** *s'élever ;* **encaramarse,** *se hisser ;* **apearse,** *mettre* *pied à terre;* **meterse, internarse,** *s'introduire;* **fugarse, evadirse,** *s'évader*, etc.

Sur le modèle de **acercarse,** on a construit **llegarse** avec le sens de *s'approcher;* et de son côté le verbe simple **llegar** a pris le sens transitif de **acercar,** *approcher:*

El mozo **llegó el oído a la piedra.** *(Lazarillo de Tormes.)*	L'enfant *approcha l'oreille de la pierre.*

Aspect de spontanéité et d'initiative.

676. Dans une autre catégorie de verbes : **estar, quedar, descansar, asomar,** *poindre, paraître en partie,* **callar, despertar, retrasar,** *retarder,* **avanzar,** l'emploi de la forme réfléchie obéit à une autre considération. Elle indique une action spontanée, intentionnelle, sous un aspect vraiment actif, tandis que la forme simple la montre plutôt comme un simple état ou un effet de l'inertie.

Inertie.	*Initiative.*
Está quieto, *il est tranquille.*	**Se está quieto,** *il se tient tranquille.*
Quedó solo, *il resta seul* (= on le laissa seul).	**Yo me quedo aquí,** *je reste ici* (parce que je le veux).
Una torre **asoma al horizonte,** *apparaît à l'horizon.*	La niña **se asoma al balcón,** *la jeune fille s'accoude à la fenêtre.*
El pobre hombre callaba, *se taisait* (parce qu'il n'avait rien à dire).	Al verme, **se calló,** *il se tut* (il s'arrêta de parler).
Mi reloj **retrasa,** *ma montre retarde.*	**Se retrasó con los amigos,** *il s'attarda avec les amis.*
En otoño **nacen las setas,** *poussent les champignons.*	Es una planta que **se ha nacido sola,** *c'est une plante qui a poussé toute seule* (sans qu'on l'ait semée ou soignée). (P. Galdós. — *Marianela.*)

Caerse représente une chute spontanée, indépendante d'une cause extérieure à l'objet *(perdre l'équilibre, se détacher, s'écrouler)* : Las manzanas **se caían de maduras,** *les pommes tombaient à force d'être mûres.*

677. Quedarse con una cosa a le sens de *garder, conserver une chose par devers soi.*

Il y a entre **despertar** et **despertarse** sensiblement la même nuance qu'entre *s'éveiller* et *se réveiller.*

Bien que **avanzarse** et **descansarse,** *s'avancer, se reposer,* existent, les formes simples **avanzar** et **descansar** leur sont ordinairement préférées.

Pararse a le sens de *s'arrêter, cesser un mouvement.* **Parar** a plutôt le sens de *aboutir :* ¿ En qué **va a parar** todo esto ?... *Où va aboutir tout ceci ?* et de *descendre,* dans **parar en una fonda,** *descendre dans un hôtel.*

Cuidarse, *se soucier de, prendre soin de,* marque toujours une préoccupation plus grande que le transitif simple **cuidar,** *soigner.*

Crecer, *croître, grandir ;* **crecerse,** *montrer son autorité, se faire valoir.*

Lucir, *briller ;* **lucirse,** *s'exhiber, parader.*

Intransitifs en espagnol, réfléchis en français.

678. Reñir, dans le sens de *se quereller, se disputer :* **riñeron entre hermanos,** *ils se querellèrent entre frères.*

Vestir, dans le sens de *être habillé* ou de *revêtir :* **vestía todo de negro,** *il était habillé tout de noir ;* **vistió su americana de dril,** *il endossa sa veste de coutil.*

Pelear, *se battre,* en parlant des troupes. — **Pelearse,** *se disputer,* entre particuliers.

Formar (concurremment avec **formarse**), *prendre une formation,* en langage militaire : Los mendigos... **formando en dos alas** a derecha e izquierda... (P. Galdós.) *Les mendiants, se formant en deux ailes,* à droite et à gauche...

Destacar, *se détacher,* terme de dessin ou de peinture : Hay nubes de un blanco brillante **que destacan** sobre los cielos translúcidos. (Azorín.) *Il y a des nuages d'un blanc éclatant qui se détachent...*

Tournures pronominales avec pronom d'attribution.

679. Me guardo peut être interprété soit : *je me garde moi-même,* soit : *je garde pour moi.* Dans cette dernière acception, où le pronom est au *datif,* le verbe est susceptible de recevoir un régime direct : **me guardo la mejor parte,** *je garde pour moi la meilleure part.*

L'espagnol construit sur ce modèle un certain nombre de verbes signifiant *acquisition* ou *conservation,* avec un pronom d'attribution qui n'est pas habituellement représenté en français, mais dont l'emploi se retrouve dans nos dialectes méridionaux : *gasc.* **Que-m goárdi la mielhe part.** Ce pronom montre l'action accomplie au profit du sujet.

Te tomas muchas libertades.	*Tu (te) prends* beaucoup de libertés.
Se llevó toda la vajilla de plata.	*Il emporta (avec lui)* toute l'argenterie.
Nos ahorraremos el viaje.	*Nous nous épargnerons* le voyage.
No me gano la vida todavía.	*Je ne gagne pas encore ma vie.*

680. Cette même intention de reporter plus explicitement sur le sujet les effets de l'action se retrouve dans certains verbes de sentiment ou d'opinion, qui semblent d'ailleurs avoir subi l'influence analogique de **figurarse, imaginarse, enterarse,** *se figurer*, *s'imaginer*, *s'informer*.

Es una cosa que **yo me sé.**	C'est une chose que *je sais fort bien (dont je suis bien informé).*
Sábete que...	*Sache pour ta gouverne que...*
Me temo que se han de perder.	*Je crains fort* qu'ils n'aillent se perdre.
Se creyó cuanto le contaron.	*Il crut* tout ce qu'on lui raconta.
¿ Qué te habías pensado ?	*Qu'est-ce que tu étais allé t'imaginer ?*

Verbes d'absorption.

681. Le pronom d'attribution apparaît encore, et d'une façon plus régulière, avec les verbes qui signifient *absorption* d'un aliment ou, au sens figuré, d'une matière quelconque. Mais ici le pronom ne peut être employé que si la matière absorbée est *déterminée en quantité.*

Me comí medio queso.	*J'ai mangé la moitié d'un fromage.*
Se bebió las dos botellas.	*Il but les deux bouteilles.*
No me trago yo esa bola.	*Moi je n'avale pas ce bobard.*

Mais il faudra dire sans pronom : **no como pan,** *je ne mange pas de pain ;* **bebo agua y no vino,** *je bois de l'eau et non du vin*, expressions où le complément est indéterminé.

Pronom en substitution d'un possessif.

682. Quand nous disons en français : *je me lave les mains* pour *je lave mes mains* (construction normale en anglais : **I wash my hands**), nous substituons dans le rapport de possession le pronom *me* à l'adjectif *mes.*

L'espagnol, comme la plupart de nos dialectes méridionaux, emploie ce procédé non seulement pour les parties du corps, mais pour tout ce que la personne porte sur elle, habillement, équipement, parure, parfois même pour des objets qui sont seulement sa propriété.

Me pongo el sombrero. (Je me mets le chapeau.)	*Je mets mon chapeau.*
Te quitarás la chaqueta. (Tu t'enlèveras le veston.)	*Tu enlèveras ton veston.*
Se manchó Ud la corbata.	*Vous avez taché votre cravate.*
El viento **les azotaba las faldas.**	Le vent *fouettait leurs jupes.*
Se le atragantaban en la garganta los dos tan sabidos versos de Garcilaso. (J. Valera. — *Juanita la Larga.*)	*Litt. :* Les deux vers si connus de Garcilaso *s'entravaient dans sa gorge.*

La réciprocité.

683. L'emploi de la *forme réfléchie* avec un sujet pluriel suffit la plupart du temps à marquer la *réciprocité:* Los dos hermanos **se reconocieron, se abrazaron y se miraron** enternecidos. *Les deux frères se reconnurent, s'embrassèrent et se regardèrent avec émotion.*

Quand il y a lieu de préciser le sens réciproque, on ajoute à la phrase soit l'adverbe **mutuamente,** *mutuellement*, soit les pronoms **uno** et **otro** réunis par la préposition qui convient au régime du verbe : se miraban **uno a otro** (Cf. § 749), *ils se regardaient l'un l'autre;* se reían **uno de otro,** *ils riaient l'un de l'autre;* riñeron **uno con otro,** *ils se disputèrent (l'un avec l'autre)*, etc.

CHAPITRE XX

ASPECTS SUBJECTIFS DE LA PHRASE

NUANCEMENT ET RENFORCEMENT DE L'AFFIRMATION

Les adverbes YA et BIEN.

684. Les adverbes **ya** et **bien,** déviés de leur sens primitif, sont employés souvent pour nuancer l'affirmation exprimée par le verbe. Lorsqu'ils jouent ce rôle, ils occupent la même place dans la phrase que la négation **no,** c'est-à-dire qu'ils précèdent le verbe et ne peuvent en être séparés que par les pronoms personnels proclitiques.

Ya renforce l'affirmation sous une forme *péremptoire*, comme s'il s'agissait d'une chose déjà entendue et jugée.

¡ Martina ! — **Ya voy.**	Martine ! — *J'y vais (soyez sans crainte).*
Ya lo viste... ya se conoce que...	*Tu l'as bien vu... on reconnaît bien que...*
Ya se convencerá el chico...	*L'enfant se convaincra (n'ayez crainte)...*
A los carneros, **ya era otra cosa...** (P. VALDÉS. — *Solo.*)	Quant aux moutons, *c'était tout à fait différent...*

Bien, moins catégorique que **ya,** est teinté parfois d'une nuance concessive, comme si on prenait l'auditeur à témoin. Il pourrait souvent se rendre en français par *n'est-ce pas ?*

Bien lo viste...	*Tu l'as bien vu, n'est-ce pas ?*
Bien es verdad que...	*Il est vrai toutefois que...*
Bien me lo decía mi padre.	*Mon père me le disait bien.*

La formule SÍ QUE.

685. La formule de renforcement **sí que** (Cf. § 300) qui précède aussi le verbe est beaucoup plus énergique que **ya** et **bien** et donne à l'expression une valeur emphatique, parfois même exclamative.

Sa valeur de renforcement est appliquée plutôt qu'au verbe à d'autres éléments (pronoms sujets ou compléments, adverbes, noms) qui sont placés à cet effet au début de la phrase et avant **sí que.** Le français peut la rendre par la formule *c'est... que.*

A ti sí que te sienta bien el sombrero.	*C'est à toi que le chapeau va bien.*
Pedro sí que lo sabe.	*C'est Pierre qui le sait vraiment.*
Eso sí que no !	*Cela, jamais de la vie !*
Entonces sí que andaban las simples y hermosas zagalejas de valle en valle, y de otero en otero... (CERVANTES. — *D .Quijote*, I, 11.)	*C'est alors que les simples et jolies petites bergères s'en allaient de vallée en vallée, et de coteau en coteau...*

Emploi particulier de la conjonction SI.

686. Dans le dialogue, on trouve souvent la conjonction **si** au début d'une proposition indépendante. En principe, cette conjonction introduit un argument qui contredit une allégation précédente et qu'on pourrait assimiler à l'énoncé d'une condition dont la conséquence reste tacite.

¡ Si todos lo saben ya !...	*Du moment que tout le monde le sait déjà !...*

Mais, dans la pratique, l'emploi de ce **si** s'est étendu en dehors de tout souci d'argumentation. Il peut même marquer une conséquence. Il correspond pour l'idée à une observation précédée de : *je vous garantis que... je vous assure que... songez que...,* etc.

¿ Lo ves ? **Si un día tendré que** ponerme serio. (BENAVENTE. — *Al natural.*)	Tu vois ça ? *Je t'assure qu'un jour ou l'autre il va falloir que je me fâche.*
¡ Si hasta el silencio es música en estos campos ! (R. LEÓN. — *El amor de los Amores.*)	(Après une description des bruits champêtres.) *On peut bien dire que dans ces campagnes le silence lui-même est une musique !*

LA NÉGATION

Place de NO.

687. La place normale de la négation est entre le sujet et le verbe ; elle ne peut être séparée de ce dernier que par les pronoms personnels proclitiques.

El amo **no me lo mandó.**	Le maître *ne me l'a pas commandé.*
Yo no te diré nada.	*Moi je ne te dirai rien.*

No peut être placé aussi devant un élément (pronom ou adverbe) qui précède le verbe si la négation affecte plus particulièrement cet élément.

No todos piensan de la misma manera.	*Tout le monde n'est pas* du même avis.
No siempre salen las cosas como uno quiere.	*Les choses ne réussissent pas toujours* comme on le voudrait.

Omission de NO.

688. S'il se trouve avant le verbe un mot négatif par lui-même (**nadie, ninguno, tampoco, nunca, jamás, nada, en mi vida, en mis días**), on doit supprimer la négation **no.**

A nadie se lo dije.	*Je ne l'ai dit à personne.*
Ningún alumno sabe la lección.	*Aucun élève ne sait sa leçon.*
Nunca te volveré a ver.	*Jamais je ne te reverrai.*
Nada me falta.	*Il ne me manque rien.*
En mi vida ví tal cosa.	*De ma vie je n'ai vu pareille chose.*

Mais on conserve **no** si le mot négatif se trouve placé après le verbe. En d'autres termes, il faut que dans une phrase négative il y ait une négation devant le verbe, mais jamais deux. Les exemples précédents peuvent s'énoncer sous la forme suivante : **No** se lo dije a **nadie.** — **No** te volveré a ver **nunca.** — **No** me falta **nada.** — **No** ví tal cosa en mi **vida.**

Ni... ni...

689. Si les deux **ni** précèdent des éléments placés avant le verbe, on supprime la négation **no.** (Cf. § 688.)

Ni les uns ni les autres ne purent venir.	**Ni unos ni otros** pudieron venir.
Ni aujourd'hui ni demain je ne le ferai.	**Ni hoy ni mañana** lo haré.

Si les deux **ni** se rapportent à des éléments placés après le verbe, celui-ci est précédé de **no** et on ne traduit que le second **ni.**

Je n'ai vu ni ton père ni ta mère.	**No ví** a tu padre **ni** a tu madre.
Je n'irai ni aujourd'hui ni demain.	**No** iré hoy **ni** mañana.

On traduit de même par **no... ni,** ou par **ni... ni...** s'il s'agit de deux verbes consécutifs.

Il ne mange ni ne boit.	**No** come **ni** bebe. *Ou bien :* **Ni** come **ni** bebe.
Je ne le vis ni ne l'entendis.	**Ni** le ví **ni** le oí.

Ni = ne... pas même.

690. L'espagnol emploie parfois un **ni** isolé qui est l'équivalent de **no... siquiera**, *ne... pas même.* (Cf. § 306, *b.*)

Y ni amordazándole con una mano podía hacerle callar. (PEREDA. — *Peñas Arriba.*)	*Et pas même en le bâillonnant* avec une main je ne pouvais le faire taire.
Algunos espectadores preguntaban, se empujaban y no comprendían, pero yo **ni preguntar necesité...** (P. BAZÁN.)	Quelques spectateurs demandaient, se poussaient et ne comprenaient pas, mais moi *je n'eus pas même besoin de demander...*

Non seulement... mais aussi, mais encore.

691. Ces formules se traduisent par **no sólo... sino también** (ou **además**).

On invita *non seulement* les parents, *mais aussi* tous les voisins.	Se convidó **no sólo** a los parientes, **sino también** a los vecinos.
Non seulement en Espagne, *mais à l'étranger aussi* on l'admire.	**No sólo** en España, **sino también** en el extranjero se le admira.

Quand ces formules portent sur les verbes eux-mêmes, le second se construit avec **sino que.** Si le premier est négatif, la négation **no** est répétée.

Non seulement je l'ai entendu, *mais* je l'ai vu.	**No sólo** le oí, **sino que** le ví.
Non seulement il ne dormait pas, *mais* il dérangeait *aussi* ses camarades.	**No sólo no dormía, sino que además** molestaba a los compañeros.

Ne... que.

692. Si la formule est restrictive sur *la quantité* ou *la qualité*, la conjonction *que* se traduit ordinairement par **más que.** On emploie plutôt **sino** si la restriction porte sur un complément de *manière.*

a) *Je ne bois que de l'eau.*	**No bebo más que agua.**
Tu ne fais que dormir.	**No haces más que dormir.**
Ce vin n'est que médiocre.	**Ese vino no es más que mediano.**
b) *Je n'aime ce poisson qu'en sauce.*	No me gusta ese pescado **sino con salsa.**
Tu ne réussiras qu'en t'exerçant tous les jours.	No lo conseguirás **sino ejercitándote todos los días.**

693. Devant un complément de temps déterminé (heure, jour, mois, etc.), *que* peut être rendu par **sino,** mais mieux encore, s'il s'agit d'un délai, par **antes de** ou **hasta.**

La lettre n'arriva *que deux jours après.*	La carta no llegó **sino dos días después.**
Vous ne le verrez *que demain.*	No lo verá Ud **antes de mañana** *ou* **hasta mañana.**
Il ne reviendra *que dans trois ans.*	No volverá **antes de tres años** *ou* **hasta dentro de tres años.**

Ne... plus.

694. Cette formule, qui marque la cessation d'une action ou d'un état, est rendue par **no... ya** encadrant le verbe ou **ya no** précédant le verbe. Elle est quelquefois renforcée par l'addition de **más. No** peut être remplacé par un autre terme négatif.

On n'entendait plus les clochettes des vaches.	**Ya no se oían** las esquilas de las vacas.
Je n'ai plus le courage de faire cela.	**No tengo ya valor** para hacer eso.
Il ne bougea plus du tout.	**Ya no se movió más.**
Il ne viendra plus personne.	**Nadie vendrá ya** *ou* **ya no vendrá nadie.**

695. La traduction de *plus* par **más,** au lieu de **ya,** est moins fréquente et moins correcte, sauf dans le cas où il s'agit de limiter une quantité. (Cf. § 292.)

Je n'ai plus de papier.	**No tengo más papel.**
Nous ne voulons plus perdre de temps.	**No queremos perder más tiempo.**
Personne ne le revit plus de la soirée.	**Nadie le vió más aquella tarde.**

L'INTERROGATION

Dans une phrase qui débute par **como llueve**, rien n'indique, sauf l'intonation, s'il s'agit d'une subordonnée de temps *(comme il pleut...)*, d'une interrogation *(comment pleut-il ?)* ou d'une exclamation *(comme il pleut !)*. C'est pourquoi l'espagnol fait précéder les phrases interrogatives et exclamatives des signes renversés **¿** et **¡**. Nous verrons d'ailleurs plus loin (§ 733-736) que dans cette langue l'inversion du sujet et du verbe est chose fréquente en dehors de l'interrogation et que, par conséquent, l'inversion par elle seule ne saurait servir de signe.

L'interrogation directe.

696. L'interrogation peut porter sur un élément placé en tête de la phrase **(quién, qué, cuál, cuántos, cuánto, cómo, cuándo, dónde)** ou sur le verbe lui-même. Quand elle ne porte pas sur le sujet, l'inversion *verbe-sujet* est de règle.

¿ **Quién llama** a la puerta ?	*Qui frappe à la porte.*
¿ **Cuándo llegaron** sus amigos de Ud ?	*Quand vos amis sont-ils arrivés ?*
¿ **Cómo anda** su coche nuevo ?	*Comment marche votre voiture ?*
¿ **Vendrá su hermano** con Ud ?	*Votre frère viendra-t-il avec vous ?*
¿ Así **entienden ellos** el negocio ?	*C'est ainsi qu'ils comprennent l'affaire ?*

L'interrogation indirecte.

697. L'interrogation indirecte est introduite par ces mêmes pronoms ou adverbes qu'il faut écrire avec l'accent, ou bien encore par la conjonction **si** (sans accent) lorsqu'elle porte sur le verbe.

¿ **A ver quién** llama a la puerta ?	*Voyons qui* frappe à la porte ?
¿ **Sabe Ud cuándo** llegó esa gente ?	*Savez-vous quand* ces gens-là sont arrivés ?
No sé si vendrá su hermano.	*Je ne sais si* son frère viendra.

SI interrogatif.

698. La conjonction **si** peut servir à introduire une proposition interrogative indépendante, notamment avec le futur de conjecture (Cf. § 712). Cette construction implique chez celui qui parle le doute ou l'appréhension. Pour rendre cette nuance, le français emploiera la formule : *est-ce que par hasard* (ou *par malheur*)... ; *je me demande si...*

¿ **Si me habré perdido el billete ?**	*Est-ce que par malheur j'aurais perdu mon billet ?*
¿ **Si me habrán visto ?**	*Je me demande si on m'a vu.*
¿ **Si querrá Dios que haya acertado en la mía ?**	*Dieu aurait-il permis que je réussisse dans mon affaire ?*

(TRUEBA. — *Cuentos campesinos.*)

699. *a*) On trouve aussi **ni**, au lieu de **y**, en tête d'une proposition interrogative indépendante, pour marquer que la réponse attendue ne saurait être que négative.

¿ **Ni qué sabe ella de todo eso ?**	*Et que sait-elle de tout cela ? Est-ce qu'elle sait rien de tout cela ?*

b) L'interrogation sous forme de *gageure* débute par la formule **¿ a que... ?** qui laisse sous-entendre le verbe **apuesto** (apostar), *je parie.*

¿ A que llego allá primero que tú ?	*Je parie que j'arrive là-bas avant toi ?*
¿ A que no sabe Ud la noticia ?	*Je parie que vous ne savez pas la nouvelle ?*

L'EXCLAMATION

700. La phrase exclamative présente de grandes analogies avec la phrase interrogative et en diffère surtout par l'intonation.

Lorsque l'exclamation porte sur l'action même, le verbe est précédé de **¡ cuánto... !** *combien*, *que* (quantité) ou de **¡ cómo... !** *comme* (manière). Au lieu de ce dernier terme, la langue poétique peut employer **¡ cuál... !**

¡ Cuánto llovió !	*Qu'il a plu ! Comme il a plu !*
¡ Cuánto ha crecido ese niño !	*Qu'il a grandi*, cet enfant !
¡ Cómo se reía aquel pillo !	*Comme il riait*, ce coquin !
¡ Cuál gritan esos malditos ! (ZORRILLA. — *D. Juan Tenorio.*)	*Comme ils crient*, ces enragés !

701. L'exclamation qui porte sur la *quantité* ou le *nombre* (français *combien de*, *que de*) se rend par **cuánto, -a, -os, -as,** ou par **qué de,** qui n'est pas un gallicisme.

¡ Cuántas cosas vienen aquí ! (*ou* **¡ Qué de cosas... !**)	*Que de choses* il y a là !
¡ Qué de vivas y de salvas ! (MELÉNDEZ VALDÉS.)	*Que d'applaudissements et de salves !*

¡ QUÉ ! = *quel, que, comme.*

702. L'espagnol moderne rend uniformément par **¡ qué... !** l'adjectif *quel* qui précède les noms et le *que* ou *comme* exclamatifs que le français emploie lorsque l'exclamation porte sur un adjectif, un participe ou un adverbe. La langue classique employait **¡ cuán... !** dans ce dernier cas.

Le mot affecté par l'exclamation doit toujours être placé au début de la phrase après le **qué** ou le **cuán** exclamatifs.

¡ Qué viaje ! ¡ Qué camino ! ¡ Qué polvo !	*Quel voyage ! Quelle route ! Quelle poussière !*
¡ Qué despacio transcurren las horas !	*Que les heures* passent *lentement !*
¡ Qué austero el paisaje, **qué serena** la atmósfera sobre el haz de la tostada llanura ! (R. LEÓN. — *El amor de los amores.*)	*Que le paysage est austère, que l'atmosphère est calme* au-dessus de la plaine brûlée !

¡ **Cuán diferente** era lo que en tu falso pecho se escondía ! (Garciloso de la Vega.)	*Combien était différent* ce qui se cachait dans ton cœur fourbe !
¡ **Cuán a buen tiempo** salís ! (Zorrilla.)	Que vous sortez bien à propos !

Exclamation renforcée.

703. L'exclamation qui affecte un nom accompagné d'un adjectif se construit en principe comme en français : *Quel brave garçon !* ¡ **Qué buen muchacho !** Mais, si l'intention exclamative vise plutôt la qualité ou le défaut exprimés par l'adjectif, l'espagnol met celui-ci en relief en le plaçant après le nom et en le faisant précéder de **más** ou de **tan.**

¡ **Qué** muchacho **más bueno !**	*Quel brave garçon !*
¡ **Qué** tío **más repugnante !**	*Quel répugnant individu !*
¡ **Qué** cosa **tan rara** !	*Quelle chose bizarre !*
¡ **Qué cosas más interesantes** me contó !	*Quelles choses intéressantes il m'a racontées !*

Article français à valeur exclamative.

704. L'exclamation introduite en français par l'article défini *le*, *la*, *les*, occasionnellement suivi après le nom d'un *que* explétif, doit être ramenée aux formules précédentes (§ 702, 703).

Le pauvre homme! (quel pauvre homme !)	¡ **Qué pobre hombre !**
La grande vérité que vous dites là !	¡ **Qué verdad más grande** está Ud diciendo !
La belle chose qu'une journée claire de printemps! (= quelle belle chose est...)	¡ **Qué cosa más hermosa es un día** claro de primavera !

705. Ce *que* explétif peut se rencontrer aussi en français dans l'exclamation introduite par *quel.* Il relie, en l'absence du verbe *être*, un attribut exclamatif au nom qui suit. En espagnol il doit être omis, ou traduit par le verbe *être.*

Quelle chose fastidieuse que ce sermon !	¡ **Qué lata aquel sermón !**
Quel trésor que cette fille !	¡ **Qué ganga es esa chica !**
Quel roublard que ce père Mathieu !	¡ **Qué zorro (es) aquel tío Matías!**

Autres formules exclamatives.

706. L'espagnol parlé se sert parfois de ¡ **vaya... !** pour présenter un nom avec une intention exclamative.

¡ **Vaya calor !**	*En voilà une chaleur !*
¡ **Vaya susto** (*ou* **vaya un susto**) que me has dado !	*Tu m'en as fait une peur !*

Il peut aussi remplacer, en lui donnant une valeur exclamative, le négatif **ninguno** par **maldito** placé en tête de la phrase et précédant le nom. La phrase devient dès lors une relative.

¡ **Maldita la gana** que tengo de trabajar !	*(Maudite l'envie que j'ai...) Je n'ai pas la moindre envie* de travailler.

Cette construction est basée sur la valeur de **maldito** employé comme renforcement de négation : No tengo **una maldita perra.** Je n'ai pas *le moindre sou* (un maudit sou).

D'une façon analogue, la formule **buen, buena... te dé Dios** encadrant un nom sert à marquer d'une façon exclamative et ironique l'absence d'un objet, ordinairement perdu. Le français, comme l'espagnol aussi, peut rendre cette idée simplement par : *adieu*, **adiós.** *(Adieu, veau, vache, cochon, couvée !)*

El sabía donde lo había dejado... ¡ **Pero buen pantalón te dé Dios !** (P. Bazán. — *Cuentos sacro-profanos.*)	Lui savait où il l'avait laissé. *Mais adieu pantalon !*
Si el Casino deja de residir en la Encimada, **adiós Casino**. (Clarín. — *La Regenta.*)	Si le Casino déménage de l'Encimada, *c'en est fait du Casino !*

L'épithète de **valiente** sert à marquer d'une façon ironique et par antiphrase le peu de valeur que l'on accorde à une personne ou à un objet.

¡ **Valiente cocinero** está Ud hecho !	*Le beau cuisinier que* vous me faites !

L'exclamation indirecte.

707. L'exclamation, comme l'interrogation, peut être indirecte, c'est-à-dire annoncée par un verbe ; en pareil cas, nous avons plutôt affaire à une phrase *pondérative* (1). La tournure exclamative peut y persister sous les mêmes formes que nous avons vues précédemment (§ 700-702), à condition que le verbe qui l'introduit demande un régime direct.

¡ Si viera Ud **qué camino !** ¡ **qué polvo !** etc.	Si vous voyiez *quel chemin ! quelle poussière !*
¡ Mire Ud **qué tarde llega !**	Voyez *comme vous arrivez tard !*
¡ Vea Ud **qué despacio va !**	Voyez *comme il va lentement !*
¡ No sabe Ud **qué repugnante es ese tío !**	Vous ne savez pas *combien cet individu est répugnant.*

(1) Nous employons *pondératif* dans le sens que présente en espagnol le mot ponderativo et nous entendons par valeur pondérative le degré de signification de l'adjectif ou de l'adverbe marqué par **cuàn** (*combien*) : cuàn fuerte, *combien fort.*

Emploi de LO... QUE.

708. Quand il s'agit d'*adjectifs* ou d'*adverbes*, au lieu d'employer **qué** ou **cuán**, l'espagnol préfère souvent les encadrer dans la formule **lo... que** : ¡ Mire Ud **lo tarde que** llega ! ¡ Vea Ud **lo despacio que** va ! ¡ No sabe Ud **lo repugnante que** es ese tío !

Se sabe **lo atrasada que** era esta ciencia. (P. Feijóo.)	On sait *combien cette science était en retard.*
Me ha admirado **lo bien escrita que** está la carta de Ud. (P. Isla.)	J'ai admiré *combien votre lettre était bien écrite.*

Le français populaire dit d'une façon analogue : *...ce que tu es en retard !... ce qu'il est répugnant !*

709. La construction de l'adjectif ou de l'adverbe avec **lo... que** est la seule possible après un verbe qui demande un régime indirect. La traduction de cette construction en français présente parfois une certaine difficulté.

No se da Ud cuenta **de lo tarde que llegó.**	Vous ne vous rendez pas compte *combien vous êtes arrivé en retard.*
Siempre me acordaré **de lo bueno que** se mostró Ud conmigo.	Je me rappellerai toujours *combien vous avez été bon à mon égard.*

Nous voyons par les exemples précédents que la proposition pondérative déterminée par *lo* **(lo tarde que llegó, lo atrasado que era, lo bueno que se mostró Ud)** se comporte comme un élément simple de la phrase et peut assumer les mêmes fonctions que le nom (sujet et régimes divers).

En voici un autre exemple pris dans une copla populaire :

Los mujeres y el dinero en dos cosas se parecen : **en lo que cuesta ganarlas** **y en lo pronto que se pierden.**	Les femmes et l'argent se ressemblent en deux choses : *en ce qu'il en coûte de les gagner et en ce qu'on les perd rapidement.*

710. On peut expliquer par l'ellipse d'un verbe **(hay que ver... si supieran...)** l'exclamation exprimée directement par la formule **lo... que.**

¡ **Lo que yo he corrido !**	*Ce que j'ai couru ! Comme j'ai couru !*
¡ **Lo que hay que ver,** Dios mío !	Mon Dieu, *ce qu'il faut voir !*

LA CONJECTURE ET LE DOUTE

Deber de, haber de.

711. L'aspect de conjecture que nous exprimons en français par le semi auxiliaire *devoir* (*il doit* être tard) peut se rendre en espagnol par **deber** suivi de la préposition **de.** (**Deber** employé seul marquerait l'*obligation*, Cf. § 599.)

Il doit être bien tard.	**Debe de ser** muy tarde.
Tu dois être préoccupé.	**Debes de estar** preocupado.
Il devait être malade.	**Debía de estar** malo.
Il a dû manquer son train.	**Debió de perder** el tren.

L'auxiliaire **haber de** peut aussi, à l'occasion, exprimer ce même aspect : **ha de ser** muy tarde ; **hubo de perder** el tren, etc. Mais l'espagnol aime peu ces tournures, qui ont le tort d'alourdir la phrase, surtout aux temps composés du passé, et leur préfère les suivantes.

Le futur et le conditionnel de conjecture.

712. Le futur et le conditionnel espagnols sont susceptibles d'exprimer à eux seuls l'aspect de *conjecture.* Le français n'a exploité cette possibilité qu'au futur antérieur : *il aura manqué* son train = *il a dû* manquer son train.

a) Le *futur simple* est employé pour les faits envisagés *au présent.*

Estará malo.	*Il doit être* malade.
Será muy tarde.	*Il doit être* très tard.
No sabrá Ud qué hacer.	*Vous ne devez savoir* que faire.
A estas horas, **tendrá Ud** sueño.	A cette heure-ci, *vous devez avoir* sommeil.

b) Le *futur antérieur* et le *conditionnel* envisagent *des faits passés :*

Habrá llegado tarde.	*Il a dû arriver* en retard.
Si no vino, **es que estaría malo.**	S'il n'est pas venu, *c'est qu'il devait être malade.*
El pobre chico **no sabría que hacer.**	Le pauvre enfant *ne devait savoir que faire.*
Acaso **no podría salir.**	Peut-être *n'a-t-il pas pu sortir.*
Tal vez **se pondría malo** en camino.	Peut-être *était-il tombé malade* en route.
(MORATÍN. — *El sí de las niñas.*)	

Si le conditionnel passé **(habría podido, se habría puesto)** n'est pas employé dans cette acception, c'est que le conditionnel présent par lui-même admet la conjecture à n'importe quel temps du passé.

Le doute.

713. L'aspect de doute admet deux degrés différents.

a) Le verbe est laissé à l'indicatif comme s'il s'agissait d'un fait réel et suivi d'un des adverbes de doute, **quizás, acaso, tal vez,** etc. (Cf. § 302-304.)

¿ No entiendes, acaso, lo que te digo ?	*Tu ne comprends pas, peut-être,* ce que je te dis ?
No es esto, quizás, lo que tú querías.	*Ce n'est peut-être pas ceci* que tu voulais.
Tu opinión es acaso la mejor.	*Ton avis est peut-être* le meilleur.

b) L'aspect de doute est renforcé en plaçant les adverbes **quizá, acaso, tal vez** au début de la phrase devant le verbe et en mettant celui-ci soit au futur ou au conditionnel (Cf. § 712), soit au subjonctif comme s'il s'agissait d'une subordonnée introduite par **puede ser que,** *il peut se faire que.* Le français répond ordinairement à cette nuance par la tournure interrogative.

Quizá esté agonizando.	*Peut-être est-il* à l'agonie.
Pasaron dos minutos ; **o quizás no fuesen minutos,** sino segundos. (P. BAZÁN.)	Il se passa deux minutes ; *ou peut-être n'était-ce pas des minutes,* mais des secondes.
Tal vez convenga que aceptemos la lección de la gaviota. (E. D'ORS. — *El nuevo glosario.*)	*Peut-être conviendrait-il* que nous acceptions la leçon de la mouette.

Puede ser que est très souvent réduit à **puede que :**

Puede que tengas razón.	*Il se peut que* tu aies raison. *Peut-être as-tu raison.*

L'atténuation.

714. L'espagnol admet, comme le français, l'emploi du conditionnel au lieu de l'indicatif, comme un moyen d'atténuation soit pour rapporter des faits que l'on ne peut garantir, soit pour exprimer des opinions ou des demandes que l'on veut rendre plus acceptables ou plus polies.

Un ingeniero americano **habría inventado** un nuevo explosivo.	*Un ingénieur américain aurait inventé un nouvel explosif.*
El rey del petróleo **estaría** actualmente en Londres.	*Le roi du pétrole serait actuellement à Londres.*
Parecería que esto es mejor.	*Il semblerait* que ceci est mieux.
Quisiera que... desearía que...	*Je voudrais que... je souhaiterais que...*

Cependant l'espagnol emploie plutôt le présent de l'indicatif pour rendre les formules : *je ne pourrais, je ne saurais.*

Je ne pourrais vous le dire.	**No se lo puedo** decir.
Je ne saurais le faire.	**No lo sé** hacer.

ORDRES ET PRIÈRES

Ordres donnés en tutoyant.

715. La 2e personne du singulier et du pluriel de l'impératif ne peut être employée que dans le *tutoiement* singulier ou collectif. (Cf. pour l'emploi de la 2e personne du pluriel en général, § 131.)

Bois et mange, mon enfant.	**Come y bebe,** hijo mío.
Buvez et mangez, mes enfants.	**Comed y bebed,** hijos míos.
Lève-toi et marche.	**Levántate y anda.**
Priez, mes frères, et repentez-vous.	**Rezad,** hermanos, y **arrepentíos** (Cf. § 225).

Ordres donnés avec UD, UDES.

716. Comme il n'existe pas de 3e personne à l'impératif, l'usage de **Ud, Udes** entraîne l'emploi des 3e personnes du singulier et du pluriel du subjonctif présent. Les formes du subjonctif ainsi employées réclament comme l'impératif l'enclise des pronoms personnels compléments.

Hable Ud ; hablen Udes.	*Parlez* (sing. et plur.).
Dígame Ud ; díganme Udes.	Dites-moi (sing. et plur.).
Levántese Ud ; levántense Udes.	Levez-vous (sing. et plur.).

La 1re pers. du pluriel.

717. La 1re personne du pluriel est également empruntée au subjonctif présent. Cette personne perd son **s** final dans l'enclise de **nos.** (Cf. § 224.)

Hablemos ; comamos ; subamos.	*Parlons ; mangeons ; montons.*
Ayudémosle.	*Aidons-le.*
Sentémonos. Pongámonos allí.	*Asseyons-nous. Mettons-nous* là.

Au lieu du subjonctif **vayamos,** on emploie dans le sens impératif la forme : **vamos,** *allons;* **vámonos,** *allons-nous-en*, qui est d'ailleurs une ancienne forme du subjonctif. (**Vayamos** reste dans les subordonnées : **es preciso que vayamos todos.**)

Au lieu de **veamos,** *voyons*, la langue parlée dit d'une façon constante **a ver,** formule elliptique pour **vamos a ver :** *Voyons ce que tu as là:* **a ver lo que tienes ahí.**

Mention du pronom sujet.

718. Toutes les formes impératives précédentes (§ 715-717) admettent occasionnellement la mention du sujet (Cf. § 426), qui est placé alors après le verbe et ses enclitiques.

Canta **tú** la segunda voz.	*Toi, chante la seconde partie.*
Subid **vosotros** primero.	*Montez d'abord, vous autres.*
Vamos **todos** allá.	*Allons-y tous.*
Eso, díselo **tú.**	*Ça, dis-le-lui toi-même.*

Formules elliptiques.

721. D'autre part, le langage familier ainsi que le langage militaire et sportif utilisent des formules de commandement qui se réduisent à des *adverbes* ou à des *adjectifs*.

¡ Firme ! — ¡ Quietos !	*Fixe !* — (Restez tranquilles). *Ne bougeons plus !*
¡ Alto ahí ! — ¡ Fuera todos !	*Halte-là. — Tout le monde dehors !*
¡ Arriba, holgazán, que ya son las ocho !	*Debout, fainéant !* Il est déjà 8 heures.
¿ Quién llama ? — ¿ Ah, es Ud ? **¡ Adelante !**	Qui frappe ? — Ah, c'est vous ? *Entrez donc.*

Dans les formules elliptiques de ce genre, on peut introduire par la préposition **con** le complément direct du verbe sous-entendu.

Adelante con el cuento...	*Continuez votre histoire.*
¡ Abajo con todo !... ¡ Pues con ellos (los caballos) **y con las maletas al mesón de afuera !** (Moratín. — *El sí de las niñas*, II.)	*Descendez toutes les affaires avec vous... Eh bien, emmenez-les ainsi que les valises à l'auberge hors-ville.*
¡ A la cárcel con ese pillo ! (P. Valdés. — *Riverita.*)	*Emmenez-moi ce loustic en prison !*

Expression de la défense.

719. La présence d'une négation entraîne toujours la substitution de l'impératif par le subjonctif et empêche l'enclise des pronoms compléments ; ceux-ci doivent précéder le verbe comme en français.

Calla y come, *tais-toi et mange.*	**No comas** de eso, *ne mange pas* de cela.
Contéstame, *réponds-moi.*	**No me contestes,** *ne me réponds pas.*
Tráelo, *apporte-le.*	**No lo traigas,** *ne l'apporte pas.*
Vendédsela, *vendez-la-lui.*	**No se la vendáis,** *ne la lui vendez pas*
Contésteme Ud, *répondez-moi.*	**No me conteste Ud,** *ne me répondez pas.*
Ayudémosle, *aidons-le.*	**No le ayudemos,** *ne l'aidons pas.*

Emploi de l'infinitif.

720. Dans le langage familier, un ordre qui s'adresse à une collectivité peut s'exprimer par l'infinitif. Dans les phrases affirmatives, celui-ci est souvent précédé de la préposition **a** qui suppose l'ellipse de **vamos** (§ 717).

No alborotar, muchachos.	*Ne faites pas de bruit,* mes garçons.
Trabajar y callar.	*Travaillez et taisez-vous.*
Y ahora, **a comer.**	Et maintenant, *mangeons.*
A ver, a probaros los sombreros, criaturas. (Frontaura — *Las tiendas.*)	*Voyons, les enfants, essayez ces chapeaux.*

Avis donné à des 3e personnes.

721. Dans le cas où un avis est adressé à des 3e personnes, l'espagnol l'exprime directement par le subjonctif, sans le faire précéder de la conjonction *que.*

Vengan todos aquí.	*Que tout le monde vienne ici.*
Nadie diga en este mundo : de esta agua no beberé... (*Copla popular.*)	*Que personne en ce monde ne dise :* je ne boirai pas de cette eau...
Quédense aquéllos donde quieran.	*Que ceux-là restent* où ils voudront.

Formules de politesse.

722. Les formules de politesse qui correspondent au français *s'il vous plaît* ou *je vous prie* sont : **Haga Ud** (ou **hágame Ud**) **el favor de... Tenga Ud la bondad de** (ou **la amabilidad de**)... suivies de l'infinitif.

Répondez, s'il vous plaît. (= Faites-moi la faveur de répondre.)	**Hágame Ud el favor de contestar.**
Taisez-vous, je vous prie. (= Ayez la bonté de vous taire.)	**Tenga Ud la bondad de callar.**

On peut aussi, bien que cette formule soit moins fréquente et moins courtoise, exprimer directement l'ordre ou la prière, comme en français, en les faisant suivre de l'expression **por favor**, ou parfois **si hace Ud el favor.**

Ne parlez pas si haut, *je vous prie.*	No hable Ud tan alto, **por favor.**
Dites-moi, *s'il vous plaît*, où je dois aller.	Dígame Ud, **por favor,** adónde tengo que ir.

723. La formule française *vouloir (bien)* est rendue ordinairement par **servirse.** La forme passive **ser servido de** est classique, mais désuète.

Sírvase Ud tomar asiento.	*Veuillez* prendre un siège.
Sírvase Ud exponerme su situación.	*Veuillez* m'exposer votre situation.
Que vuestra merced **sea servido de** mostrarnos algún retrato de esa señora. (Cervantes. — *D. Quijote*, I, 4.)	*Veuillez nous* montrer un portrait de cette dame.

Les formules **dignarse, tener a bien,** *daigner*, ont une valeur à peu près équivalente à la précédente.

¿ **Se dignará Ud** mandarme una tarjeta ?	*Daignerez-vous* m'envoyer une carte.
Tenga Ud a bien avisar a esa señora.	*Veuillez bien* avertir cette dame.

Formules d'insistance.

724. L'espagnol appuie les prières d'une façon plus pressante par : **por Dios..., por tu madre..., por tu vida..., por tu alma...,** etc.

Ces formules peuvent, à elles seules, équivaloir à un verbe sous-entendu *(je vous prie, je vous supplie)* et être suivies d'une véritable subordonnée au subjonctif, au lieu d'un impératif.

¡ **Por tu vida,** exclamó el inocente prisionero, **dame la libertad !** (SAMANIEGO.)	*Je t'en supplie,* s'écria l'innocent prisonnier, *rends-moi la liberté !*
¡ **Por Dios que te vayas !** ¡ **Por Dios que me dejen en paz !**	*Va-t'en, je t'en supplie.* *Je vous en prie, qu'on me laisse en paix.*

L'optatif.

725. Il est fréquent, surtout en poésie, de trouver le subjonctif présent avec une valeur d'optatif, c'est-à-dire exprimant par lui-même un souhait, une hypothèse, sans l'aide d'aucune formule d'introduction. Cet emploi est connu du français, mais plus rare : *viennent les beaux jours* et vous verrez...

Ande yo caliente y ríase la gente. (GÓNGORA.)	*Que moi je sois au chaud* (= si je suis au chaud) *et* (peu m'importe) *que les gens rient.*
Cuando cubra las montañas de plata y nieve el enero, **tenga yo lleno el brasero** **de bellotas y castañas...** (GÓNGORA.)	Quand janvier recouvrira les montagnes d'argent et de neige *(Dieu veuille)* *que moi j'aie mon brasier plein* *de glands et de marrons.*

Le souhait.

726. Dans les formules courantes de politesse, les souhaits sont exprimés le plus souvent par le subjonctif présent précédé de **que** ; parfois aussi sous la forme impérative.

Que Ud se alivie... que siga mejor.	*(Je souhaite) que vous alliez mieux.*
Que tengan Udes buen viaje *ou* **tengan Udes buen viaje.**	*Faites un bon voyage.*
Que no haya novedad... Que se diviertan.	*Qu'il ne vous arrive pas d'accident... Amusez-vous bien.*

727. Pour exprimer des souhaits plus particuliers, l'espagnol fait précéder le subjonctif d'une des formules : **Dios quiera que... Permita Dios que...** *Dieu veuille que... ;* **ojalá,** qui en est un équivalent d'origine arabe, et se construit sans **que** ; enfin l'adverbe **así,** construit également sans conjonction.

¡ **Dios quiera que** vuelvas pronto ! ¡ **Ojalá vuelvas** pronto !	*Dieu veuille que* tu reviennes vite.
¡ **Ojalá no te vea** nadie !	*(Je souhaite) que personne ne te voie.*
Así no marchite el tiempo el abril de tu esperanza. (VILLEGAS.)	*Puisse le temps ne pas flétrir* l'avril de ton espérance.

Así dé Dios a Su Majestad muchos años de vida. (QUEVEDO.)	*Que Dieu donne à Votre Majesté* de longues années à vivre.

728. Primitivement, le vœu formulé par **así** avait seulement pour objet de garantir la sincérité d'une assertion introduite par son corrélatif **como : Assí** me medre Dios **como** me será agradable esse sermón. *Que Dieu me protège, aussi vrai qu'il me sera agréable d'entendre ce sermon.* (*La Celestina, A. I.*)

Plus tard la contre-partie de ce vœu, introduite par **que** au lieu de **como,** consistait en l'octroi d'une faveur demandée à quelqu'un.

Así, Bartolomé, cuando camines **te dé Mercurio** prósperos viajes y su sombrero, báculo y botines **que me des** relación...	*Tandis que tu seras en route, que Mercure te donne d'agréables étapes ainsi que son chapeau, sa canne et ses bottes, si toi-même tu me rapportes...*

(E. M. DE VILLEGAS, *cité par* BELLO, *Gr.*, § 998.)

¡ Oh ! vosotras Napeas y Dríadas, **...así los ligeros y lascivos sátiros... no perturben** jamás vuestro dulce sosiego, **que me ayudéis** a lamentar mi desventura. (CERVANTES. — *D. Quijote*, I, 25.)	Oh ! vous, Napées et Dryades, *puissent les satyres légers et folâtres ne* jamais troubler votre doux repos, *si vous m'aidez* à pleurer mon malheur...

Le regret.

729. L'expression d'un regret ou, ce qui revient au même, d'un souhait rétrospectif (en français : *Plût au ciel que... ! Ah si... !*) se rend ordinairement par **ojalá** suivi du subjonctif imparfait ; la formule **pluguiera a Dios** (ou **al cielo**) **que** peut aussi être employée.

Ya voy para morir **¡ y ojalá fuese ya muerto !** (CASTILLEJO.)	Je m'apprête à mourir *et plût au Ciel que je fusse déjà mort !*
¡ Ojalá no le hubiera conocido nunca ! **¡ Pluguiera a Dios que me hubiese olvidado !**	*Plût au Ciel que je ne l'eûsse jamais connu !* *Plût au Ciel qu'il m'eût oublié.*

Le pronom **quién,** employé dans ces mêmes conditions, est pour celui qui parle une façon voilée d'exprimer un regret personnel. (Cf. § 452.)

¡ Quién volara a la tierra donde un príncipe existe... (RUBÉN DARÍO. — *Sonatina.*)	*Ah ! si je pouvais m'envoler vers le pays où il existe un prince...*

CHAPITRE XXI

ORDRE DES MOTS DANS LA PROPOSITION

730. L'espagnol dispose avec plus de souplesse que le français des éléments de la proposition et s'écarte volontiers de l'ordre logique : sujet, verbe, attribut ou complément. Les inversions sont très fréquentes, non seulement dans la langue littéraire, mais aussi dans le langage courant. Toutefois, la place des mots est loin d'être arbitraire : elle obéit à des directives qu'il convient de connaître.

Certaines constructions n'ont qu'un *rôle affectif :* elles sont dues au dessein de nuancer la pensée, et leur emploi est plutôt affaire de style que de grammaire. (Cf. § 731.)

D'autres, par contre, ont un *rôle grammatical* et sont à observer sous peine d'incorrection. (Cf. § 732, 733.)

D'autres constructions, enfin, représentent un *moule traditionnel* qui s'offre spontanément à la pensée ; elles ne sont pas obligatoires, mais elles sont toujours préférables, parce qu'elles répondent mieux au génie de la langue. (Cf. § 734-736.)

Inversions de style.

731. Les mots, quelle que soit leur fonction, sur lesquels on veut attirer l'attention de l'interlocuteur ou du lecteur sont ordinairement placés *en tête de la phrase.*

Muy pálido está Ud, amigo.	Vous êtes *bien pâle*, mon ami.
Buen susto me has dado.	Tu m'as fait *une belle peur.*
A nadie se lo diré.	Je ne le dirai *à personne.*
Allá le esperaré yo.	Je vous attendrai *là-bas.*
Silenciosa y serena quedó la noche otra vez.	La nuit redevint *silencieuse et calme.*

Inversions d'ordre grammatical.

732. Il faut placer obligatoirement en tête de la proposition :

a) Le terme qui fait l'objet d'une *interrogation* ou d'une *exclamation*, directes ou indirectes. Cette construction entraîne toujours dans une proposition principale l'inversion *verbe-sujet* (§ 733).

¿ **Vendrá** su hermano de Ud ?	*verbe.*
¿ **Así** entienden ellos el negocio ?	*adverbe de manière.*
¡ **Qué tarde** llega Ud !	*adverbe de temps.*
¡ **Qué susto** me has dado !	*complément d'objet direct.*
¡ **Lo malo** que es Usted !	*attribut.*

b) *Le terme de comparaison* qui fait l'objet de deux propositions corrélatives ou d'une concessive.

Cuánto más frío hace, **mejor tiempo** es para los patinadores.	*Plus* il fait *froid*, *meilleur est le temps* pour les patineurs.
Por más robusto que uno sea, no ha de jugar con la salud.	*Si robuste soit-on*, on ne doit pas jouer avec la santé.
Por más temprano que Ud se levante, no le alcanzará Ud.	*Vous aurez beau* vous lever *de bonne heure*, vous ne l'attraperez pas.

Inversion VERBE + SUJET.

733. L'inversion *verbe-sujet*, de règle dans les interrogations (§ 696), est aussi observée régulièrement :

a) Dans l'expression par le subjonctif d'un ordre, d'une supposition. d'un souhait, d'un regret. (Cf. § 718, 722, 725.)

Quédense los alumnos castigados. — **¡ Que salgan los novios !** — **¡ Venga otra botella !** — **Viva Ud** mil años. — ¡ Así **tuviesen todas las cosas** remedio ! (F. Caballero). — **Despiértenme las aves** con su cantar sabroso no aprendido (Fr. L. de León).

b) Dans les propositions infinitives, gérondives et participes (§ 848) :

Al llegar **la primavera...** — Apacentando **un joven** su ganado... (Samaniego). — Dicho **esto ;** acabado **el trabajo...,** etc.

c) Dans les tournures affectives (§ 628-632), dans certaines constructions d'apparence impersonnelle (§ 645) et dans les tournures réfléchies qui correspondent à la traduction de *on* ou du passif (§ 651, 652) :

Me duele **la garganta.** — Se me ocurre **una idea.** — No me da **la gana.** — Llueven **perros y gatos.** — Sucedieron **muchas desgracias.** — Se siega **el trigo** en julio. — Oyéronse **los sones alegres** de la dulzaina (R. León), etc.

Le résultat en est que les termes de la phrase se retrouvent dans le même ordre qu'en français : j'ai mal *à la gorge;* il me vient *une idée;* je n'en ai pas *envie;* il pleut *des chiens et des chats* (à torrents), etc., mais les fonctions de sujet et de complément se trouvent inversées, comme nous l'avons vu.

Les constructions : **la garganta** me duele ; **una idea** se me ocurre, etc., demeurent correctes grammaticalement, mais elles sont moins conformes au génie de la langue.

734. L'usage préfère encore l'inversion verbe-sujet :

a) Lorsque le verbe est renforcé par **ya** ou **bien** :

Ya lo sabe **todo el mundo.** — Bien lo decía **su madre de Ud.**

b) Dans les propositions *intercalées*, simples ou précédées de **como, según, conforme** :

¡ Por tu vida ! exclamó **el inocente prisionero** (Samaniego). — ¡ Todos quietos ! dijo **el padre**. — Según decían **los testigos**, *d'après ce que disaient les témoins.* — Conforme avanza **el viajero**, *à mesure que le voyageur avance.*

c) Lorsque la proposition (principale ou subordonnée) débute par un terme qui est *attribut ou complément.*

Tal era **la situación de la familia.**	*Telle était la situation de la famille.*
Ésa es **mi opinión.**	*Voilà mon opinion.*
Poco valen **tus consejos.**	*Tes conseils valent peu.*
Aquí llegó **el agua en la última riada.**	*L'eau atteignit ici lors de la dernière crue.*
En medio del grupo descuella **el matarife.**	*Au milieu du groupe se détache le boucher.*
(PEREDA.)	

735. En dehors des cas précédemment cités, *l'intransitivité* du verbe rend toujours possible et correcte l'inversion verbe-sujet :

Pasaban **las horas**, pasaban **los días.**	*Les heures passaient, les jours passaient.*
Llegaron **las 4 de la tarde** y desfiló **el último de los convidados.**	*Quatre heures de l'après-midi arrivèrent et le dernier des invités défila.*
(PEREDA.)	

Salió de la sacristía **el sacerdote...**	*Le prêtre sortit de la sacristie...*
Arreciaban **los balidos**, repicaban **los cencerros.** Seguía **la grey apiñada**, balando...	*Les bêlements redoublaient, les sonnailles tintaient. Le troupeau serré poursuivait sa route, bêlant...*
(P. GALDÓS.)	

736. Enfin l'inversion peut avoir lieu par simple souci d'*équilibre de la phrase*, lorsqu'il y a plusieurs sujets consécutifs, ou que le sujet est suivi soit d'un complément, soit de plusieurs adjectifs.

Resaltan **los telas rojas, azules, verdes**, etc. ; brillan **los vasos, tazas, jarrones, copas, floreros.**	*Les étoffes rouges, bleues, vertes, etc. sautent aux yeux ; (on voit) briller les verres, les tasses, les potiches, les coupes, les vases de fleurs.*
(AZORÍN.)	

En sus copas cantaban **algunos pájaros, urbanos también, de esos que aprenden a huir de los niños...**	*Dans leurs branches chantaient quelques oiseaux, citadins aussi, de ceux-là qui apprennent à fuir les enfants...*
(UNAMUNO.)	

HABER + participe passé.

737. En principe, on ne peut insérer entre l'auxiliaire **haber** et le participe passé que les pronoms personnels sujets **(yo, tú, él...)** et les pronoms personnels enclitiques : ¿ Has **tú** visto ? — Había **Ud** notado... — ¡ Habr**áse** visto... ! — Han**me** dicho que... — Si le hubiera **Ud** oído..., etc. Cependant, avec les formes monosyllabiques de **haber,** l'usage semble préférer la construction : **ha visto Ud** à **ha Ud visto.**

Il faut donc rejeter après le participe les *adverbes* et les pronoms indéfinis (*bien*, *mal*, *rien*, *tout*, *peu*, etc.) que le français a l'habitude d'intercaler entre l'auxiliaire et le participe. Ces éléments peuvent aussi se placer au début de la phrase, avant l'auxiliaire.

Je n'ai *rien* vu.	No he visto **nada,** *ou :* **nada** he visto.
Nous avons *beaucoup* attendu.	Hemos esperado **mucho.**
Avez-vous *bien* observé ?	¿ Ha observado Ud **bien...?**
Quand ils eurent *tout* examiné...	Cuando **lo** hubieron examinado **todo...**

On trouve néanmoins avec la particule **ya** quelques exemples de construction archaïque qui ne sont pas à imiter : Quinientos de los comuneros habían **ya** perdido la vida (M. DE LA ROSA). *Cinq cents des communeros avaient déjà perdu la vie.*

SER, ESTAR + participe passé.

738. Par contre, les auxiliaires **ser** et **estar** admettent d'être séparés du participe par des adverbes ou par d'autres éléments de la phrase.

Está **muy bien** dicho.	C'est *très bien* dit.
No estoy **nada** satisfecho.	Je ne suis pas *du tout* satisfait.
El fenómeno fue **por él** observado.	Le phénomène fut observé *par lui.*

Inversion PARTICIPE + AUXILIAIRE.

739. Cette inversion est pratiquée avec les auxiliaires **ser** et **estar,** soit dans l'expression d'un souhait, soit pour mettre en relief l'action exprimée par le participe.

Alabado sea Dios.	*Dieu soit loué.*
Bienvenido sea Ud.	*Soyez le bienvenu.*
Terminado está todo.	*Tout est terminé.*
Mordido y arrastrado fué de sus enemigos cruelmente. (SAMANIEGO.)	*Il fut cruellement mordu et maltraité par ses ennemis.*
Llegando estamos.	*Nous voici sur le point d'arriver.*

L'inversion de l'auxiliaire **haber** ne se rencontre guère qu'en poésie.

Quien ha orado en tu mezquita y habitado tus palacios, **visitado ha** los espacios encantados del Edén. (ZORRILLA.)	Celui qui a prié dans ta mosquée et habité tes palais, *a visité* les espaces enchantés de l'Eden.

Place des adverbes.

740. *a*) Les adverbes qui modifient un adjectif, un participe employé seul ou un autre adverbe se placent devant ces derniers : **más** importante, **casi** todos, **muy** negro, **medio** dormido, **demasiado** pronto, **exageradamente** bueno, etc.

Cependant : una cosa **fácil además,** *une chose extrêmement facile;* un objeto **visible apenas** *ou* **apenas visible,** *un objet à peine visible.*

b) Ceux qui situent une action (adverbes de temps et de lieu) peuvent se placer soit après le verbe, soit au début de la phrase.

Aquí hemos llegado, *ou :* Hemos llegado **aquí.**	*Nous sommes arrivés ici.*
Mañana volveremos, *ou :* volveremos **mañana.**	*Nous reviendrons demain.*
Siempre repites *ou :* repites **siempre** lo mismo.	*Tu répètes toujours la même chose.*

c) La place normale des adverbes de manière est après le verbe : Caminaban **muy despacio,** *ils marchaient très lentement.* — Siéntate **cómodamente,** *assieds-toi à ton aise.* — Ud habla **muy a la ligera,** *vous parlez bien à la légère,* etc.

L'inversion répond au désir particulier d'attirer l'attention sur l'adverbe :

Despacio lo han tomado por cierto. (MORATÍN. — *El sí de las niñas.*)	*Elles ont sûrement pris la chose sans se presser.*

PRONOMS PERSONNELS COMPLÉMENTS

Proclise.

741. Les pronoms personnels compléments du verbe se placent, en principe, entre le sujet et ce dernier à tous les temps de l'indicatif et du subjonctif : yo **te** diré ; Pedro **nos** acompaña ; nadie **me** vió, etc.

Pour l'ordre des pronoms entre eux : **me lo** dijo, **se lo** contaré, Cf. § 135.

Enclise.

742. Ils se placent après le verbe et se soudent à lui sans trait d'union à l'*infinitif*, au *gérondif* et à l'*impératif affirmatif*. Il convient, pour cette construction, d'assimiler à l'impératif les *formes subjonctives avec Ud* **(diga Ud)** et celles de la 1re personne du pluriel qui le remplacent **(salgamos)**.

¿ Quiere Ud **decirme** ?	Voulez-vous *me dire ?*
No puedes **moverte.**	Tu ne peux pas *te remuer.*
Ayudadme. Abridle.	*Aidez-moi. Ouvrez-lui.*
Date prisa. **Estate** quieto.	*Presse-toi. Reste tranquille.*

Cependant on rencontre parfois les pronoms de la 3e personne **le, la, lo** entre la négation **no** et le gérondif dans des expressions de manière ou de condition : **no la viendo,** *en ne la voyant pas ;* **no lo haciendo,** *en ne le faisant pas ;* **no lo habiendo,** *s'il n'y en a pas*, etc. Ce sont là néanmoins des archaïsmes à ne pas imiter.

743. Lorsque l'ensemble du mot ainsi formé devient un **esdrújulo** (ce qui arrive toujours quand la forme verbale est **llana : habla, hablando, hablemos,** ou quand on lui ajoute deux pronoms), il faut écrire l'accent tonique sur la voyelle normalement accentuée du verbe.

Préstame tu libro.	*Prête-moi* ton livre.
Ayudándole...	*En l'aidant...*
Ayudémosle.	*Aidons-le.*
Dígame Ud.	*Dites-moi.*
¿ Quiere Ud **decírmelo** ?	Voulez-vous *me le dire ?*

Double construction.

744. Si l'infinitif ou le gérondif sont précédés d'un *verbe auxiliaire* ou semi-auxiliaire, les pronoms peuvent aussi se placer avant ce dernier.

¿ Quieres **traerme** el gabán ? **¿ Me** quieres **traer** el gabán ?	*Veux-tu m'apporter* le pardessus ?
Voy a **traértelo** **Te lo** voy a **traer**	*Je vais te l'apporter.*
Está Ud **molestándome** **Me** está Ud **molestando**	*Vous me dérangez.*

Avec un infinitif intransitif ou pronominal dépendant du verbe *faire* **(hacer** ou **mandar)**, seule la position proclitique du pronom reste possible, car il ne saurait être pris pour complément de cet infinitif.

Si **lo** haces **caer** (*et non* **caerlo**)...	*Si tu le fais tomber.*
La mandó **sentarse** (*et non :* mandó **sentársela**).	*Il la fit s'asseoir.*

Enclise avec un participe passé.

745. L'enclise du pronom a lieu occasionnellement avec un *participe passé* lorsque celui-ci est précédé d'une conjonction copulative **(y, ni, o)** et qu'il sous-entend l'auxiliaire **haber** précédemment énoncé devant un autre participe.

...dos troncos de olivo que **habían echado** raíces y **cubiértose** de una corona de follaje. (F. Caballero. — *La Gaviota.*)	*...deux troncs d'olivier qui avaient pris racine et s'étaient couverts d'une couronne de feuillage.*
Cuando volvió, Nicolás **había comido y marchádose.** (P. Galdós. — *Fortunata y Jacinta.*)	*Quand elle revint, Nicolas avait déjeuné et s'en était allé.*

Enclise avec les temps de l'Indicatif et du Conditionnel.

746. L'enclise du pronom est possible après un verbe à l'indicatif ou au conditionnel, dans une proposition affirmative et indépendante, lorsque le verbe est placé en tête de la proposition. Il peut être néanmoins précédé d'une circonstance de temps, de lieu ou de manière exprimée sous la forme d'un complément, d'un adverbe ou d'une autre proposition.

Mirábanle todos con curiosidad.	*Tous le regardaient* avec curiosité.
Cuando cesó el ruido, **quedéme dormido.**	Quand le bruit cessa, *je m'endormis.*
Parecióle después ruido grato.	*(Cela) lui parut ensuite* un bruit agréable.
Oíase ; veíase ; diríase, etc.	*On entendait ; on voyait ; on dirait,* etc.

L'enclise n'est plus possible si le verbe est précédé d'une négation ou d'une conjonction de subordination. On ne saurait dire : **no veíase nadie** ; **cuando quedéme dormido** ; mais : **no se veía** nadie ; **cuando me quedé** dormido.

747. On trouve parfois l'enclise après un verbe précédé de son sujet : **Las mujeres y los chicos refugiábanse** en los graneros (Bl. Ibáñez. — *Entre naranjos*). Ce genre de construction n'est pas à imiter. La bonne tradition veut que le pronom se trouve du côté du sujet et que l'on construise

soit : **las mujeres y los chicos se** refugiaban en los graneros ;
soit : **refugiábanse** en los graneros **las mujeres y los chicos.**

L'enclise, en pareil cas, semble néanmoins plus tolérable si le sujet et le verbe se trouvent séparés par une incidente :

Las mujeres y los chicos, al ver la inminencia del peligro, **refugiábanse en los graneros.** *Les femmes et les enfants, en voyant l'imminence du danger, se réfugiaient dans les greniers.*

CHAPITRE XXII

LE COMPLÉMENT DIRECT

Catégories de compléments d'objet directs.

748. Le français n'établit aucune différence dans la construction des compléments entre : soigner *un membre*, guérir *un organe*, soulager *un mal*, éduquer *la volonté*, calmer *la colère*, etc., et d'autre part : soigner *son enfant*, guérir *un malade*, soulager *un blessé*, éduquer *ses fils*, calmer *ses créanciers*, etc. Or il convient de remarquer que, d'une façon générale, les verbes qui admettent comme compléments directs aussi bien des choses que des personnes offrent une acception différente et restreinte dans le second cas. En effet, les verbes comme *soigner*, *éduquer*, *calmer*, etc., appliqués directement à des personnes, impliquent en quelque sorte l'ellipse d'un complément de chose : *soigner* ( ) *un patient*, c'est soigner d'abord son *organe* malade ; *éduquer* ( ) *un enfant*, c'est éduquer son *esprit*, sa *volonté*, ses *sentiments ; calmer* ( ) *une personne* c'est, apaiser sa *colère*, ses *nerfs ; imiter* ( ) *quelqu'un*, c'est imiter ses *gestes*, sa *voix*, son *allure ; administrer* ( ) *un moribond*, c'est lui administrer les *derniers sacrements ;* etc. La chose (*organe*, *esprit*, *faculté*, *gestes*, etc., des exemples précédents) qui précise de la façon la plus immédiate l'idée verbale, c'est-à-dire celle qui constitue son vrai complément direct peut être exprimée ou tacite ; mais, de toute façon, l'être à qui cette action est appliquée se présente à l'esprit comme un élément de la phrase qui joue un rôle différent vis-à-vis du verbe. Ce rôle est le même, que l'on dise *soigner* un malade, *administrer* un moribond ou *soigner la vue* à un malade, *administrer les sacrements* à un moribond. Aussi est-il tout naturel que l'espagnol soit arrivé à présenter dans les deux cas les mots **enfermo** et **moribundo** sous la forme de compléments d'attribution : *a*) curar la vista **a un enfermo**, administrar los sacramentos **a un moribundo** ; *b*) curar **a un enfermo**, administrar **a un moribundo**.

Le terme qui se trouve ainsi assimilé à un complément d'attribution représente ordinairement des personnes, mais nous verrons qu'il n'exclut pas forcément les noms de choses (§ 760, 763).

A cette distinction primitive que nous avons exposée sont venues s'ajouter des considérations secondaires qui ont rendu plus complexe l'emploi de la préposition *a* devant les compléments de cette sorte. Dans l'espagnol moderne, le rôle de cette préposition affecte aussi bien le verbe lui-même que les compléments et peut se résumer dans les traits suivants :

Vis-à-vis du verbe :

a) La préposition **a** *restreint* le sens du verbe, ayant pour effet de le rendre en quelque sorte intransitif et parfois de le montrer sous un aspect d'action qui ne lui est pas habituel.

b) Cette restriction du sens n'apparaît dans certaines catégories de verbes que lorsque le complément désigne des *personnes déterminées*.

c) Les verbes pris dans cette acception peuvent servir à *personnifier* des êtres animés ou inanimés et même des abstractions.

Vis-à-vis des compléments :

a) La préposition sert à distinguer les compléments qui *précisent* l'action du verbe des compléments *à qui s'applique* l'action du verbe.

Ceux-ci représentent ordinairement des *personnes* ou des êtres personnifiés ; mais ils peuvent parfois aussi représenter *des choses.*

b) La préposition peut servir aussi à distinguer ces mêmes *compléments* des termes qui leur servent d'*attribut.*

Il est difficile d'assujettir à des règles rigoureuses l'emploi de la préposition **a** dans les compléments représentant des personnes. L'usage n'est pas absolument le même aujourd'hui qu'au temps de Cervantes et de Lope de Vega ; il semble plutôt s'être étendu, et sur certains points nous observons des fluctuations aussi bien dans la langue courante que chez les écrivains de notre époque.

Nous allons néanmoins exposer les conditions de cet emploi en donnant toutes les indications nécessaires pour demeurer dans la bonne tradition et dans la correction.

Règle générale.

749. Devant les compléments d'objet directs qui désignent des personnes, l'emploi de la préposition **a** est de rigueur lorsque les deux conditions suivantes se trouvent réunies :

a) Si les personnes sont *déterminées* dans l'esprit ou bien représentées par *un pronom;*

b) Si elles sont l'objet d'*une action physique ou morale* de la part du sujet.

Aprecio mucho **a tu amigo.**	J'estime beaucoup *ton ami.*
El chico ayudaba **a su padre.**	L'enfant aidait *son père.*
Hirió **al que** estaba más cerca.	Il blessa *celui qui* était le plus près.
No quiero molestar **a nadie.**	Je ne veux déranger *personne.*
¿A quién llama Ud ?	*Qui* appelez-vous ?
Llamar **a uno,** avisar **a uno.**	Appeler *quelqu'un*, avertir *quelqu'un.*

La préposition A, signe de personnification.

750. L'emploi de la préposition **a** s'étend, dans les conditions ci-dessus énoncées :

a) Aux êtres personnifiés intentionnellement (comme c'est le cas dans les fables et les allégories) et aux animaux désignés par un nom propre.

El leñador **llamó a la Muerte.**	Le bûcheron *appela la Mort.*
La zorra empezó por **adular al cuervo.**	Le renard commença par *flatter le corbeau.*
Don Quijote **ensilló a Rocinante.**	Don Quichotte *sella Rossinante.*

b) Aux noms de villes et de pays non précédés de l'article.

Siempre **admiré a Francia.**	J'ai toujours *admiré la France.*
Dejo a Madrid para siempre.	*Je quitte Madrid* pour toujours.
Quien no **ha visto a Sevilla** no ha visto maravilla.	Qui *n'a pas vu Séville* n'a pas vu de merveille.

Mais : Visitaremos **el Ferrol,** y luego **la Coruña** y **el Portugal.** — Pizarro conquistó **el Perú.**

c) Aux êtres personnifiés indirectement du fait qu'on leur applique un verbe dans la même acception où il s'applique aux personnes.

Saludar a los lirios con los versos de mayo. (RUBÉN DARÍO. — *Sonatina.*)	*Saluer les lys* avec les vers de mai.
Temen al sereno como **al grito** de su conciencia. (M. ROMANOS.)	Ils redoutent *le sereno* comme *le cri* de leur conscience.
Adoraban al sol y a la luna.	*Ils adoraient le soleil et la lune.*
¡ Eso sería **ofender al cielo !**	Ce serait *offenser le ciel !*

Mais on dira : **Temo el peligro,** *je crains le danger;* **adoro el chocolate,** *j'adore le chocolat;* esa música **ofende los oídos,** cette musique *offense les oreilles*, etc., car dans aucun de ces cas il n'y a de personnification, même indirecte.

En parlant d'une course de taureaux, où l'animal apparaît personnifié en tant qu'adversaire du torero, on emploie couramment les expressions : **provocar a la fiera, guiar al toro** con la muleta, **llevar al bicho, matar al toro,** etc., alors que, dans d'autres circonstances, on dira : **matar el cerdo, coger una liebre, azuzar** *(exciter)* **los bueyes, lindar** *(garder)* **el ganado, guiar las ovejas,** etc.

La préposition A, signe de nuancement du verbe.

751. La détermination du complément mentionnée dans la règle générale est sans effet avec les verbes qui présentent une acception différente selon qu'ils s'appliquent à des choses ou à des personnes ; dans ce dernier cas, la préposition **a** est requise, même s'il s'agit de personnes *indéterminées.*

Le rôle de la préposition s'exerce ici sur le verbe, à qui elle confère une valeur intransitive.

Sens intransitif.	*Sens transitif.*
Confesar a un penitente *(entendre en confession).*	Confesar una culpa *(avouer).*
Examinar a un candidato *(faire subir un examen).*	Examinar un objeto *(examiner).*
Entender a un sordomudo *(comprendre ce que dit...).*	Entender una palabra *(comprendre).*
Tratar a una persona *(fréquenter).*	Tratar un asunto *(traiter une affaire).*
Prender a un ladrón *(arrêter).*	Prender una corbata *(fixer).*
Pegar a un chico *(battre).*	Pegar un sello *(coller un timbre).*
Mandar a un criado *(commander).*	Mandar una carta *(envoyer).*
Querer a un amigo *(aimer).*	Querer una cosa *(vouloir).*
Sorprender a cierta gente *(étonner).*	Sorprender una mirada *(surprendre).*
Robar a un viajero *(dépouiller).*	Robar un reloj *(voler une montre).*
Oír a un predicador *(entendre parler).* Etc.	Oír un discurso *(entendre).* Etc.

752. Par contre, la préposition **a** est supprimée devant un nom de personne si le verbe lui est appliqué dans le sens exact où il s'applique aux choses.

Quiero un criado joven.	*Je veux* un domestique jeune.
Me mandó un obrero muy torpe.	*Il m'envoya* un ouvrier très maladroit.
Los gitanos **robaron** una niña.	Les gitanes *volèrent* une fillette.

Verbes d'action morale.

753. Les verbes qui expriment une action morale et qui en principe ne peuvent s'appliquer qu'à des personnes réclament toujours la préposition **a** devant leur complément, même s'il est indéterminé.

Tal decisión **descontentó a muchos.**	Cette décision *mécontenta beaucoup de gens.*
Satisfizo **a cantidad de gente.**	Il donna satisfaction *à une quantité de gens.*
Aconsejar **a una persona.**	Conseiller *une personne.*

Verbes de même catégorie : **avisar,** *avertir ;* **persuadir** ; **insultar** ; **agraviar,** *outrager ;* **enfadar,** *fâcher ;* **adular,** *flatter ;* **consolar** ; **alegrar,** *réjouir ;* **aplaudir** ; **felicitar** ; **condenar** ; **culpar,** *blâmer ;* **asustar,** *effrayer*, etc.

Verbes de perception et d'action physique.

754. L'aspect déterminé ou indéterminé du complément commence à entrer en considération avec les verbes qui expriment la perception ou l'action physique (*voir*, *sentir*, *trouver*, *conduire*, *tuer*, *blesser*, etc.) et qui se présentent avec le même sens devant toutes les catégories de compléments. Ceux-ci excluent ordinairement la préposition **a** lorsque le complément représente des personnes sous la forme d'un collectif ou d'un pluriel indéfini.

Vi mucha gente en la sala.	*J'aperçus beaucoup de gens* dans la salle.
Encontré pocos niños en la calle.	*Je rencontrai peu d'enfants* dans la rue.
Al acercarse, **sintió gente** en la habitación.	En s'approchant, *il entendit des gens* dans la pièce.
Llevó obreros consigo y empezó a roturar el terreno.	*Il emmena avec lui des ouvriers* et commença à défoncer le terrain.

755. L'usage est hésitant avec l'article indéfini **un**, **una**, ses dérivés ou ses équivalents : matar **un soldado** *ou* **a un soldado**, *tuer un soldat;* hirió **otra persona** *ou* **a otra persona**, *il blessa une autre personne;* traía **algunos amigos** *plutôt que* **a algunos amigos**, *il amenait quelques amis*, et aussi : no traía **ningún amigo.**

Mêmes hésitations avec les verbes qui signifient *élever* ou *former :* criar **un niño** ou criar **a un niño**, *élever un enfant;* formar **un oficial**, formar **un maestro**, *ou* formar **a un oficial**, **a un maestro**, *former un officier*, *un maître;* mais au pluriel : **formar oficiales**, **formar maestros.**

756. Si le complément d'un verbe de perception est en même temps *sujet d'un infinitif*, il est régulièrement précédé de la préposition.

Vimos **a un chico cruzar** la calle.	Nous vîmes *un enfant traverser* la rue.
He visto **a muchos tomar el apellido** del lugar donde nacieron. (CERVANTES. — *D. Quijote*, I, 29.)	J'ai vu *beaucoup de gens prendre le nom* du village où ils étaient nés.
Oyó **gruñir desesperadamente a un cerdo.** (TRUEBA.)	Il entendit *un cochon grogner désespérément.*

Rôle de l'aspect déterminé.

757. L'aspect déterminé devient surtout important avec les verbes qui n'expriment pas, à proprement parler, d'action physique ou morale s'exerçant sur une personne. Cette catégorie comprend surtout des verbes ayant un sens voisin de *posséder* ou *perdre*, *acquérir*, *désirer*, *offrir*, etc. : **tener**, **poseer**, **guardar**, **conservar**, **adquirir**, **descubrir**, **encontrar**, **hallar**, **perder**, **necesitar**, **desear**, **querer**, **requerir**, **exigir**, **indicar**, **ofrecer**, **presentar**, **conocer**, **comprender**, **abarcar**, **dejar**, etc.

Ces verbes n'admettent la préposition **a** que s'il s'agit de personnes nettement déterminées, c'est-à-dire connues ou *présentes à l'esprit* de celui qui parle.

Sont considérées comme **déterminées** les personnes désignées : par *leur nom ;* par *un pronom ;* par *l'article défini ;* par *un démonstratif* ou *un possessif ;* par *un numéral suivi d'un complément.*

Sont considérées comme **indéterminées** les personnes **non précédées d'un article** ou désignées : par *l'article indéfini ;* par *un numéral ;* par *un adjectif indéfini ;* par le pronom **uno** ou ses dérivés **alguno, ninguno** ; par le pronom **otro.**

Complément déterminé.	*Complément indéterminé.*
¿ Conoce Ud **a don Joaquín ?**	No conozco *individuo más feo.*
Tengo **a mi tía enferma.**	Tengo *una tía enferma.*
Necesito **al médico de casa.**	Necesito *un buen médico.* — Necesito *uno ;* no conozco *ninguno.* — Quiero *otro.*
Conozco **a ese pintor.**	
Encontré **a cada chico** en su sitio.	Encontré *algunos chicos* en la calle.
He perdido **a dos de mis primos.**	Perdí *dos primos* en la guerra.
Dejó **a su** esposa en la miseria.	Dejó *dos huerfanitos.*
¿ A quién buscas ? — No busco **a nadie.**	Busco *un buen criado.*

Aspect plus actif du verbe.

758. Plusieurs verbes de cette catégorie sont susceptibles de prendre devant un complément de personnes une acception plus active ; ils gardent alors la préposition **a** même devant des compléments indéterminés. (Cf. § 751.)

Conocer a uno en la obscuridad.	*Reconnaître* quelqu'un dans l'obscurité.
Eso es bastante para **perder a uno.**	C'est suffisant pour *causer la perte de quelqu'un* (pour *perdre*...).
Tener a uno por tonto.	*Tenir quelqu'un pour* un sot.
Dejar a un amigo.	*Quitter* un ami.
Dejar a uno morir de hambre. (Cf. § 756.)	*Laisser quelqu'un mourir de faim.*

La préposition A distingue le complément de l'attribut.

759. Après les verbes comme **llamar, nombrar, elegir, hacer,** etc., susceptibles d'affecter un attribut (llamar **ladrón**) à un complément direct représentant des personnes **(a un comerciante),** ce dernier est toujours précédé de la préposition **a.**

Eligieron diputado **a un desconocido.**	On a élu député *un inconnu.*
Dios hizo **al hombre** rey de la creación.	Dieu fit *l'homme* roi de la création.
El príncipe nombró **a su cuñado** ministro.	Le prince nomma ministre *son beau-frère.*

C'est pourquoi, après cette catégorie de verbes, les termes qui désignent simplement *une fonction*, *un grade*, *un titre*, etc., ne sont jamais précédés de **a** : designar **un embajador,** nombrar **los ministros,** hacer **un obispo,** etc.

760. Après le verbe **llamar** (ou ses synonymes **nombrar, titular, decir**) introduisant un attribut, on met toujours **a** devant le *complément direct*, même s'il représente des *choses*.

¡ Llamas auto **a ese infame cacharro !**	Tu appelles auto *cet infâme tacot !*
(El barbecho) recibía en mayo la segunda labor **a la que decían** binar.	Le guéret recevait en mai le second labour *que l'on appelait* biner.

(P. Galdós. — *El caballero encantado.*)

La préposition A dans le 2e terme d'une comparaison.

761. *a*) Lorsque deux compléments représentant des personnes sont réunis par une formule de comparaison **(como, más que, igual que),** on répète **a** devant le second terme, si celui-ci peut être considéré, au même titre que le premier, comme complément d'un verbe d'action ou de sentiment, c'est-à-dire s'il sous-entend le verbe précédent.

Quería **a su protectora** como **a una madre.**	Il aimait *sa protectrice* comme *une mère* (comme *on aime une mère*).
No **le** estimaban sólo como **a persona** que tiene el riñón bien cubierto...	On ne l'estimait pas seulement comme (on estime) *une personne* qui a de la fortune...

(J. Valera. — *Doña Luz.*)

b) On construit sans **a** le second terme, s'il est présenté seulement comme attribut du premier.

Imagino a ese buen señor **igual que un aldeanote.**	J'imagine ce brave monsieur *comme un gros paysan.*
(Vienen a nuestro poder) para que los miremos **como tiranos de la patria.**	...pour que nous les regardions *comme des tyrans de la patrie.*

Omission de la préposition A dans le risque de confusion.

762. Pour éviter la confusion des fonctions, on supprime la préposition **a** devant le complément représentant des personnes lorsqu'il est suivi d'un complément indirect construit également avec **a.**

Prefiero Galdós a Pereda.	Je préfère *Galdos* à Pereda.
Confiaron el niño a un reputado médico.	On confia *l'enfant* à un médecin renommé.
Mandaban los soldados a la muerte.	On envoyait *les soldats* à la mort.

Bien que l'usage soit parfois hésitant, on maintient ordinairement la préposition **a**, si le second complément représente des choses et surtout s'il n'indique que des circonstances *(lieu, temps, manière)*.

Llevar al niño a la escuela.	*Conduire l'enfant* à l'école.
Condenaron al reo a la pena de muerte.	*On condamna l'accusé* à la peine de mort.
Encontró al vaquero a la orilla del río.	*Il trouva le vacher* sur le bord du ruisseau.

Verbes indiquant des fonctions grammaticales.

763. Les verbes **determinar,** *déterminer;* **modificar,** *modifier;* **regir,** *régir,* qui indiquent une fonction grammaticale, admettent deux catégories de compléments d'objet :

a) Sous la forme directe, les compléments qui servent seulement à préciser leur rôle : determinar **el género,** *déterminer le genre;* modificar **el sentido,** *modifier le sens;* regir **el acusativo,** *régir l'accusatif,* etc.

b) Sous la forme indirecte avec la préposition **a,** le complément qui indique la partie du discours (*nom*, *pronom*, *adverbe*, etc.) ou l'élément de la phrase (*sujet*, *complément*, etc.) à qui s'applique la fonction de ces verbes.

Cette construction n'est pas une règle absolue et peut se rencontrer aussi après les verbes : **calificar, sustantivar, sobrentender, sustituir, caracterizar, especificar.** Elle s'applique surtout lorsque ces compléments sont déterminés.

De dos maneras puede **modificar** el adjetivo **al sustantivo.** (*Gram.* Bello.)	L'adjectif peut *modifier le substantif* de deux manières.
Rige al verbo la preposición como si fuera un caso del nombre. (*Gram. Acad.*)	La préposition *régit le verbe* comme s'il s'agissait d'un cas du nom.
Cuando decimos el profeta rey..., rey **especifica a profeta.** (Bello. — *Gram.*, 59.)	Quand nous disons le prophète roi, le mot roi *sert d'attribut à prophète.*

Verbes marquant un ordre ou une position relative.

764. Les verbes **preceder,** *précéder;* **suceder,** *succéder;* **superar,** *être supérieur à, dépasser;* **sobrepujar, exceder, aventajar,** *surpasser;* **sobrevivir,** *survivre,* sont tous intransitifs en espagnol et demandent la préposition **a** devant leur complément d'objet.

El artículo **precede** siempre **al sustantivo.** — L'article *précède toujours le substantif.*

Esta obra **supera a todas las demás** del autor. — Cette œuvre *est supérieure à toutes les autres* de l'auteur.

Sus méritos **exceden a toda ponderación.** — Ses mérites *dépassent tout éloge.*

Par analogie avec ces derniers, les verbes **seguir, dominar, acompañar,** se construisent aussi avec **a** lorsqu'ils expriment un rapport du même ordre.

A esos días tormentosos siguió un período de calma. — *A ces journées orageuses succéda* une période de calme.

No siempre las prendas del alma **acompañan a las del cuerpo.** — Les qualités de l'âme *ne vont pas toujours de pair avec celles du corps.*

Desde aquella atalaya **se domina a toda la ciudad.** — Du haut de cette tour *on domine toute la ville.*

Venía una litera cubierta de luto, **a la cual seguían** otros seis de a caballo. — Il y avait une litière tendue de noir *que suivaient six autres cavaliers.*

(CERVANTES. — *D. Quijote,* I, 19.)

Mais dans les autres acceptions ces verbes prennent un complément direct : **seguir un consejo,** *suivre un conseil;* **acompañar un entierro,** *accompagner un enterrement;* **dominar sus pasiones,** *dominer ses passions,* etc.

Possibilité de deux régimes directs.

765. Les locutions **hacer pedazos, hacer astillas,** *mettre en morceaux,* **hacer trizas,** *réduire en miettes,* **hacer papilla,** *réduire en bouillie,* **hacer polvo,** *réduire en poussière,* etc., fonctionnent comme des verbes simples et peuvent recevoir sans préposition un second complément direct de choses : hacer pedazos **una cosa,** hacer **un mueble** astillas ; mais devant un nom de personne : la explosión hizo trizas **al pobre minero.**

Emploi transitif de certains verbes intransitifs.

766. Certains verbes qui sont par eux-mêmes intransitifs comme en français : **contestar,** *répondre,* **obedecer,** *obéir,* **desobedecer,** *désobéir,* **renunciar,** *renoncer,* **resistir,** *résister,* **satisfacer,** *satisfaire,* **atender,** *faire attention à,* etc., sont susceptibles dans l'espagnol moderne de recevoir sans préposition un complément direct représentant des choses. C'est là un fait d'*ultra-correction :* la préposition **a** de **obedecer a su amo** ayant été considérée seulement comme signe distinctif de personne (Cf. § 749) a été jugée inutile dans **obedecer una orden,** où le complément est une chose.

Resistir **un impulso ; satisfacer una pregunta.**	Résister *à un élan ;* satisfaire *à une question.*
Un padre que desobedecía **las leyes divinas.** (P. Valdés.)	Un père qui désobéissait *aux lois divines.*
D. Paco se preparó a obedecer **el irresistible mandato.** (J. Valera. — *Juanita la larga.*)	D. Paco se prépara à obéir *à l'ordre irrévocable.*
Carlos V renunció **la corona de España.**	Charles Quint renonça *à la couronne d'Espagne.*
...que **tamaña aventura** estás atendiendo. (Cervantes.)	...qui es le témoin *d'une si extraordinaire aventure* (qui assistes à...).

Verbes à la fois transitifs et intransitifs.

767. Les verbes **bajar, subir, pasar** connaissent un emploi transitif qui leur est commun avec le français : **bajar una cuesta,** *descendre une côte;* **bajar o subir un baúl,** *descendre ou monter une malle;* **pasar un río,** *franchir ou passer un ruisseau,* etc.

Dépasser se rend par **pasar de :** *passer les bornes,* **pasar de los límites.**

Sortir a comme équivalents **sacar** dans le sens transitif : *sortir le linge de l'armoire:* **sacar la ropa del armario,** et **salir** dans le sens intransitif : *je sors de chez mon oncle,* **salgo de casa** de mi tío.

768. L'espagnol **llegar,** *arriver,* admet le sens transitif de *approcher:* **llégame una butaca,** *approche-moi un fauteuil.*

Correr, *courir* est transitif aussi dans plusieurs acceptions : **correr un peligro, una suerte,** *courir un danger, une chance;* **correr una cortina,** *tirer un rideau;* **correr el velo,** *lever le voile;* **correr la palabra,** *passer le mot de guet;* **correr la campaña,** *battre l'estrade;* **correr una fiera,** *poursuivre une bête à la chasse;* **correr un toro,** *lutter avec un taureau,* etc.

769. Le participe passé **muerto** conjugué avec l'auxiliaire **haber** peut prendre la valeur transitive de *tué:* **le habían muerto de** una puñalada, *on l'avait tué d'un coup de poignard.*

770. Le verbe **dudar,** *douter,* normalement intransitif : **dudar de una cosa,** *douter d'une chose,* admet cependant comme régime direct le pronom **lo : no lo dudo,** *je n'en doute pas,* plus fréquent que **no dudo de ello.**

Le verbe **advertir** doit à son double sens de *remarquer:* **advertir el peligro,** et de *faire remarquer:* **advertir a una persona del peligro,** la particularité d'admettre le régime **lo** avec un autre pronom datif : **Te lo advierto,** *je t'en avertis, je te le fais remarquer.* **¿ Por qué no me lo advertiste antes ?** *Pourquoi ne m'en as-tu pas averti auparavant ?*

771. Certains verbes comme **gozar,** *jouir,* **cuidar,** *soigner,* susceptibles de fonctionner devant le même complément soit comme transitifs : **gozar una cosa,** soit comme intransitifs, **gozar de una cosa,** manifestent d'habitude dans le second cas un rôle plus actif de la part du sujet.

Gozar una vida tranquila, *avoir, mener une vie tranquille ;* **gozar de la vida,** *jouir, profiter de la vie.* — **Cuidar el ganado,** *être chargé du bétail ;* **cuidar del gonado,** *prendre soin du bétail*

772. Sur le modèle de la syntaxe latine (**Mirum somniavi somnium**), certains verbes intransitifs (**vivir, morir, dormir, andar,** etc.) peuvent recevoir comme compléments directs les noms qui expriment la même idée ou une idée analogue : **vivir una vida** miserable, *mener une vie misérable ;* **dormir el último sueño,** *dormir du dernier sommeil ;* **andar un camino,** *faire une route,* etc.

¿ Piensa Ud **caminar este camino** en balde ? (CERVANTES).	*Comptez-vous faire ce chemin pour rien du tout ?*

CHAPITRE XXIII

COMPLÉMENTS INDIRECTS

773. Les prépositions espagnoles **a, de, en, con, para, por,** n'ont par elles-mêmes — comme d'ailleurs les prépositions françaises correspondantes — qu'un sens très imprécis, à la façon des cas de la déclinaison latine ; aussi la valeur exacte du rapport qui unit un verbe à son complément est-elle donnée tout autant par le sens du verbe que par celui de la préposition.

C'est pourquoi, devant un complément indirect, le choix de la préposition ne dépend pas uniquement du rapport à exprimer, mais aussi, et à des degrés divers, de la signification du verbe, qui oriente ce rapport dans un sens déterminé. Il en est de même, jusqu'à un certain point, dans les compléments d'adjectifs et de noms, et sous ce rapport on pourra rapprocher utilement les groupes d'exemples que nous avons réunis sous chaque préposition dans les adjectifs (§ 396-404), dans les noms (§ 405) et dans les verbes (§ 774-799).

D'autre part, il convient de signaler qu'il existe un assez grand nombre de constructions figées où le rôle de la préposition échappe à tout classement : **contar con uno,** *compter sur quelqu'un ;* **alzarse con un objeto,** *s'approprier indûment un objet;* **volver por uno,** *prendre le parti de quelqu'un;* **pasarse de listo,** *être trop malin*, etc. Dans ces exemples, la préposition vidée de tout sens semble bien n'avoir d'autre objet que d'affecter au verbe une nuance particulière ; elle forme en quelque sorte avec lui un mot composé, différent du mot simple à la fois par le sens et par la construction. Ces hispanismes relèvent davantage du dictionnaire que de la grammaire ; nous en citons néanmoins quelques-uns à titre d'exemples.

A.

774. L'emploi de cette préposition coïncide avec le français, quand il y a lieu d'exprimer *l'attribution* ou *la possession* (sauf après le verbe **ser**) : pertenecer **a una persona,** *appartenir à une personne;* atribuir la culpa **a uno,** *attribuer la faute à quelqu'un;* entregar un objeto **a su dueño,** *remettre un objet à son propriétaire.*

Mais avec le verbe *être*, c'est la préposition **de** qui est employée : esta finca **es del marqués,** cette propriété *est au marquis;* **¿ es de Ud** este libro ? *ce livre est-il à vous ?*

a) L'espagnol observe avec plus de régularité que le français l'emploi de la préposition **a** devant un complément qui marque le *but d'un mouvement* :

caer **al suelo,** tomber *par terre ;*
bajar **a la calle,** descendre *dans la rue ;*
apartarse **a un lado,** se ranger *d'un coté ;*
dar **al jardín,** donner *sur le jardin ;*
subir **al trono,** monter *sur le trone ;*
sacar **a luz,** mettre *en lumière ;*
llamar **a juicio,** citer *en justice ;*
poner **a salvo,** mettre *en sûreté.*

b) Le but reste marqué par **a,** même s'il n'y a que *rapprochement*:

acercarse **al río,** s'approcher *de la rivière ;*
aproximarse **al fin,** approcher *de la fin ;*
llegarse **a la puerta,** s'approcher *de la porte ;*
dirigirse **al norte,** se diriger *vers le nord.*

c) L'idée d'un mouvement figuré explique les hispanismes avec **a :**

Traducir **al francés,** traduire *en français ;* meterse **a fraile,** *se faire moine ;* tirar **a verde,** *tirer sur le vert ;* la cabra tira **al monte,** *la chèvre est attirée vers la montagne.*

775. Il y a conformité d'usage entre les deux langues pour l'emploi de **a** devant les infinitifs, après les verbes qui marquent un *commencement d'action* ou qui envisagent cette action comme un *but immédiat.* (Cf. § 605, 606.)

Comienza **a llover** / empieza — } *il commence à pleuvoir ;*
Se echó **a correr** / Se puso — } *il se mit à courir ;*
romper a sollozar, *se mettre à sangloter ;*
decidirse **a marchar :** *se décider à* / determinarse — : *partir ;*
disponerse **a trabajar,** *se disposer à travailler ;*
atreverse **a entrar,** *oser entrer, se risquer à entrer.*

EN.

776. Mais, au lieu de **a,** l'espagnol emploie **en :**

a) Devant les noms et les infinitifs où l'action est envisagée seulement comme étant *l'objet d'une activité physique ou morale en train de s'exercer.*

Ocuparse, distraerse, entretenerse, aplicarse en hacer algo.	*S'occuper, se distraire, s'amuser, s'appliquer à faire quelque chose.*
Empeñarse, porfiar, persistir en decir...	*S'entêter, s'obstiner, persister à dire...*
Pensar en una persona.	*Penser à* une personne.
Reflexionar en un problema.	*Réfléchir à* un problème.
Fijarse en un detalle.	*Faire attention à* un détail.
Entender en un asunto.	*S'occuper d'*une affaire.

Cependant c'est **a** qu'on emploie dans **atender a,** de sens analogue, *prêter l'oreille à,* où l'idée de but a dominé (tendre l'esprit *vers*).

b) Devant les infinitifs où l'action est considérée comme *étant à réaliser*, mais en perspective *non immédiate*. (Cf. § 775.)

Dudar, vacilar, tardar en salir.	*Hésiter, tarder à* sortir.
Comprometerse, consentir en hacer.	*S'engager, consentir à* faire.
Quedaron en volver mañana.	*Ils ont convenu de* revenir demain.
Estoy en hacer eso.	*J'ai l'intention de* faire cela.

777. Son emploi coïncide avec le français dans le sens de : *sous forme de*, *en guise de...*

Dejar **en prenda** un objeto.	*Laisser en gage un objet.*
Tomar una finca **en arriendo.**	*Prendre une terre en fermage.*
Dar **en arras,** dar **en dote...**	*Donner en arrhes, donner en dot...*
Decir **en prosa, en verso.**	*Dire en prose, en vers.*
Resumir **en dos palabras.**	*Résumer en deux mots.*
Sacar **en limpio** un ejercicío.	*Mettre au propre un exercice.*

778. L'espagnol maintient **en** dans certains rapports assez voisins de ces derniers, comme ceux qui résultent d'une évaluation, tandis que le français emploie *a* ou *pour.*

Apreciar **en su justo valor.**	*Apprécier à sa juste valeur.*
Vender, comprar **en** (*ou* **por**) **100 pesetas...**	*Vendre, acheter pour 100 pesetas...*
Rematar **en 7 duros.**	*Adjuger* (aux enchères) *pour 7 douros.*
Cifrarse **en poca cosa.**	*Se réduire à* (se résumer en) *peu de chose.*
Tener **en poco** a una persona.	*Avoir en peu d'estime une personne.*
Tener **en cuenta** una cosa.	*Tenir compte d'une chose (tenir en considération).*
Sentenciar **en las costas.**	*Condamner aux dépens.*

779. L'emploi de **en** répond à une idée de *base* ou d'*appui*, tant au sens propre qu'au sens figuré dans :

Cimentar en la peña.	*Fonder sur la roche.*
Apoyarse en un bastón.	*S'appuyer sur une canne.*
Sentarse en un banco, en una silla.	*S'asseoir sur un banc, sur une chaise.*
Descansar en un zócalo.	*Reposer sur un socle.*
El valor de esa joya **no estriba en** su peso, sino...	*La valeur de ce bijou n'est pas basée sur son poids, mais...*
La dificultad **consiste en esto.**	*La difficulté consiste en ceci.*

780. A propos d'un déplacement en *monture* ou en *véhicule*, l'espagnol dit : **montar en burro,** *monter sur un âne;* **cabalgar** ou **montar en mula,** *monter sur une mule;* **montar** ou **ir en bicicleta,** *monter ou aller à bicyclette;* **ir en tren,** *aller par le train;* **ir en coche,** *aller en voiture*, etc. Mais l'usage est d'accord avec le français dans : **ir a caballo, montar a caballo,** *aller* ou *monter à cheval;* **ir a pie,** *aller à pied.*

Pour le rôle de **en** dans les compléments de *lieu*, cf. § 813, 816, et dans les compléments de *temps*, cf. § 828, 835.

Notez *l'hispanisme:* Don Cipriano **tuvo tres hijos en** aquella mujer ; D. Cyprien *eut trois enfants de* cette femme.

DE.

781. Cette préposition garde son sens étymologique *d'éloignement* devant des compléments indiquant la personne ou la chose dont on s'écarte et dont on veut se garder.

Huir de una persona.	*Fuir* une personne.
Escapar del peligro.	*Echapper au danger.*
Apartarse del fuego.	*S'écarter du* feu.
Zafarse de un compromiso.	*Se dérober à* un engagement.
Resguardarse del frío.	*Se préserver du* froid.
Asegurarse de incendios.	*S'assurer contre* l'incendie.
Renegar de la fe.	*Renier* la foi.

782. Elle caractérise les compléments des verbes indiquant *traction* ou *pendaison* (au figuré : *dépendance*).

Tirar de una cuerda.	*Tirer sur* une corde.
Coger de la manga.	*Saisir par* la manche.
Asir de la rienda.	*Saisir par* la bride.
Colgar del techo.	*Pendre au* plafond.
Pender de un gancho.	*Suspendre à* un crochet.
Le ahorcaron de un árbol.	*On le pendit à* un arbre.
Eso depende de mí.	*Cela dépend de* moi.

783. Elle se présente avec le sens étymologique de « *en matière de* » après des verbes indiquant connaissance, expérience ou simplement prétention.

Examinarse de historia.	*Passer son examen d'*histoire.
Saber de medicina.	*Connaître* la médecine.
No entiende de chanzas.	*Il ne comprend pas* la plaisanterie.
Preciarse de erudición, *ou* **de** erudito.	*Se piquer d'*érudition, *ou d'*être un érudit.
Presumir de torero.	*Se donner des airs de* torero.
Alardear de valiente.	*Se vanter d'*être brave.

784. Marquant un rapport très voisin de ces derniers exemples, la préposition **de** prend le sens de « *en tant que, en qualité de, comme* », devant des noms de métiers ou de fonctions.

Estar de gobernador...	*Se trouver en qualité* de préfet...
Hacer de gobernador.	*Exercer les fonctions* de préfet.
Hacer de apuntador.	*Faire le* souffleur.
Trabajar de pinche.	*Travailler comme* marmiton.
Vestir de militar, **de** paisano.	*S'habiller en* militaire, *en* civil.
Disfrazarse de monje.	*Se déguiser en* moine.

785. En accord avec le français, elle marque *le point de vue* sous lequel est envisagé un état, une affection physique ou morale, un changement.

Padecer **del estómago.**	Souffrir *de l'estomac.*
Mejorar **de la vista.**	Aller mieux *de la vue.*
Andar mal **de la cabeza.**	Etre malade *du cerveau.*
Cambiar **de conducta.**	Changer *de conduite.*

786. Après **estar, ir, andar** et autres verbes de sens analogue, **de** remplace notre préposition **en** pour indiquer *la façon d'être, la situation.*

Estar **de viaje, de paseo, de visita.**	Etre *en voyage, en promenade, en visite.*
Ir **de vacaciones.**	Aller *en vacances.*
Estar **de luto.**	Etre *en deuil.*
Ir *ou* estar **de juerga.**	*Faire la noce, être en vadrouille.*

787. Enfin la préposition **de** peut, comme en latin et en français, marquer *l'origine*, idée voisine de celle *d'éloignement* (§ 781).

¡ Cuántos vicios **nacen del ocio !**	Que de vices *naissent de l'oisiveté !*
Del árbol sale la flor **Y de la flor sale el fruto.** (*Popular.*)	*La fleur sort de l'arbre et de la fleur sort le fruit.*
¿ Qué va a **resultar de todo eso ?**	Que va-t-il *sortir de tout cela ?*
La risa que **de leve causa procede...** (CERVANTES. — *D. Quijote*, I, 2.)	Le rire qui *provient d'un motif futile...*

D'autre part, l'idée d'origine s'identifie souvent avec celle de *cause*; c'est pourquoi la préposition **de** sert aussi à introduire le motif d'un sentiment, la cause d'un mal ou d'une affection quelconque, physique ou morale. (Cf. § 803, 804.)

Morirse **de pena, de hambre, de sed...**	Mourir *de peine, de faim, de soif...*
Temblar, tiritar **de frío, de miedo...**	Trembler, grelotter *de froid, de peur...*
Ahogarse **de calor, de congoja...**	Etouffer *de chaleur, d'angoisse...*
Bailar, cantar **de alegría...**	Danser, chanter *de joie...*

788. Autres emplois particuliers de **de** :

Fiarse de (*ou* **en**) una persona.	*Se fier à* une personne.
Gustar de bromas.	*Aimer (goûter)* la plaisanterie.
Pasar de los cincuenta años.	*Dépasser* la cinquantaine.
Pasarse de listo.	*Etre trop malin.*
Participar de los gastos.	*Participer aux* dépenses ; *payer son écot.*
Jugar del vocablo.	*Jouer sur* les mots.

CON.

789. Cette préposition traduit dans tous les cas le français *avec* devant un nom de personne.

Entenderse, acordarse, avenirse con uno.	*S'accorder, s'entendre avec* quelqu'un.
Reñir, disgustarse, enfadarse con alguien.	*Se fâcher avec* quelqu'un.
Competir con Fulano.	*Rivaliser avec* un Tel.
Comprometerse con un amigo.	*S'engager avec* un ami.
Tratar con una persona.	*Etre lié avec* (fréquenter) une personne.

Devant un nom de personne, **con** peut avoir aussi le sens de *auprès de.*

Interceder con uno en favor de...	*Intercéder auprès de quelqu'un* en faveur de...
Excusarse, disculparse con uno.	*S'excuser auprès de quelqu'un.*
Privar con uno.	*Etre en faveur auprès de quelqu'un.*

790. Elle correspond aux prépositions françaises *sur* et *contre* après les verbes marquant *rencontre*, *choc*, *agression*, *lutte.*

Dar con, tropezar con alguien.	*Rencontrer, tomber sur* quelqu'un.
Tropezar con una piedra.	*Trébucher sur* un caillou.
Chocar con un poste.	*Se cogner contre* un poteau.
Embestir con la fiera.	*Se lancer sur* la bête.
Luchar, pelear con los enemigos.	*Lutter, se battre contre* les ennemis.
Encararse con uno.	*Faire face à* quelqu'un.
Meterse con uno.	*Chercher noise* à quelqu'un.

791. Elle remplace notre préposition *a* ou *de* devant les compléments de verbes marquant *conformité*, *comparaison*, *jonction.*

Conformarse con las leyes.	*Se conformer aux* lois.
Conformarse, contentarse con poco.	*Se contenter de* peu.
Comparar (a uno) **con** otro.	*Comparer* quelqu'un *à* un autre.
Igualarse con uno.	*S'égaler à* quelqu'un.
Juntarse con los malos.	*S'unir aux* mauvais.
Emparentarse con un forastero.	*S'allier avec* un étranger.

792. Autres emplois remarquables de **con** :

Soñar con riquezas.	*Rêver de* richesses.
Frisar con los cuarenta.	*Friser* la quarantaine.
Cumplir con su obligación.	*Remplir, s'acquitter de* son devoir.
Contar con alguien.	*Compter sur* quelqu'un.
Consultar con un abogado.	*Consulter* un avocat.
Hacerse con un objeto.	*Se procurer* un objet.
Quedarse con una cosa.	*Garder indûment* une chose.
Alzarse con un objeto.	*Emporter indûment* un objet.
Cargar con los gastos.	*Se charger des* dépenses.
Salir con la suya.	*Avoir gain de cause.*

Convidar a uno **con algo.**	*Inviter* quelqu'un *à prendre quelque chose.*
Dar consigo en el suelo.	*Tomber* par terre.
Dar con la cabeza en...	*Donner de* la tête sur...
Tener cuidado con una cosa.	*Faire attention à* une chose.

Pour le rôle de **con** dans les *compléments de manière*, cf. encore les § 810, 811.

POR.

793. Cette préposition caractérise en premier lieu les compléments qui expriment le *motif* d'un désir, d'un sentiment, d'une passion, d'un intérêt.

Desvivirse, perecerse por una cosa.	*Mourir d'envie d'*une chose.
Afanarse por algo.	*Se donner du mal pour* quelque chose.
Interesarse por una persona.	*S'intéresser à* une personne.
Mirar por su honra, **por** su opinión.	*Veiller à* son honneur, *à* sa réputation.
Suspirar por un ausente.	*Soupirer après* un absent.
Temblar, temer por su vida.	*Trembler, craindre pour* sa vie.

794. Elle est employée avec le sens de *en faveur de*, *du parti de pour*, après un verbe impliquant adhésion.

Votar por alguno.	*Voter pour* quelqu'un.
Luchar por la patria.	*Combattre pour* la patrie.
Intervenir por un amigo.	*Intervenir en faveur* d'un ami.
Volver por los oprimidos.	*Prendre le parti des* opprimés.
Estar por Don Carlos.	*Etre du parti de* don Carlos.

795. Elle a le sens de *en qualité de*, *pour*, après les verbes synonymes de *nommer*, *déclarer*, *proclamer*.

Alzar por jefe a un desconocido.	*Proclamer chef* un inconnu.
Dar por hecho, por concluido...	*Tenir pour fait, pour* achevé...
Darse por vencido.	*S'avouer* vaincu.
Salir por fiador de un amigo.	*Se porter* garant d'un ami.
Quedar por cobarde.	*Passer pour* lâche.

796. Elle remplace notre préposition *pour* dans les sens de *à la place de* et *en échange de*:

Pagar por otro.	*Payer pour* un autre.
Comer por cuatro.	*Manger pour* quatre.
Responder por alguien.	*Répondre pour* quelqu'un.
Suplir un empleo **por** alguien.	*Tenir* un emploi *à la place de* quelqu'un.
Cambiar un objeto **por** otro.	*Changer* un objet *pour* un autre.
Me lo dieron por nada.	*On me l'a donné pour* rien.
Comprar por 20 duros.	*Acheter pour* 20 douros.
Diéronselas (las banderas) a D. Acisclo **por el trabajo de descolgarlas.** (PEREDA. — *El buey suelto.*)	*On en fit cadeau à D. Acisclo pour la peine de les décrocher.*

797. Après un verbe de mouvement, **por** suffit à remplacer le verbe *chercher*. (Cf. § 609.)

Ir por vino.	*Aller chercher* du vin.
Subir por un libro.	*Monter chercher* un livre.
Mandar por una cosa.	*Envoyer chercher* quelque chose.

Cf. encore le rôle de **por** dans les compléments d'agent § 805, et devant l'infinitif § 855.

PARA.

798. Cette préposition correspond au français *pour* (parfois *a*) devant un nom et marque surtout la *destination*.

La honra de la victoria **es para el general.**	L'honneur de la victoire *revient au général (est pour le général).*
Un cuchillo **para postres.**	Un couteau *à dessert.*
No vale nada **para eso.**	Il ne vaut rien *pour cela.*
Nombrar **para un cargo.**	Nommer *à* (pour) *un emploi.*
No estoy **para bromas.**	Je ne suis pas *d'humeur à plaisanter.*
Decir **para sí.**	Se dire *en soi-même, à part soi.*

Devant un infinitif, il indique *un but non immédiat.* (Cf. § 856.)

Comemos **para vivir.**	Nous mangeons *pour vivre.*
El compás sirve **para trazar círculos.**	Le compas sert *à tracer des cercles.*
Te arreglarás **para llegar a la hora.**	Tu t'arrangeras *pour arriver à l'heure.*

799. Para correspond encore au français *pour* dans les nuances : *aux yeux de, vis-à-vis de, en comparaison de.*

Tengo para mí que es locura.	*Je tiens pour moi* que c'est folie.
Eso será un crimen **para él.**	*Ce doit être* un crime *pour lui (à ses yeux).*
El último de los presos **resultaba para ellos** un personaje feliz. (Bl. Ibáñez. — *Cuentos Valencianos.*)	Le dernier des prisonniers *était à leurs yeux (vis-à-vis d'eux)* un personnage heureux.

Para ser tan rico, es poco lo que gasta.	*Pour un homme si riche* (en comparaison de ce qu'il est riche), il dépense bien peu.
No está mal, **para un principiante.**	Ce n'est pas mal *pour un débutant* (étant donné qu'il est un débutant).

COMPLÉMENTS DE CAUSE

POR, a causa de, por causa de.

800. Le rapport de cause exprimé en français par la prép. *pour* est toujours rendu en espagnol par **por** (§ 793). La locution *à cause de* a comme équivalents **a causa de, por causa de,** mais bien souvent la prép. **por** suffit à la traduire.

¿ Ve Ud lo que sucedió **por un mero descuido ?**	Voyez-vous ce qui est arrivé *pour une simple négligence ?*
Todo eso hemos perdido **por tu retraso.**	Tout cela nous l'avons perdu *à cause de ton retard.*
Nadie pudo salir **por el temporal que hacía.**	Personne ne put sortir *à cause du mauvais temps qu'il faisait.*
Pisaba muy ruidoso, **a causa de los grandes clavos** que orlaban las suelas de sus botas.	Il faisait beaucoup de bruit en marchant, *à cause des clous* qui bordaient la semelle de ses brodequins.

(ALARCÓN. — *Cosas que fueron.*)

Por causa tuya me voy a quedar. (Cf. 437.)	*A cause de toi* je vais rester.

POR + adjectif ou participe.

801. La préposition **por** permet d'énoncer la cause sous la forme d'un adjectif ou d'un participe qui se rapporte d'ordinaire au complément du verbe et qui s'accorde avec lui. Cette construction suppose l'ellipse du verbe *être* (**ser** ou **estar**), qui doit figurer dans la traduction française, à moins de remplacer l'adjectif par un nom.

A ese camarero le despidieron **por borracho y por holgazán.**	Ce garçon-là, on l'a renvoyé *parce qu'il était ivrogne et paresseux.*
Mi madre nos riñó **por golosos y por tontos.**	Ma mère nous gronda *pour notre gourmandise et pour notre sottise.*
Otro mortal cualquiera hubiera arrojado (el sombrero) a la calle **por descolorido, ajado y alicaído.**	Tout autre mortel aurait mis ce chapeau au rebut *parce qu'il était décoloré, fané et déformé.*

(PEREDA. — *El buey suelto.*)

Por lo + adjectif ou participe.

802. Dans les constructions de ce genre, l'emploi **de lo** devant l'adjectif ou le participe fait consister la cause dans le degré (ordinairement extrême) de la qualité ou de l'état exprimé ; la nuance ainsi rendue coïncide souvent (mais pas forcément) avec celle de la tournure française *tant il est, tellement il est...* L'article **lo** ayant ici la valeur de **cuan** (§ 191), l'adjectif s'accorde avec le nom qu'il qualifie ; l'ellipse des verbes **ser** ou **estar,** moins facile que dans les constructions précédentes (§ 801), est cependant possible.

A mí se me atraganta ese poema **por lo pretensioso y pesado que es.**	Moi je ne puis digérer ce poème, *tant il est prétentieux et lourd.*

Emploi de la préposition DE.

803. Le complément de cause peut être introduit par la préposition **de** lorsqu'il exprime une circonstance *(qualité, état physique ou moral)* qui se rapporte au sujet du verbe ; ou bien, en d'autres termes, lorsque l'action du verbe peut paraître comme un effet naturel de la circonstance exprimée par le complément de cause qui s'identifie ici avec l'origine (§ 787).

Comme après **por,** ce complément peut se présenter sous la forme d'un *nom :*

Se murió **de la pesadumbre que le causó tal pérdida.**	Il mourut *du chagrin que lui causa cette perte.*
Se le veía palidecer **de horror y de ira.**	On le voyait pâlir *d'horreur et de colère.*
Enmudeció **de sorpresa.**	Il resta *muet de surprise.*

et sous la forme d'un *adjectif* ou d'un *participe:*

Los paredes se caían **de viejas.**	Les murs s'écroulaient *de vieillesse (à force d'être vieux).*
Me muero **de sediento.** (SAMANIEGO.)	Je meurs *de soif* (*litt.* d'assoiffé).
Todos bostezaban **de aburridos.**	Tout le monde bâillait *d'ennui.*

DE = à force d'être, tant il est.

804. De suivi d'un adjectif ou d'un participe a souvent la valeur du français *à force d'être, tant il est.* Mais l'espagnol fait mieux ressortir cette nuance en plaçant après **de** l'adverbe **puro** (invariable Cf. § 508.) L'adjectif s'accorde toujours avec le nom qu'il qualifie.

De puro bueno y generoso, se vino a quedar sin una perra.	*A force d'être bon et généreux,* il finit par rester sans le sou.
Soy enemigo de guardar mucho las cosas y no querría que se me pudriesen **de guardadas.** (CERVANTES. — *D. Quijote,* I, 17.)	Je n'aime pas garder les choses trop longtemps et je ne voudrais pas les laisser moisir *à force de les garder.*
Se estaba D. Quijote boca arriba, sin poder menearse **de puro molido y emplastado.** (CERVANTES. — *D. Quijote,* I, 17.)	D. Quichotte restait couché sur le dos et ne pouvait remuer, *tant il était courbaturé et couvert d'emplâtres.*

LE COMPLÉMENT D'AGENT
des tournures passives.

Emploi de la préposition POR.

805. Dans cette catégorie de compléments, l'espagnol se comporte sensiblement comme le français, qu'il s'agisse d'un verbe passif à un temps personnel ou simplement d'un participe passé employé comme épithète ou comme attribut.

Le complément qui indique l'agent de l'action est introduit normalement par la préposition **por.**

El Nuevo Mundo fue descubierto **por Cristóbal Colón.**	Le Nouveau Monde fut découvert *par Christophe Colomb.*
Un jardín deshojado **por el invierno.**	Un jardin *effeuillé par l'hiver.*
Sostenido **por postes de piedra,** se levanta aquel local miserable. (P. Bazán.)	Soutenu *par des piliers de pierre* s'élève ce misérable édifice...

Dans l'espagnol classique, surtout en poésie, on trouve la préposition **de** dans des compléments d'agent où la langue moderne emploierait **por :**

Mordido y arrastrado **de sus enemigos** fue cruelmente. (Samaniego.)	Il fut cruellement mordu et traîné *par ses ennemis.*

806. L'équivalence de la tournure réfléchie : **se prepara la comida,** avec une tournure passive : **la comida es preparada,** fait que l'espagnol moderne lui donne parfois un complément d'agent avec la préposition **por.**

La venta de la casa se concertó **por los mismos herederos.**	La vente de la maison fut décidée *par les héritiers eux-mêmes.*
Se renovó la petición **por los interesados.**	La requête *fut renouvelée par les intéressés.*

Cette construction d'une correction douteuse est, malgré tout, un néologisme que l'on trouve assez fréquemment sous la plume des journalistes, mais qui n'est pas admis dans la langue littéraire.

Emploi de la préposition DE.

807. L'emploi de la préposition **de** suppose chez l'agent un rôle moins actif ou une moindre initiative ; il est admis lorsque le verbe n'exprime pas une action réelle, mais seulement un *sentiment* ou une *perception non voulue.*

El verde sauce **es de Flérida querido.** (G. de la Vega.)	Le saule vert *est aimé de Flérida.*
Salí sin **ser visto de nadie.**	Je suis sorti sans *être vu de personne.*
Onarro **era admirado de sus mismos colegas.** (P. Bazán. — *Pascual López.*)	Onarro était *admiré de ses collègues eux-mêmes.*

808. Après un participe passé marquant simplement un état, l'espagnol emploie, en face du français *par*, les prépositions **de** ou **con** devant le complément, du moment où celui-ci n'est pas envisagé comme agent, mais plutôt comme un complément de *cause* ou de *manière*.

Curtido **del aire.**	Tanné *par l'air.*
Vencido **del cansancio.**	Vaincu *par la fatigue.*
Envanecido **con la victoria.**	Enorgueilli *par la victoire.*
Afligido **con la pérdida...**	Affligé *par la perte...*

COMPLÉMENTS DE MANIÈRE

809. Les compléments de manière sont souvent constitués par des adverbes ou des locutions adverbiales. (Cf. § 281.) Celles-ci, qui sont très nombreuses, peuvent débuter par n'importe quelle préposition : **de** gravedad, *gravement;* **de** improviso, *à l'improviste;* **en** andas, *en triomphe;* **en** vilo, *en l'air;* **por** completo, *complètement;* **por** lo regular, *ordinairement;* **bajo** palabra, *sur parole*, etc., mais surtout par **a** et par **con : a** sabiendas, *à bon escient;* **a** hurtadillas, *en cachette;* **con** rapidez, *rapidement*, etc.

810. Du moment où le complément de manière n'est plus une expression toute faite, mais un cas particulier, c'est la préposition **con** qui est généralement employée. En d'autres termes, on peut admettre que tout complément répondant à la question *comment ?* se construit en espagnol avec **con,** quelle que soit la préposition employée en français.

Me dijo **con voz ronca...**	Il me dit *d'une voix rauque...*
Andaba **con paso ligero...**	Il marchait *d'un pas léger...*
Trataba de seducirnos **con halagos.**	Il essayait de nous séduire *par des flatteries.*
No conseguirás nada **con amenazas.**	Tu n'obtiendras rien *par des menaces.*
De repente un relámpago formidable desgarró **con su luz** el aire.	Tout à coup un éclair formidable déchira l'air *de sa lumière.*

(P. Baroja. — *Aurora roja.*)

El cura se metió **con un solo movimiento** la casulla por la cabeza.	Le curé enfila *d'un seul mouvement* la chasuble par la tête.

(P. Valdés. — *El idilio de un enfermo.*)

La notation de l'attitude.

811. Le français introduit dans la phrase, sans lien de préposition, des notations concernant la *tenue*, la *façon de se présenter*, l'*attitude* physique ou morale, et qui constituent de véritables compléments de manière, car elles répondent à la question *comment ?* L'espagnol les fait précéder ordinairement de la préposition **con.**

Ninguna iba **con la cabeza descubierta.** (J. VALERA. — *Juanita la Larga.*)	Aucune ne passait *la tête découverte.*
El primer actor declamaba **con las manos en los bolsillos.** (P. VALDÉS. — *Tristán.*)	Le premier acteur déclamait *les mains aux poches.*
Marchaban los individuos del Ayuntamiento **con el alcalde a la cabeza.** (J. VALERA. — *Juanita la Larga.*)	Les membres du conseil municipal s'en allaient, *le maire en tête...*
Con toda su voluntad puesta en el puño y éste en la esteva... regía la labor. (P. GALDÓS. — *El caballero encantado.*)	*Toute sa volonté fixée sur le poignet, et celui-ci sur le mancheron,* il dirigeait le labour.

812. L'espagnol peut aussi détacher dans la phrase le rôle de ces compléments sans employer de préposition, mais au moyen d'une inversion des termes qui le constituent. Cette construction est à rapprocher de celle de *la proposition participe.*

Se presentó **descubierta la cabeza.**	Il se présenta *la tête découverte.*
Puesta toda su voluntad en el puño, regía la labor.	*Toute sa volonté fixée sur le poignet,* il dirigeait le labour.
La princesa tornó al palacio, **lleno su corazón de tristeza.** (TRUEBA. — *El Cid.*)	La princesse revint au palais, *le cœur plein de tristesse.*
Entró Isabel, **alta la cabeza, altiva la mirada.** (P. COLOMA. — *Pequeñeces.*)	Isabelle entra, *la tête haute, le regard altier.*
Un gitanazo hercúleo, **desnudo el ancho pechazo, sudorosa la cara...** sujetaba a una bravía hembra para facilitar el esquileo. (G. MIRÓ. — *La mujer de Ojeda.*)	Un grand gitane taillé en hercule, *sa vaste poitrine nue, le visage en sueur,* maintenait une femelle farouche pour faciliter la tonte.

CHAPITRE XXIV

COMPLÉMENTS DE LIEU

Emploi des prépositions A et EN.

813. Dans les compléments de lieu, l'espagnol établit une distinction très nette dans l'emploi des prépositions **a** et **en**, parallèle à celle qui est faite en latin par les questions **quo ?** et **ubi ?**

Quelle que soit la préposition employée en français *(a, en, dans)*, il faut la rendre :
par **a** après un verbe de mouvement, devant le nom qui en indique le but (question **quo ?**) ;
par **en**, si le verbe signifie résidence ou s'il indique une action qui s'exerce dans l'endroit indiqué (question **ubi ?**).

A

Subo a mi habitación.	*Je monte dans* ma chambre.
Se fueron juntos **a** Italia.	*Ils allèrent* ensemble *en* Italie.
Bajaremos a la calle.	*Nous descendrons dans* la rue.
Llegaremos a Madrid mañana.	*Nous arriverons à* Madrid demain.

EN.

Estaré en mí habitación.	*Je serai dans* ma chambre.
Se quedaron en Italia.	*Ils restèrent en* Italie.
Hace frío en la calle.	*Il fait froid dans* la rue.
Yo trabajaba entonces en Madrid.	*Je travaillais alors à* Madrid.

On emploie aussi **en** après le verbe **entrar** et ses synonymes : **penetrar, ingresar, meterse, introducirse,** etc. : **entrar en** un cuarto ; **ingresar en** una escuela, etc.

La préposition A des locutions prépositives.

814. Après les verbes n'impliquant pas de mouvement, on conserve la préposition **a** des locutions prépositives figées qui marquent une situation, une exposition, une direction ou une distance par rapport à un nom de lieu exprimé ou sous-entendu : **al pie de, al lado de, al extremo de, a la entrada de, a la puerta de, a la salida de, a la sombra de, al borde** *ou* **al margen de, a la orilla** *ou* **a orillas**

de, al norte de, al sur de, al calor, al frío, al abrigo, al socaire, *à l'abri du vent*, **a poca distancia, a cien pasos de, a lo largo de,** etc.

La fuente escondida **a la sombra de los setos.** (Trueba. — *La escapatoria.*)	La fontaine cachée *à l'ombre des buissons.*
El Sr. de Meira iba sentado **a popa** P. Valdès. — *José.*)	M. de Meira était assis *à la poupe.*
Estaba **a seis pasos de la meta.**	Il était *à six pas du but.*

Français SUR : espagnol SOBRE et ENCIMA.

815. L'espagnol n'emploie **sobre** que pour marquer réellement la superposition d'un objet sur un autre.

Deja el libro **sobre la mesa.**	Pose le livre *sur la table.*
Llevaba un cesto **sobre la cabeza.**	Elle portait un panier *sur la tête.*
Había 3 grados **sobre cero.**	Il y avait 3 degrés *au-dessus de zéro.*
La niña reclinada **sobre las flores...**	La fillette *penchée sur les fleurs...*

Si l'objet se trouve de ce fait placé à une certaine hauteur, **sobre** est remplacé par **encima** : colocar **encima del armario,** *sur l'armoire;* **encima del tejado,** *sur le toit;* **encima de un árbol,** *sur un arbre*, etc.

Français SUR : espagnol EN.

816. On traduit *sur* par **en** lorsque le lieu est envisagé sous son *aspect de surface* pour y situer un objet ou une action.

Hay un cuadro **en la pared.**	Il y a un tableau *sur le mur.*
Escribir **en el cuaderno, en la pizarra.**	Ecrire *sur le cahier, sur le tableau.*
Dejar algo **en el suelo.**	Poser quelque chose *sur le sol (à terre).*

C'est encore **en** qui est employé devant un nom d'objet envisagé comme une *base*, même au sens figuré. (Cf. § 779.)

Sentarse **en una silla, en un banco**	S'asseoir *sur une chaise, sur un banc.*
Fundarse, basarse **en una tradición.**	Se baser *sur une tradition.*

Emploi de POR.

817. Cette préposition sert tout d'abord, dans les compléments de lieu, à jalonner un *itinéraire* et correspond au français *par*, *à travers.*

Pasaremos **por Bayona y Burdeos.**	Nous passerons *par Bayonne et Bordeaux.*
No entró **por la puerta,** sino **por la ventana.**	Il n'entra pas *par la porte*, mais *par la fenêtre.*
Correr **por los campos ; por montes y por valles.**	Courir *à travers champs ; par monts et par vaux.*

Français DANS, SUR : espagnol POR.

818. Por se substitue à **en** dans la désignation d'un lieu (Cf. § 813, 816) lorsqu'il y a une idée *de mouvement ou de dispersion à l'intérieur* du lieu indiqué.

Los niños **corren por el patio.**	Les enfants *courent dans la cour.*
Vagaba por la calles del pueblo.	*Il errait dans les rues de la ville.*
Lo derramó por el suelo.	*Il le répandit sur le sol.*

Por sert parfois aussi à marquer une *localisation seulement approximative.*

Fulano **está por Galicia.**	Un tel *est quelque part en Galicie.*
Le encontré **por Salamanca.**	Je l'ai rencontré *du côté de Salamanque.*

Traduction de A TRAVERS.

819. *a*) L'emploi de **a través** implique une idée de franchissement d'obstacle qui n'est pas contenue dans **por : pasear por el campo,** *se promener dans* (à travers) *la campagne*, mais **pasar a través de un seto,** *passer à travers un buisson.*

Al través de suppose un franchissement *de bout en bout :* **al través de la finca,** *à travers la propriété ;* **al través de la calle** ; **al través de un maizal,** *à travers un champ de maïs.*

b) Si on envisage plutôt un cheminement *entre des obstacles divers*, on emploie la double préposition **por entre** :

Deslizarse **por entre los árboles.**	*Se glisser à travers les arbres.*
Escapar **por entre las mallas** de la red.	*S'échapper entre les mailles du filet.*

Emploi de PARA.

820. Para remplace **a** devant un nom de lieu lorsqu'il n'est pas envisagé comme un but à atteindre immédiatement.

Ha salido **para su tierra.**	Il est parti *pour son pays.*
Embarcóse en Lisboa **para América.**	Il s'est embarqué à Lisbonne *pour l'Amérique.*

821. Devant un adverbe de lieu, **para** peut remplacer **hacia** dans le sens de *vers*, *du côté de...*

No se eche Ud **para atrás.**	Ne vous jetez pas *en arrière.*
El chico siguió caminando **para abajo.**	L'enfant continua sa route *vers le bas.*

Compléments de lieu sans préposition.

822. On peut rencontrer, surtout dans la poésie populaire, les mots **camino, carretera, calle, orilla, ribera** faisant fonction de complément de lieu sans être précédés de préposition ni d'article.

Caminito del puerto no pasa nadie sino polvo y arena que lleva el aire.	*Sur la route du col*, il ne passe personne, si ce n'est poussière et sable qu'emporte le vent.
Calle la de Ribero la pasean los frailes... *(Cant. pop. asturien.)*	*Par la rue du Ribero*, les moines la promènent.
Dejadme llorar **orillas del mar**. (GÓNGORA.)	Laissez-moi pleurer *au bord de la mer*.
Vide estar una doncella **ribericas de la mar.** *(Romance pop.)*	J'aperçus une jeune fille *sur le bord de la mer.*

Adverbes postposés au nom.

823. Les adverbes **arriba, abajo, adentro, afuera, adelante, atrás** peuvent être postposés à un nom de lieu pour marquer la direction d'un mouvement dans l'endroit donné ou par rapport à cet endroit. Les expressions ainsi constituées se présentent le plus souvent non précédées de préposition ni d'article.

Ir **río arriba ; río abajo.**	Aller *en remontant*, *en descendant* le courant.
Se fue **camino adelante.**	*Il poursuivit sa route.*
Faros que surgen **mar adentro,** por encima de las aguas. (AZORÍN. — *Castilla.*)	Des phares qui surgissent *en haute mer*, au-dessus des eaux.
Y este bombero trepaba **fachada arriba,** hincando las uñas en las grietas de la pared. (PEREDA. — *Pachín González.*)	Et ce pompier *grimpait vers le haut de la façade*, enfonçant ses ongles dans les fissures du mur.
Caer **de una peña abajo.**	Tomber *du haut d'un rocher* (*litt.* d'un rocher en bas).

Mesure de la distance :

a. Avec idée de déplacement.

824. Après les verbes qui marquent un déplacement : **avanzar, retroceder, apartar, elevar, bajar,** etc., l'expression de la distance s'énonce ordinairement en espagnol sous la forme d'un complément direct, c'est-à-dire sans préposition.

Le verbe **distar**, *être éloigné de*, demande la même construction.

Pero rehaciéndose en seguida (la fiera) **avanzó dos pasos.**	Mais, se ressaisissant aussitôt, la bête *avança de deux pas.*
(PEREDA. — *Peñas arriba.*)	
El pueblo **dista dos leguas** de la costa.	Le village *est situé à deux lieues de* le côte.
Eran éstos a modo de baluartes... **elevados algunos metros sobre el nivel** de los campos.	C'étaient des sortes de terre-pleins *élevés de quelques mètres au-dessus* de la campagne.
(BL. IBÁÑEZ. — *El intruso.*)	

On dit de même, paranalogie avec les constructions précédentes : Mi reloj **adelanta** (o **atrasa**) **dos minutos**, ma montre *avance ou retarde de deux minutes.*

b. Avec idée de station.

825. Avec des verbes indiquant la position ou le stationnement, la distance s'énonce, comme en français, avec la préposition **a.**

Estamos todavía **a tres kilómetros del pueblo.**	Nous sommes encore *à trois kilomètres du village.*
El torero se detuvo **a dos pasos del bicho.**	Le torero s'arrêta *à deux pas de la bête.*
El termómetro se estuvo todo el día **a tres grados bajo cero.**	Le thermomètre resta toute la journée *à 3 degrés au-dessous de 0.*

Mais, comme en français également, la préposition **a** est supprimée si l'expression de distance est suivie d'une formule comparative : **más allá, más acá, más arriba,** etc.

Fué a sentarse **unos pasos más allá.**	Il alla s'asseoir *quelques pas plus loin.*
Tengo mí habitación **dos pisos más arriba.**	J'ai ma chambre *deux étages plus haut.*

826. L'expression de distance qui indique dans quelle mesure se manifeste une *supériorité* ou une *infériorité* s'énonce avec la préposition **de.**

El nivel del mar Caspio es **inferior de 26 metros** al del mar Negro.	Le niveau de la mer Caspienne est *inférieur de 26 mètres* à celui de la mer Noire.
La altura del Mulhacén **supera** (*ou* **es superior**) **de unos 40 metros** a la de la Maladetta.	L'altitude du Mulhacen *est supérieure de quelque 40 mètres* à celle de la Maladetta.

COMPLÉMENTS DE TEMPS

Compléments sans préposition.

827. On peut situer un fait dans le temps sans besoin de préposition, par la simple indication de la période ou du moment : *jour* ou *partie du jour*, *mois*, *saison*, *année*, *fois*. L'usage de l'espagnol coïncide avec celui du français lorsque ces noms désignent une période, une date ou un moment particuliers : **una vez** encontré, *je rencontrai une fois ;* **un día,** *un jour ;* **cierta noche,** *certain soir ;* **cualquier día** volverá, *il reviendra un de ces jours ;* **aquel año,** *cette année-là ;* **la semana que viene,** *la semaine prochaine ;* **el día siguiente,** *le lendemain ;* **la víspera,** *la veille ;* **el mismo mes,** *le même mois ;* **el año pasado,** *l'année dernière ;* **cada mañana,** *chaque matin ;* **el día de Reyes,** *le jour des Rois ;* **la mañana de San Juan,** *la matinée de Saint Jean*, etc., etc.

On trouve souvent dans les romances populaires ces indications de temps sans article :

Año de noventa y tres, por enero de este año.	*L'an 93*, en janvier de cette année.
Yo me levantara, madre, **mañanica de San Juan.**	Je m'étais levée, ma mère, *la matinée de Saint-Jean.*

Emploi de EN, POR, DE.

828. Mais on emploie la préposition **en :** *a*) devant les noms des saisons et des mois pris *dans un sens périodique ;* *b*) lorsqu'on situe un fait dans un mois désigné par *son nom*, dans une année ou un siècle désignés par *un chiffre.*

Aquí no hace frío **en invierno.**	Ici il ne fait pas froid *l'hiver.*
Me siento mejor **en verano.**	Je me sens mieux *l'été.*
Llueve mucho **en otoño.**	Il pleut beaucoup en ou l'*automne.*
Muchas veces graniza **en agosto,** *ou* **en el mes de agosto.**	Il grêle souvent *en août* ou *au mois d'août.*
En el siglo XIX.	*Au XIXe siècle.*
Nació **en 1940** *ou* **en el año 1940.**	Il naquit *en 1940* ou *en l'an 1940.*

On emploie **por** devant les parties de la journée prises *dans un sens périodique.*

Por la mañana salgo ;	*Le matin*, je sors ;
por la tarde me quedo en casa ;	*l'après-midi*, je reste à la maison ;
por la noche, voy al teatro.	*le soir*, je vais au théâtre.

de, si on *oppose* le jour à la nuit.

De día trabajamos,	*Le jour*, nous travaillons,
de noche descansamos.	*la nuit*, nous nous reposons.

Emploi de A.

829. L'emploi de **a** devant ces mêmes termes est affaire *de tradition* (on ne dit pas **al verano, al invierno, al mes de enero, al año 1945**) ; mais dans les expressions où cette préposition est employée, elle indique nettement la nuance : **al llegar,** *quand arrive...* (Cf. § 832.)

A la primavera...	Au printemps, *quand arrive le printemps...*
A la tarde, a la noche...	*Quand vient l'après-midi, quand vient le soir...*
Al amanecer, al anochecer.	*Au lever du jour, à la tombée de la nuit.*
Al día siguiente.	Le lendemain, *quand arrive le lendemain.*
A la mañana siguiente.	*Le lendemain matin.*

Expression de la date.

830. Lorsqu'on situe un fait dans le temps, le jour du mois s'énonce ordinairement sans préposition (Cf. § 727), mais précédé de l'article **el** qui sous-entend le mot **día.**

Sucedió esto **el 20 de octubre.**	Ceci arriva *le 20 octobre.*

Mais pour *se situer soi-même* dans le temps, ou pour dater un document, on emploie la préposition **a** non suivie de l'article.

Estamos a 20 de octubre.	*Nous sommes le 20 octobre.*
Madrid, **a 20 de octubre de 1940.** (*ou bien :* **Madrid, 20 de octubre**).	Madrid, *le 20 octobre 1940.*

831. Devant un nom de *fête*, la préposition **por** correspond ordinairement à notre *à* (ou *à la*) et aussi à *vers :* **por Navidad,** *à la Noël;* **por Pentecostés,** *à la Pentecôte;* **por Carnaval,** *à Carnaval;* **por San Miguel,** *à la Saint-Michel*, ou *vers la Saint-Michel.*

Si l'on veut mieux préciser la date, on dira : **el día** de Navidad, **el día** de San Miguel, etc.

La désignation établie par **por** est toujours vague et approximative (Cf. § 818) : **por agosto,** *vers le mois d'août, en août;* **por los años 1840,** *vers* 1840.

La préposition **para** exprime, comme le français *pour*, en pareil cas, une date *envisagée par avance.*

Volveremos **para los Reyes.**	Nous reviendrons *pour les Rois.*
No quiso venir **para las Pascuas.**	Il ne voulut pas venir *pour les fêtes.*

Le moment précis : préposition A.

832. Tandis que **en** situe un fait dans une période plus ou moins longue (§ 828), la préposition **a** marque *le moment précis* où il s'accomplit, ou bien sa coïncidence avec un autre fait.

Al punto, al instante, *à l'instant même;* **al mismo tiempo,** *en même temps;* **a la vez,** *à la fois;* **a las 3 y media,** *à 3 heures et demie;* **a la hora señalada,** *à l'heure fixée;* **al empezar,** *en commençant, au moment de commencer* (Cf. § 750) ; **al entrar, al salir,** *en entrant, en sortant;* **al principio, al comienzo,** *au commencement;* **al fin,** *à la fin* (mais **en medio,** *au milieu*), etc.

Les pluriels : **a principios, a mediados, a fines** rendent la nuance : *vers le début, vers le milieu, vers la fin.* Même nuance dans : **en vísperas de,** *à la veille de, quelques jours avant.*

La période écoulée.

833. La préposition **a** suivie de l'article défini peut envisager le terme d'une période écoulée et être l'équivalent de *au bout de.* C'est notamment le cas dans la désignation de l'heure et de l'âge. (Cf. § 343.)

María, **a los cuatro días,** comenzó a mejorar. (P. Baroja. — *La Dama errante.*)	Marie, *au bout de quatre jours,* commença à aller mieux.
A los pocos minutos.	*Au bout de quelques minutes. Quelques minutes après.*
Al poco rato.	*Bientôt après. Au bout d'un petit moment.*
A las dos horas de haber llegado.	*Deux heures après être arrivé.*

Ne confondez pas avec :

Llegó **a las diez.**	*Il arriva à 10 heures* (période écoulée de la journée).
Se casó **a los cuarenta años.**	Il se maria *à l'âge de quarante ans* (période écoulée de l'existence).

Valeur distributive de la préposition A.

834. La préposition **a** peut correspondre enfin au français *par* devant une unité de temps dans les expressions distributives. Cette valeur de **a** n'est qu'un corollaire de l'emploi précédent. (Cf. § 833.)

Dos comidas **al día.**	*Deux repas par jour* (au bout de la journée).
Tres veces **a la semana.**	Trois fois *par semaine.*
Le veo **una vez al año.**	Je le vois *une fois par an.*

La durée.

835. La durée s'exprime, comme en français, soit directement sous forme de complément direct (équivalence : *pendant*) :

La guerra **duró cuatro años.**	La guerre *dura quatre ans.*
Trabajé dos horas seguidas.	*J'ai travaillé deux heures* de suite.
Tardaremos tres días en llegar.	*Nous mettrons trois jours à* arriver.

soit au moyen de la préposition **en** (équivalence : *dans l'espace de*) :

Lo hice yo solo **en dos horas.**	Je l'ai fait tout seul *en deux heures.*
Me visto **en cinco minutos.**	Je m'habille *en cinq minutes.*
No le ví **en toda la semana.**	Je ne l'ai pas vu *de toute la semaine.*

836. La durée envisagée comme une *prévision* s'exprime par la préposition **por** : en français *pour.*

Salió **por 48 horas.**	Il est parti *pour 48 heures.*
Estamos aquí **por todo el verano.**	Nous sommes ici *pour tout l'été.*
Voy **por cinco años** a las señoras Gurapas.	Je m'en vais *pour cinq ans* chez mesdames les Galères.
(CERVANTES. — *D. Quijote,* I, 22.)	

Le délai.

837. Il importe de ne pas confondre l'expression d'une durée (*en* 5 minutes) avec celle d'un délai (*dans* 5 minutes). Cette dernière se construit en espagnol avec **dentro de.**

Marcharé **dentro de cinco minutos.**	Je partirai *dans cinq minutes.*
Dentro de dos años serás mayor de edad.	*Dans deux ans*, tu seras majeur.

Traduction de DEPUIS.

838. Si *depuis* se réfère à un *moment* passé ou à venir avec le sens de *à partir de*, il se traduit par **desde.**

No he hecho nada **desde las doce.**	Je n'ai rien fait *depuis midi.*
No ha llovido **desde el mes de mayo.**	Il n'a pas plu *depuis le mois de mai.*

L'expression de temps peut être suivie de l'adverbe **acá,** litt. *en ça*, c'est-à-dire *jusqu'à présent* : **desde ayer acá, desde entonces acá, desde enero acá,** etc.

Lorsque **desde** embrasse une *durée* dans le passé, on le traduit par **desde hace** : (= depuis une période de).

No me siento bien **desde hace una semana.**	Je ne me sens pas bien *depuis une semaine.*
Vivimos aquí **desde hace cinco años.**	Nous habitons ici *depuis cinq ans.*

Si *depuis* est employé seul comme adverbe et avec le sens de *depuis ce moment-là*, on le traduira par **desde entonces** *(depuis lors)* ou par **después** *(par la suite, après)* selon la nuance à exprimer.

Se aburre mucho **desde entonces.**	Il s'ennuie beaucoup *depuis.*
No le he vuelto a ver **desde entonces.** No le volví a ver **después.**	Je ne l'ai pas revu *depuis.* Je ne l'ai pas revu *par la suite.*

Traduction de DÈS.

839. Lorsque *dès* ajoute au sens de *depuis* l'idée d'une heure ou d'un moment *prématuré*, ce qui est le cas le plus fréquent, il convient de rendre cette nuance en joignant à la préposition **desde** l'adverbe **ya**, *déjà*.

Dès l'aurore, les troupeaux commencèrent à affluer de toutes parts.	**Ya desde el amanecer,** empezaron los rebaños a afluir de todas partes.
Dès son enfance, il montra des dispositions étonnantes pour la musique.	**Desde niño ya** manifestó disposiciones asombrosas para la música.

Dorénavant, désormais.

840. Ces deux adverbes peuvent se rendre indifféremment par les locutions **en adelante, en lo sucesivo,** qui envisagent un temps ultérieur, aussi bien par rapport à un présent que par rapport à un passé. Si on veut être plus précis, on dira :

Dorénavant je me lèverai plus tôt.	**De hoy en adelante,** me levantaré más temprano.
Dorénavant, vous pourrez vous arranger tout seul.	**De ahora en adelante,** podrá Ud arreglarse solo.
Désormais tout lui sembla plus facile dans la vie.	**Desde entonces,** todo le pareció más fácil en la existencia.

FORMULES INTERROGATIVES

correspondant aux circonstances de l'action.

La cause et le but.

841. La cause et le but se trouvent confondus dans la formule française *pourquoi ?* que l'espagnol rend ordinairement par **¿ por qué ?** (en deux mots) **: ¿ Por qué** hiciste eso ? *Pourquoi as-tu fait cela ?*

Mais l'espagnol permet, grâce à l'emploi de la formule **¿ para qué ?**, de préciser que la question concerne *le but.*

¿ Para qué trajo Ud tantas botellas ?	*Pourquoi (dans quel but)* avez-vous porté toutes ces bouteilles ?
¿ Para qué me llamaste ?	*Pourquoi m'as-tu appelé ? Qu'est-ce que tu me voulais ?*
¿ Para qué repetirlo, si Ud lo sabe ?	*A quoi bon le répéter*, puisque vous le savez ?

842. Si la question vise un *but immédiat*, ce qui est le cas avec un verbe de mouvement (Cf. § 608, **venimos a** ayudarle), elle s'énonce simplement avec **¿ a qué ?**

¿ A qué han venido Udes ?	*Qu'est-ce que vous êtes venus faire ?*
¿ A qué sale Ud tan apurado ?	*Qu'avez-vous à sortir si précipitamment ?*

La manière.

843. L'adverbe **cómo,** *comment*, peut convenir à toutes les questions qui concernent la manière ; il a comme équivalents plus précis : **¿ de qué manera ? ¿ de qué modo ? ¿ en qué forma ?** *de quelle manière ? de quelle façon ? sous quelle forme ?*

844. L'espagnol emploie en outre la locution **¿ qué tal ?** que le français traduit aussi par *comment*, mais qui sert seulement à solliciter une *appréciation* sur un fait, un état ou un résultat.

¿ Qué tal se ha portado el chico ?	*Comment l'enfant s'est-il* comporté ?
¿ Qué tal le pareció la función ?	*Comment avez-vous trouvé* la séance ?
¿ Qué tal trabaja aquel aprendiz ?	*Comment travaille* cet apprenti ?

Dans la réponse à **¿ Qué tal ha hecho Ud el viaje ?** il ne sera question ni de moyen de locomotion, ni de l'itinéraire, mais seulement des conditions de commodité qui ont pu rendre le voyage plus ou moins agréable.

La formule **qué tal** permet l'ellipse fréquente des verbes **ser** et **estar** : **¿ Qué tal el enfermo ?** *Comment va le malade ?* — **¿ Qué tal el negocio ?** *Où en est l'affaire ?*

Le lieu.

845. L'adverbe **¿ dónde ?** suffit en principe à traduire *où ?* **¿ Dónde vas ?** *Où vas-tu ?* **¿ Dónde estamos ?** *Où sommes-nous ?*

Mais, si l'adverbe vise le but d'un verbe de mouvement, il est préférable de le faire précéder de la préposition **a,** conformément à la règle générale (§ 813).

¿ A dónde llegaron Udes ?	*Où êtes-vous* arrivés ?
¿ A dónde vamos a parar con eso ?	*Où allons-nous aboutir* avec cela ?
Corrían sin saber **a dónde.**	Ils couraient *sans but* (sans savoir où).

L'expression **¿ a dónde bueno ?** est une formule familière et polie pour demander à quelqu'un *où il va.*

846. D'autre part, avec les verbes n'impliquant pas de mouvement, l'espagnol conserve ordinairement devant **dónde** la préposition **en** lorsque la question se réfère à un endroit précis.

¿ **En dónde encontró Ud** esa ganga ?	*Où avez-vous trouvé* cette perle (cette aubaine) ?
¿ **En dónde nos hemos de reunir ?**	*Où devons-nous nous réunir ?*
¿ **En dónde pusiste** esa herramienta ?	*Où as-tu mis* cet outil ?

Les formules **para dónde, hacia dónde** sont plus couramment employées que *vers où* pour demander la direction : ¿ **Para dónde** la han tomado ? *Quelle direction ont-ils prise ?* ¿ **Para dónde** se ha embarcado ? *Pour quelle direction* s'est-il embarqué ?

Ces diverses constructions se conservent dans l'emploi de **donde** comme relatif ; mais **adonde** s'écrit dans ce cas en un seul mot (§ 890).

Le temps.

847. Les formules interrogatives conservent la préposition qui serait employée devant le complément de temps (§ 828, 829).

A las diez.	¿ **A qué hora ?**	*A quelle heure ?*
En este momento.	¿ **En qué momento ?**	*A quel moment ?*
...maduran **en** agosto.	¿ **En qué mes** maduran... ?	*En quel mois mûrissent...?*
Nació **en** 1810.	¿ **En qué año** nació... ?	*En quelle année naquit... ?*
Vendré el lunes *(sans préposition).*	¿ **Qué día** vendrá Ud ?	*Quel jour viendrez-vous ?*

La question concernant la durée peut se poser directement par ¿ **cuánto ?**, le mot **tiempo** restant sous-entendu si le verbe exprime par lui-même la *durée :* ¿ **Cuánto** tardaste en hacer eso ? *Combien de temps as-tu mis à faire cela ?*

Dans les autres rapports de temps, les formules usuelles sont : ¿ **para cuándo ?** *pour quand ?* ¿ **hasta cuándo ?** *jusqu'à quand ?* ¿ **desde cuándo ?** *depuis quand ?* Si on envisage une durée dans le passé jusqu'au moment présent, on peut faire suivre **cuándo** de l'adverbe **acá** (§ 838) : ¿ **De cuándo acá** traes bigote ? *Depuis quand portes-tu la moustache ?*

CHAPITRE XXV

CIRCONSTANCES RENDUES PAR LES MODES IMPERSONNELS

L'espagnol fait preuve encore d'une souplesse plus grande que le français dans l'emploi de l'infinitif, du gérondif et du participe, soit seuls, soit précédés de préposition, pour exprimer des circonstances de l'action (*moment*, *condition*, *cause*, etc.) que nous sommes parfois obligés de rendre par un mode personnel.

De plus, ces trois formes du verbe peuvent être suivies d'un sujet propre, différent du sujet du verbe principal, et constituer ainsi des propositions *infinitives*, *gérondives et participes*, qui jouent dans la phrase le rôle de subordonnées circonstancielles. Ces propositions se présentent ordinairement (mais pas forcément) au début de la phrase ; leur sujet, lorsqu'il est énoncé, est toujours placé après la forme verbale, infinitif, gérondif ou participe.

L'INFINITIF PRÉCÉDÉ D'UNE PRÉPOSITION

Después de, luego de + infinitif.

848. Les prépositions **después de, luego de** suffisent à marquer l'antériorité de l'action et sont ordinairement suivies de l'infinitif présent au lieu de l'infinitif passé que nous employons en français.

Después de admirar el afeitado parterre, fueron a dar la vuelta al estanque grande.	*Après avoir admiré le* coquet parterre, ils allèrent faire le tour du grand étang.
(P. Galdós. — *La desheredada.*)	
Luego de lavarse, volvió Gallardo a ocupar su asiento.	*Après s'être lavé,* Gallardo revint occuper son siège.
(Bl. Ibáñez. — *Sangre y arena.*)	
Las hojas, **después de haber temblado al cierzo,** rodaban por el enlosado.	Les feuilles, *après avoir frissonné sous la bise,* roulaient sur les dalles.
(Unamuno. — *Niebla.*)	

Hasta + infinitif.

849. Après la préposition **hasta,** comme après les précédentes, l'infinitif présent envisage l'action comme terminée et remplace ordinairement notre infinitif passé.

No se detuvo **hasta dejar caer el trapo** sobre los mismos cuernos del toro.

(P. Valdés. — *Riverita.*)

Il ne s'arrêta *qu'après avoir laissé tomber le trapo* sur les cornes mêmes du taureau.

La tierra sucia se atormentaba con vertiginoso voltear, rodando y cayendo de rueda en rueda, **hasta convertirse en fino polvo achocolatado.**

(P. Galdós. — *Marianela.*)

La terre sale était agitée dans un tourbillon vertigineux, roulant et tombant d'une roue dans l'autre, *jusqu'à ce qu'elle fût convertie en une fine poussière couleur de chocolat.*

Al + infinitif.

850. Al, comme nous l'avons vu, marque *le moment précis* où s'exécute une action (Cf. § 832). Employé dans une proposition infinitive avec sujet, il se rend en français par *lorsque*, *comme* ou *quand* suivis d'un temps personnel.

Al acercarnos a la ciudad, las casas eran ya más altas.

(P. Baroja. — *La ciudad de la niebla.*)

Comme nous approchions de la ville, les maisons étaient déjà plus hautes.

Al retirarse Villalaz aquella noche, vió sobre la mesa de la estancia un libro...

(R. Leó — *El amor de los amores.*)

Quand Villalaz rentra chez lui ce soir-là, il aperçut sur la table de sa chambre un livre...

Sobre et tras + infinitif.

851. Devant un infinitif, **sobre** prend le sens de **además de,** *outre.* La préposition **tras,** dont le sens propre est *après*, peut rendre aussi cette même nuance.

Sobre cobrar mi hacienda, me quiere matar este ladrón.

(Cervantes. — *D. Quijote,* I, 44.)

Non content de prendre mon bien, ce fripon veut encore me voler.

Tras ser culpado, es el que más levanta el grito.

(*Gram. Acad.*)

Outre qu'il est inculpé, c'est lui qui crie le plus fort.

Tras ser caro, es malo.

Non seulement il est cher, mais il est mauvais.

Con + infinitif.

852. Cette préposition peut présenter l'infinitif dans deux acceptions :

a) Comme un complément de manière analogue au gérondif, mais avec la nuance qui se rendrait par *rien qu'en + infinitif* ou par *il suffit de + infinitif*. Cet aspect est parfois renforcé par l'adverbe **sólo.**

Con salir de esa calle y dar un paseo en la mía, se han retrogradado dos siglos.
(M. Romanos. — *Memorias.*)

Rien qu'en sortant de cette rue pour faire une promenade dans la mienne, on revient deux siècles en arrière.

Con mostrar D. Antonio la caballería... en las eras del lugar, los enemigos fueran retenidos.
(Mendoza. — *Guerra de Granada*, 3.)

Il eût suffi que D. Antonio montrât la cavalerie sur les aires de l'endroit pour que l'ennemi fût retenu.

Con sólo tomar esa píldora, ya estás curado.
Con no confesar, te libras.

Rien qu'en prenant cette pilule, te voilà guéri.
Tu n'as qu'à ne pas avouer et te voilà sauvé.

b) Avec la nuance concessive marquée par *tout en + participe présent* et que l'espagnol pourrait rendre aussi par **a pesar de,** *malgré.*

Jamás he visto al Rey ni a la corte de Sevilla, **con estar de aquí dos leguas.**
(Matos Fragoso. — *El sabio en su retiro*, 1.)

Jamais je n'ai vu le Roi ni la Cour de Séville, *bien que ce ne soit qu'à deux lieues d'ici.*

Y con ser tan robusta (la chimenea del barco), mire cómo está aprisionada y sostenida por varios tirantes.
(Bl. Ibáñez. — *Los argonautas.*)

Et bien qu'elle soit si robuste, voyez comme elle est emprisonnée et soutenue par plusieurs filins.

Mas a pesar de ser (Carlitos) **un hombre de ciencia,** estos artefactos duraban poco tiempo íntegros entre sus manos.
(P. Valdés. — *Riverita.*)

Mais, bien qu'il fût un homme de science, ces appareils ne restaient pas longtemps intacts entre ses mains.

De + infinitif.

853. De conserve devant un infinitif la valeur *causale* qu'il a devant un nom (§ 803) et qui peut s'exprimer le plus souvent par *à force de.*

De estarse todo el día al sol vino a ponerse como un grillo.

A force de rester toute la journée au soleil, il devint noir comme un grillon.

Del poco dormir y del mucho leer se le secó el cerebro.
(Cervantes. — *D. Quijote*, I, 1.)

A force de peu dormir et de beaucoup lire, son cerveau se dessécha.

DE et A à valeur conditionnelle.

854. La préposition **de** suffit à présenter un infinitif sous le même *aspect de condition* que l'hypothèse introduite par **si** des phrases conditionnelles.

La préposition **a,** susceptible de jouer le même rôle, n'est guère employée que sous la forme négative et comme équivalente de la locution *a falta de.*

De saberlo yo antes, no me movía.	*Si je l'avais su auparavant,* je n'aurais pas bougé.
De no venir tú, tampoco iré yo.	*Si tu ne viens pas,* je n'irai pas non plus.
Sabía que **de favorecer a uno,** se hubieran enfadado los demás. (DICENTA. — *El nido de gorriones.*)	Je savais que, *si on avait fait des préférences pour l'un,* les autres se seraient fâchés.
A no afirmarlo tú, lo dudaría. (*Gram. Acad.*)	*Si ce n'était pas toi qui l'affirmais,* j'en douterais.
A no decirlo todo, más vale que calles.	*Si tu ne dois pas tout dire,* il vaut mieux que tu te taises.

Por + infinitif.

855. Devant un infinitif, **por** conserve en principe son sens *causal,* même lorsque en français il peut être rendu par *pour.* Mais, la plupart du temps, pour lui conserver ce sens, il y a lieu de le traduire par *parce que* ou *car* et de remplacer l'infinitif par un temps personnel.

El alumno fué castigado **por llegar tarde.**	L'élève fut puni *pour être arrivé en retard.*
Lo que más le fatigaba era el no verse armado caballero, **por parecerle que** no se podría poner legítimamente en aventura sin recibir la orden de caballería. (CERVANTES. — *D. Quijote.*)	Ce qui le préoccupait le plus, c'était de ne pas se voir armé chevalier, *car il lui semblait qu'il* ne pourrait légitimement s'engager dans une aventure sans avoir reçu l'ordre de la chevalerie.

Cependant on trouve souvent dans l'espagnol classique *por* précédant un infinitif avec un sens final.

(D. Quijote) no se osaba apartar de la pila **por no desamparar las armas.** (CERVANTES. — *D. Quijote.*)	D. Quichotte n'osait s'écarter de l'abreuvoir *pour ne pas laisser les armes sans défense.*
Pase a media noche el mar Leandro **por ver su dama,..** (GÓNGORA.)	Que Léandre passe la mer à minuit *afin d'aller voir sa dame...*

Le parler moderne en fait usage parfois aussi dans le style poétique et dans quelques expressions stéréotypées.

Canto **por no llorar.**	Je chante *pour ne pas pleurer.*
Por decirlo todo de una vez.	*Pour tout dire en une fois.*
Esforzarse por llegar antes.	*S'efforcer pour arriver plus tôt.*
Hacer por acabar pronto.	*Faire son possible pour terminer vite.*

Dans l'usage actuel, **por** envisage d'habitude un *but immédiat*, réalisé en même temps que l'action, tandis que **para** annonce un *but seulement en perspective*, à atteindre ultérieurement.

Para + infinitif.

856. Le rôle essentiel de la préposition **para** devant l'infinitif est de faire envisager comme un *but à atteindre* l'action de cet infinitif.

Estamos aqui **para trabajar.**	Nous sommes ici *pour travailler.*
Nos acostamos **para dormir.**	Nous nous couchons *pour dormir*
Abrígate bien **para no tener frío.**	Couvre-toi *pour ne pas avoir froid.*
Es un método excelente **para aprender pronto y bien.**	C'est une méthode excellente *pour apprendre vite et bien.*

Cette préposition se substitue en espagnol à notre préposition *de* dans les expressions du type *j'ai le temps d'écrire*, où effectivement l'infinitif est présenté comme un *but;* le nom dont il est le complément est énoncé sans article.

Aujourd'hui, j'ai *le temps d'écrire.*	Hoy tengo **tiempo para escribir.**
As-tu *la permission de sortir ?*	¿ Tienes **permiso para salir ?**
Je n'ai pas *la force de me lever.*	No tengo **fuerzas para levantarme.**
Si vous aviez *le courage de dire la vérité...*	Si tuviera Ud **valor para decir la verdad...**
Il eut *la patience de l'écouter.*	Tuvo **paciencia para escucharle.**
Tu n'as pas *le droit de faire cela.*	No tienes **derecho para hacer eso.**

857. Para peut être employé devant un infinitif avec la nuance comparative que nous avons signalée au § 799.

Para ser tan rico es poco lo que gasta.	*Pour un homme si riche (en comparaison de ce qu'il est riche),* il dépense bien peu.
Para ser tan herido este mancebo habla mucho.	*Etant donné la gravité de sa blessure,* ce garçon parle beaucoup.

(CERVANTES. — *D. Quijote,* II, 2.)

¿ No te parece que **para ir por la posta** hizo muy buena diligencia ?	Ne te semble-t-il pas que, *pour quelqu'un qui voyage par la poste,* il a fait bonne diligence ?

(MORATÍN. — *El sí de las niñas,* I, 1.)

Sin + infinitif.

858. L'infinitif précédé de **sin** a ordinairement la valeur d'un complément de manière : Decía eso **sin pestañear,** *il disait cela sans sourciller.* En espagnol il peut, en outre, tenir le rôle d'un *gérondif à sens négatif* après les auxiliaires estar, quedar, llevar. (Cf. § 581-585.)

Los obreros **están sin hacer nada** (= no están haciendo nada).	Les ouvriers *sont en train de ne rien faire.*
Se abrió otra vez la puerta y el ex carabinero, al ver que **seguía sin haber nadie,** se incomodó.	La porte s'ouvrit à nouveau, et l'ex-douanier, voyant *qu'il n'y avait encore personne,* se fâcha.
(P. Baroja. — *Nuevo tablado.*)	
El pobre hombre **llevaba dos días sin comer.**	Le pauvre homme *n'avait pas mangé depuis deux jours.*

859. De même que l'infinitif précédé de **por** (§ 593, *b* ; 519), l'infinitif précédé de **sin** peut, après les verbes **estar, quedar** exprimés ou sous-entendus, se présenter sous un *aspect passif :*

Un tocador de madera **sin barnizar.**	Une table de toilette en bois *non verni.*
(P. Valdés. — *El señorito Octavio.*)	
El agua de las pilas **estaba sin renovar.**	L'eau des abreuvoirs *n'avait pas été renouvelée.*

En pareil cas, l'emploi de **sin** équivaut seulement à la *négation d'un fait.* L'emploi de **por** indique, en plus, que la chose *devrait être faite.*

El agua de las pilas **está por renovar.**	L'eau des abreuvoirs *est à renouveler.*

LE GÉRONDIF

860. Le gérondif présente souvent l'action verbale sous un aspect de *durée* que nous avons déjà trouvé dans les constructions **estar haciendo, ir subiendo, seguir diciendo,** etc. (§ 581-585). C'est grâce à cet aspect de durée qu'il peut servir à localiser dans le temps l'action du verbe principal. Mais cette localisation est toujours assez vague et s'accompagne très souvent d'un rapport de cause, de condition, de manière, de but, de conséquence. La valeur temporelle du gérondif dépend en partie de la place qu'il occupe dans la phrase.

Le gérondif en tête de la phrase.

861. Placé en tête de la phrase, le gérondif marque par rapport au verbe principal une action *ayant commencé antérieurement* mais *qui dure encore,* et, accessoirement, un rapport de cause ou de condition, comme les subordonnées temporelles introduites par **como** (§ 931) :

Prosiguiendo mi camino, encontré...	*En poursuivant ma route,* je rencontrai...
Temiendo llegar tarde, tomé un coche.	*Craignant* (comme je craignais) *d'arriver en retard,* je pris une voiture.
Apacentando un joven su ganado, gritó desde la cima de un collado...	*Tandis qu'il faisait paître son troupeau,* un jeune berger cria du haut d'une colline...

(Samaniego.)

A côté du verbe.

862. Si le gérondif est placé à côté du verbe (ordinairement après), il indique une action *simultanée* et correspond habituellement à un *complément de manière.*

Me lo dijo **riendo.**	Il me le dit *en riant.*
Se hace el vino **estrujando las uvas.**	On fait le vin *en pressant les raisins.*
Se le veía forcejear con las olas, **tratando de gobernarse con la hélice.**	On le voyait lutter contre les vagues, *essayant de se diriger à l'aide de l'hélice.*

(P. Galdós. — *Gloria.*)

Après la proposition principale.

863. Placé après la proposition principale, le gérondif marque une action *postérieure* et correspond à une proposition conclusive introduite par *et.* Plusieurs gérondifs peuvent ainsi se succéder, indiquant des actions *consécutives* à la principale:

El bandido le hundió media vara de hierro en la espalda, **huyendo después...**	Le bandit lui enfonça deux empans d'acier dans le dos *et s'enfuit ensuite...*
Salieron todos los asistentes, **quedando la sala vacía del todo.**	Tous les assistants sortirent, *et la salle resta complètement vide.*
La trilladora deshace las espigas, **saliendo la paja por un lado y cayendo los granos en una criba.**	La batteuse défait les épis, *de telle sorte que la paille sort d'un côté et que les grains tombent dans un crible.*

La proposition gérondive.

864. Dans ces derniers exemples (§ 863), le gérondif est accompagné d'un sujet qui lui est propre et constitue une proposition gérondive. La place du sujet est après le gérondif.

Avanzando el hombre en plena luz, le conocimos en seguida.	*L'homme s'avançant en pleine lumière,* nous le reconnûmes aussitôt.
El edificio es ventiladísimo, **entrando el aire a chorros.**	L'édifice est très aéré, *et l'air y pénètre à flots.*

L'expression de temps : **así las cosas** suppose l'ellipse du gérondif **estando** et a la valeur d'une proposition gérondive : **estando así las cosas**, *les choses étant ainsi, sur ces entrefaites.*

Le gérondif précédé de EN.

865. Le gérondif précédé de **en** n'est jamais l'équivalent du participe présent français. Il marque soit l'*antériorité immédiate de l'action :*

En diciendo estas palabras, se levantó.	*Ayant dit ces mots,* il se leva.
En saliendo del corral, se dirigió...	*Une fois sorti de la cour,* il se dirigea..
En llegando a su sitio...	*Une fois arrivé à sa place...*

soit une *condition préalable :*

En viniendo tú conmigo, ya no tengo inconveniente en salir.	*Du moment que tu viens avec moi,* je ne vois plus d'inconvénient à sortir.
En hablándote de esto, no te ocurre nada que decir. (MORATÍN. — *El sí de las niñas.*)	*Dès que je te parle de cela,* tu ne trouves rien à me dire.

Tournures particulières de renforcement.

866. Le désir de renforcer le rapport temporel exprimé par **al + infinitif** ou par **en + gérondif** donne lieu à un redoublement particulier du verbe : celui-ci, relié à l'infinitif ou au gérondif par **que**, se présente la seconde fois au temps personnel réclamé dans la subordonnée commençant par **como, cuando, luego que.**

Al volver que volvió Monipodio, entraron con él dos mozos. (CERVANTES. — *Rinconete y Cortadillo.*)	*Au moment où Monipodio revint,* deux garçons entrèrent avec lui.
En viéndome que me vieron, fué como si se les apareciera algún muerto. (L. DE ÚBEDA. — *La pícara Justina.*)	*Aussitot qu'ils m'aperçurent,* ce fut comme si un mort leur était apparu.
Te acuerdas que, **acabando que acabe de dar el alma,** mates la candela. (TIMONEDA. — *Sobremesa.*)	N'oublie pas d'éteindre la chandelle, *dès que j'aurai fini de rendre l'âme.*

Ces tournures particulières ont pour origine la simultanéité dans l'esprit, et par suite la fusion dans l'expression, des deux constructions possibles et équivalentes :

al volver = cuando volvió : **al volver que volvió...**
en viéndome = luego que me vieron : **en viéndome que me vieron...**
acabando = luego que acabe : **acabando que acabe...**

LA PROPOSITION PARTICIPE

867. La proposition participe marque toujours une action antérieure à celle de la proposition principale.

Tandis que le français fait souvent usage en pareil cas du participe passé composé (*étant terminé*, *ayant été accordé*, *étant décidé*, etc.), l'espagnol emploie à peu près exclusivement et avec la même valeur la forme simple. Le sujet doit être placé, comme nous l'avons dit après le participe.

Hecho esto ; dicho eso. — *Ceci fait ; cela dit.*

Hechas las partes, el león habló así. — *Les parts ayant été faites*, le lion parla ainsi.

Hecha la señal al cabo, las cuadrillas entraron en la arena. — *Le signal ayant été enfin donné*, les cuadrillas entrèrent dans l'arène.

(P. VALDÉS. — *Riverita.*)

Dichas las preguntas y oraciones del ritual, dada la bendición y atado el lazo que sólo con la muerte se rompe, salieron los desposados de la capilla. — *Lorsque les questions et les prières du rituel eurent été faites, que la bénédiction eut été donnée et que fut noué* le lien que la mort seule peut rompre, les nouveaux époux sortirent de la chapelle.

(R. LEÓN. — *El amor de los amores.*)

868. Le rôle du participe peut être tenu par un adjectif marquant un état. Cet adjectif est placé avant les déterminatifs du nom.

Lleno el cestillo, cógenlo dos hombres y llevan a depositar su carga en las cubetas. — *Une fois le panier plein*, deux hommes l'emportent et vont le décharger dans les cuves.

(MARTÍNEZ SIERRA. — *Hojas sueltas.*)

Limpias, pues, sus armas, hecho del morrión celada, ...se dió a entender... — *Une fois son armure nettoyée, le morion transformé en salade*, ...il crut comprendre...

(CERVANTES. — *D. Quijote*, I, 1.)

Une fois + participe passé.

869. En espagnol, le caractère de la proposition participe se trouve suffisamment indiqué dans la phrase par la construction *participe + sujet*. C'est pourquoi la formule introductive française *une fois* peut, la plupart du temps, n'être pas traduite. (Cf. les exemples précédents, § 868). Pour la rendre, d'ailleurs, il convient d'employer la préposition **después de** de préférence à **una vez,** qui sent le gallicisme. **Después de hechas** las partes... **Después de dichas** las preguntas... **Después de dada** la bendición... **Después de lleno** el cestillo..., etc.

Occasionnellement, on peut trouver **apenas** introduisant une proposition participe.

Apenas metido éste en la covacha, pronto le ví retroceder. — *A peine celui-ci était entré dans la grotte*, que je le vis reculer aussitôt.

(PEREDA. — *Peñas arriba.*)

870. La nécessité de traduire *une fois* par **una vez** ne se fait guère sentir que dans les expressions où le participe est *sous-entendu.*

Une fois (s.-e. arrivé) *là-bas*, je t'écrirai.	**Una vez allá**, te escribiré.
Une fois (s.-e. rendu) *libre*, je reviendrai.	**Una vez libre**, volveré.
Une fois dehors, tu te sentiras mieux.	**Una vez fuera**, estarás aliviado.

871. On peut rattacher aux propositions participes les éléments (noms, pronoms) introduits dans la phrase au moyen de : **excepto, mediante, no obstante, atendido, incluso, visto, dado, supuesto, puesto a parte, salvo, previo, descontado**, etc. Les mots **excepto, mediante, no obstante, incluso**, sont dans la langue actuelle toujours invariables et assimilés à des prépositions ; mais les autres s'accordent avec le nom s'ils le précèdent directement, c'est-à-dire sans l'intermédiaire d'une préposition.

Vista la dificultad del caso...	*Vu la difficulté* de l'affaire...
Dadas las condiciones del contrato...	*Etant donné les conditions* du contrat...
Previa una ligera inclinación de cabeza...	*Après avoir incliné la tête légèrement...*
Salva la superioridad de la tela y su color negro, no era más cortesano el traje de Pepita.	*A part la supériorité* de l'étoffe et sa couleur noire, le costume de Pepita n'était pas plus coquet.

(J. Valera. — *Pepita Jiménez.*)

Todos fueron convidados, **incluso los parientes y amigos.**	Tous furent invités, *y compris les parents et les amis.*

Développement à un mode personnel de la proposition participe.

872. Sur la base de la proposition participe, l'espagnol peut développer une proposition temporelle à mode personnel en intercalant entre le participe et le nom la conjonction **que** suivie d'un auxiliaire **(haber, ser, estar).** Cet auxiliaire se met au temps où se trouverait la proposition introduite par **cuando, así que, luego que.**

On emploie l'auxiliaire **haber**, s'il peut avoir comme sujet celui de la proposition principale ; sinon, la proposition subordonnée conserve l'aspect passif et se construit soit avec **ser** (action se réalisant), soit avec **estar** (état acquis).

Les exemples cités plus haut (§867, 868) pourraient se présenter ainsi :

Hechas las partes, el león habló así.
Hechas que hubo las partes, el león, etc. = Cuando hubo hecho las partes, etc.

Dichas las preguntas... salieron los desposados.
Dichas que fueron las preguntas, etc. = Luego que fueron dichas las preguntas, etc.

Lleno el cestillo, cógenlo dos hombres...
Lleno que está el cestillo, etc. = Cuando está lleno el cestillo. etc.

CHAPITRE XXVI

LA PROPOSITION RELATIVE

EMPLOI DES PRONOMS RÉLATIFS

A. Le relatif se trouve placé directement après son antécédent.

873. Qu'ils soient sujets ou compléments d'objet direct, qu'ils représentent des personnes ou bien des choses, les relatifs français *qui*, *que* se traduisent uniformément par **que**, du moment où ils ne sont séparés de leur antécédent ni par une préposition, ni par une virgule.

El viajero que llegó ayer...	*Le voyageur qui* est arrivé hier...
Las personas que Ud vió allí...	*Les personnes que* vous avez vues là...
La cosa que importa más...	*La chose qui* importe le plus...
Los ademanes que hizo el mozo...	*Les gestes que* fit le garçon...

874. Lorsque le relatif est complément d'objet direct et représente des personnes dans les conditions qui réclament l'emploi de la préposition **a** (Cf. § 749), il est assimilé à un complément indirect (§ 876) et rendu par **a quien, a quienes.**

Aquel señor **a quien ofendió Ud** con sus palabras...	Ce monsieur *que vous avez blessé* par vos paroles...
La suerte de tantos padres **a quienes la tempestad habría sorprendido ganándose el pan**.	Le sort de tant de pères de famille *que la tempête avait dû surprendre en train de gagner leur pain...*
(BL. IBÁÑEZ. — *Flor de Mayo.*)	

875. On peut encore trouver **quien, quienes** au lieu de **que** lorsque le relatif appartient à une proposition simplement explicative et est séparé de son antécédent par une virgule. Néanmoins, l'emploi de **que** reste correct en pareil cas.

Pasamos por la calle de Pepita, quien de algún tiempo a esta parte se va haciendo algo ventanera.	*Nous passâmes par la rue de Pepita, qui,* depuis quelque temps, se montre souvent à la fenêtre.
(J. VALERA. — *Pepita Jiménez.*)	

B. Le relatif** constitue un complément d'objet indirect et* **est séparé de son antécédent par une des prépositions : *a, de, en, con, por, para.

876. Dans ce cas, il y a lieu d'envisager la nature de l'antécédent : s'il représente des personnes, le relatif est toujours **quien, quienes.**

Dios, a quien dirigí una oración... Soy el mismo **Montesinos de quien** la cueva toma su nombre. (CERVANTES. — *D. Quijote*, II.)	*Dieu, à qui* j'ai adressé une prière... Je suis *Montesinos lui-même, de qui* la grotte tire son nom.
Aquellos compañeros con quienes andabas... **El amo para quien** trabajo... **Fernando** el deseado, el perseguido, **por quien** toda España ha combatido... (ARRIAZA.)	*Ces compagnons avec qui* tu te trouvais... *Le maître pour qui* je travaille... Ferdinand le désiré, le persécuté, *pour qui* toute l'Espagne a combattu...

877. Si l'antécédent représente des choses, le relatif est **que,** tantôt employé seul, tantôt précédé de l'article défini.

Que est employé seul s'il introduit une proposition à caractère déterminatif et si son antécédent est déjà précédé de l'article.

(Veré) **las lindes y señales con que** a la mar airada la Providencia tiene aprisionada. (L. DE LEÓN. — *A F. Ruiz.*)	*(Je verrai) les limites et les bornes dans lesquelles* la Providence tient emprisonnée la mer courroucée.
(La gente) perdió **la calma burlona de que** había hecho alarde durante el día. (BL. IBÁÑEZ. — *Entre Naranjos.*)	Les gens perdirent *le calme moqueur dont* ils avaient fait parade pendant le jour.
Parando bajo un cerezo **la mula en que** montaba... (TRUEBA. — *Cuentos populares.*)	Arrêtant sous un cerisier *la mule sur laquelle* il était monté...
¿ No sabes **el motivo por que** me riñeron ? En **la fecha a que** nos referimos... (ALARCÓN. — *El sombrero de tres picos.*)	Tu ne sais pas *le motif pour lequel* on m'a grondé ? A *la date à laquelle* nous faisons allusion...

878. On trouve plutôt **el que, la que, los que, las que** (parfois **el cual, la cual,** etc.), lorsque l'antécédent n'est pas déjà précédé de l'article, ou lorsque la préposition relative a un caractère simplement explicatif (cas où le relatif est précédé d'une virgule).

Hay **balnearios a los que** no llegan las caprichosas mudanzas de la moda. (GALDÓS. — *Fisonomías sociales.*)	Il y a *des stations balnéaires où* ne parviennent pas les capricieux changements de la mode (auxquelles ne parviennent pas...).

Las maravillas de **esta cubierta por la que** había paseado los días anteriores...
(Bl. Ibáñez. — *Los Argonautas.*)

Les merveilles de ce pont sur lequel il s'était promené les jours précédents...

Nuestro sistema planetario, en el cual somos de lo más pobre e insignificante, forma parte de...
(P. Valdés. — *Maximina.*)

Notre système planétaire, dans lequel nous sommes tout ce qu'il y a de plus pauvre et de plus insignifiant, fait partie...

La règle précédente n'est pas d'une rigueur absolue et permet la répétition de l'article, notamment dans le cas où le relatif est complément de lieu :

Las tiendas a las que se agolpaba más gente eran las de juguetes y muñecos.
(J. Valera. — *Juanita la larga.*)

Les boutiques où s'attroupait le plus de monde étaient celles des jouets et des poupées.

Mais il serait correct de dire : **Las tiendas a que** me refiero, *les boutiques auxquelles je fais allusion...*

C. Emploi de EL CUAL, LA CUAL, etc.

879. Après les prépositions **sin, entre, tras,** et en général après toutes celles qui introduisent *un complément de lieu ou de temps*, l'espagnol emploie la série des relatifs **el cual, la cual, los cuales, las cuales,** concurremment avec **el que, la que,** etc.

Llegué a la boca de **la cueva, dentro de la cual** latían desesperadamente los dos perros.
(Pereda. — *Peñas arriba.*)

J'arrivai à l'entrée de *la grotte, à l'intérieur de laquelle* aboyaient désespérément les deux chiens.

Es un sol como el nuestro, **en torno del cual** giran otras tierras.
(P. Valdés. — *Maximina.*)

C'est un soleil comme le nôtre, *autour duquel* tournent d'autres terres.

Un bosque de mástiles cruzados **por cuerdas, entre las que** flameaban largos y descoloridos gallardetes...
(P. Baroja. — *La ciudad de la niebla.*)

Une forêt de mâts traversés *par des cordages, entre lesquels* ondoyaient de longues banderoles fanées...

Autres emplois de EL CUAL, LA CUAL.

880. Ces relatifs qui alourdissent la phrase sont très fréquemment remplacés dans la langue moderne par **el que, la que,** etc., surtout dans les relatives intercalées dans la proposition principale.

Ils subsistent surtout comme équivalents des démonstratifs *et celui-ci, et ce dernier*, etc., pour introduire une proposition conclusive de la phrase, sans lien étroit avec la principale. Ces relatifs permettent aussi, grâce à la précision qu'ils donnent du genre et du nombre, de rappeler un antécédent qui ne les précède pas immédiatement.

Se nos acercó **la joven** al instante, **la cual** nos preguntó...	La jeune fille s'approcha aussitôt de nous *et nous demanda...*
Los tres se fueron en seguida a la velada y feria que había **en la plaza, la cual** parecía un ascua de oro.	Les trois se rendirent aussitôt à la fête de nuit qu'il y avait *sur la place; celle-ci* semblait toute embrasée d'or.

(J. Valera. — *Juanita la larga.*)

...se vino a casa de **D. Quijote. — El cual** aún todavía dormía.	...s'en vint à la maison de *D. Quichotte. Celui-ci* dormait encore.

(Cervantes. — *D. Quijote*, I, 6.)

Le neutre LO CUAL.

881. Le relatif neutre **lo cual,** *ce qui*, *ce que*, correspond aussi au relatif française *quoi* lorsqu'il est précédé d'une préposition. Il a pour antécédent un verbe ou l'ensemble d'une proposition.

El esquilón de la catedral tocaba a vísperas, **lo cual** equivale a decir...	Le bourdon de la cathédrale sonnait les vêpres, *ce qui* revient à dire...

(Alarcón. — *El sombrero de tres picos.*)

...sin lo cual, no conseguiremos nada.	...*sans quoi*, nous n'obtiendrons rien.
Después de lo cual, se marchó.	*Après quoi* il s'en alla.

Lo cual est parfois remplacé par **que** dans une proposition conclusive; mais c'est là un archaïsme qu'il ne faut pas imiter.

Y murió en el mar el buen religioso, **que** fué un quebranto para toda la familia.	Et il mourut en mer, le brave religieux, *ce qui* fut un désastre pour toute la famille.

(Moratín. — *El sí de las niñas.*)

La forme **lo cual** ne peut être employée que pour rappeler quelque chose qui précède. La forme **lo que,** admise aussi à cet emploi, est la seule qui puisse traduire *ce qui*, *ce que*, sans antécédent.

Je ne vois pas bien *ce que tu fais.*	No veo bien **lo que haces.**

Substitution du QUÉ interrogatif par le relatif.

882. Dans une interrogation indirecte il est possible, comme en français, de remplacer la formule interrogative **qué...** par une tournure relative :

¿ Sabes **qué hora es ?**	Sais-tu *quelle heure il est ?*
¿ Sabes **la hora que es ?**	Sais-tu *l'heure qu'il est ?*
Al notar **con qué esmero** lo hacía...	En remarquant *avec quel soin* il le faisait;
Al notar **el esmero con que** lo hacía...	En remarquant *le soin avec lequel* il le faisait...

883. Le déplacement de la préposition avant l'antécédent : **con el esmero que lo hacía...** peut se rencontrer dans le parler populaire et parfois même chez les classiques :

Viendo **con el ahinco que** la mujer suspiraba... (CERVANTES.)	Voyant *la véhémence avec laquelle* la femme soupirait.
Era cosa de ver **con la presteza que** los acometía y desbarataba. (CERVANTES. — *D. Quijote*, I, 19.)	Il fallait voir *avec quelle agilité* il s'élançait sur eux et les terrassait.

Mais cette construction n'est pas à imiter.

TRADUCTION DE « DONT »

Emploi de CUYO.

884. Etant donné que **cuyo,** à la fois relatif et déterminatif, renferme l'article (Cf. § 140), ce pronom ne peut être employé que s'il relie à l'antécédent un nom précédé en français de l'article défini *(un arbre* **dont les** *feuilles...).* Il établit entre les deux noms un rapport analogue à celui des possessifs : *dont les* feuilles, les feuilles *duquel* = *ses* feuilles : **cuyas** hojas = **sus** hojas.

Cuyo doit être suivi immédiatement du nom qu'il détermine et s'accorder avec lui.

Il peut être lui-même précédé d'une préposition **(en cuyas hojas)** et dans ce cas le français doit forcément le traduire par *duquel, de laquelle*, etc.

Una casa **cuya puerta** había quedado abierta...	Une maison *dont la porte* était restée ouverte...
Un perro **cuyos ladridos** se oían a lo lejos...	Un chien *dont* on entendait au loin *les aboiements (dont les aboiements* s'entendaient au loin)...
Un lindo chalet **cuyo tejado** divisa Ud.	Une jolie villa *dont* vous apercevez *le toit.*
Aquel mar de lava **por cuyas ondulaciones** caminábamos... (Bl. IBÁÑEZ. — *En el país del arte.*)	Cette mer de lave, *sur les ondulations de laquelle* nous cheminions...
Estrechas avenidas, **en cuyo fondo** se destacaban los mármoles... (P. BAROJA.)	D'étroites allées *au fond desquelles* se détachaient les marbres...
Sirio, **ante cuya magnificencia** palidece toda hermosura sidérea. (P. GALDÓS.)	Sirius, *devant la magnificence duquel* pâlit toute beauté sidérale.

885. Dans certaines expressions relatives, **cuyo** peut avoir un antécédent imprécis, comme le français *de quoi;* il équivaut dans ce cas à un simple démonstratif.

Por cuya causa, *à cause de quoi, c'est pourquoi;* **para cuyo fin,** *à cette fin;* **a cuyo efecto,** *à cet effet;* **con cuyo objeto,** *en vue de quoi, dans ce but,* etc.

Certains auteurs espagnols font parfois un emploi abusif de **cuyo,** le prenant dans le sens de **el cual** ; ces exemples ne sont pas à imiter.

Retrocedieron las naves... no sin peligro de zozobrar o embestir con la tierra, **cuyo accidente** dió ocasión... (Solís, *cité par* Bello, Gr. 1050.) Il conviendrait de dire : **el cual accidente** dió ocasión...

886. Jusqu'au XVIIe siècle, **cuyo** pouvait être pris interrogativement. Cet emploi a disparu complètement dans la langue moderne.

¿ Tu dulce habla, **en cuya oreja suena?**	Ta douce voix, *à l'oreille de qui résonne-t-elle?*

(GARCILASO DE LA VEGA. — *Églogas*, I.)

DONT = de quien, del que, de la que, etc.

887. Lorsque *dont* ne répond pas aux conditions du § 884, c'est-à-dire lorsqu'il relie à l'antécédent un verbe, un participe, un adjectif, un adverbe, un nom indéterminé ou déterminé autrement que par l'article défini, il doit se traduire par **de quien, de quienes** *(personnes)* ou par **del que, de la que,** etc. *(choses*, cf. § 876-878).

La persona **de quien hablamos...**	La personne *dont nous parlons...*
Tantos poetas **de quienes** nadie **se acuerda ya...**	Tant de poètes *dont* personne *ne se souvient plus...*
Una herramienta **de la que** nadie **hace uso...**	Un outil *dont* personne *ne se sert...*
Un alumno **de quien** estoy muy descontento.	Un élève *dont* je suis très *mécontent.*
Recibí unas pocas manzanas, **de las cuales la mayor** era como una nuez.	J'ai reçu quelques pommes, *dont la plus grosse* était comme une noix.
...Por ser allí la capa el traje de etiqueta **del que** no se puede **prescindir.**	...car la cape est là, la tenue d'étiquette *dont* on ne peut *se passer.*

(J. VALERA. — *Juanita la larga.*)

(El cuadro) formado por seis personas, **algunas de las cuales** tenían un nombre no desconocido...	Le tableau formé par six personnes *dont quelques-unes* avaient un nom connu...

(P. GALDÓS. — *La familia de L. Roch.*)

Celui dont, celle dont, etc.

888. On peut à la rigueur employer l'article devant **de que** (Cf. § 355) : **la de que hablo,** *celle dont je parle;* **lo de que te burlas,**

ce dont tu te moques. Mais devant **de quien** et devant **cuyo** il faut employer le démonstratif **aquel, aquella,** etc., préférable d'ailleurs dans tous les cas.

Parmi ces jeunes filles, *celle dont vous admiriez la robe...*	Entre esas muchachas, **aquella cuyo vestido** admiraba Ud...
Je te raconterai seulement *ce dont je me souviens.*	Sólo te contaré **aquello de que me acuerdo.**

Après l'article, Góngora a employé au lieu de **cuyo** la formule équivalente **que su** qui appartient au parler populaire.

No en tí la ambición mora hidrópica de viento, ni la **que su** alimento el áspid es gitano.	Ce n'est pas chez toi que demeure l'ambition gonflée de vent, ni celle (l'envie) *dont* l'aliment est l'aspic d'Egypte.

(*Soledades,* I.)

TRADUCTION DE L'ADVERBE RELATIF « OÙ »

Donde, adonde, en donde.

889. Si *où* est complément d'un verbe de mouvement, on le traduit par **adonde** (ou **a donde**) ; dans les autres cas, par **donde** ou **en donde.**

Estaba emboscado el enemigo en la selva **adonde nos encaminábamos.**	L'ennemi était embusqué dans le bois *vers lequel* nous nous acheminions.

(BELLO, *Gram.* 396.)

El pueblo **adonde le mandaron...**	Le village *où on l'envoya...*
Todos ellos son mundos **donde palpita la vida.**	Tous ces astres sont des mondes *où palpite la vie.*

(P. VALDÉS. — *La fe.*)

Las ventanas de un segundo piso, **en donde dos o tres hombres hacían la descarga.**	Les fenêtres d'un second étage *où deux ou trois hommes faisaient le déchargement.*

(P. BAROJA. — *La ciudad de la niebla.*)

DONDE, sans antécédent.

890. Comme le français *où*, le relatif **donde** peut être employé sans antécédent avec la valeur de *à l'endroit où.* Après un verbe de mouvement, on écrit dans ce cas **adonde** en un seul mot.

No estaba el libro **donde yo lo había dejado.**	Le livre n'était pas *à l'endroit où je l'avais laissé.*
¿ Llegaste **adonde te mandé ?**	Es-tu arrivé *là où je t'avais dit ?*

Le verbe principal peut se trouver sous-entendu après **donde** ainsi employé.

No llegaste **donde tus compañeros** (*s.-e. :* llegaron).	Tu n'es pas arrivé *aussi loin que tes camarades* (là où tes camarades sont arrivés).

L'extension de cet emploi elliptique de **donde** a permis à certains dialectes, notamment dans le Pays Basque, de lui attribuer la valeur de notre préposition *chez* devant des noms de personnes.

El niño se fue **donde su tío.**	L'enfant alla *chez son oncle.*
Iremos esta tarde **donde la madre de Perico.**	Nous irons cet après-midi *chez la mère de Perico.*

Cet emploi n'est pas, évidemment, à imiter.

891. L'espagnol précise souvent le rapport de lieu en remplaçant l'adverbe **donde, de donde, por donde,** etc., par le relatif : **en que** ou **en el que** (Cf. § 877, 878), **del que, por el que,** etc., **en el cual, del cual,** etc.

Por el lado **en que me encontraba yo...** (PEREDA. — *Peñas arriba.*)	Du côté *où* je me trouvais...
Muertas arenas alternativamente bañadas por las olas, **en las que se busca** algún curioso secreto del mar... (F. CABALLERO. — *Pobre Dolores.*)	Des sables morts, tantôt baignés, tantôt abandonnés par les vagues, *où l'on cherche* quelque bizarre secret de la mer.
Descendía la sierra hasta la base del primer cono, **de la cual arrancaba** un cerro. (PEREDA. — *Peñas arriba.*)	La montagne descendait jusqu'à la base du premier cône, *d'où se détachait* un tertre.

OÙ = en que.

892. *a*) Notre adverbe *où* doit être rendu par un pronom relatif (comme dans les exemples précédents) chaque fois que son antécédent ne désigne pas un lieu.

Aquella existencia en que te deleitas...	*Cette existence où* tu te complais...
¡ Qué distinto **aquel año del anterior, en que** se pescaba en una hora lo bastante para tornarse a casa satisfechos ! (P. VALDÉS. — *José.*)	Quelle différence avec *l'année précédente où* l'on pêchait en une heure de quoi s'en retourner satisfait.
Hubo **un momento en que** echó menos el vino. (J. VALERA. — *Juanita la larga.*)	Il y eut *un moment où* il regretta de n'avoir pas de vin.

b) Il n'est fait d'exception à cette règle que devant des verbes qui signifient *déduction* ou *conclusion d'un raisonnement :* **deducir,** *déduire;* **inferir,** *conclure;* **conjeturar,** *conjecturer, augurer;* **resultar,** *s'ensuivre*, etc. **Por donde, de donde** ont la valeur de **por lo cual, de lo cual** et supposent ordinairement, comme antécédent, non un nom, mais un fait exprimé par la phrase précédente.

Ha llegado solo y sin equipaje, **de donde infiero** que será por poco tiempo.	Il est arrivé seul et sans bagage, *d'où je conclus* que ce doit être pour peu de temps.
Por donde deduzco que...	*D'où je déduis que...*
De donde resulta que...	*D'où il s'ensuit que...*

Bien entendu il est correct aussi de dire, conformément à la règle générale : **de lo cual** infiero..., **por lo cual** deduzco..., **de lo cual** resulta.

Por donde et **de donde** s'emploient avec ce sens dans des formules interrogatives : **¿ Por dónde saca Ud** que estoy equivocado ? *D'où sortez-vous (sur quoi vous basez-vous pour dire)* que j'ai tort ?

Où = que.

893. Dans un rapport de temps, on peut rendre *où* par le simple relatif **que,** s'il suit immédiatement une des expressions de temps qui peuvent se construire sans préposition (día, noche, vez, etc. Cf. § 827).

El día que yo me case...	*Le jour où* je me marierai...
La noche que tú naciste...	*La nuit où* tu naquis...
Aquel año que llovió tanto (ou **en que** llovió tanto).	*Cette année où* il a tant plu.
La vez que nos encontramos...	*Cette fois où* nous nous sommes rencontrés...

Mais dans le style soigné on dit plutôt : **El año en que** nació el Salvador. — **Aquella noche en que** nos despedimos, etc.

CHAPITRE XXVII

CONSTRUCTIONS AVEC « TANTO » ET « CUANTO »

(Propositions corrélatives.)

Tanto cuanto = tanto como.

894. Cuanto (-a, -os, -as) est en principe le relatif qui répond à **tanto (-a, -os, -as)** ; mais, dans la langue moderne, il est la plupart du temps remplacé par la conjonction **como.** Le français rend l'une et l'autre de ces formes par *que.*

Juro darte por ese hijo **tantos hijos cuantas estrellas** hay en el cielo y arenas en el mar. (FR. LUIS DE GRANADA.)	Je jure de te donner en échange de ce fils *autant d'enfants qu'il y a d'étoiles* dans le ciel et de grains de sable dans la mer.
Nuestra nebulosa es una de **tantas como** pueblan el espacio. (P. VALDÉS. — *Maximina.*)	Notre nébuleuse est une parmi *tant d'autres qui* peuplent l'espace.
No me dió **tanta satisfacción como** esperaba.	Il ne m'a pas donné *autant de satisfaction que* j'en attendais.

Pour la fusion des deux termes en cuanto **(cuanta satisfacción esperaba),** Cf. § 459. — Pour l'équivalence archaïque así = tan, tanto, Cf. 285.

D'autant plus... que.

895. Tanto más... cuanto más... servent à rendre la corrélation établie en français par *d'autant plus... que.* L'espagnol place immédiatement après chacun de ces deux termes le mot sur lequel porte la comparaison. Le second terme se construit sans **más** si la comparaison envisage l'ensemble de la proposition.

El acierto es **tanto más glorioso cuantas más dificultades** hay que vencer.	Le succès est *d'autant plus glorieux qu'il y a de difficultés* à vaincre.
Tiene **tanto mayor** mérito **cuanto más pobre es.**	*Il a d'autant plus de mérite qu'il est plus pauvre.*
Es **tanto mas digno** de piedad **cuanto** no le queda nadie para consolarle.	Il est *d'autant plus à plaindre qu'*il ne lui reste personne pour le consoler.

Dans toutes ces comparaisons, **menos** est susceptible de jouer le même rôle que **más.**

896. La formule française *d'autant plus que* introduisant une proposition explicative placée après la principale peut se rendre en espagnol par **tanto más que, tanto más cuanto que** ou **cuanto más que.**

Ya es hora que me vaya, **tanto más que** me están esperando.	Il est l'heure que je m'en aille, *d'autant plus que* l'on m'attend.
Procedía en fin combatir la causa, no el efecto, **tanto más cuanto que** la causa no era de suyo muy defendible.	Il s'agissait enfin de combattre la cause et non l'effet, *d'autant plus que* la cause n'était pas d'elle-même très défendable.
(ALARCÓN. — *La pródiga.*)	
Y pues no hay quien nos vea, menos habrá quien nos note de cobardes ; **cuanto más que** yo he oído muchas veces predicar al cura de nuestro lugar que quien busca el peligro perece en él.	Et puisqu'il n'y a personne pour nous voir, il y en aura moins encore pour nous traiter de couards ; *d'autant plus que* j'ai souvent entendu dire en chaire au curé de chez nous que celui qui cherche le danger y périt.
(CERVANTES. — *D. Quijote*, I, 20.)	

897. La locution espagnole **cuanto más** employée seule peut se présenter devant un élément final de la phrase avec le sens de *à plus forte raison.*

Yo te sacaré de las manos de los caldeos, **cuanto más** de las de la Hermandad.	Je te tirerais des mains des Chaldéens, *à plus forte raison* de celles de la Sainte-Hermandad.
(CERVANTES. — *D. Quijote*, I, 10.)	
Se rompen las amistades antiguas, **cuanto más** las recientes.	Les vieilles amitiés se brisent, *à plus forte raison* les récentes.

Autant... autant...

898. Dans les propositions corrélatives introduites par *autant... autant...*, les termes de la comparaison apparaissent inversés, le premier étant rendu par **cuanto** et le second par **tanto.** Ces formes sont réduites à **tan, cuan** lorsqu'elles affectent des *adjectifs* ou des *adverbes.*

Cuantas cabezas, **tantos** pareceres.	*Autant* de têtes, *autant* d'avis.
Cuanto me quieren mis hijos, **tanto** me temen.	*Autant* mes enfants m'aiment, *autant* ils me craignent.
Cuan bueno era el padre, **tan malo** es el hijo.	*Autant* le père était *bon*, *autant* le fil est méchant.

Plus... plus, moins... moins.

898. Dans les corrélatives établies par *plus* ou *moins* répétés, le premier terme est, comme dans les précédentes, **cuanto más, cuánto menos** ; dans le second terme, **tanto** est la plupart du temps omis devant **más** ou **menos.**

Le premier terme peut être remplacé par **mientras más.**

Cuantas más dificultades hay que vencer, **más glorioso** resulta el acierto.	*Plus il y a de difficultés* à vaincre, *plus* le succès est *glorieux.*
Mientras más bebía, **más sed** tenía.	*Plus* il buvait, *plus* il avait *soif.*
El hombre y el oso, **cuanto más feo, más hermoso.** *(Dicton pop.)*	L'homme, comme l'ours, *plus il est laid, plus on le trouve beau.*
Cuanto más me lo explicas, **menos** lo entiendo.	*Plus tu* me l'expliques, *moins* je le comprends.
Las lumbres se iban acercando a ellos, y **mientras más** se llegaban, **mayores** parecían. *(D. Quijote,* I, 19.)	Les lumières arrivaient sur eux, et *plus* elles se rapprochaient, *plus grandes* elles paraissaient.

COMPLÉMENTS DE COMPARAISON RENFERMANT UN VERBE

Les compléments de comparaison qui renferment un verbe sont, sous la forme espagnole, des propositions relatives.

Après un superlatif relatif.

899. La proposition complément d'un superlatif a toujours un caractère déterminatif ; le relatif à employer est **que** ou **quien,** selon les règles des § 873-877.

Es **el labrador más rico que** hay en el pueblo.	C'est *le paysan le plus riche qu'*il y y ait au village.
El hombre más amable a quien te puedas dirigir...	*L'homme le plus aimable à qui* tu puisses t'adresser...
Una de **las luchas más feroces a que** puede entregarse el hombre inteligente. (P. GALDÓS. — *La familia de L. Roch.*)	Une *des luttes les plus féroces auxquelles* puisse se livrer un homme intelligent...

Après un comparatif.

900. Le complément d'un comparatif de supériorité ou d'infériorité s'établit par **de lo que** si la comparaison a pour objet *un adjectif, un participe, un verbe* ou *un adverbe.* La particule *ne* du français ne doit pas se traduire.

Es más **listo de lo que** pensaba.	Il est plus *malin que je ne* pensais.
Trabajo más de lo que puedo.	*Je travaille plus que je ne* puis.
Llegó **más allá de lo que** convenía.	Il arriva *plus loin qu'il ne* convenait.
Estoy **más cansado de lo que** crees.	Je suis *plus fatigué que tu ne* crois.

901. Si la comparaison s'exerce sur *le nombre* ou *la quantité* exprimés par un *nom*, on remplace **lo** par l'article en accord avec ce nom : **del que, de la que, de los que,** etc.

Ese trabajo exige **más fuerza de la que** tengo.	Ce travail exige *plus de force que* je n'en ai.
Tiene **más recursos de los que** Ud cree.	Il a *plus de ressources que* vous ne croyez.

902. Le complément d'un comparatif constitué par *un adjectif ou un participe précédé de* **lo** est assimilé à une proposition et se construit avec **de.**

Más de lo necesario, de lo convenido.	*Plus que le nécessaire, plus qu'il n'était convenu.*
(Era) **más gruesa de lo correspondiente** a su arrogante talla.	Elle était *plus grosse qu'il n'eût convenu* à son imposante stature.

(ALARCÓN. — *El sombrero de tres picos.*)

MODISMES CONSTRUITS AVEC « QUIERA »

Équivalents français.

903. L'aspect d'indifférence exprimé en français par *que* après un relatif *(qui que ce soit)* est rendu en espagnol par **quiera que** et constitue une gamme de locutions plus complète que la nôtre.

Quienquiera, quienesquiera que, *quiconque, qui que;* **cualquiera, cualesquiera que,** *quel, quels, quelle,* etc., *que;* **cualquier cosa que,** *quoi que;* **donde quiera que,** *où que;* **cuando quiera que,** *à quelque moment que;* **como quiera que,** *de quelque façon que.*

Con quienquiera que estés, ten cuidado.	*Avec qui que* tu sois, fais attention.
Cualquiera que diga eso es un tramposo.	*Quiconque dira cela* est un menteur.
Cualquier cosa que hagas o que digas...	*Quoi que* tu fasses ou que tu dises...
Cuando quiera que llegue la muerte...	*A quelque moment* que vienne la mort...
Como quiera que consideres la cosa...	*De quelque façon que* tu envisages la chose...
Cada uno habla de su menester, **donde quiera que** estuviere.	Chacun parle de ses affaires, *où qu'il* se trouve.

(CERVANTES. — *D. Quijote*, II, 31.)

904. La locution française *quoi que* peut être encore rendue par : **por más que, por mucho que** : *quoi que vous fassiez*, vous n'y arriverez pas, **por más que Ud haga,** no lo conseguirá ; et après une préposition, par **lo que quiera que (cualquier cosa que).**

Con **lo que quiera que** me entregues, tendré demasiado para subsistir en este retiro.	*Quoi que tu me donnes*, j'en aurai de reste pour vivre dans cette retraite.

(ALARCÓN. — *La pródiga.*)

905. Les adverbes **donde, cuando, como quiera que** ont par ailleurs pour équivalents les locutions : **en cualquier parte que, por cualquier parte que, en cualquier momento que, de cualquier modo** ou **de cualquier manera que.**

Como quiera est parfois employé avec seulement la valeur de **como,** *comme*, *étant donné que* (Cf. § 947 et 949.)

Como quiera que no me habían dicho nada, yo supuse que...	*Du moment qu'on* ne m'avait rien dit, j'ai supposé que...

906. Les locutions **donde quiera, cuando quiera, como quiera** peuvent prendre la valeur purement adverbiale de : *n'importe où* ou *partout*, *n'importe quand*, *n'importe comment.*

No se puede decir eso *dondequiera* ni *como quiera.*	On ne peut pas dire cela *n'importe où* et *n'importe comment.*

La forme archaïque **doquier** ou **doquiera** est encore usitée dans le langage poétique.

Le mode du verbe dans les propositions relatives.

907. Dans les propositions relatives d'aspect complétif ou explicatif, l'emploi des temps et du mode est conforme à l'usage du français.

Mais, dans les relatives à caractère déterminatif où l'action est envisagée comme une condition susceptible de se réaliser à un temps ultérieur, le *futur* est rendu par **le présent du subjonctif**, et le *conditionnel* par **l'imparfait du subjonctif** en **-se** ou en **-ra.**

El maestro **castigará** a los alumnos **que no sepan** su lección.	Le maître *punira* les élèves *qui ne sauront pas* leur leçon.
Prometió castigar a los alumnos **que no supieran** su lección.	Il *a promis* de punir les élèves *qui ne sauraient* pas leur leçon.
(La gente) **buscaba** un poder fuerte **que atajase** el peligro.	Les gens *cherchaient* une intervention puissante *qui arrêterait* le danger.

(BL. IBÁÑEZ. — *Entre naranjos.*)

El último **que salga cerrará** la puerta.	Le dernier qui *sortira fermera* la porte.
Cuanto más sencillamente lo **contemos,** mejor **será.**	Plus nous le *raconterons* simplement, mieux cela *vaudra.*
AZORÍN. — *Una hora de España.*)	
Quienquiera que **infrinja** esta ley **pagará** una multa.	Quiconque *enfreindra* cette loi *paiera* une amende.

908. Dans les compléments des superlatifs, l'espagnol n'emploie le *subjonctif* que si le verbe envisage un fait **éventuel.** (Cf. les exemples du § 899.) Mais il emploie l'*indicatif* pour les faits envisagés comme **réels.**

Aquella piedrecilla es el cuerpo más duro **que se conoce,** la materia de más valor intrínseco **que existe,** el mineral que en más escasa cantidad **se encuentra.**	Cette petite pierre c'est le corps le plus dur *que l'on connaisse*, la matière de plus de valeur intrinsèque *qui existe*, le mineral *que l'on trouve* en plus petite quantité.
(P. BAZÁN. — *Pascual López.*)	

TRADUCTION DES LOCUTIONS EMPHATIQUES C'EST... QUI, C'EST... QUE

Accord du verbe.

909. Tandis qu'en français la formule *c'est* reste à la 3e personne du singulier ou du pluriel *(ce sont)*, le verbe doit en espagnol s'accorder avec le sujet (**soy** yo, **eres** tú, **somos** nosotros, etc.) et en *temps* avec le verbe principal.

Soy yo quien **mando** aquí.	*C'est moi* qui *commande* ici.
¿Fue Ud quien **dijo** eso ?	*C'est vous* qui *avez dit* cela ?
Será ella quien **contestará.**	*C'est elle* qui *répondra.*
¿Eras tú quien me **llamabas ?**	*C'était toi* qui *m'appelais ?*
Juana la Larga **era** quien **había guisado** aquel lomo.	*C'était* Jeanne la Larga qui *avait préparé* ce morceau de lard.
(J. VALERA. — *Juanita la Larga.*)	

Néanmoins, l'accord de temps n'est pas absolu. Le *présent* peut convenir avec un *futur*, un *conditionnel* ou un *passé composé :* **soy** yo quien te **guiaré** ; esto **es** lo que te **haría** falta ; **es** Pablo quien lo **ha dicho.** L'*imparfait* peut précéder un *plus-que-parfait :* **era** Pablo quien lo **había dicho.**

Traduction du relatif.

910. Le relatif *qui* se traduit par **quien, quienes** s'il s'agit de personnes ; ou bien par **el que, la que, los que,** etc., qui peuvent convenir aux *personnes* et aux *choses.*

Es **el labrador quien** nos alimenta.	C'est le *paysan qui* nous fait vivre.
¿ Eres **tú el que** recibías los toros ? (P. Valdés. — *Riverita.*)	C'est *toi qui recevais* les taureaux au bout de l'épée ?
Nuestra imaginación es la que ve, y no los ojos. (P. Galdós. — *Marianela.*)	*C'est notre imagination qui* voit et non les yeux.
Son **los malos ejemplos los que** pierden a la juventud.	Ce sont *les mauvais exemples qui* perdent la jeunesse.

911. Dans le cas régime, la préposition est ordinairement répétée devant le relatif. Si l'antécédent désigne des choses, il est rappelé par le neutre **lo que.**

A ese bribón es **a quien** debo mi desgracia.	*C'est à ce fripon que* je dois mon malheur.
De esa muchacha es precisamente **de quien** tengo que hablarte.	*C'est précisément de cette jeune fille que* je dois te parler.
A tu tarea es **a lo que** hay que atender ahora.	*C'est à ton travail que* tu dois maintenant prêter ton attention.
De sus desgracias es de lo que más se acuerda uno.	C'est de ses malheurs qu'on se souvient surtout.

Comme on le voit par ces exemples, la construction espagnole comporte habituellement l'inversion *verbe + sujet*, de telle façon que **es** précède immédiatement le relatif.

Cas d'un complément circonstanciel.

912. Lorsque *c'est... que* sert à détacher un complément circonstanciel, la conjonction *que* se rend par **como** après un complément de *manière*, par **donde** après un complément de *lieu*, par **cuando** après un complément de *temps*, par **por que** après un complément de *cause*.

Aquí es **donde...**	*C'est ici que...*
Entonces fue **cuando...**	*C'est alors que...*
Así es **como...**	*C'est ainsi que...*
Al hacerme yo esta pregunta fué **cuando** Chisco se adelantó. (Pereda. — *Peñas arriba.*)	*C'est au moment où* je me posais cette question *que* Chisco s'avança.
En Palos fue **donde** se embarcó Colón.	*C'est à Palos que* s'embarqua Christophe Colomb.
Haciendo ejercicios al aire libre es **como** fortalece uno su cuerpo.	*C'est en faisant des exercices* en plein air *qu'*on fortifie son corps.
Sólo **por no saber** que hacer fué **por que** me vine aquí.	C'est seulement *parce que je ne savais* que faire *que* je m'en suis venu ici.
Sólo recorriendo estas llanuras, **empapándose** de este silencio, **gozando** de la austeridad de este paisaje, **es como se acaba de amar...** esta figura dolorosa. (Azorín. — *La ruta del Quijote.*)	*C'est seulement en parcourant* ces plaines, *en s'imprégnant* de ce silence, *en goûtant* l'austérité de ce paysage *que l'on achève d'aimer...* ce personnage douloureux.

CHAPITRE XXVIII

PROPOSITIONS SUBORDONNÉES

Les propositions subordonnées jouent dans la phrase le même rôle que les noms et peuvent servir de sujet, d'attribut ou de complément à un autre terme de la phrase.

LA SUBORDONNÉE COMPLÉTIVE

Emploi de la conjonction.

913. La subordonnée complétive, c'est-à-dire celle qui joue le rôle d'un complément direct ou indirect, est ordinairement introduite par **que.**. Mais, contrairement à l'usage du français, l'espagnol maintient devant ce **que** la *préposition* qui serait normalement requise devant un nom complément.

(Me alegro **de tu llegada**).	
Me alegro **de que hayas llegado.**	Je suis heureux *que tu sois arrivé.*
(El miedo **a los ladrones**).	
El miedo **a que le robasen** sus joyas...	La peur *qu'on lui volât* ses bijoux...
(Cuento **con su ayuda de Ud**).	
Cuento **con que Ud me ayude** un poco.	Je compte *que vous m'aiderez* un peu.
Con el pretexto **de que quería** hablarme.	Sous le prétexte *qu'il voulait* me parler.
Bajo la condición **de que volvería** pronto.	A la condition *qu'il reviendrait* vite.
Con la promesa **de que me pagaría.**	Avec la promesse *qu'il me paierait.*

914. Les locutions conjonctives françaises *de ce que*, *à ce que*, parfois employées et où le pronom *ce* ne représente rien, se réduisent en espagnol aux formes précédentes **de que, a que.**

Il se plaint *de ce que* je ne lui ai pas répondu.	Se queja **de que** no le he contestado.
Je me résigne *à ce qu'on* me gronde.	Me resigno **a que** me riñan.

Omission de la conjonction.

915. L'espagnol admet pour alléger la phrase l'omission de **que** après les verbes qui marquent *un ordre*, *une obligation*, *une prière* ou *un vœu.*

Me **encargó le avisara** sin falta.	Il me *recommanda que* je l'avertisse sans faute.
Le **ruego a Ud me conteste** sin tardar.	Je vous *prie de me répondre* sans tarder.
El cura **pidió** al cielo **diese** buen poso al alma del nuevo desposado. (CERVANTES. — *D. Quijote*, II, 21.)	Le curé *demanda* au Ciel *qu'il donnât* un bon repos à l'âme du nouveau marié.
Me **alegraré logre** Ud todo género de prosperidades. (P. ISLA. — *Gil Blas*, VII, 13.)	*Je serai heureux que* vous obteniez toute sorte de bonheurs.

L'omission est admise aussi après le verbe **temer** lorsqu'il est suivi d'une subordonnée négative.

Temíase no llegase a tiempo el socorro. (BELLO. — *Gram.* 983.)	*On craignait que* le secours n'arrivât pas à temps.

QUE explétif.

916. Par contre, on trouve jusque dans les classiques du XVIIe siècle un emploi explétif de **que** devant une interrogation indirecte. Cette construction a disparu de la langue actuelle, mais persiste encore dialectalement : pregunté **que onde** diba (prov. de León), *je demandai où il allait.*

Bueno fuera preguntar a Carrizales **que adónde estaban** sus advertidos recatos. (CERVANTES. — *El celoso Extremeño.*)	Il serait curieux de demander à Carrizales *ce qu'il en était* de ses sages précautions.
Preguntaban a mi criado **que quién era.** Respondía que don Jaime. (ALEMÁN. — *Guzmán de Alfarache.*)	On demandait à mon domestique *qui j'étais.* Il répondait que j'étais don Jaime.

Emploi du mode.

L'indicatif.

917. L'emploi du mode dans les complétives est ordinairement conforme à l'usage du français.

Si la proposition principale est seulement *déclarative*, c'est-à-dire constituée par un verbe qui se borne à rapporter ou à annoncer avec plus ou moins d'assurance un fait réel (*raconter*, *dire*, *prétendre*, *croire*, *penser*, *estimer*, *constater*, etc.), le verbe reste à l'**indicatif.**

Creo que todo **irá bien.**	Je crois que tout *marchera bien.*
Me contó que **se había perdido.**	Il me raconta qu'*il s'était perdu.*
Dióse cuenta de que **no servía para nada.**	Il se rendit compte *qu'il ne servait à rien.*
Y por cierto **que esta palabra no es exacta** en el sentido que yo quiero exponer aquí. (CLARÍN.)	Il est certain *que ce mot n'est pas exact* dans le sens que je veux exposer ici.

Le subjonctif.

918. Le verbe de la subordonnée est au **subjonctif :**

a) Si la principale *met en doute* ou *nie* la réalité du fait exposé.

No creo que tengas razón.	*Je ne crois* pas que tu *aies* raison.
Es dudoso que se **hayan** salvado.	*Il est douteux* qu'ils *aient* échappé.
No me consta que don Pedro **llegara** ayer.	*Rien ne me prouve* que don Pedro *soit arrivé* hier.

Il faut assimiler à cette catégorie de subordonnées les phrases précédées de **acaso, quizá, tal vez,** *peut-être*, où l'aspect de doute se trouve renforcé par l'emploi du subjonctif. (Cf. § 713.)

Tal vez no haya salido de casa.	*Peut-être n'est-il pas* sorti de chez lui.

b) Si la principale sert à émettre sur le fait lui-même soit une *appréciation*, soit un *sentiment.*

Es sorprendente que no te **hayan** dicho nada.	*Il est surprenant* qu'on ne *t'ait* rien dit.
Me alegro que hayas venido.	*Je suis heureux que tu sois* venu.
Sentí mucho **que marchases** tan pronto.	*J'ai bien regretté que tu sois* parti si vite.
Era costumbre inveterada que aquellos señores no **saludaran** a los socios que entraban o salían. (CLARÍN. — *La Regenta.*)	*C'était une habitude invétérée* que ces messieurs ne *saluassent* pas les sociétaires qui entraient ou sortaient.
Era, pues, de extrañar que a aquella hora **saliese** de la ciudad... el ilustre Señor Corregidor.	*Il était donc étonnant* qu'à cette heure-là l'illustre Corregidor *sortît* de la ville.

(ALARCÓN. — *El sombrero de tres picos.*)

La subordonnée qui fait fonction de sujet d'une tournure affective (§ 627-630) est souvent susceptible d'être substantivée et précédée de l'article **el.**

Me extraña **el que tú hables así.**	Je suis étonné *que tu parles ainsi* (litt. : *le fait que* tu parles ainsi m'étonne).
Me da rabia **el que no lo haya sabido antes.**	Je rage de ne pas l'avoir su avant (litt. *le fait de* ne pas l'avoir su avant me donne rage).

c) Si la principale marque un *ordre*, un *désir*, une *crainte*, et de ce fait envisage l'action comme étant à réaliser.

Quiero que Ud me lo **cuente** todo.	*Je veux* que vous me *racontiez* tout.
Deseo que Udes **lleguen** sin novedad.	*Je souhaite* que vous *arriviez* sans incident.

919. La particule française *ne* que l'on trouve après les verbes *craindre*, *empêcher* et leurs synonymes ne se traduit pas si elle est seule. Mais on traduit la formule complète *ne... pas* par **no.**

Je crains *qu'il ne se soit égaré.*	Me temo **que se haya extraviado.**
Pour empêcher *que l'humidité ne pénètre...*	Para impedir **que penetre la humedad...**
Je crains *que tu ne sois pas assez* fort.	Temo **que no seas bastante fuerte.**

L'emploi de l'indicatif, exceptionnel après le verbe *craindre*, obéit au désir de souligner la *réalité* d'un fait.

Mucho temo que el tal Barón **te la juega.** (Moratín. — *El Barón.*)	Je crains fort *(et j'en suis convaincu)* que le baron en question (ne) *te joue* un vilain tour.

Subjonctif présent au lieu du futur de l'indicatif.

920. L'emploi du *subjonctif* au lieu du *futur* de l'indicatif après une formule d'affirmation est exceptionnel aussi et a pour but de montrer le fait affirmé comme *inéluctable.*

Asegúrote que tu salario **te sea pagado.** (Cervantes. — *D. Quijote,* I, 46.)	Je t'assure *qu'il faudra que ton salaire te soit payé.*
Si no, por el Dios que nos rige **que os concluya y aniquile.** (*D. Quijote,* I, 4.)	Sinon, par Dieu qui nous gouverne, *je jure que je vous exterminerai et anéantirai.*

Après le verbe **esperar,** l'emploi du subjonctif ajoute au sens d'*espérer* celui de *souhaiter.*

Espero que estos príncipes **os permanezcan** afectos. (Lafuente. — *Historia de España.*)	J'espère *et je souhaite* que ces princes *conservent* votre attachement.

Principale elliptique.

921. La proposition principale qui commande la subordonnée complétive peut être elliptique et se réduire soit à une *locution adverbiale d'affirmation* suivie de **que** (lequel dépend en réalité du verbe sous-entendu : *j'assure, je certifie*, etc.).

A buena fe que no viene vestida de labradora, sino de garrida palaciega. (CERVANTES. — *D. Quijote*, II.)	*Par ma foi (je vous assure qu')* elle n'est pas habillée en paysanne, mais en somptueuse châtelaine.
A buen seguro que la hallaste ensartando perlas. (*D. Quijote*, I, 31.)	*Certainement* tu l'as trouvée en train d'enfiler des perles.
Y en verdad que el bote era bueno... (BL. IBÁÑEZ. — *Entre naranjos.*)	*Il faut croire que* la barque était solide...

soit à une formule exclamative :

¡ Por Dios que te detengas ! (*s.-e. :* te ruego).	*Je t'en prie, arrête-toi.*
Vamos, vamos, que no hay motivos todavía para tanta angustia (*s.-e. :* creo).	*Allons, allons, je vous assure qu'*il n'y a pas encore de motif pour une pareille angoisse.
¡ Ay que no sabes tú lo que te quiere tu madre ! (MORATÍN. — *El sí de las niñas.*)	*Va ! tu ne peux pas* savoir combien ta mère t'aime !

922. Dans un dialogue la proposition principale peut être tout entière sous-entendue ; la phrase subordonnée débute alors par un **que** qui répond au verbe de la réplique précédente ou à une interrogation tacite. Le mode de la suberdonnée dépend du verbe sous-entendu.

¿ Que tienes sed? (*s.-e. :* dices). — Pues bebe.	(Tu prétends) que *tu as soif ?* Eh bien bois.
¡ Que no llegue blanca a mis garras que no me la agarren luego ! (*s.-e :* es posible.) (ESPINEL. — *Marcos de Obregón*, III, 24.)	*Est-il possible qu'il ne tombe pas un sou* entre mes griffes sans qu'il me soit aussitôt enlevé !
¿ A que llego allí primero que Ud ? (*s.-e. :* apuesto).	*Je parie que j'arrive là-bas* avant vous.

Substitution de l'infinitif par le subjonctif.

923. L'infinitif placé en français après les verbes d'*ordre* ou de *prière* est ordinairement rendu en espagnol par une subordonnée au **subjonctif.** Cette substitution a toujours lieu après les verbes **decir, escribir, encargar, aconsejar, rogar suplicar, persuadir, recomendar** ou **encomendar.**

Je lui ai écrit *de venir* (= qu'il vînt).	Le escribí **que viniera.**
Tu lui diras *de rester* (= qu'il reste).	Le dirás **que se quede.**

Je te prie *de m'apporter cela* (= que tu m'apportes).	Te ruego **que me traigas eso.**
Je vous recommande *de ne rien dire* (= que vous ne disiez rien).	Le encomiendo **que no diga nada.**
N'entendez-vous pas que je vous dis *d'ouvrir la porte ?*	¿ No oye Ud que le digo **que abra la puerta ?**

(ALARCÓN. — *El sombrero de tres picos.*)

924. Mais les verbes **mandar, hacer, prohibir** comportent une double construction :

a) Le **subjonctif,** si leur complément (qui est en même temps sujet de l'infinitif) est exprimé sous la forme d'un *nom;*

b) L'**infinitif,** si ce complément est un *pronom* personnel ou s'il n'y a pas de complément.

Subjonctif.	**Infinitif.**
Mandarás **a la criada que prepare** las camas.	**Le** mandarás **preparar** las camas.
El cura mandó **al sacristán que tocase** las campanas.	El cura **le mandó tocar** las campanas.
La señora hizo **que el pobre hombre se acercase** al fuego.	La señora **le hizo acercarse** al fuego.
El guardia prohibía **a los transeuntes que entrasen.**	El guardia **les prohibía entrar.**
	Está prohibido **escupir en el suelo.**

925. Néanmoins, certaines locutions d'usage courant où le second verbe est intransitif : mandar **callar,** mandar **entrar,** hacer **salir,** hacer **sentar,** etc., peuvent conserver l'infinitif dans tous les cas :

El bedel **mandó salir** a todos los asistentes.	Le bedeau *fit sortir* tous les assistants.
Hizo callar a los descontentos.	*Il fit taire* les mécontents.
Su ocurrencia **hizo reir** a todos los compañeros.	Sa réflexion *fit rire* tous les camarades.

926. Les verbes d'*exhortation:* **animar, exhortar, incitar, estimular, invitar, convidar,** etc., ainsi que **enseñar** et **acostumbrar,** qui sont suivis de **a** (incitar **a correr**), admettent l'infinitif dans tous les cas. Mais, pour la clarté et l'élégance de la phrase, il est parfois préférable de les faire suivre du subjonctif dans les mêmes conditions que les verbes précédents. (§ 923, 924.)

Exhortaba **a los ciudadanos a que persiguiesen** la resistencia.	**Les** exhortaba **a perseguir** la resistencia.
Había acostumbrado **a los chicos a que se quitasen** la gorra cuando le hablaban.	**Les** había acostumbrado **a quitarse** la gorra cuando le hablaban.
Acercóle su padre a un carnero y **le** invitó **a que le tomase** por un cuerno.	*Son père l'approcha d'un mouton et l'invita à le prendre par une corne.*

(P. VALDÉS. — *¡ Solo !*)

Proposition infinitive au lieu d'une complétive personnelle.

927. On peut trouver en espagnol, énoncée sous la forme d'une *proposition infinitive*, une subordonnée complétive d'un nom que le français construirait avec l'*indicatif*. Cette construction est néanmoins archaïque.

Cundió la voz de **haber sido atacado por los franceses uno de los otros cuarteles.**	Le bruit courut *qu'une des autres casernes avait été attaquée par les Français.*

(Toreno. — *Levantamiento y revolución de España.*)

Substantivation de la complétive.

928. Une proposition subordonnée prise dans son ensemble peut être substantivée lorsqu'elle fait fonction de *sujet* vis-à-vis de la principale. L'article **el** qui la précède joue le rôle de notre formule *le fait que.* Le verbe de ces propositions est toujours au subjonctif.

El que ellos ignoren la ley no hace nada al caso.	*Le fait qu'ils ignorent la loi* ne fait rien à l'affaire.
No basta **el que tú lo niegues.**	Il ne suffit pas *que tu le nies.* (Le fait *que tu le nies* n'est pas suffisant.)
El que hayas leído tantos libros no quita que seas un tonto.	*Le fait que tu aies lu tant de livres* n'empêche pas que tu sois un sot.

929. La substantivation d'une subordonnée complément direct du verbe est moins courante :

No podía yo mirar con indiferencia **el que se infamase mi doctrina.**	Je ne pouvais voir avec indifférence *que l'on diffamât ma doctrine.*

(Villanueva. — *Cité par* Bello, *Gram.* 326.)

Al mismo tiempo deploraba **el que semejante prodigio de belleza hubiese de envejecer en aquel desierto.**	Il regrettait en même temps *qu'un tel prodige de beauté dût vieillir dans ce désert.*

(Alarcón. — *La pródiga.*)

CHAPITRE XXIX

SUBORDONNÉES TEMPORELLES

930. Le moment de l'action de la subordonnée par rapport à celui de la proposition principale est indiqué soit par le temps du verbe, soit par la conjonction employée.

a) **Después que terminaron** su trabajo / *b*) **Cuando hubieron terminado** su trabajo. } salieron.	*Quand ils eurent terminé* leur travail, ils sortirent.

Actions simultanées.

931. Le verbe de la subordonnée reste à l'indicatif s'il rapporte des faits réels, présents ou passés. L'aspect de simultanéité est nuancé par le choix de la conjonction.

Cuando, *quand*, *lorsque*, *au moment où*, marque un moment précis et par conséquent une simultanéité absolue.

Cuando Juan llegó allí, se dió cuenta de su equivocación.	*Quand Jean arriva là*, il se rendit compte de son erreur.

Como, *comme*, *tandis que*, et **como quiera que,** de sens identique, *du moment que*, se réfèrent à une action déjà commencée au moment où s'exécute la principale.

Como bajaba la cuesta a toda velocidad, tropecé con un guijarro.	*Comme je descendais la côte* à toute allure, je trébuchai sur un caillou.

Substitution par l'infinitif et le gérondif.

932. Les deux subordonnées précédentes peuvent être remplacées dans leurs nuances respectives, la première par **al + infinitif,** la seconde par le **gérondif.** Cette substitution est très fréquente en espagnol et permet d'alléger la phrase.

Al llegar Juan alli, se dió cuenta de su equivocación (= *Cuando Juan llegó allí*, etc.).

Bajando la cuesta a toda velocidad, tropecé con un guijarro (= *Como bajaba la cuesta*, etc.).

Nuances de la simultanéité.

933. Mientras, en tanto que, *pendant que, tandis que,* impliquent une idée de durée ;

mientras que marque souvent, mais pas nécessairement, une idée d'*opposition ;*

conforme, a medida que, a la par que, según, *à mesure que,* une idée de *progression* et de *proportion* entre les deux actions ;

cada vez que, cada y cuando, siempre que, *chaque fois que,* **si,** *si,* une idée de *répétition* ou d'habitude.

Mientras seguíamos caminando, iba anocheciendo rápidamente.	*Pendant que nous continuions à marcher,* la nuit tombait rapidement.
Vosotros dormís tranquilos, **mientras que él va vigilando por las calles.**	Vous autres, vous dormez tranquillement, *tandis que lui veille à travers les rues.*
Conforme nos acercamos al castillo, distinguimos mejor su mole imponente.	*A mesure que nous approchons du château,* nous apercevons mieux sa masse imposante.
Siempre que podía, me iba al teatro.	*Chaque fois que je le pouvais,* j'allais au théâtre.
Si hacía buena tarde, salía a dar un paseo por el campo.	*S'il faisait une belle après-midi,* je sortais me promener dans la campagne.
(Unos prados) que **según van estando lejos del agua,** se convierten en terrenos áridos.	Des prés qui, *à mesure qu'ils se trouvent éloignés de l'eau,* se convertissent en terrains arides.

(O. Picón. — *La honrada.*)

Temporelles elliptiques avec CUANDO.

934. L'omission des verbes **ser** et **estar** est fréquente entre la conjonction **cuando** et un adjectif ou participe attributs, lorsque ceux-ci se rapportent au sujet de la proposition principale.

Cuando joven yo creía...	*Quand j'étais jeune* je croyais...
Si de niño eres tan bruto, ¿ Qué serás **cuando mayor** ?	Si étant enfant tu es si bête, Que sera-ce *une fois devenu grand ?*

(*Copla popular.*)

Tornó a probar si podía levantarse ; pero si no lo pudo hacer **cuando sano y bueno,** ¿ cómo lo haría **molido y casi deshecho ?**	Il essaya à nouveau de se relever ; mais, s'il n'avait pu y parvenir *quand il était valide et intact,* comment l'eût-il fait *une fois éreinté et presque démoli ?*

(Cervantes. — *D. Quijote,* I, 4.)

935. *a)* Par suite de l'ellipse de **ser** ou d'un verbe analogue marquant la réalisation (**verificarse, suceder, ocurrir,** etc.), la conjonction **cuando** peut être amenée en contact avec un nom qui désigne un événement ou une période, et jouer vis-à-vis de celui-ci le rôle d'une préposition : *lors de*, *au moment de*, *pendant*.

Cuando la guerra de Independencia...	*Au moment de* (ou pendant) *la guerre de l'Indépendance...*
Cuando las últimas huelgas...	*Au moment des dernières grèves...*
Esto sucedió **cuando la mayoría de doña Isabel II.**	Ceci se passa *au moment où la reine Isabelle II fut proclamée majeure.*

(PEREDA. — *El buey suelto.*)

b) C'est aussi une ellipse qui se trouve à l'origine des locutions : **cuando no,** *dans le cas contraire*, *sinon* (Cf. **si no, donde no,** § 331) ; **cuando más, cuando menos,** *tout au plus*, *tout au moins:* sabrá **cuando más** contar con los dedos, *il doit savoir tout au plus compter sur ses doigts.*

c) L'emploi prépositionnel de **mientras,** en dehors de la locution **mientras tanto,** *pendant ce temps*, est beaucoup plus rare que celui de **cuando,** même dans le parler populaire, et n'est pas admis dans la langue littéraire : **mientras la cena,** *pendant le repas ;* **mientras el ensayo,** *pendant la répétition.* Il faudra dire : **durante** la cena, **durante** el ensayo.

Action de la subordonnée antérieure à celle de la principale.

936. Le verbe de la subordonnée est à l'indicatif s'il s'agit de faits réels présents ou passés. L'antériorité peut s'exprimer par **cuando** et **como** suivis du verbe au *passé composé*, au *passé antérieur* ou au *plus-que-parfait.*

Cuando he terminado, me marcho.		*Quand j'ai terminé*, je pars.	
Cuando lo hubimos visto todo	nos volvimos a casa.	*Quand nous eûmes tout vu*	nous rentrâmes.
Como lo habíamos visto todo		*Comme nous avions tout vu*	

La substitution de **cuando** par **después que,** *après que*, tout en rendant la même idée, permet l'emploi d'un temps simple, présent ou passé, ce qui est plus conforme aux tendances de l'espagnol. (Cf. § 511.)

Después que termino, me marcho.
Después que lo vimos todo, nos volvimos a casa.

937. Les autres conjonctions d'antériorité admettent également l'emploi des formes simples du verbe au lieu des composées.

Desde que, *depuis que*, envisage une période entière et un décalage plus ou moins grand avec l'action principale. La succession immédiate des faits est marquée par :

luego que, así que, así como, en cuanto, tan luego como, tan pronto como, toutes équivalentes de *dès que, aussitôt que;* **des que, de que** (arch.), *dès que;* **apenas, no bien,** *à peine.*

El perro se pone en dos patas **así que se lo ordenan.** (P. VALDÉS).	Le chien se dresse sur deux pattes *dès qu'on le lui ordonne.*
En cuanto me vió, el niño echó a correr.	*Dès qu'il m'aperçut,* l'enfant se mit à courir.
No bien sintió el ruido, se levantó. (J. VALERA.)	*A peine eut-il entendu le bruit,* qu'il se leva...
De que vemos el engaño y queremos dar la vuelta, no hay lugar. (J. MANRIQUE.)	*Quand nous nous apercevons* de l'erreur et que nous voulons retourner en arrière, il n'est plus temps.

Français QUE rendu par CUANDO.

938. Les subordonnées temporelles introduites en français par les locutions : *à peine..., ne... pas plus tôt..., ne... pas encore, ne... pas avoir fini de,* sont reliées à la principale par la conjonction *que.* L'espagnol traduit ce *que* par **cuando,** transformant ainsi la principale en subordonnée. Néanmoins, ce **cuando** est parfois omis.

No bien lo hubo dicho **cuando cayó.** (FERNÁN CABALLERO.)	Il ne l'avait *pas plutôt dit qu'il* tomba.
Apenas lo acabó de beber **cuando comenzó** a vomitar.	*A peine* eut-il fini de le boire, *qu'il se mit* à rendre.
No se había levantado **aún cuando** le arrearon otro golpe...	Il *ne* s'était *pas encore* relevé *qu*'il reçut un nouveau coup...
Y apenas se colocaba ante el toro, hombre y caballo iban por lo alto. (BL. IBÁÑEZ. — *Sangre y arena.*)	*Et à peine se plaçait-il* en face du taureau, *qu*'homme et cheval étaient projetés en l'air.

Tournures de substitution.

939. L'*antériorité indéfinie* peut être rendue aussi, et souvent plus élégamment, soit par l'infinitif après **después de** (§ 848) :

Después de terminar el trabajo, salieron.	*Après avoir terminé le travail,* ils sortirent.

soit par la préposition participe et les constructions dérivées (§ 867, 872) :

Terminado el trabajo, salieron. **Una vez terminado** el trabajo... **Después de terminado** el trabajo... **Terminado que hubieron** el trabajo...	*Le travail terminé,* ils sortirent.

L'*antériorité immédiate* est rendue par le **gérondif** précédé de **en :**

En viéndome el chico, echó a correr	= **en cuante me vió...**
En mandándoselo, el perro se pone en dos patas	= **así que se lo mandan...**

Action de la subordonnée postérieure à celle de la principale.

940. Comme en français, cette catégorie de subordonnées a toujours le verbe au **subjonctif.** Elles sont introduites par les conjonctions : **antes que** ou **antes de que, primero que,** *avant que;* **hasta que,** *jusqu'à ce que;* **en tanto que,** *en attendant que;* dans le sens de *pendant que*, cette locution est suivie de l'*indicatif*, Cf. § 933.

Antes de que el sol **salga.** **Primero que tú la lleves** la niña de junto al roble...	*Avant que* le soleil *ne paraisse.* *Avant que tu ne l'emmènes*, la jeune fille d'à côté du chêne...

(Romance popular.)

En tanto que nos abriesen la puerta, nos divertíamos en la calle.	*En attendant qu'on nous ouvrît la porte*, nous nous amusions dans la rue.
Siga Ud llamando **hasta que le oigan.**	Continuez à appeler *jusqu'à ce qu'on vous entende.*

941. L'action attendue peut, avec les conjonctions **mientras** ou **en tanto,** être présentée sous la forme négative comme simultanée de la principale et s'énoncer par conséquent à l'indicatif.

Una idea... que podía ayudar a pasar el tiempo **mientras no llegaban** los patinadores formales.	Une idée... qui pouvait aider à tuer le temps *en attendant qu'arrivent les vrais patineurs* (= tant que les vrais patineurs n'arrivaient pas).

(P. Bazán. — *Cuentos sacro-profanos.*)

942. La conjonction *que* employée en français dans le sens de *avant que* doit être rendue par **antes que** ou **hasta que.**

Ne sortez pas *que tout ne soit bien propre.*	No salgan Udes **hasta que todo esté bien limpio.**

943. Les conjonctions **por si acaso** ou **por si,** *au cas où*, *en cas que*, admettent l'emploi de l'*indicatif.*

Lo apuntaré **por si se me olvida.**	Je vais en prendre note, *en cas que j'oublie* (pour le cas où j'oublierais).
Le dejé abierta la puerta **por si llegaba** (*ou* **llegase**) después.	Je lui laissai la porte ouverte *pour le cas où il arriverait après.*

Substitution par l'infinitif.

944. Les subordonnées introduites par *avant que* et *jusqu'à ce que* peuvent être remplacées par des propositions infinitives. L'infinitif construit avec **antes de** admet un sujet différent de la proposition principale ; avec **hasta,** l'infinitif ne peut avoir un sujet propre qu'exceptionnellement sous la forme d'un pronom.

Antes de salir el sol, marcharemos (= antes que salga el sol). — *Avant que le soleil ne paraisse,* nous partirons.

El mozo no quiso dejar el juego **hasta envidar el resto de su cólera.** — Le garçon ne voulut pas abandonner la partie *avant d'avoir soulagé le reste de sa colère.*

(CERVANTES. — *D. Quijote,* I, 4.)

Hasta llegar tú aquí con la noticia, no sospechábamos nada. — *Avant que tu ne fusses arrivé ici* avec cette nouvelle, nous ne nous doutions de rien.

FUTUR ET CONDITIONNEL D'ÉVENTUALITÉ

Futur rendu par le présent du subjonctif.

945. Le futur du verbe dans les subordonnées temporelles présente toujours un aspect *d'éventualité,* c'est-à-dire de chose prévue mais non affirmée. Il doit être rendu en espagnol par le **présent du subjonctif.**

Le français ne pratique cette substitution de temps que dans les cas où le verbe de la subordonnée marque une action postérieure à celui de la principale (§ 940). Je serai là *avant que tu n'arrives* = avant que tu arriveras.

Quand la cloche sonnera, vous pourrez sortir dans la cour. — **Cuando toque la campana,** podréis salir al patio.

Dès que vous aurez vu mes parents, écrivez-moi. — **En cuanto haya visto Ud** a mis padres, escríbame.

A mesure qu'ils se présenteront, je te les enverrai. — **Conforme vayan llegando,** te los mandaré.

Aussitôt que vous serez prêt, nous passerons dans la salle à manger. — **Tan pronto como esté Ud listo,** pasaremos al comedor.

Lorsque mes yeux verront, il n'y aura pour eux d'autre beauté que la tienne. — **Cuando mis ojos vean,** no habrá para ellos otra hermosura que la tuya.

(P. GALDÓS. — *Marianela.*)

Ce futur éventuel pouvait être autrefois rendu par le futur du subjonctif.

Mientras la vida me durare. — *Tant que ma vie durera.*

Cuando os viéredes perdida os perderéis por querer. — *Quand vous vous verrez perdue,* vous mourrez d'envie d'aimer.

(FR. L. DE LEÓN.)

Conditionnel rendu par l'imparfait du subjonctif.

946. D'une façon analogue, le conditionnel des subordonnées temporelles doit être traduit par l'un des deux *imparfaits du subjonctif*.

Tu devais m'écrire *dès que tu arriverais.*	Habías de escribirme **en cuanto llegaras** *ou* **llegases.**
Il voulait les voir *à mesure qu'ils se présenteraient.*	Quería verles **conforme se presentaran** *ou* **presentasen.**
Alors qu'un autre mortel quelconque *l'aurait jeté* dans la rue...	**Cuando** otro mortal cualquiera **le hubiera arrojado a la calle...**

(Pereda. — *El buey suelto.*)

...Après avoir laissé deux sentinelles dans ce passage, avec l'ordre de tirer *sur quiconque essaierait de s'y glisser.*	...Después de dejar dos centinelas en el boquete, con orden de descerrajar un tiro **al que quisiese escurrirse por él.**

(P. Galdós. — *Zaragoza.*)

Idées jointes au rapport temporel.

947. Outre un rapport de temps entre deux faits, les subordonnées temporelles sont susceptibles d'exprimer une idée accessoire : *cause*, *opposition*, *but*, *conséquence*, etc., qui peut parfois modifier leur forme.

La conjonction **como** (ou **como quiera**) est souvent accompagnée d'une idée de causalité ; dans ce cas, le verbe qui suit peut, comme en latin, être mis au **subjonctif** ; ce changement de mode n'a lieu qu'aux temps du passé et reste tout à fait *facultatif*.

Como no le dejasen conciliar el sueño ciertos parásitos diminutos e impertinentes, levantóse muy temprano.	*Comme* certains parasites minuscules et importuns *l'empêchaient de s'endormir*, il se leva très tôt.

(P. Bazán. — *Por la España contemporánea.*)

Como supiese que Gonzalo era excesivamente aficionado a la caza, le hizo el obsequio de una magnífica escopeta.	*Comme il savait que Gonzalo était* extrêmement amateur de chasse, il lui fit cadeau d'un magnifique fusil.

(P. Valdés. — *El cuarto Poder.*)

948. La conjonction **hasta que** (§ 940) peut être suivie de l'indicatif au lieu du subjonctif si l'action est présentée plutôt sous l'aspect d'une *conséquence* que d'un but.

Le siguió aporreando la cabeza **hasta que ya no se movió.**	Il continua à cogner sur sa tête *jusqu'au moment où il ne bougea plus.*

CHAPITRE XXX

PROPOSITIONS CAUSALES

Conjonctions employées.

949. Les propositions causales peuvent être introduites par les conjonctions : **porque,** *parce que, car;* **como que,** *étant donné que;* **puesto que,** *attendu que;* **ya que,** *puisque, du moment que;* **en vista de que,** *vu que;* **pues,** *car;* **cuando,** *du moment que;* **como, como quiera,** *comme.* Toutes ces prépositions sont suivies du verbe à l'indicatif, sauf **como** et **como quiera,** dans le sens causal. (Cf. § 947.)

No voy **porque no quiero.**	Je n'y vais pas, *parce que je ne veux pas.*
Ya que te arrepientes, te perdono.	*Puisque tu te repens,* je te pardonne.
Cuando lo dices, debe de ser verdad.	*Du moment que tu le dis,* ce doit être vrai.
No se inmutó, **como que ya esperaba** la noticia.	Il ne se troubla pas *étant donné qu'il s'attendait* à cette nouvelle.

La langue du moyen-âge employait en outre, avec le sens de *car,* la conjonction **ca,** que Cervantes met plaisamment dans la bouche de D. Quichotte : « Non fuyan las vuestras mercedes, ni teman desaguisado alguno, **ca** a la Orden de caballería que profeso, non toca ni atañe facerle a ninguno...» (*D. Quijote,* I, 2).

950. Après un verbe déclaratif comme **parecer,** la locution **como que** peut introduire une simple complétive à l'Indicatif, sans valeur causale :

Con la transpiración y la respiración **parece como que uno se funde** en el ambiente.	Par suite de la transpiration et de la respiration, *on dirait que l'on se fond* dans l'atmosphère.

(UNAMUNO. — *Por tierras de España y de Portugal.*)

L'emploi de **como si** réclame l'imparfait du subjonctif : **como si uno se fundiese...** (Cf. § 970).

Por cuanto.

951. Cette locution conjonctive, qui signifie littéralement *pour autant que*, devait en principe indiquer une proportion entre la cause et l'effet, comme c'est le cas dans les propositions corrélatives avec **cuanto** (§ 895, 896). Mais cet aspect de proportion n'apparaît guère plus dans l'emploi qu'en font les auteurs modernes : **por cuanto** est la plupart du temps l'équivalent de : **por lo mismo que,** *par le fait même que, du moment que.*

El anciano decrépito, a quien no anulan ni entristecen los años **por cuanto ve reproducida** su juventud... y perpetuadas su sangre y su memoria en larga y bendecida cadena de hijos y nietos... (A. de Alarcón. — *La pródiga.*)	Le vieillard décrépit que les années dépriment et affligent *d'autant moins qu'il voit se reproduire* sa jeunesse et se perpétuer son sang et sa mémoire dans une chaîne longue et bénie d'enfants et de petits-enfants...
Les mandó que continuasen divirtiéndose **por cuanto nada había ocurrido.** (A. de Alarcón. — *La pródiga.*)	Il leur fit dire de continuer à s'amuser *du moment qu'il n'était rien arrivé.*

Valeur causale ou explicative de QUE.

952. La conjonction **que** peut servir à introduire une proposition explicative, avec la valeur de **porque** ou de **pues,** *car.* Cet emploi est surtout fréquent après l'énoncé d'un *ordre*, d'un *conseil* ou d'une *décision.*

Duérmete, niño, **que llega el Coco.** *(Canto. popular.)*	Endors-toi, mon enfant, *car voici le Croquemitaine.*
Hable Ud más alto, **que no le entiendo.**	Parlez plus haut, *car je ne vous comprends pas.*
No mires los ejemplos de los que van y tornan, **que a muchos ha perdido** la dicha de los otros. (Lope de Vega. — *La barquilla.*)	Ne regarde pas l'exemple de ceux qui s'en vont et qui s'en reviennent, *car bien des gens se sont perdus* à cause de la chance des autres.
A sartén te condeno, **que mi panza no se llena jamás** con la esperanza. (Samaniego.)	Je te condamne à la poêle, *car mon ventre n'est jamais satisfait* avec l'espérance.
Hoy no se caza, **que se nos viene la lluvia encima.** (P. Bazán. — *Los pazos de Ulloa.*)	Aujourd'hui on ne chasse pas, *car la pluie arrive sur nous.*

953. De même que le français emploie *c'est que* pour *c'est parce que*, l'espagnol admet **que** comme équivalent de **por que** après le verbe *ser*.

Si te falta alimento y abrigo, **será que mi lanza no haya podido** conquistártelos.	Si tu es privée de nourriture et de foyer, *ce sera parce que ma lance n'aura pas pu* te les conquérir.

(TRUEBA. — *El Cid campeador.*)

Mais la construction **será porque** doit être regardée comme plus correcte.

Tournures de substitution.

954. La proposition causale à mode personnel peut être rendue :

a) Par toute *construction gérondive* présentant un fait antérieur à l'action du verbe principal.

Habiendo llegado tarde, me riñeron. (= Como había llegado tarde...)	*Etant arrivé en retard*, on me gronda. (= *Comme j'étais arrivé en retard...*)
En arrepintiéndote, te perdono. (= Ya que te arrepientes...)	*Du moment que tu te repens*, je te pardonne.

b) Par une *proposition infinitive* précédée de **por.**

Me riñeron **por llegar tarde,** *ou* **por haber llegado tarde.**	On m'a grondé *pour être arrivé en retard.*

L'ellipse du verbe *être* peut réduire l'énoncé de la cause à un simple *participe* ou *adjectif.*

Otro mortal cualquiera le (el sombrero) hubiera arrojado a la calle **por descolorido, ajado y alicaído.**	Tout autre mortel aurait jeté le chapeau à la rue *parce qu'il était* (ou *tant il était*) *décoloré, fané et informe.*

Traduction de : à force de.

955. La locution *à force de* peut se rendre par sa traduction littérale dans tous les cas : **a fuerza de andar, a fuerza de estar** húmedo, **a fuerza de ser** malo, **a fuerza de cuidados y de atenciones,** etc. Cette tournure est la seule possible devant des noms : *à force de soins et d'attentions.* Mais dans les autres cas l'espagnol classique rend souvent cette idée par le simple emploi de la préposition **de,** renforcée occasionnellement par **mucho, poco, tanto** devant des verbes et des noms, par **puro** (invariable) devant des adjectifs et des participes.

Del poco dormir y del mucho leer se le secó el celebro...	*A force de dormir peu et de lire beaucoup*, son cerveau se dessécha...

(CERVANTES. — *D. Quijote*, I, 1.)

De tanto cantar se quedó ronco.	*A force de chanter*, il resta enroué.
Una viuda más fea que el sargento de Utrera que reventó **de feo.**	Une veuve plus laide que le sergent d'Utrera qui creva *à force d'être laid.*

(F. CABALLERO. — *La suegra del diablo.*)

Don Quijote se estaba boca arriba sin poderse menear **de puro molido y emplastado.**	Don Quichotte restait couché sur le dos, sans pouvoir se remuer, *tant il était* (à force d'être) *courbaturé et couvert d'emplâtres.*

(*D. Quijote* I, 16.)

TELLEMENT, TANT, à valeur causale.

956. En français, les adverbes *tellement* et *tant* peuvent introduire après la proposition principale une sorte de proposition causale ou explicative. Cette construction est le résultat d'une inversion : *je ne pouvais respirer*, *tellement* (ou *tant*) *il faisait chaud* = il faisait tellement chaud que je ne pouvais respirer.

Dans cette position, l'espagnol **tanto** (**tan** devant un adjectif) ne saurait à lui seul rendre le rapport de cause exprimé par *tellement;* il faut pour y suppléer faire appel à la valeur causale de la préposition **de**, que l'on place devant **tanto, tan,** et compléter la formule par **como.**

Je ne pouvais respirer, *tellement il faisait chaud.*	No podía respirar **de tanto calor como hacía.**
Les rues s'étaient transformées en ruisseaux, *tellement il avait plu.*	Las calles se habían vuelto ríos **de tanto como había llovido.**
Je ne pouvais me tenir debout, *tant j'étais fatigué.*	No podía tenerme de pie **de tan cansado como estaba.**
On dirait que l'on doit pouvoir toucher le ciel avec les mains, *tellement il est oppressant et tellement il est bas.*	Parece que ha de poderse tocar el cielo con las manos, **de tan oprimente como es y tan bajo como está.**

(J. M. SALAVERRÍA. — *Las sombras de Loyola.*)

Formule : de... que.

957. Si la cause est exprimée par un *adjectif* ou un *participe* se rapportant au sujet de la phrase, au lieu de l'encadrer par la formule de **tan... como,** on emploie aussi la formule plus simple **de... que.** Le dernier exemple de la série précédente aurait pu s'exprimer aussi de cette façon : No podía tenerme de pie **de cansado que** estaba.

Ce bois brûle tout seul, *tant il est sec.*	Esa leña arde sola **de seca que está.**
Il n'arrivait pas à parler, *tellement il était ému.*	No acertaba a hablar **de conmovido que estaba.**
On ne peut boire de cette eau, *tellement elle est froide.*	No se puede beber de aquella agua **de fría que está.**

Formule : por lo... que.

958. Nous avons déjà signalé que la préposition **de** ne conserve sa valeur causale que devant une circonstance qui se rapporte au sujet du verbe (§ 803). Par conséquent, si l'adjectif ou le participe se rapportent à un complément, il faudra faire appel à la préposition **por** ou à un terme équivalent : **en vista de, dado, con,** etc. L'aspect pondératif contenu dans *tant*, *tellement*, sera rendu par l'article **lo.** (§ 708.)

Il ne put emporter le sac, *tellement il était lourd.*	No se pudo llevar el saco **por lo pesado que era.**
On ne peut plus acheter d'oranges, *tellement elles sont chères.*	Ya no se pueden comprar naranjas **dado lo caras que están.**
Je ne puis pas lire dans cette pièce, *tellement elle est sombre.*	No puedo leer en este cuarto **por lo oscuro que está.**

Emploi de SEGUN.

959. Il convient de remarquer que l'espagnol classique employait l'adverbe **según** avec la même valeur que les adverbes français *tellement*, *tant.*

Mas Sancho no las echó menos (las alforjas) **según salió turbado.** (Cervantes. — *D. Quijote*, I, 17.)	Mais Sancho ne s'aperçut pas de la disparition de sa besace, *tellement il était troublé en partant.*
No parecía sino que en aquel instante le habían nacido alas a Rocinante, **según andaba de ligero y orgulloso.** (*D. Quijote*, I, 19.)	On aurait dit vraiment qu'à ce moment-là il était venu des ailes à Rossinante, *tellement il se montrait agile et plein de fougue.*

Mais l'espagnol d'aujourd'hui a délaissé cet emploi au profit des constructions que nous avons signalées antérieurement ; tout au plus le conserve-t-il sous la forme du second exemple de Cervantes, c'est-à-dire en renforçant le sens comparatif contenu dans **según** par le sens causal de la préposition **de** placée devant l'adjectif ou le participe : Aquella agua no se puede beber **según está de fría.** — Esa leña arde sola **según está de seca.** — No acertaba a hablar **según estaba de conmovido,** etc.

960. On peut enfin rapprocher des constructions précédentes certaines propositions explicatives que l'espagnol introduit après la principale par les adverbes **tal, tanto :**

... no pudo menos de compadecerle ; **tanta era la angustia** que se pintaba en su rostro.	... il ne put s'empêcher de le plaindre ; *telle était l'angoisse* qui se peignait sur son visage.

Y queriéndose levantar, jamás pudo ; **tal embarazo le causaban** la lanza, adarga, espuelas y celada, con el peso de las antiguas armas.

(CERVANTES. — *D. Quijote*, I, 4.)

Et voulant se lever, il ne put jamais y réussir ; *tel était l'embarras que lui causaient* la lance, le bouclier, les éperons et la salade, sans compter le poids de son antique armure.

Ces propositions expriment bien pour la pensée un rapport analogue à celui des causales introduites par *tant, tellement;* mais elles contiennent ordinairement, plutôt qu'une cause nécessaire, une simple explication ; leur lien grammatical avec la principale, dont elles sont séparées par deux points ou un point virgule, est beaucoup plus lâche ; elles fonctionnent vis-à-vis d'elle non comme des subordonnées, mais comme des coordonnées. Il peut arriver cependant, mais cela est rare, qu'elles aient la même valeur que la proposition française ainsi construite.

Sólo veían de él (del pueblo) las manchas rojas de sus tejados, **tanto le guarnecen los emparrados** de sus balcones y los frutales de sus huertos.

(P. VALDÉS. — *La aldea perdida.*)

On n'apercevait du village que les taches rouges de ses toits, *tellement il est enchâssé dans les treilles* de ses maisons et les arbres fruitiers de ses jardins.

Después agarró el lápiz y... trazó una especie de tela de araña ; **tanta era la rapidez del lápiz** empuñado par la mitad y movido con verdadero furor.

(P. GALDÓS. — *La familia de L. Roch.*)

Elle saisit ensuite le crayon et se mit à tracer une sorte de toile d'araignée ; *telle était la rapidité du crayon* empoigné par le milieu et manié avec une véritable fureur.

PROPOSITIONS FINALES

Conjonctions employées.

961. Ces propositions marquent un but poursuivi et se construisent avec les conjonctions : **para que,** *pour que;* **a fin de que, con objeto de que,** *afin que;* **de manera que, de modo que,** *de façon que;* **de tal modo que,** *de telle façon que;* **hasta que,** *jusqu'à ce que;* **por miedo a que, por temor de que,** *de crainte que.*

Les propositions finales à un temps personnel sont toujours énoncées au *subjonctif.*

Se oculta **para que le busquen.**
Por miedo a que le conociesen no salía sino de noche.

Il se cache *pour qu'on le cherche.*
De crainte qu'on ne le reconnût, il ne sortait que la nuit.

962. L'espagnol classique pouvait employer **porque** suivi du subjonctif dans un sens final. Cet emploi est devenu rare aujourd'hui. (Cf. **por** devant infinitif, § 856.)

No me tienes que dar **porque te quiera.**

(Soneto anónimo.)

Tu n'as besoin de rien me donner *pour que je t'aime.*

Echa de lo trasañejo **porque con más gusto comas.** (B. DE ALCÁZAR. — *La cena.*)	Verse-toi du vin le plus vieux *pour que tu trouves plus de plaisir manger.*

963. Après un verbe de mouvement, l'espagnol peut employer **a que** au lieu de **para que.** (Cf. **a** devant infinitif, § 775.)

Vino un oficial herido **a que le curasen.** (P. GALDÓS. — *Zaragoza.*)	Un officier blessé se présenta *pour qu'on le soignât.*

Tournures de substitution.

964. Les propositions finales à un temps personnel peuvent être remplacées par l'infinitif précédé de **para, por, a, a fin de, con objeto de, por miedo a,** à la condition qu'elles aient le même sujet que la principale.

Es mejor que dejes el libro allí **para tenerlo siempre a mano** (= para que lo tengas...).	Il vaut mieux que tu poses le livre là *pour l'avoir toujours sous la main.*

PROPOSITIONS CONSÉCUTIVES

965. Les propositions consécutives se distinguent des finales en ce qu'elles marquent une conséquence qui n'a pas été forcément un but et en ce qu'elles comportent un aspect de réalité atteinte qui n'est pas dans les finales. C'est ce qui explique que les propositions consécutives se construisent avec l'*indicatif*.

Elles sont introduites par les conjonctions ou locutions suivantes : **de modo que, de tal modo** *ou* **manera que,** *de manière, de telle sorte que;* **tan...** *(adjectif* ou *adverbe)* **que,** *si... que;* **tanto que,** *si bien que;* **así es que,** *c'est pourquoi.*

Hablaba **tan** bajo **que nadie le entendía.**	Il parlait *si bas que personne ne le comprenait.*
Se arregló de **tal** manera **que no le pudimos ver.**	Il s'arrangea *de telle façon que nous ne pûmes le voir.*

Le futur de l'indicatif et le conditionnel sont maintenus en raison de leur aspect de réalité.

Hace **tan** mal tiempo **que no se podrá salir.**	Il fait *si mauvais temps qu'on ne pourra pas sortir.*
Está **tan** cambiado **que Ud no le conocería.**	Il est si changé *que vous ne le reconnaîtriez pas.*

966. Occasionnellement, la conséquence peut être énoncée par la simple conjonction **que.**

(El barbero) comenzó a correr por aquel llano **que no le alcanzara el viento.**	Il se mit à courir à travers cette plaine *(de telle sorte) que le vent ne l'aurait pas atteint.*

(CERVANTES. — *D. Quijote*, I, 21.)

(Mi comisión) ha surtido el efecto deseado y el hombre queda **que no sabe lo que le pasa.**	Ma commission a obtenu l'effet désiré et notre homme *est dans un tel état qu'il ne sait pas ce qui lui arrive.*

(MORATÍN. — *La escuela de los maridos*, II.)

C'est avec cette valeur que se présente la conjonction **que** dans la locution courante **estar que (+ indicatif)**, *être dans un tel état que, en être au point de.*

Está el pobre **que no sabe** ya donde tiene la mano derecha.	Le pauvre homme *en est à ne plus savoir* où il a sa main droite.
El chico **está que** no hay por donde cogerlo.	Le gamin *est dans un tel état* (= si sale) qu'on ne sait par où le prendre.

CHAPITRE XXXI

LA PHRASE CONDITIONNELLE

967. Rappelons que le mode conditionnel n'exprime pas une condition, mais un fait subordonné à une condition. C'est l'énoncé de cette condition préalable qui constitue la *proposition subordonnée conditionnelle.*

Au point de vue de l'emploi des temps et des modes, il convient d'envisager deux cas :

1° La condition est présentée comme *réalisable* et la proposition principale ou conclusion est au *futur ;*

2° La condition est présentée comme *irréalisable* ou comme une simple hypothèse et la proposition principale est au *conditionnel.*

CAS DE LA CONDITION RÉALISABLE

968. De même qu'en français, la condition est le plus souvent énoncée au présent de l'indicatif et la conclusion au futur.

Si eres bueno, **todos te querrán.**	Si tu es bon, *tout le monde t'aimera.*
Si me sobra tiempo, **te ayudaré.**	S'il me reste du temps, *je t'aiderai.*

L'ancien espagnol présentait cette condition avec le futur du subjonctif : **si fueres** bueno, **si me sobrare** tiempo.

Équivalences possibles.

969. *a*) La condition peut être présentée sous la forme d'un impératif ou d'un optatif. Pour d'autres équivalences possibles, Cf. § 973.

Sé bueno y todos te querrán.	*Sois bon* et tout le monde t'aimera.
Venga el buen tiempo y verás qué paseos vamos a dar.	*Vienne le beau temps* et tu verras quelles promenades nous allons faire.

b) La conclusion peut être énoncée à l'impératif ou même au présent de l'indicatif.

Si no haces nada, **ayúdame.**	Si tu ne fais rien, *aide-moi.*
Si acabo pronto, **te acompaño.**	Si je termine vite, *je t'accompagne*
Si le molestan, **el bicho saca las garras.**	Si on l'agace, *la bestiole sort les griffes.*

Dans ce dernier exemple, **si** a plutôt la valeur simplement temporelle de **cuando** : *quand on l'agace...*

CAS DE LA CONDITION IRRÉALISABLE OU HYPOTHÉTIQUE

A) Expression de la condition.

970. La phrase conditionnelle de cette catégorie se présente habituellement en français sous la forme suivante : la condition ou hypothèse introduite par **si** est énoncée à l'imparfait de l'indicatif et la conclusion ou proposition principale est au conditionnel.

En espagnol, la *condition* doit être rendue par l'**imparfait du subjonctif** en **-ara, -iera** (ou, moins souvent, en **-ase, -iese**).

Si fueras bueno, todos te querrían.	*Si tu étais bon*, tout le monde t'aimerait.
Si hiciera buen tiempo, saldríamos a pasear.	*S'il faisait beau temps*, nous sortirions nous promener.
Si cayeras de esa altura, te romperías la crisma.	*Si tu tombais de cette hauteur*, tu te romprais le cou.

971. Des énoncés d'hypothèse analogues aux précédents et construits avec l'imparfait du subjonctif se retrouvent dans les phrases optatives ou dans les comparatives :

¡ Ay **si decir pudieras** cuanto sabes ! (Núñez de Arce. — *El mar.*)	Ah ! *si tu pouvais dire* tout ce que tu sais !
Le quiero **como si fuera mi hijo.**	Je l'aime *comme s'il était mon fils.*

972. Dans l'expression de l'hypothèse, les *imparfaits* du subjonctif en **-ara** et **-iera** peuvent parfois prendre le sens d'un *plus-que-parfait* (§ 515).

Si madrugaras más, lo hubieras visto (= si hubieras madrugado...).	*Si tu t'étais levé plus tôt*, tu l'aurais vu.
Esta noticia me desazonó tanto como **si estuviera enamorado** de veras (= como si hubiera estado...).	Cette nouvelle me causa autant de peine que si *j'avais été vraiment amoureux.*

NOTE. — L'ancien français, continuant en cela l'usage du latin, employait l'imparfait du subjonctif dans l'hypothèse introduite par *si*. Nous trouvons dans Rabelais : *Si je le susse, je ne le demandasse pas*. Cet usage persiste encore lorsque l'hypothèse est exprimée par la forme interrogative : *L'eussé-je vu* que je n'aurais rien dit, et lorsque la conjonction *que* remplace un *si* précédemment énoncé : si vous étiez parti plus tôt *et que vous eussiez pu* prendre le premier train...

Autres façons d'exprimer la condition.

973. Les constructions représentant une hypothèse et susceptibles d'être suivies d'une conclusion au conditionnel sont assez nombreuses, mais toutes cependant moins précises que les précédentes (§ 970) dans l'énoncé de la condition. Voici les plus courantes.

1° Le gérondif.

Procediendo de esta manera, eso te resultaría más fácil (= si procedieras...).	*En procédant de cette façon*, cela te serait plus facile.
Siguiendo este atajo, llegaríamos primero (= si siguiéramos).	*En suivant ce raccourci*, nous arriverions plus tôt.
Autorizándome el amo a entrar ¿ qué podrían decir los demás ? (= si me autorizara...).	*Si le maître m'autorisait à entrer*, que pourraient dire les autres ?

2° L'*infinitif* précédé de la préposition **de** ou de la formule **caso de.** Ces deux constructions elliptiques sont basées pour la forme et pour le sens sur la locution complète : **en el caso de, dado el caso de...**

De favorecer a uno, se hubieran enfadado los demás.	*Si on avait favorisé l'un*, les autres se seraient fâchés.

(DICENTA. — *El nido de gorriones.*)

Caso de no venir tú, no vendría nadie.	*Si tu ne venais pas*, personne ne viendrait.
De retardarnos, hubiéramos perdido el chocolate.	*Si nous nous étions attardés*, nous aurions manqué le chocolat.

(AZORÍN.)

3° L'*infinitif* précédé de la préposition **a.** Cette construction, plus fréquente sous la forme négative, peut se considérer comme une ellipse des locutions **a suponer que, a no ser que.**

A ser más prudente, no te pasaría nada de eso.	*Si tu étais plus prudent*, il ne t'arriverait rien de cela.
Pues **a tenerla yo aquí** (aquella bebida) ¿ qué nos faltaba ?	Car, *si je l'avais ici*, cette boisson, que pourrait-il nous manquer ?

(CERVANTES. — *D. Quijote.*)

No me hiciera tal baldón **a no haberme yo encubierto.**	Il ne m'aurait pas fait un tel affront *si je ne m'étais caché*.

(ESCOSURA. — *D. Jaime.*)

4° Un simple *complément de manière*, notamment avec les prépositions **con** et **sin.**

Con el dinero que él tiene ¿ qué cosas no haría yo ? (= si tuviera el dinero...).

Avec l'argent qu'il a, que ne ferais-je pas ?

Sin esta maldita lluvia, estaríamos ya fuera.

Sans cette maudite pluie, nous serions déjà dehors.

...y la señora con su prole, porque **sin este cuidado amoroso,** ya hubiera salido al estrado.

(PEREDA. — *Peñas arriba.*)

...et la dame avec sa progéniture, car, *sans ce tendre souci*, elle se serait déjà montrée au salon.

5° Par une *proposition optative* (§ 725) ; celle-ci est ordinairement reliée à la principale par la conjonction **y.**

Naciera menos orgullosa y digna, y aún reinara en el mundo con la sola eficacia de sus hechizos.

(A. DE ALARCÓN. — *La pródiga.*)

Fût-elle née avec moins d'orgueil et d'amour-propre, elle régnerait encore sur le monde par le seul prestige de ses charmes.

Toutes les constructions précédentes peuvent servir également à énoncer des conditions réalisables et par conséquent être suivies d'un futur : Procediendo así **te resultará más fácil.** — De favorecer a uno, **se enfadarán** los demás. — A tener la bebida yo aquí, ¿ qué **nos ha de faltar ?** — Con todo ese dinero, ¿ qué cosas **no haré yo ?**

Condition exprimée à l'imparfait de l'indicatif.

974. Au lieu de l'imparfait du subjonctif, il est permis d'employer l'*imparfait de l'indicatif* dans le discours indirect, c'est-à-dire lorsque la phrase conditionnelle est amenée par une expression déclarative (§ 917) exprimée ou sous-entendue.

Intimándole (a Guzmán) que, **si no rendía la plaza,** le matarían a su vista.

(QUINTANA. — *Guzmán el Bueno.*)

Lui intimant que, *s'il ne rendait pas la place*, on tuerait son fils sous ses yeux.

La única preocupación era si llovería en las montañas de Cuenca : **si bajaba agua de allá,** la inundación sería cosa seria.

(BL. IBÁÑEZ. — *Entre Naranjos.*)

L'unique préoccupation était de savoir s'il pleuvait aussi dans les montagnes de Cuenca : *s'il descendait de l'eau de là-bas*, l'inondation serait chose sérieuse.

El que había de ser pobre, pobre quedaba pero con una ventana abierta para que entrase la Fortuna **si sentía el capricho.**

Celui qui devait être pauvre restait pauvre, mais avec une fenêtre ouverte pour que la Fortune entrât *si elle en éprouvait le caprice.*

975. Il faut tenir compte de ce que la conjonction **si** placée devant un imparfait du français n'exprime pas toujours une condition ou une hypothèse. Si elle est simplement équivalente de *lorsque* ou de *puisque*, ou si elle introduit une *interrogation* indirecte, le verbe reste à l'indicatif.

No me preguntó nadie **si venía cansado.**	Personne ne me demanda *si j'étais fatigué.*
Si hacía buen tiempo salíamos y **si llovía** nos quedábamos en casa.	*S'il faisait beau temps*, nous sortions et, *s'il pleuvait*, nous restions chez nous.
Si era tan pobre, era porque no quería trabajar.	*S'il était si pauvre*, c'est qu'il ne voulait pas travailler.

Dans tous ces cas, la proposition principale est aussi à l'indicatif et non au conditionnel.

B) Expression de la conclusion (proposition principale).

Temps et modes employés.

L'imparfait du subjonctif au lieu du conditionnel.

976. Dans la proposition principale, au lieu du conditionnel, l'espagnol peut employer l'imparfait du subjonctif en **-ara, -iera,** comme dans la subordonnée. Il n'est pas rare de trouver une phrase conditionnelle énoncée avec deux subjonctifs.

De lo pasado **no debiera** hablarse, **si no encerrara** una lección para el porvenir.	*On ne devrait* pas parler du passé, *s'il ne renfermait pas* une leçon pour l'avenir.
Aunque no hubiera cielo yo te amara y aunque no hubiera infierno te temiera.	*Même s'il n'y avait pas de ciel, je t'aimerais, et, même s'il n'y avait pas d'enfer, je te craindrais.*
(Soneto anónimo.)	

Cet emploi est constant pour le verbe **querer** (quisiera *au lieu de* querría) et très fréquent pour **haber, poder, deber** (hubiera, pudiera, debiera, *au lieu de* habría, podría, debería).

Dans la pratique, il est préférable, avec les autres verbes, de conserver le conditionnel en **-ría** pour la clarté de la phrase, car les subjonctifs en **-ara** et **-iera** sont susceptibles d'être interprétés comme des plus-que-parfaits (§ 515).

A no haberlo visto, **no lo creyera yo.**	Si je ne l'avais pas vu, *je ne l'aurais pas cru.*
Si no fuera por tal casualidad, **nunca viniera tu libro** a mis manos.	N'eût été ce hasard, *ton livre ne me serait jamais parvenu.*

Si la buena suerte no hiciera que en la mitad del camino tropezara y cayera Rocinante, **lo pasara muy mal** el atrevido mercader.

(CERVANTES. — *D. Quijote*, I, 4.)

Si la chance n'avait voulu que Rossinante ne trébuchât et ne tombât au milieu du chemin, le téméraire marchand *aurait passé un mauvais quart d'heure.*

L'imparfait de l'indicatif.

977. Nous avons déjà signalé que les imparfaits **podía, debía, había de** et les passés **hube de, debí, pude** peuvent être employés avec un sens *conditionnel* (§ 601).

Indépendamment de ce cas particulier, on peut trouver l'*imparfait de l'indicatif* de n'importe quel verbe dans la proposition principale conditionnelle. Mais cette substitution de mode, fréquente dans le langage parlé, n'est pas du tout arbitraire. Pour que l'emploi de cet imparfait soit légitime, il faut qu'il corresponde à un *conditionnel passé*. Cette construction est connue du français, mais plus rare chez nous.

Si hubieras tardado un minuto más, **perdías el tren.**

De saber eso primero, **otra cosa hacía.**

Ese caballo me tenía encantado, y si no hubiera sido tan caro, **lo compraba.**

Si tu étais arrivé une minute plus tard, *tu manquais ton train* (= tu aurais manqué...).

Si j'avais su cela auparavant, *j'aurais fait autre chose.*

Ce cheval m'avait séduit, et, s'il n'eût été si cher, *je l'aurais acheté.*

L'emploi de l'imparfait de l'indicatif peut obéir parfois au désir de mettre en relief une *conséquence* ou une *décision.*

Yo, si fuera el Papa, **negaba la licencia** que habrá que pedirle.

Era angosta la escalera, y el francés que intentara pasarla **moría sin remedio.**

(P. GALDÓS. — *Zaragoza.*)

Moi, si j'étais le Pape (je vous assure que), *je refuserais la permission* qu'il faudra lui demander.

L'escalier était étroit et tout Français qui eût tenté de le traverser *était irrémédiablement perdu.*

Le présent de l'indicatif.

978. Par souci encore de mettre une idée en relief et de lui conférer la valeur d'une réalité, l'espagnol peut aller plus loin et remplacer le conditionnel passé par le *présent de l'indicatif*, même dans un contexte exposé au passé. C'est là un procédé de style analogue à l'emploi subit du *présent de narration* au milieu d'un récit au passé.

La subordonnée qui renferme la condition peut même aussi, dans ce cas, être énoncée au présent de l'indicatif.

Hartó de mojicones a un comisario ordenador y si no hubiera sido por dos padres del Carmen que se pusieron de por medio, **le estrella contra un poste.**	Il bourra de coups un commissaire du service d'ordre, et, sans l'intervention de deux carmélites qui les séparèrent, *il l'eût écrasé contre un pilier.*

(MORATÍN. — *El sí de las niñas.*)

Le tenía tanta rabia que, si le hubiera encontrado entonces, **lo mato.** *Ou bien :* **si le encuentro entonces, lo mato.**	J'avais tant de rage contre lui que, si je l'avais rencontré alors, *je l'aurais tué.*

Deux conditionnels dans la phrase française.

979. Le conditionnel revêt lui-même un aspect hypothétique qui permet de l'employer en français pour énoncer une supposition, notamment dans le type de phrases : *tu le verrais que tu ne le croirais pas*, qui, en d'autres termes, pourrait s'exprimer : *si tu le voyais, tu ne le croirais pas.*

Pour traduire ce genre de phrases en espagnol, le premier conditionnel doit être rendu par l'*imparfait du subjonctif* précédé de **si** ou par une des constructions équivalentes signalées au § 973. Le **que** conclusif nécessaire à la phrase française n'est pas à traduire.

Tu le verrais (que) tu ne le croirais pas (= Si tu le voyais...). *Je serais à ta place que* je ne me plaindrais pas (= si j'étais à ta place...)	**Si lo vieras,** ou : **Aun viéndolo** no lo creerías. **Si estuviera en tu lugar,** *ou :* **Estuviera yo en tu lugar,** no me quejaría.

PROPOSITIONS RESTRICTIVES

Conjonctions employées.

980. Les conjonctions **a no ser que, como no sea que,** *à moins que;* **con tal que,** *pourvu que;* **con que,** *si seulement;* **siempre que,** *si toutefois*, introduisent dans l'hypothèse exprimée un aspect restrictif. Elles sont suivies du *subjonctif.*

A no ser que te quieras quedar... Así se explica que hubiera dejado de bailar con Pura y hasta de acercarse a ella, **como no fuera para saludarla** ceremoniosamente.	*A moins que tu ne veuilles* rester... On comprend ainsi qu'il eût cessé de danser avec Pura et même de l'approcher, *à moins que ce ne fût pour la saluer* cérémonieusement.

(ALARCÓN. — *La pródiga.*)

Con tal que respondiesen sí o no, el examinador les aprobaba.	*Pourvu qu'ils répondissent oui ou non,* l'examinateur les recevait.
Aquí puede Ud quedar lo que guste **siempre que no le desagrade** mi pobre compañía.	Vous pouvez rester ici tout le temps qu'il vous plaira, *si toutefois ma pauvre compagnie ne vous est pas désagréable.*
Con que me adelantes un duro, me arreglaré.	*Pourvu que tu m'avances un douro,* je m'arrangerai.

Cette nuance restrictive peut aussi se présenter sous la forme suivante : **con un duro que me adelantes,** me arreglaré : *avec un douro seulement que tu m'avancerais*, etc.

981. Como suivi du subjonctif peut prendre le sens de : *si par hasard*, ou encore celui de : *du moment que, pourvu que.*

Como lo hagas otra vez, te doy una torta.	*Si, par hasard, tu y reviens*, je te donne une gifle.
Como ellos se den cuenta de nuestra presencia, tendremos que escapar.	*S'ils arrivent à remarquer notre présence*, nous devrons nous échapper.
Como me pague Ud mañana, no diré nada.	*Pourvu que vous me payiez demain*, je ne dirai rien.

Substitution par l'infinitif.

982. Le genre de restriction exprimé en français par *pourvu que* peut être aussi rendu par **con** ou **con tal de** suivis de l'infinitif : **con responder sí o no..., con tal de adelantarme un duro..., con pagarme mañana.**

PROPOSITIONS CONCESSIVES

Concession sur un fait réel.

983. L'idée de concession est exprimée par **aunque, si bien, y eso que,** *quoique, bien que;* **puesto que** (arch.), **a pesar de que,** *malgré que;* **aun bien que,** *bien que heureusement.* Tandis que ces conjonctions sont en français toujours suivies du subjonctif, l'espagnol emploie l'indicatif chaque fois qu'elles se réfèrent à un fait *réel.*

Aunque pasa de los cincuenta, no tiene ninguna cana.	*Bien qu'il ait passé la cinquantaine* (fait réel), il n'a aucun cheveu blanc.
A pesar de que era tuerta, se casó con un buen mozo.	*Bien qu'elle fût borgne* (fait réel), elle se maria avec un beau garçon.
Parecía una Niobe colosal, **y eso que no había tenido hijos.**	On aurait dit une Niobé colossale, *bien qu'elle n'ait pas eu d'enfants.*

(Alarcón. — *El sombrero de tres picos.*)

Cette catégorie de concession peut aussi être rendue par **a pesar de,** suivi de l'infinitif, et parfois par **con** : **a pesar de ser** tuerta, **a pesar de tener** más de cincuenta años, *ou bien :* **con ser tuerta, con pasar de** los cincuenta años...

Concession sur un fait supposé ou douteux.

984. Lorsque la concession porte sur un fait *supposé* ou *douteux*, le français l'exprime par *alors même que*, *même si*, suivis du conditionnel ou du présent de l'indicatif. L'espagnol emploie aussi pour ce cas la conjonction **aunque,** concurremment avec **cuando, aun cuando, así,** mais il met le verbe au *subjonctif*.

Aunque llueva, he de ir.	*Même s'il pleut* ou : *Alors même qu'il pleuvrait*, j'irai.
Aunque lo dijeras mil veces...	*Alors même que tu le répéterais mille fois...*
No abrirá la boca, **así le maten.**	Il n'ouvrira pas la bouche, *alors même qu'on le tuerait.*
V. M. sea servido mostrarnos algún retrato desa señora **aunque sea tamaño como un grano de trigo.** (CERVANTES. — *D. Quijote*, I, 4.)	Veuillez avoir l'obligeance de nous montrer un portrait de cette dame, *alors même qu'il ne serait pas plus grand qu'un grain de blé.*

AVOIR BEAU, et autres locutions concessives.

985. Un rapport concessif peut encore se trouver exprimé en français par *tout... que* (§ 470), *quelque... que* (§ 479), *si... que*, *pour... que*, *pour peu que*, *quoi... que* ; en espagnol par **por más que, por muy... que, por mucho que, por poco que, a poco que** et **aunque más** (archaïque).

Le gallicisme *avoir beau* ne peut se traduire qu'en le ramenant à l'une des formules précédentes :

Tu as beau être riche = si riche que tu sois : **por muy rico que seas...**
Il a beau travailler = pour plus qu'il travaille : **por más que trabaja..**

986. Le mode à employer dépend en principe, comme il a été dit, de l'aspect réel ou hypothétique de la proposition concessive. Néanmoins, dans les concessives introduites par **por... que,** le *subjonctif* peut être admis dans tous les cas.

Por más que patea, llora y grita no se mueve la gente escarmentada. (SAMANIEGO.)	*Il a beau trépigner, pleurer et crier,* les gens déjà échaudés ne bougent pas.
Por mucha prisa que se dió Chisco en seguir a su camarada... ya volvía Pito... (PEREDA. — *Peñas arriba.*)	*Chisco eut beau se hâter* à suivre son camarade... Pito était déjà de retour.

Por más que diga o que haga, ya no me creen.	*J'ai beau faire et beau dire,* on ne me croit plus.
Por más que hiciera, estaba perdido.	*Quoi qu'il fût,* il était perdu.
Nadie diga en este mundo : de esta agua no beberé ; **por muy turbia que la vea** le puede apretar la sed. *(Copla popular).*	Que personne au monde ne dise : je ne boirai pas de cette eau, car, *si trouble qu'il la voie,* la soif peut le forcer.
Por bueno que se presentase el tiempo, no salían de pobres. (Bl. Ibáñez. — *Cañas y barro*)	*Si favorable que le temps se présentât,* ils ne sortaient pas de leur pauvreté.
Un rechinar de alambres que, **a poco que trabaje la imaginación,** bien podría ser tomado por roce de élitros. (P. Galdós. — *Fisonomías sociales.*)	Un grincement de fils métalliques qui, *pour peu que l'imagination s'en mêle,* pourrait être pris pour un frottement d'élytres.
A poco que se reposasen, observábase en sus miembros el temblor característico del mercurio. (P. Valdés. — *La espuma.*)	*Dès qu'ils s'arrêtaient,* on observait sur leurs membres le tremblement caractéristique du mercure.

Tournures de substitution.

987. Seules les concessives qui portent sur un fait réel sont susceptibles d'être rendues par un infinitif précédé de **a pesar de** ou de **con** ; pour conserver la nuance à exprimer, il y a lieu parfois de renforcer le nom ou le verbe par **tanto, poco, mucho,** l'adjectif par **tan, muy, poco.**

A pesar de darse Chisco **tanta** prisa...	*Bien que Chisco se donnât tant de hâte* (Chisco eut beau se hâter).
A pesar de estar muy cansado...	*Bien qu'il soit très fatigué* (Tout fatigué qu'il est)...
Mas **a pesar de ser un hombre de ciencia,** estos artefactos duraban poco tiempo íntegros en sus manos. (P. Valdés. — *Riverita.*)	Mais, *bien qu'il fût un homme de science,* ces appareils restaient peu de temps intacts entre ses mains.
A pesar de que pasa de los cincuenta años... **Con pasar de** los cincuenta...	*Bien qu'il ait plus de* cinquante ans....
Con ser tuerta se casó con un buen mozo.	*Bien qu'elle fût borgne,* ou : *Toute borgne qu'elle était,* elle épousa un beau garçon.
Con salir de familia tan humilde, tiene la chica mucha distinción.	*Bien qu'elle sorte d'une famille si modeste,* la fillette a beaucoup de distinction.
Con lo cansado que está, quiere salir otra vez.	*Tout fatigué qu'il est,* il veut sortir de nouveau.

Cf. encore les exemples du § 852, *b*.

La locution espagnole : y todo.

988. La locution **y todo** placée après un *gérondif*, un *participe*, un *adjectif* ou un *complément de manière* confère à ces expressions un aspect concessif de la valeur de *quoique* ou de *même* (§ 483). Cette locution peut s'ajouter aussi à une proposition concessive présentée à l'infinitif.

Cojeando y todo no dejaba de llegar a la hora.	*Quoiqu'il boitât*, il n'en arrivait pas moins à l'heure.
Estropeado y todo mi pobre gabán me abriga del frío.	*Tout abîmé qu'il soit*, mon pauvre par-dessus me protège du froid.
Enfermo y todo seguía trabajando.	*Tout malade qu'il était*, il continuait à travailler.
Se lo hubiera comido, **con plumas y todo.**	Il l'aurait tout mangé, *même les plumes.*
Con ser español y todo, no entiende a Góngora.	*Tout espagnol qu'il est*, il ne comprend pas Góngora.

Formules concessives stéréotypées.

989. Con todo, así y todo...	*Malgré tout.*
Sea lo que fuere.	*Quoi qu'il en soit.*
Como quiera que sea.	*De toute façon. De quelque façon que ce soit.*
Digan lo que digan.	*Quoi qu'on dise.*
Esté donde esté.	*Où qu'il soit.*
Que quieras que no.	*Que tu le veuilles ou non. Bon gré mal gré.*

CHAPITRE XXXII

COORDINATION

Conjonctions copulatives.

Y

990. On trouve parfois la conjonction **y** au début d'une phrase interrogative qui peut être considérée comme la conclusion d'un raisonnement exprimé ou sous-entendu.

¿Y te vas? **¿Y dejas, pastor santo,** tu grey en este valle hondo, oscuro ? (Fr. Luis de León.)	*Ainsi donc, tu t'en vas ?* *Ainsi donc, saint pasteur, tu abandonnes* ton troupeau dans cette vallée profonde et obscure ?

Dans l'espagnol classique cet **y** est surtout fréquent après une formule exclamative.

¡ Ay bodas de Camacho, **y cuántas veces os tengo de echar menos !** (Cervantes. — *D. Quijote*, II, 24.)	Ah ! noces de Gamache ! *Que de fois je vous regretterai.*

D'une façon générale, l'espagnol autorise plus volontiers que le français la répétition de la conjonction **y** sans que la phrase soit entachée de lourdeur.

Pero es muy ladino, **y sabe** de todo, **y tiene** una labia **y escribe** que da gusto. (Moratín. — *El sí de las niñas*, II.)	Mais il est très intelligent *et il sait* (un peu) de tout *et il parle et écrit* à ravir.

NI

991. Comme équivalent du *ni* français, (Cf. § 689),

Ni peut être employé au lieu de **y no** pour relier deux phrases négatives qui ont des termes différents, cas où le français maintiendrait *et... ne... pas.*

Yo no soy filósofo **ni lo entiendo.** (Jovellanos. — *El delincuente honrado.*)	*Je ne suis pas* philosophe *et je ne le comprends pas.*
No quise aceptar nada **ni falta me hacía.**	*Je ne* voulus rien accepter *et je n'en avais pas besoin.*
Pero, señora, **no** sucede nada, **ni hay cosa que** a Ud la deba disgustar. (Moratín. — *El sí de las niñas.*)	Mais, madame, *c'est qu'il ne* se passe rien *et il n'y a rien* là-dedans qui doive vous fâcher.

992. Dans le langage parlé, **ni** placé en tête d'une interrogation suppose une réponse forcément *négative*.

¿ **Ni qué entiende ella** de eso, ni qué... ? (MORATÍN. — *El sí de las niñas.*)	*A-t-elle la moindre idée de tout cela ?* (*s.-e.* : assurément non).
¿ Qué rayos tenia Ud que ver con él, **ni por qué** se ha metido donde no le llamaban ? (P. VALDÉS. — *La hermana S. Sulpicio.*)	Que diable aviez-vous à voir là-dedans *et pourquoi vous êtes-vous* mêlé de ce qui ne vous regardait pas ?

Placé en tête d'une supposition, la formule **ni que** implique également une conclusion négative sous-entendue.

¡ Cordones ! **¡ Ni que fuesen moros** los pescadores del Palmar... ! (BL. IBÁÑEZ. — *Cañas y barro.*)	Mille tonnerres ! *Même si les pêcheurs du Palmar étaient des Maures...* (*s.-e.* : serait-ce une excuse pour agir ainsi ?)
¡ Ni que fuéramos criaturas..! (PÉREZ GALDÓS. — *Realidad.*)	Même si nous étions des enfants..! (*s.-e.* ce ne serait pas une excuse).

Disjonctives et alternatives.

Ou... ou, soit... soit.

993. Les conjonctions répétées *ou... ou*, *soit... soit* servent à introduire des hypothèses envisagées sur le même plan. Les formules équivalentes de l'espagnol sont : **bien... o bien** ; **sea... o sea**, et au passé **fuese... o fuese**, ainsi que les combinaisons **bien sea, bien fuese** ; **ya... ya** *ou* **ya sea** répété ; **ahora... ahora** *ou* **ora... ora**. Le second terme, sauf après **ya**, peut toujours être énoncé simplement par **o**.

Quiero que vengas, **bien sea** solo, **o bien** con tu hermano.	Je veux que tu viennes, *soit* seul, *soit* avec ton frère.
Mi padre era muy igual, **sea** en lo próspero **o (sea)** en lo adverso.	Mon père avait l'âme égale, *soit* dans la prospérité, *soit* dans l'adversité.
Ora vengáis uno a uno, **ora** todos juntos... aquí os aguardo. (CERVANTES. — *D. Quijote*, I, 4.)	*Que vous veniez* un à un, *ou bien* tous à la fois, je vous attends ici.
Lo que puedes hacer del asno, es dejarlo a sus aventuras, **ahora** se pierda **o no.** (CERVANTES. — *D. Quijote*, I, 18.)	Ce que tu peux faire de l'âne, c'est de l'abandonner au hasard, *qu'il se perde ou non.*
Ya por odio a las ideas, **ya por personales resentimientos** formóle causa. (LAFUENTE. — *Historia de España.*)	*Soit par haine* de ses idées, *soit par rancune* personnelle, il lui intenta un procès.

Équivalents de TANTOT... TANTOT.

994. L'alternance exprimée par *tantôt* implique une idée de succession dans les faits. Elle peut être rendue par **ya** répété comme précédemment, mais d'une façon plus courante et plus claire par : **una vez... otra vez** ; **unas veces... otras veces** ; **ahora... ahora** ; **ora... ora** ; **tan pronto... tan pronto** *ou* **como** ; plus rarement par **tal vez... tal vez** ; **cuando... cuando.**

Ya en el valle se pierde,
ya en una flor se para,
ya otra besa festiva,
ya otra ronda y halaga.

(Meléndez Valdés. — *La Mariposa.*)

Tantôt il se perd dans la vallée,
tantôt il se pose sur une fleur,
il baise *celle-ci* en se jouant,
il tourne *autour de celle-là* pour lui faire sa cour.

Tomando **ora** la pluma, **ora** la espada...

(Garcilaso de la Vega.)

Prenant *tantôt* la plume, *tantôt* l'épée...

(Mi guitarra) **Una veces** canta y ríe
y otras veces gime y llora.

(Copla popular.)

(Ma guitare) *Tantôt* elle chante et elle rit,
tantôt elle gémit et elle pleure.

Una línea de velas que **tan pronto** se remontaban **como** desaparecían.

(Bl. Ibáñez. — *Flor de Mayo.*)

Une rangée de voiles qui *tantôt* surgissaient *et tantôt* disparaissaient.

Almanzor tenía dispuestas sus gentes para hacer cada año dos entradas en tierra de Navarra, **cuándo** por una parte, **cuándo** por otra.

(Conde. — *Cité par* Bello, *Gram.* 1171.)

Almanzor avait ses troupes disposées pour faire chaque année deux incursions sur le territoire de Navarre, *tantôt* d'un côté, *tantôt* d'un autre.

Autres termes disjonctifs.

995. Certains pronoms et adverbes (*l'un*, *l'autre*, *celui-ci*, *celui-là*, *ici*, *là*, *là-bas*, etc.) peuvent jouer dans la phrase un rôle disjonctif analogue à celui des conjonctions précédentes. L'espagnol emploie en outre dans ce sens les pronoms **quién** (§ 453) et **cuál** (§ 457).

Uno hace el rufián, **otro** el embustero, **éste** el mercader, **aquél** el soldado, **otro** el discreto, **otro** el enamorado simple.

(Cervantes. — *D. Quijote*, II, 12.)

L'un fait le rufian, *l'autre* l'imposteur, *celui-ci* le marchand, *celui-là* le soldat, *un autre* le sage, *un autre* l'amoureux naïf.

Quién llora el muerto padre, **quién** marido, **quién** hijos, **quién** sobrinos, **quién** hermanos.

(Ercilla. — *La Araucana*, I.)

L'un pleure son père mort, *l'autre* son mari, *celui-ci* ses enfants, *celui-là* ses neveux, *cet autre* ses frères.

Tal necesitaba dos viejos, **cuál** llamaba a una niña.	*Un tel* avait besoin de deux vieillards, *tel autre* appelait une fillette.

(M. ROMANOS. — *Escenas matritenses.*)

Conjonctions adversatives.

Pero.

996. *Mais* se traduit par **pero** quand il y a lieu de marquer, par rapport à la phrase précédente, une *restriction*, une *rectification* ou une *atténuation*.

Ladra, **pero** no muerde.	Il aboie, *mais* il ne mord pas.
No sale todavía, **pero** ya se levanta.	Il ne sort pas encore, *mais* déjà il se lève.

Mas.

997. Dans le rôle de conjonction, **mas** ne porte pas d'accent. Il comporte la même signification que **pero,** mais il est rare dans le langage courant et ne se rencontre guère que dans la prose soignée et en poésie. Il semble employé surtout, soit pour marquer une restriction de forme ou de sens négatifs :

Cierra los ojos, **mas no duerme.**	Il ferme les yeux, *mais il ne dort pas.*
Hizo lo que pudo, **mas fracasó.**	Il fit ce qu'il put, *mais il échoua.*

soit pour marquer une opposition ; dans ce cas, il est équivalent de **sino** et peut être renforcé par **también.**

La tropa española permanecía en sus cuarteles... furiosa y encolerizada, **mas retenida por la disciplina.**	Les troupes espagnoles restaient dans leurs casernes, furieuses et irritées, *mais retenues par la discipline.*

(TORENO. — *Historia del levantamiento.*)

Pero sí.

998. Après une phrase négative, **pero sí** a le sens de *mais par contre*, *mais néanmoins*.

No fumaba el buen sargento, **pero sí tomaba mucho polvo.**	Le brave sergent ne fumait pas, *mais, par contre il prisait beaucoup.*

(ALARCÓN. — *Cosas que fueron.*)

Un rasgo general, no rigurosamente exacto, **pero sí comprensivo de lo más de la idea...**	Un trait général, qui n'est pas rigoureusement exact, *mais qui néanmoins rend bien l'essentiel de l'idée...*

(CLARÍN. — *P. Galdós.*)

Sino.

999. Au lieu de **pero,** l'espagnol emploie **sino** après une phrase négative soit pour marquer une opposition, soit pour renchérir sur ce qui a été dit.

No corta el mar, **sino vuela** un velero bergantín.
(Espronceda.)

Un voilier brigantin *ne sillonne pas* la mer, *mais semble voler.*

Sus canciones **no parecen** ya de hombre, **sino de ángel.**
(Menéndez Pelayo.)

Ses chants *ne semblent plus* d'un homme, *mais d'un ange.*

No tengo odio, sino compasión.

Je n'ai pas de la haine, mais de la pitié.

En opposition avec **no sólo,** *non seulement*, nous trouvons ordinairement la formule **sino también,** *mais aussi.*

Sino que, sólo que.

1000. *a*) Après **no sólo** ou une formule négative équivalente, on emploie **sino que** au lieu de *sino* si l'opposition s'exerce entre deux *verbes* à un temps personnel.

No sólo nos aburre, **sino que** nos marea con su charla.

Non seulement il nous ennuie, *mais il nous étourdit* avec son bavardage.

No basta que me lo digas, **sino que lo quiero** ver yo mismo.

Il ne suffit pas que tu me le dises, *mais je veux* le voir moi-même.

b) En dehors de cet emploi, **sino** a le sens du français *sinon*, *sauf:* **todos sino yo** le admiran, *tous l'admirent sauf moi.* Aussi peut-on le rencontrer avec ce sens de **salvo** lié au verbe par la conjonction **que.**

Venía un hombre de muy buen parecer; **sino que** al mirar **metía el un ojo en el otro** (= salvo que...).
(Cervantes. — *D. Quijote*, I, 22.)

On voyait venir un homme de belle apparence, *sauf qu'en regardant il louchait* (*mais seulement*... il louchait).

c) La valeur restrictive de la conjonction *seulement* placée au début de la proposition est rendue ordinairement aujourd'hui par **sólo que.**

Indudablemente ese mueble es precioso y me vendría muy bien; **sólo que no sé donde ponerlo.**

Evidemment, ce meuble est joli et me rendrait grand service; *seulement, je ne sais où le mettre.*

(Aprovecho las ocasiones que se presentan para ir ganando su amistad y su confianza y lograr que se explique con absoluta libertad...) **Sólo que** aquella doña Irene siempre la interrumpe...
(Moratín. — *El sí de las niñas*, I.)

(Je profite des occasions qui se présentent pour gagner peu à peu son amitié et sa confiance et pour obtenir qu'elle s'explique en toute liberté...) *Seulement*, cette doña Irene l'interrompt toujours.

Si no.

1001. Les deux éléments sont séparés lorsqu'ils constituent une proposition elliptique, c'est-à-dire quand ils correspondent au français *autrement*, *dans le cas contraire.*

Si me traes algo, entra ; **si no,** quédate fuera.	*Si tu m'apportes* quelque chose, entre ; *sinon,* reste dehors.

Antes, antes bien.

1002. Employé comme conjonction, l'adverbe **antes** prend le sens du français *mais plutôt*, *mais au contraire.*

No se curó el arriero de estas razones, **antes trabando de las correas las arrojó...** (Cervantes. — *D. Quijote,* I, 3.)	Le muletier n'eut cure de ces paroles, *mais, au contraire, saisissant les courroies, il les lança...*
No estoy nada resentido de sus palabras, **antes bien le agradezco** los buenos consejos que me dió.	Je ne suis pas du tout froissé de vos paroles, *mais, au contraire, je vous suis reconnaissant* pour les bons conseils que vous m'avez donnés.

Valeur spéciale de quelques conjonctions.

Ahora bien.

1003. Cette conjonction qui correspond à notre *or* sert à introduire dans le raisonnement un nouveau point de vue.

Decían que el paso era imposible. **Ahora bien,** mirando por aquella parte, echamos de ver que...	On disait que le passage était impossible. *Or*, en regardant de ce côté-là, nous nous aperçûmes que...

Con que.

1004. **Con que,** comme le français *ainsi donc*, sert à faire allusion à un fait déjà connu ou que l'on vient de constater.

¿ **Con que,** no es Ud médico ?	*Ainsi donc*, vous n'êtes pas médecin ?
¿ **Con que,** le tenemos aquí ?	*Alors*, il est déjà là ?
Con que, donde tú vayas iremos los dos. (Benavente. — *Noche de verano.*)	*Ainsi donc*, où que tu ailles, nous irons tous les deux.

Si.

1005. Dans la discussion, **si** sert à détacher un argument avec la même valeur que les formules : *vous voyez bien que*, *remarquez que*, *songez que...*

¡ Pues, hija, **si son** (estos zapatos) **para un niño recién nacido !**	Mais, ma fille, *vous ne voyez pas que ces souliers sont pour un nouveau-né ?*
¡ Ay, no, señor, **si tengo tres callos !**	Ah, non, monsieur ! *songez donc que j'ai trois cors au pied.*
¡ Pero, mamá, **si me están anchos !**	Mais, maman, *je t'assure qu'ils me sont très larges.*
¡ **Si estas botas están estallando !**	*Vous ne voyez pas qu'elles éclatent, ces bottines ?*
(FRONTAURA. — *Las tiendas.*)	

Luego.

1006. Cette conjonction introduit habituellement *la conclusion* d'une argumentation ou d'une déduction

Los hombres son mortales ; Sócrates es hombre ; **luego Sócrates es mortal.**	Les hommes sont mortels ; Socrate est homme ; *donc Socrate est mortel.*
Esto lo ví yo y lo vieron todos como yo ; **luego no hay duda posible.**	Cela, je l'ai vu moi-même, et tout le monde l'a vu comme moi ; *il n'y a donc pas de doute possible.*

Pues.

1007. Cette conjonction que nous avons déjà signalée comme causale (§ 652) a par elle-même un sens très imprécis et qui dépend surtout de l'intonation ou de la place qu'elle occupe dans la phrase.

Au début et *dans le corps* d'un dialogue ou d'un exposé elle sert à introduire une remarque, comme le français *eh bien* !

Pues, a pesar de lo que dice Ud, yo nunca le he visto así.	*Eh bien* ! malgré ce que vous en dites, moi je ne l'ai jamais vu comme ça.
Pues, señores, consideremos ahora el asunto desde otro punto de vista.	*Eh bien, messieurs,* envisageons maintenant cette affaire d'un autre point de vue.

Pues, peut aussi marquer la conclusion d'une constatation ou d'un raisonnement avec la valeur du français *donc;* il se place alors d'habitude après le premier terme de la phrase.

Dime, pues, una cosa..,	*Dis-moi donc* une chose...
Así pues, nos quedaremos todos aquí.	*Ainsi donc,* nous resterons tous ici.

INDEX ALPHABÉTIQUE

Les chiffres arabes renvoient aux paragraphes. Ceux qui renvoient aux pages sont précédés de la lettre p.

Les paragraphes de 60 à 339 correspondent à la Morphologie, et, de 340 à 1007, à la Syntaxe.

A

A, lecture : 2 ; historique : 26.

A, prép. ; dans compléments d'adjectifs : 397 ; — de noms : 405 ; remplacé par *de* : 408 ; devant le compl. direct des verbes : 749-766 ; dans les compl. indirects : 774, 775 ; — de lieu : 813, 814, 825 ; — de temps : 829-834 ; devant l'infinitif : 854.

Abajo, adv. : 823.

Abolir : 262.

Acá, adv. : 266, 268.

Acabar por : 606 ; — **de** : 607.

Acaso : 302, 713.

Accent grammatical : 10.

ACCENT TONIQUE : 7, 89 ; dans les verbes : 200, 201 ; 216-218.

ACCORD, de genre et de nombre : 389-394. — Accord du verbe : 550-557.

Acertar, emploi : 616.

Acordarse, emploi affectif : 629.

Acostumbrar : 612.

-ada, suffixe : 52.

Adelante : 264, 721, 823.

Además : 325, 740.

Adentro : 721, 823.

ADJECTIF QUALIFICATIF, formation du féminin : 81, 82 ; degrés de signification : 89-97 ; sa place : 414-422 ; son emploi adverbial : 499 ; accord : 389, 390.

Adjectif verbal : 207, 536.

Admirar, empl. affectif : 628.

Adonde : 890.

Adquirir, conjug. : 232.

ADVERBES, de lieu : 264-268 ; — de temps : 269-279 ; — de manière : 280-281, — en *mente* : 282-284 ; — de quantité : 286-296 ; — d'affirmation, négation, etc. : 297-310 ; — de lieu postposés au nom : 823 ; leur place dans la phrase : 740.

Advertir, conjug. : 236 ; emploi : 770.

Advenir : 636.

AFFECTIVES (tournures) : 627-632.

Affirmation (nuancement de l') : 684-686.

A fin de que : 951.

Afuera : 823.

Agent (compl. d'agent) dans les tournures passives : 805-808.

Agudas, palabras : 8, 9.

Ahí : 264.

Ahora : 269 ; **ahora... ahora...** 993 ; **ahora bien** : 1003.

Ailleurs : 265.

Ainsi donc : 1004.

Ajeno : 157, 159.

Al, article : 99 ; devant l'infinitif : 850.

-al, suffixe : 43.

Al, pron. neutre : 166.

A la par que : 933.

Algo, pron. : 165, 168 ; adv. : 289, 490 : **algo de** : 392, 394.

Alguien, pron. : 165, 167.

Alguno : 145, 146 ; apocope : 183 ; — **que otro** : 148 ; *alguno* à sens négatif : 475.

Allá : 266-268.

Allende : 265.

Aller jusqu'à : 613.

Allí : 264, 268.

Alors même que : 984.
ALTERNATIVES (formules) : 993-995.
Amanecer : 634.
Ambos : 153.
Américains (mots) : 24.
Andar, conjug. : 254, tableau p. 124 ; auxiliaire : 574, 583 ; à valeur transitive : 772.
Anoche : 279.
A no ser que : 980.
Antaño : 269, 279.
Ante : 319.
Antes : 275 ; — **que** : 940 ; **antes, antes bien,** conj. : 1002.
Antiguamente : 279.
Antojarse : 629.
Apenas, 937, 938.
Apetecer : 628.
Aquel, adj. et pron. : 107, 108, 109 ; **aquello** : 109.
Aquende : 265.
Aquese, aqueste : 110.
Aquí : 264, 268.
-ar, suffixe : 43.
Arrecirse : 262.
Arriba : 264, 823.
Arte, genre : 80 *b*.
Asaz : 286.
Así, valeurs diverses : 283 ; dans les souhaits : 727, 728, concessif : 984.
Así que, así como : 937.
Asir, conjug. : 243, 259.
Asomar, asomarse : 676.
Atrás : 264, 823.
Atreverse : 672.
Atténuation son expression : 714.
Attendant (en) que : 940.
Attendu que : 949.
Attraction de l'attribut (accords) : 395, 557.
Attribut (adjectif) à valeur adverbiale : 498.
Au bout de (compl. de temps : 833.
AUGMENTATIFS (suffixes : 50, 51.
Aucun : 145, 475.
Aún : 278.
Aunque : 329, 983 ; **aun bien que** : 983.
Aussi, dans comparatifs : 94.
Aussitôt : 270 ; — *que* : 937.
Autant : 149, 150 ; *autant... autant...* : 897 ; *d'autant plus, d'autant moins* : 895, 896 ; *pour autant que* : 951.
Autour de : 437.
Autre : 157, 160, 161, 366 ; sa place : 384 ; traductions diverses : 486, 487.
Autrui (d') : 157, 159.
AUXILIAIRES, emploi des — : 211, 212, 558, 559, 563, 573, 581 599, 665, 666
Avant que : 940.
Avec, 311 ; cf. **con**.
Avent jar, son régime : 764.
Avoir, impersonnel : 560, 640, 641 ; *avoir beau* : 985.
-azo, suffixe : 50, 52.
¡ Ay ! interjection : 337, 339.

B

B, prononciation : 3 ; orthographe : 12.
Bajarse : 675.
Bajo, adj. empl. adverbial : 50
Bajo, prép. : 319.
Balbucir, conjug. : 262.
Basque (langue) : 21 note.
Basta, impersonnel, 595, 686.
Bastante, adj. et adv. : 149, 150.
Beau (avoir) : 499, 985.
Beaucoup : 149, 150, 496 ; —*plus de* : 493.
Bendecir, conj. : 245, 253 ; **bendito, bendecido** : 546, 547.
Bien : 684 ; **no bien** : 937 : **bien... o bien** : 993.
Bien que : 983.
Bueno (apocope) : 183

C

C, prononciation : 3 ; remplacé par **qu** ou par **z** : 17.
Ca (archaïsme) : 949.
Ça : 109 ; *ça et là* : 148, 265.
Cabe : 324.
Caber, conjug. : 250 ; emploi impersonnel : 636, 594.
Cada : 152, 155 ; **cada uno, cada cual,** 152 ; avee valeur de pluriel : 476, 156.
Caer, conjug. : 243 ; **caerse** : 675.
Calificar, régime : 763.
Cantidad, construct. : 373.
Callar, callarse : 676.

Car : 949.
Carácter, pluriel : 68.
Cardinaux (adj. numér.) : 169-176.
Caro, adj. et adv. : 501.
Cas (en) que : 943.
Casa, compl. de lieu : 349 ; traduisant *chez :* 316.
Casi, 280, 362.
Cata aquí, cata allí : 647.
Causa (a, por) **de** : 437, 800.
Causales (subordonnées) : 949, 960.
Cause, complément de — : 800-804.
Cause (à) de : 437, 800.
Caza, compl. de lieu : 350.
Ce, traduction : 439-441 ; *tout ce que :* 151.
Celui, celle, ceux... de ou *qui :* 111, 355, 458 ; *tous ceux qui :* 459, 460, 461 ; *celui, celle dont :* 888.
Ceñir, conjug. : 221, 222, 234.
Cent : 172-174.
Cerrar, conjug. 229.
Certain : 145, 366, 419.
C'est.. qui, que : 909-912 ; *ce n'est que, ce ne sont que :* 464.
Ch, prononciation : 3.
Chaque, chacun : 152, 156.
Chez : 316, 317.
Ciento, cien : 172.
Cierto : 145, 366, 419.
Circonstanciels (compléments), de lieu : 813-826 ; — de temps : 827-840 ; — de manière : 809-812 ; — de cause : 800-804 ; d'agent : 805-808 ; — détachés par *c'est... que :* 912 ; — indiqués par l'infinitif : 848, 849 ; — par le gérondif : 850-866 ; — par le participe : 867-872.
Clase, compl. de lieu : 349.
Cocer, conjug. : 240.
Coger, conjug. : 219.
Collectifs, indéfinis : 152-157 ; numéraux : 181.
Combien, interrog. : 696 ; exclamatif : 701, 702, 708, 709.
Comme, exclam. : 700, 702 ; temporel : 931 ; causal, 949
Comment, interrog. 696.
Como, adv. 281 ; interrog. : 843 ; dans les subordonnées temporelles : 931 ; — causales : 947, 949 ; — restrictives : 981.
Como no sea que : 980 : **¿ cómo no ?** : 299 ; **como que** : 949, 950 ; **comoquiera** : 949, 903, 905, 906 ; **como si** : 950, 970.
Comparatifs, d'égalité : 94 ; — de supériorité et infériorité : 95 ; — synthétiques : 96 ; expressions comparatives : 369, 370.
Complacer, conjug. 257.
Compléments, d'adjectifs : 396-404 ; — de noms : 405-411 ; — direct des verbes (catégories) : 748 ; — construits avec la prép. *a :* 749-766 ; — indirects : 773-799 ; — de cause : 800-804 ; — d'agent : 805-808 ; — de manière : 809, 810 ; — d'attitude : 811, 812 ; — de lieu : 813-826 ; — de temps : 827-840 ; — de superlatifs : 899 ; — de comparatifs : 900-902.
Complétives, propositions : 913-927 ; substantivation des complétives : 928, 929.
Composés (mots), composition : 54 ; noms — : 57 ; adjectifs : 58 ; verbes : 59.
Con, dans compl. d'adj. et de noms : 400 405, 409 ; compl. indir. des verbes : 789-792 ; compl. de manière et d'attitude : 810, 811 ; devant infinitif : 852, 982, 987.
Con que, con tal que : 980.
Concernir, conjug. : 232, 263.
Concessives, propositions : 983-988 ; formules — : 989.
Concordance des temps, dans les locutions emphatiques *c'est... qui, que :* 909 ; dans les Subjonctifs : 514.
Conclusion de la phrase conditionnelle *(apódosis) :* 676-679.
Condition, expression de la —, réalisable : 958 ; — irréalisable : 970-974.
Conditionnel, formation : 206 ; irrégularités : 253. — Conditionnel de conjecture : 712 ; — d'atténuation : 714 ; — d'éventualité dans les temporelles : 946 ; remplacé par l'imparf. de l'Indic : 977 ; — par l'imparf. du Subjonctif : 976 ; — par le prés[t] de l'Indic. : 978. — Phrases à deux conditionnels : 979.
Conditionnelle (la phrase) : 967-979.
Conforme : 334, 933.
Conjecture (la), son expresion : 711, 712.
Conjonctions : 325-336.
Conjugaison régulière, tableaux p. 97-99.

Conjugaison passive : 212 ; — pronominale : 213 ; — interrogative : 214 ; — négative : 215.
Connusco, convusco : 126.
Conocer, conjug. : 239.
Con que, conjonct. : 1004.
Consécutives (propositions) : 965, 966.
CONSONNES, lecture : 3, 6 ; — doubles : 16 ; leur évolution : 33 ; cons. finales : 34 *b*. ; cas d'assimilation : 35.
Constar, empl. affectif : 628, 636.
Construir, conjug. : 241.
Contar, conjug. : 229.
Continuar, conjug. : 218.
Contra (en) : 437.
Contrariar, conjug. : 217.
Contre : 321, 437 ; — rendu par *con :* 790.
Contractions, dans l'article : 99, 100 ; dans les numéraux : 171 ; dans les futurs : 253.
Coordination : 990-1007.
Côté (à) de : 312, 437.
Coup (un) de : 52.
Coupe syllabique : 19.
CORRÉLATIVES, propositions : 894-898.
Correr : 768.
Craindre que ne : 919.
Crainte (de) que : 961.
Crecerse : 677.
Cual, 163 ; valeurs diverses : 456, 457 ; **el cual** : 378 ; empl. comme relatif : 879, 880 ; **lo cual** : 881 ; **cual,** à valeur alternative : 995.
Cualquiera : 145, 147 ; apocope : 186 ; emploi : 366, 903 ; **cualquier cosa que** : 903.
Cuan : 288 ; remplacé par **lo... que** : 708.
Cuando : 269 ; interrogatif : 847 ; conjonct. dans les temporelles : 931 ; devant adj. ou participe : 934 ; remplacé par *después que :* 936 ; à valeur alternative : 994.
Cuando más, cuando menos, cuando no : 935.
Cuando quiera : 903, 905, 906.
Cuanto, 149, 151 ; équivalent de *todo lo que, todos los que :* 459 ; — à valeur de pluriel : 476 ; — interrogatif : 696, 847 ; — exclamatif : 701 ; — dans les propositions corrélatives : 894-898.
Cubierto (cubrir) : 255.
Cuidar, cuidarse : 677, 771.
Cuyo : 140 ; emploi : 884.

D

D, prononciation : 3, 6 ; historique : 33, 34 *b*.
Dado : 871.
Dans : 818, 837 ; cf. **en.**
Daqué : 165.
Dar, conjug. : 248 ; **dar en** : 605 ; **dar por, dar más** et autres locutions affectives : 630, 631.
Date (la), son expression : 830.
Davantage, cf. *plus* et **más.**
Datif éthique : 428.
De, prép. dans compl. d'adj. et de noms : 402, 403 ; dans compl. indir. des verbes : 781-788 ; — compl. de cause : 803, 804 ; — compl. d'agent : 807, 808 ; — devant un infinitif : 853, 854 ; **de... que,** à valeur causale : 957.
Deça, delà (en, au) : 266, 267.
Deber : 599 ; **deber de** : 599, 711.
Decir, conjug. : 245, 252 ; emploi dans ordres et prières : 923.
Déclarative, proposition : 917.
DÉFECTIFS, verbes : 257-263.
Défendre de (construction) : 924.
Défense, expression de la — : 719.
Dehors : 264.
Déjà : 271.
Dejar, auxiliaire : 587 ; construct. 758.
Delinquir, conjug. : 219.
Délai (expression du —) : 837.
Demás (los, las) : 487.
Demasiado, adj. et adv. : 149, 150.
Demi (à) : 294, 504.
De modo que, de manera que : 961.
DÉMONSTRATIFS, adjectifs : 107, 108 ; pronoms : 109 ; archaïques : 110 ; hispanismes : 112 ; valeurs particulières : 377, 378 ; place : 381.
Dende : 265.
Dépens (aux) de : 437.
Depuis : 838 ; *depuis que* : 336, 937.
Derecho, empl. adverbial : 501.
DÉRIVATION : 39-53.
Dès : 839 ; *dès que* : 937.
Desayunado : 549.
Desde : 323 ; **— que** : 336, 937.

Désinences personnelles : 195-197.
Désormais : 279, 840.
Despavorirse : 262.
Despertar et **despertarse** : 676, 677.
Después : 274 ; — **que** : 336, 930, 936 : **después de** devant infinitif : 848 ; — devant participe : 869.
Destacar : 678.
Determinar : 763.
Détermination, double : 380-380 ; — de plusieurs noms consécutifs : 385-387.
Deux, tous deux : 133 ; *tous les deux* : 154.
Devenir, sa traduction : 578-580.
Devoir, dans l'obligation : 596, 598, 599 ; dans la conjecture : 711, 712.
Dialectes espagnols : 21, 22.
Dicho, à valeur démonstrative : 378.
Diérèse, 5, 19 *b*.
Diminutifs : 44, 45, 46 ; formation : 47 ; noms d'animaux : 48 ; noms de personnes : 49.
Diphtongues, prononciation : 4 ; origine : 29. — Verbes à diphtongaison : 229-232.
Direct, cf. compléments.
Discernir, conjug. : 232.
Disjonctives (conjonctions) 993.
Dissimilations : 36.
Distance (expression de la —) : 824, 825.
Distinguir, conjug. : 219.
Distributifs, adjectifs : 152-156.
Divers, **diversos** : 145.
Diz, archaïsme : 636.
Do, doquier : 265.
Donc : 1006, 1007.
Donde : 264 ; interrogatif : 845, 846 ; relatif : 889, 892 ; sans antécédent : 890. — **Donde quiera** : 264, 903, 905, 906.
Dont : 884, 888.
Dorénavant : 279, 840.
Dormir, conjug. : 238, 772.
Doute (le), son expression : 713.
Droit, empl. adverbial : 501.
Dudar : 770.
Duquel, de laquelle, etc. : 140.
Durante : 311.
Duratif (aspect) ; son expression dans la conjugaison : 531 ; la durée dans les compl. de temps . 835, 836.

E

E, prononciation : 2 ; origine : 27, 34.
E, conjonction : 327.
-edo, eda, suffixe : 43.
Eh bien ! 1007.
El, article : 98 ; contractions : 99 : **el** pour **la** : 101 ; **el que, el de,** etc. : 355.
Ellipses ; des pronoms sujets : 424, 425 ; — avec *ser* : 529 c ; — avec *estar* : 564 ; — dans les ordres : 721 ; — dans la proposition principale : 921 ; — dans les temporelles : 934, 935.
Ello : 120.
Emphatiques (locutions). *C'est... qui, que* : 909-912.
Emploi des temps : 509-512.
Emprunts (vocabulaire) : 25.
En, adv. et pron. : 442-446 ; *s'en aller, s'endormir* : 674.
En, prép., remplacée par *de* : 407. Cf. **en.**
En, prép. dans compl. d'adj. et de noms : 401, 405 ; dans compl. indirects des verbes : 776-780 ; dans compl. de lieu : 813-816 ; dans compl. de temps : 828, 835.
Encima : 815.
Enclise des pronoms régimes : 134, 742-747.
Encore : 278.
En cuanto : 318, 937.
Ende (archaïque) : 265.
Ensemble : 505.
En tanto que : 933, 940, 941.
Entrambos : 153.
Entrarse : 675.
Entre : 322.
En vista de : 318, 949.
Epenthèses : 38.
Epithète (adjectif) : 416.
Equivalences graphiques : 17 ; dans les verbes : 219, 220.
Erguir, conjug. : 237.
Errar, conjug. : 231.
Esdrújulas (palabras) : 8, 9.
Ese, démonstratif : 107, 108 ; **ése** : 109 ; **eso** : 109, 112 ; **esotro** : 110 ; **y eso que** : 983.
Esparcir, conjug. : 240.
Espèce (une) de : 362.
Especificar : 763.
Essayer de : 615.

Estar, conjug. : p. 102. — Emploi : 563, 566, 572 ; **estar hecho** : 565 ; valeurs secondaires de **estar** : 571 ; — suivi du gérondif : 581 ; **estar que** : 966 ; **estar por, estar para** : 564 b ; **estar en nada, a punto de** : 614 ; **estarse** : 676.

Este, démonstratif : 107, 108 ; **éste** : 109 ; **esto** : 109 ; **estotro** : 110.

Être, traduction par **ser** ou **estar** : 561-572. — Substituts de *être* : 573 ; *être à*, suivi d'infinitif : 593 ; *il est* (impersonnel) : 643.

Eux : 118, 125.

Exceder a : 764.

Excepto : 871.

Exclamation : 700-710 ; formules exclamatives : 706.

Explétifs (pronoms personnels) : 428-433.

F

Façon (de) que : 961.

Faillir : 614.

Faire suivi de l'infinitif : 604.

Faltar, emploi : 614, 636.

Faut (il) : 591.

Féminin (le) : terminaisons : 74 ; sa formation dans les adjectifs et participes : 81, 82 ; — dans les noms : 83 ; féminins à terminaison spéciale : 83 ; valeur particulière de la terminaison féminine : 88.

Figurarse, à valeur affective : 629.

Finales (propositions : 961-964.

Force (à) de : 804, 955.

Formes populaires et formes savantes (vocabulaire) : 23.

Fractions, nombres fractionnaires : 179 180.

Français (mots) : 25.

Fréquence (la), son expression : 612.

Freir, conjug. : 221, 235 ; **frito, freído** : 546.

Fuer (a) de : 370.

Fulano : 164.

Futur, formation : 206 ; irrégularités : 254 ; — du Subjonctif : 210 ; emploi : 516 ; futur de conjecture : 712 ; — d'éventualité dans les subordonnées : 920, 945.

G

G, prononciation : 3 ; substitution par *gu* ou par *j* : 17, 18.

Gallicismes dans le vocabulaire : 25.

Genre des noms : 72 ; — d'après la terminaison : 73, 74 ; — des noms géographiques : 75 ; — en rapport avec le sens : 77, 78 ; noms des deux genres : 80.

Gentilhombre, son pluriel : 70.

Germaniques, mots : 23 *e*.

Gérondif : 207 ; irrégularités : 256. — Valeurs diverses : 530. — Cas de substitution : 531 ; ses équivalents : 537, 538. — Proposition gérondive : 535 ; — dans les divers aspects de l'action : 581-585 ; — avec ellipse de l'auxiliaire : 623. — Valeur temporelle du gérondif : 850-863 ; — précédé de *en* : 865 ; tournures de renforcement : 866.

Gozar : 771.

Grande, son apocope : 185.

Grecs, mots : 23 *d*.

Groupes de conjugaison : 192.

Guère, ne... guère que : 308, 309, 310.

H

H, prononciation : 3 ; orthographe : 11, 13 ; origine : 33.

Haber, conjug. p. 100 ; emploi comme auxiliaire : 550 ; — transitif : 559 ; — impersonnel : 560 ; **haber de** : 598, 711.

Hacer, conjug. : 246, 252, tableau p. 124 ; emploi devant infinitif : 604, 924 ; — comme impersonnel : 642 ; **hacer pedazos, astillas,** etc. : 765 ; **hacer por** : 615 ; **hacerse** : 579, 673.

Harto : 149, 150.

Hasta, équivalent de *même* : 481, 613 ; devant un infinitif : 849 ; **hasta que** : 940, 948, 961.

Haut, empl adverbial : 500.

Hay : 640 ; **hay que** : 591.

He aquí, he allí : 646.

Henchir, conjug. : 222, 235.

Hervir, conjug. : 236 ; **hirviendo** : 536.

Heure (l'), sa désignation : 343.
Hidalgo, hijodalgo, au pluriel : 70.
Hombre, exclamatif : 337.
Huir, conjug. : 241 ; son régime : 781.

I

I, lecture : 2 ; orthographe : 13 ; accentuation : 9 b. ; chute de l'*i* : 15, 221 222 ; transcrit par *y* : 220 ; origine : 27.
Ibériques, mots : 23 *c*.
Ici : 264, 267.
— ido, suffixe : 42.
Igual : 157, 366.
Il y a : 640, 641 ; — devant infinitif : 593 ; *il y a lieu* : 594 ; *il n'y a qu'à* : 595.
Imparfait de l'Indicatif : 203 *c* ; exprimant une condition : 974 ; — la conclusion : 977. — Imparfait du Subjonctif : 209 ; son emploi : 515 ; — remplaçant le Conditionnel : 976.
Impératif : 208 ; irrégularités : 252 ; son emploi : 715, 716 ; traduction de la 1re pers. du pluriel : 717.
Impersonnelles (locutions) : 637-639 ; tournures impersonnelles apparentes du français : 645. — La phrase impersonnelle (traduction de *on*) : 650-664.
Impreso, imprimido : 546.
Inclusive : 284.
Incluso : 871.
Indéfinis, adjectifs et noms : 145-168. — Emploi : 463-497.
Indicatif (mode), emploi dans les complétives : 917 ; — dans les compléments de superlatif ; 908 ; — dans les concessives : 989.
Indirect, cf. Compléments.
Infinidad, construction : 373 ; accord : 551.
Infinitif, son emploi : 517, 518 ; à sens passif : 519 ; — substantivé : 520-526 ; — après les verbes de mouvement : 508 ; — dans l'interrogation : 618 ; — de narration : 619 ; — exprimant un ordre : 720 ; — remplacé par le subjonctif : 923-926. — Proposition infinitive au lieu d'une personnelle : 927.
Insistance (formules d'—) : 724.
Intercalées, propositions : 734 *b*
Interjections : 337-339.
Interrogatifs, adjectifs et pronoms : 141-144 ; — adverbes : 841-847.
Interrogation directe : 696 ; — indirecte : 697. — Valeur de certaines formules interrogatives : 698, 699.
Intransitifs, verbes : 766, 772 ; — rendus par des réfléchis : 672.
Invariables (noms), au pluriel : 67 ; — au féminin : 83.
Inversions, verbe + sujet : 733-735 ; participe + auxiliaire : 737-739 ; adverbe + verbe : 70. — Inversions de style : 731.
Ir, conj. : 247, tableau p. 124 ; — auxiliaire avec le gérondif : 582 ; — avec le participe : 589 ; **ir por** : 609.
Irréguliers, verbes : 228-256. — Tableau récapitulatif, p. 124.
Italiens, mots : 25 *b*.
Itération, son expression : 611.

J

J, prononciation : 3 ; transcription : 18 ; origine : 33.
Jadis : 269, 278.
Jamais : 272 ; *jamais de la vie* : 273.
Jamás : 272 ; devant le verbe : 688.
Jugar, conjug. : 231.
Junto a, prép. : 321 ; **juntos, as** : 505.
Jusqu'à : 311 ; *jusqu'à ce que* : 940.
Juste, emploi adverbial : 502

L

La, article : 98, 101, 102 ; **la de** (s. e. : cantidad) : 497.
La, pron. pers. : 127 ; employé pour *le* (laísmo) : 130.
Le, les, articles : 98, 99 ; pronoms personnels : 127-129 ; *le lui, le leur*, etc. : 136.
Le, les, pron. pers. : 127, 130 ; emploi : 427-433.
Lequel, relatif ; 139 ; interrogatif : 142 *b* ; *le — duquel* (*de laquelle*, etc. : 140 ; emploi : 877, 878, 879, 882.
Leur, possessif : 113, 114, 116 ; pron. personnel : 127, 130.
Liaison des mots : 5, 6.

Lieu, adverbes de — : 264-268 ; compléments de — : 813-826.

Lo, art. neutre : 189, 190; **lo que** : 356, 357 ; **lo de** : 358 ; **lo** à valeur adverbiale : 191, 393 ; **lo... que,** équivalent de *cuan* : 708-710.

Lo, pron. masc. et neutre, emploi : 128, 129 ; omission : 434.

Loar, conjug. : 261.

Locutions adverbiales, de lieu : 265 ; — de temps : 270 ; — de manière : 281 ; — de quantité : 287 ; — d'affirmation : 298 ; locutions prépositives : 312 ; — conjonctives : 326. — Locutions verbales avec pron. personnel : 435 ; — emphatiques avec *c'est... qui, que* : 909-912.

Loin : 264 ; *plus loin* : 267.

Lorsque : 325 ; cf. cuando.

Lucir, lucirse : 677.

Luego : 274 ; — devant infinitif : 848 ; conjonction : 1006.

Lui, traduction : 118, 125, 127, 130 ; *lui-même, elle-même*, etc. : 480.

Ll, prononciation : 3.

Llanas, palabras : 8, 9.

Llegar, llegarse : 675, 768.

Llevar, auxil. avec gérondif : 585 ; — avec participe : 589, 590.

Llover : 633, 635.

M

Madame : 340.

Mais : 996-1000; *mais plutôt* : 1002.

Maldecir, conjug. : 245, 253; **maldito, maldecido** : 546, 547; valeur négative de **maldito** : 419.

Malgré : 312, 437; *malgré que* : 983.

Malo, apocope : 183.

Mandar, devant infinitif : 604, 924.

Manière (compléments de —) : 371.

Mar, son genre : 80 a; **la mar de** : 202.

Más, adv. : 290, 291; équivalent de *autre* : 486.

Mas, conjonction : 996.

Masculin (terminaisons du —) : 73.

Mayor : 96, 420.

Mecer, conjug. : 219, 240.

Mediante : 871.

A medida que : 933.

Medio, adj. : 179; adv. 294, 50; construction : 363, 419; **a medias** : 294.

Mejor : 96, 280, 420.

Même, adj : 157, 158; 480, 481; adverbe : 482, 483; *même pas* : 485; *même si* : 984.

Menester (es) : 591.

Mengano : 164.

Menor : 96, 420.

Menos : 95, 290, 291.

Menudo : 419; **a menudo** : 270.

— **mente** (adverbes en —) : 282-284.

Mesure (à) que : 933.

Métathèses : 37; dans les cas d'enclise : 227.

Mi, adv. équivalent de *a demi* : 504.

Mien, mienne : 113, 115.

Mientras : 335; emploi : 933, 941; **mientras que** : 933.

Mil : 175: **millón** : 176.

Modalités de la Conjugaison : 212-215.

Mio : 113, 115. 116; dans les vocatifs 379.

Misa, complément de lieu : 349.

Mismo, adj. : 157, 158; emplois divers : 480, 481, 484.

Modes des verbes; éléments caractéristiques : 199 ; l'emploi du mode dans les prop. relatives : 907, 908; dans les complétives : 917; dans les concessives : 983-985.

Modificar : 763.

Modifications orthographiques : 17, 18; — dans les verbes : 219, 227.

Modo, de modo que : 961, 965.

Moi sujet ou compl. : 124.

Moins : 95; *moins... moins...* : 898; *a moins que* : 980.

Moitié (à) : 294.

Mon, ma, mes : 113, 114; dans es vocatifs : 379.

Monsieur : 340.

Mover, conjug. : 229.

Morir, conjug. : 238; **morirse** : 673; **muerto,** à valeur active : 769, 772.

Mucho, adj. et adv. : 149, 150; à valeur de pluriel : 476; emploi : 492, 493; valeurs diverses : 494, 495.

Multitud, construction : 373; accord du verbe : 551, 552.

Multiplicatifs : 182.

Muy, adv., emploi : 492.

N

Nacer, nacerse : 676.
Nada : 165, 168 ; emploi, 688 ; — à valeur adverbiale : 289 ; **nada de** : 394.
Nadie : 165, 167 ; emploi : 688.
Naguère : 279.
Narration (infinitif de —) : 619, 620.
Ne après *craindre, empêcher* : 919 ; *ne... pas* : 301 ; *ne... pas seulement* : 306 ; *ne... guère* : 308-310 ; *ne... que* : 692, 693 ; *ne... plus* : 694, 695 ; *ne... pas plus tôt, ne... pas encore* : 938.
Négatives, constructions : 687-688.
Neutres (pronoms) : 188.
Ni : 991 ; dans l'interrogation : 699, 992 ; **ni... ni...** : 689 ; **ni... siquiera** : 690 ; **ni mucho menos, ni por asomo** : 307 ; **ni que,** dans interrog. ou supposition : 992.
N'importe quel : 145, 146.
Ninguno : 145, 146 ; apocope : 183 ; valeur spéciale : 473 ; emploi devant le verbe : 688.
Ni uno : 145, 474.
No, adv. : 301 ; sa place : 687 ; son omission : 688 ; **no sólo** : 691 ; **no bien** : 937 ; **no obstante** : 871.
Nonada : 166.
Nombre (le) : 60-71.
Noms de genre différent : 72 ; — géographiques : 75 ; — de pays, avec ou sans article : 347 ; — de fêtes : 351 ; — propres en apposition.
Nos, pron., son emploi : 121.
Notre, nos, adj. possess. : 113, 115, 116.
Nous : 118, 121, 127.
Nul, adj. indéf., sa traduction : 472.
Numéraux, cardinaux : 169-176 ; — ordinaux : 177, 178.
Nunca, 272 ; empl. devant le verbe : 688.
ñ, prononciation : 3.

O

O, conjonction : 328.
Obedecer, son régime : 766.
Obligation, impersonnelle : 591-595 ; — personnelle : 596-599.
Ocultarse, empl. affectif : 629.
Ocurrir : 629.
Oir, conjug. : 242.
Ojalá : 727.
Oler, conjug. : 231 ; régime de **oler** et **olor** : 406.
Olvidarse, empl. affectif : 629.
-ón, suffixe : 50, 51, 52.
On, pron. indéf., sa traduction : 650-663 ; *on me le, on te le* : 657 ; *on* équivalent de *je* : 661, — de *nous* : 662 ; — représentant un pluriel : 663.
Optatif, son expression : 725.
Or, conjonct. : 1003.
Ora... Ora... : 993.
Orden, son genre : 77.
Ordinaux : 177, 178 ; leur place : 421.
Ordre des mots dans la phrase : 730-747.
Ordres et prières : 715-724 ; formules polies : 723 ; formules elliptiques : 721 ; ordres donnés avec *Ud, Uds* : 716 ; — donnés à des 3e pers. : 722.
Otro : 157, 160, 161 ; emploi : 366 ; sa place : 384 ; — remplacé par *más* : 486.
Orthographe : 11-20. Lettres muettes : 11. Confusions à éviter : 12. Cf. Modifications orthographiques.
Ou, conjonct. : 328 ; *ou... ou...* : 993.
Où, adv. : 264 ; interrogatif : 845 ; relatif de lieu : 889, 891 ; — de temps : 892, 893.
outre que : 320.

P

Palacio, compl. de lieu : 350.
Par, prép. cf. **por**.
Par, équivalent de **dos** : 181.
Para, prép. dans compl. d'adjectifs : 398 ; — de noms : 405 ; dans compl. indir. de verbes : 798, 799 ; — de lieu : 820, — de temps : 831 ; devant l'infinitif : 856, 857 ; **para que** : 961 ; **¿ para qué ?** : 841.
Parce que : 949.
Parecer, conjug. : 239 ; **no parece sino que** : 330 ; **parece como que** : 949.
Parmi, cf. **entre**.
Parte, construct. : 370 ; accord du verbe : 555.
Participe passé : accord : 539 ; remplacé par adjectif : 541 ; participes irréguliers : 255 ; à double forme : 546 ; à valeur d'adjectif : 548 ; à valeur active : 549 ; substitué à l'infinitif : 545. La proposition participe : 544, 867 ; — avec ellipse de l'auxiliaire : 625 ; — précédée de *después de, una vez* : 869, 870. — Développement de la proposition participe : 872.

Partitif (le), son expression : 359-361 ; indéfinis partitifs : 145.

Partout : 265 ; *partout où* : 903, 905, 906.

Pas du tout : 168.

Pasar de : 767.

Paseo, compl. de lieu : 350.

Passé (le) de l'Indicatif : emploi du pas. simple et du pas. composé : 509, 510, — du passé antérieur : 512.

Passif (le) : action passive : 665 ; expression d'un état : 666 ; substitution par l'actif : 670, — par le réfléchi : 671.

Pedir, conjug. : 233, tableau p. 114

Peine (à) : 296, 937.

Péjoratifs, suffixes : 50, 51.

Pelear : 678.

Pendant : 311 ; *pendant que* : 933.

Peor : 96, 280, 420.

Perder, conjug. : 229; son régime : 758.

Pero : 996 ; **pero sí** : 998.

Personne, pron. indéf. : 165. 167 ; cf. **nadie**.

Personnels, pronoms : sujets : 118-121 ; — compléments : 127, 128, 130 ; — attributs : 129 ; — précédés de préposition : 118, 122 ; — réfléchis : 118, 125 ; formes spéciales : 126 ; proclise et enclise : 134 ; pronoms réunis : 135, 136 ; ellipse du pron. sujet : 424 ; emplois explétifs : 428-433 ; pronom remplacé par le possessif : 437. — Place des pronoms compl. par rapport au verbe : 741-747.

Pesar, empl. affectif : 628.

a pesar de : 437, 987 ; **a pesar de que** : 983 ; **pese a** : 313.

Peu : 149, 150, 168, 488 ; *un peu* : 488-491.

Peut-être : 302, 303.

Pesca, complém. de lieu : 350.

Placer, conjug. : 257.

Pluriel (le) ; noms au pluriel : 60-64 ; sa formation : 65-68 ; dans les noms composés : 69-71.

Plus de : 290, 293 ; *de plus* : 291 ; *ne... plus de* : 292, 694, 695 ; *plus... plus* : 898.

Plus-que-parfait de l'Indicatif, son emploi : 511.

Plus tôt et *plutôt* : 275, 297.

Poco, adj. et adv : 149, 488 ; **un poco** : 289, 488 ; à valeur de pluriel : 476.

Poder, emploi : 600-602.

Podrir, pudrir, conjug. : 235.

Ponctuation : 20.

Poner, conjug. : 243, 252 ; tableau p. 124 ; **ponerse** : 578.

Por, prép. dans compl. d'adj. et de noms : 399, 405 ; dans compl. indir. de verbes : 793-797 ; dans compl. de cause : 800-802 ; — d'agent : 805, 806 ; — de lieu : 817-819 ; — de temps : 828, 830, 836 ; devant un infinitif : 855, 954 ; devant un participe : 954 ; **por lo ...que** : 958 ; formules concessives **por más que, por mucho que,** etc. : 985 ; **por cuanto** : 951 ; **por entre** : 314, 819 *b*.

Porque : 329, 949 ; à sens final : 962 ; **¿ por qué ?** : 841.

Por si, por si acaso : 943.

Pos (en) : 320.

Postrero, apocope : 183.

Possessifs, adjectifs : 113-115 ; pronoms : 116, 117 ; leur place : 382, 383 ; remplacés par pron. personnels : 380.

Pour, cf. **para** ; *pour ... que*. concessif : 985 ; *pour que* : 961.

Pourquoi : 841, 842.

Pourvu que : 980.

Preceder, son régime : 764.

Prender, son régime : 751, 752 : **prendido** et **preso** : 546.

Prestar, emploi affectif : 628.

Pretéritos fuertes : 254.

Previo, emploi : 871.

Prier de : 923.

Primero, apocope : 183 ; emploi adverbial : 275 ; **primero que** : 940.

Principale (proposition) elliptique : 921.

Proclise des pron. pers. compléments : 741, 744, 747.

Progressif (aspect) de l'action : 582.

Pronominaux, verbes : 672-682. — Tournures pronominales avec pronom d'attribution : 679 ; — indiquant absorption : 681 ; — en substitution d'un possessif : 682.

Prononciation : 2-9.

Pronto adv. 279 ; **tan pronto como** : 937 ; à valeur alternative : 994.

Propio, adj. : 157, 159.

Provisto, proveído : 546.

Puede que : 713.

Pues : 949, 1007.

Puesto que : 336, 949 ; concessif : 983.

Puisque : 949

Puro (de) empl. adverbial : 508, 955.

Q

qu, son rôle dans les modifications orthographiques : 17.

Quand, cf. **cuando.**

Quant à : 318, 459.

Quantitatifs indéfinis) : 149.

Que, conjonct : 332 ; emploi dans les subordonnées : 913, 914 ; omission : 915 ; **que** explétif : 916 ; après un verbe sous-entendu : 921, 922 ; à valeur causale : 952, 953 ; à valeur consécutive : 965.

Que, pron. relatif : 138 ; équivalent de **lo que** : 455 ; emploi général : 873, 877, 882 : **el que, la que, los que,** etc. : 878 879.

Qué, adj. interrogatif : 141, 143 ; pron. interrog. : 142, 696 ; — exclamatif : 702, 703. 704, 707 ; — ; **¡ qué de... !** exclamatif : 701 ; **¿ qué tal ?** : 843.

Que, pron. interrog. et exclamatif. cf. **que** et **qué.**

Que, équivalent de *que ce soit :* 903-906 ; après les locutions introduites par *c'est, ce sont :* 910-912.

Que, conjonct. : 332 ; rendu par **como** dans les compar. d'égalité : 94, et les prop. correlatives : 894, 895 ; sa traduction dans les compl. de comparatifs : 900-902 ; — dans les subordonnées complétives : 913 914 ; cas d'omission : 915 ; *que* rendu par **cuando** : 938 ; — équivalent de *avant que :* 942.

Quedar, auxiliaire : 587, 610 ; **quedarse** : 676 ; **quedarse con** : 677.

Quedo, adj. et adverbe ; 280, 500.

Quel, interrog. : 141-143 ; emploi : 696 ; exclamatif : 702, 703, 705, 707.

Quelconque : 145, 146.

Quelque, adj. indéf. : 145. 147 ; équivalent de *environ :* 478 ; — à sens concessif : 479 ; *quelque ... que :* 479, 985.

Quelque chose : 165 ; *quelque chose de :* 392, 394.

Quelqu'un : 165, 167.

Querer : 75, 752 ; empl. particulier : 614.

Qui, pron. relat. et interrogatif. cf. **quien.** — Dans la locution *c'est... qui :* 910.

Qui que ce soit : 903.

Quiconque : 165, 903.

Quien, quienes : 137, 142, 144 ; sans antécédent : 450 454 ; — interrogatif : 696, 697 ; dans l'expression d'un vœu : 729 ; — relatif : 874-876, 877 ; à valeur alternative : 995.

quienquiera : 165, 903.

Quiera, après *quien, como, cuando,* etc. : 903-906.

Quizá, quizás : 297, 713.

Quoi, cf. **qué** ; *quoi de :* 394 ; *quoi que :* 336, 903, 985.

Quoique : 336.

R

R, prononciation : 3 ; orthoge. : 56.

Raer, conjug. : 261.

Re —, préfixe d'adjectif : 54, 55 ; dans l'itération : 611.

Recién, apocope de *reciente :* 187 ; emploi : 504 *b.*

Recio, empl. adverbial : 500.

Réciproques, verbes : 683.

Réfléchis, verbes : 672 ; valeur particulière de certaines formes réfléchies : 673-677 ; en substitution du passif : 806.

Régimen, son pluriel : 68.

Regir : 763.

Reir, conjug. : 221, 234 ; **reirse** : 673.

Relatifs, pronoms : 137-140 ; emploi : 873-888 ; adverbes relatifs de lieu et de temps : 889-893.

Renunciar, son régime : 766.

Reñir, conjug. : 221, 234 ; emploi : 678.

Repuse, respuse : 254.

Resistir, son régime : 766.

Respecto de : 318.

Rester à : 610.

Restrictives, formules : 692, 693 ; propositions restrictives : 980-982.

Réussir à : 616, 630.

Rien : 165 ; *rien de :* 392, 394.

Roer, conjug. : 261.

Rogar devant un infinitif : 923.

Romper a : 605.

Roto, rompido : 546.

S

S, prononciation : 3.

Saber, conjug. : 249, tableau p. 124 ; sens affectif : 628.

Sabor, son complément : 406.

Salir, conjug. : 243, 252, tableau p. 124 ; **salirse** : 675.

Salvo : 871.

Sans, cf **sin.**

Santo, apocope : 184.

Satisfacer, conjug. comme *hacer* : 246 ; emploi : 766.

Sauf. cf. **salvo**.

Savants, mots : 23 *b*.

Se, pron. réfléchi : 127 ; emploi dans la phrase impersonnelle : 651-656 ; **se lo, se la, se los,** équivalents de *le lui. la lui*. etc : 136.

Sea... o sea... : 993.

Seguir, conjug. : 219, 234 ; devant adj. ou participe : 575 ; devant gérondif : 584 ; son régime : 764.

Según : 393, 933 ; à valeur causale : 959.

Selon, cf. **según.**

Semejante : 157, 366.

Sendos : 156.

Señor : 340.

Sentar, emploi affectif : 628.

Sentir, conjug :236, tableau p. 115.

Ser, conjug. : 101 ; emploi : 561, 562, 665.

Servir, conjug. : 237.

Si, conjonct. cf. **si** ; *si seulement, si toutefois* : 980 ; *si par hasard* : 981 ; *si... que*, concessif : 985.

Si, conjonct. dans l'affirmation : 685, 1005 ; dans l'interrogation : 698, 975 ; dans l'énoncé de la condition : 968, 970-974 ; **si bien** : 983.

Sí, pron. réfléchi : 118, 119, 125, 126.

Sí, sí que, adv. : 300, 685.

Si pour *aussi* : 288.

Siempre que : 980.

Sin, prép : 311 ; devant un infinitif : 858, 859.

Sino : 330, 999, 692 ; **sino también** : 691 ; **sino que** : 1000.

Si no : 331, 1001.

Siquiera : 305.

So, prép. archaïque : 324.

Sobrado, adj. : 149.

Sobrar, impersonnel : 636.

Sobre, prép. : 319, 815 ; devant infinitif : 851.

Sobreesdrújulos : 9 *d*.

Sobrepujar, son régime : 764.

Soler, conjug. comme *mover* : 263 ; emploi : 612.

Sólo, empl. adverbial : 501 *b*. ; **sólo que** : 1000.

Sorte (une) de : 362 ; *de sorte que* : 965.

Souhait (expression du —) : 726, 727.

Sous : 311, 319.

Subirse : 675.

Subjonctif (le mode), emploi général : 513 ; dans l'expression des ordres, prières et défenses : 716, 717, 719, 722, 724 ; avec valeur d'optatif : 725 ; dans les souhaits et regrets : 726-729 ; dans les propositions relatives : 907 ; dans les compléments de superlatifs : 908 ; dans les complétives : 918-920 ; dans les concessives : 983 ; remplaçant l'infinitif : 923-926.

Subordonnées, complétives : 913-928 ; — temporelles : 930-948 ; — causales : 949-960 ; — finales : 961-964 ; consécutives : 965-966.

Substantivation de l'infinitif : 520-526 ; — de la proposition infinitive : 527-528 ; — des subordonnées personnelles : 529, 928, 929.

Suceder, son régime : 764 ; impersonnel : 636.

Suffixes de noms : 40 ; — d'adjectifs : 41 ; — de verbes : 53 ; — traduisant *un coup de* : 52 ; — du superlatif : 90, 91.

Sujet (place du —) : 732, 736.

Su merced : 133.

Superar, son régime : 764.

Superlatif (le) : 90-97 ; son complément : 899.

Supuesto : 871 ; **supuesto que** : 336.

Sur, prép. : 815, 816, 818.

Susodicho : 378.

Sustituir, son régime : 763.

Suyo (de) : 438.

Syllabique (la coupe) : 19.

Synalèphe : 5.

T

Tâcher de : 615.

Tal : 157, 162-164; emploi : 366.

Tal vez : 303, 713, 994.

Tamaño, adj. : 157, 366.

Tan : 288; **tan... que** : 965; **de tan... como** : 956; **tan pronto,** à valeur alternative : 994.

Tandis que : 933.

Tant, adj. et adv. : 157, 286; à valeur causale : 802, 804, 956-960.

Tanto, adj. : 149, 150; à valeur de pluriel : 476; dans les propositions corrélatives : 894 898; **de tanto... como** : 956; **tanto... que** : 965.

Tantôt... tantôt : 994.

Tañer, conjug. : 260.

Tel, cf. **tal.**

Tellement, à valeur causale : 956-960.

Temporelles, subordonnées : 930-948; — elliptiques : 934-935; leur substitution : 932, 939, 944.

Tener, conjug. : 243, tableau p. 124; emploi comme auxiliaire : 586, 590; **tener que** : 596, 597 ; **tener por** : 758.

Tercero, apocope : 183.

Tocar, emploi affectif : 628.

Todo, adj. : 152; **todo lo que, todos los que** : 459-462; **todo,** neutre : 463, 464; à valeur adverbiale : 465.

Toi, traduction : 124.

Tonique, accent : 7-9; dans les verbes: 216-218.

Tout, adj. : 152, 155 ; suivi de relatif : 459-461; pron. neutre : 463; à valeur adverbiale : 465-467; concessif : 470, 985 ; cas d'omission : 469.

Tout à l'heure : 276; *tout de suite* : 269, 274.

Traer, conjug. : 243; emploi : 590.

Transitifs (verbes) par exception : 766.

Tras : 319, 320; devant infinitif : 851.

Travers (à) *:* 819.

Triphtongues : 4 *c*.

Trop : 149, 150; rendu par *mucho :* 495.

U

U, lecture : 2, 4; orthographe : 11.

U, conjonction : 328.

Un, uno, art. indéfini : 103, 104; **uno que otro** : 148; **uno,** numéral : 170; apocope : 183; emploi pronominal : 375; équivalent de *mismo :* 376; équivalent de *on* : 659. — **una de** (s.-e. : cantidad) : 497. — **unos** 145; emploi du pluriel : 364 : **unos cuantos** : 145.

Una vez : 870.

Une fois, équivalent de *après :* 870.

Unipersonnels, verbes : 633-636.

Usía : 132, 391.

Usted, ustedes : 132, 391; construction : 427, 432 ; ordres donnés avec *Ud* : 716.

V

V, prononciation : 3 ; orthographe : 12.

Valer, conjug.: 243, 253, tableau p. 124.

Vamos, impératif : 717.

Vaya, exclamatif : 706.

Veintiuno, apocope : 183.

Vencer, conjug. : 240.

Venir, conjug. : 244, 245, 253, tableau p. 124 ; **venir a ser** : 580 ; **venga a** devant infinitif : 621.

Venir de : 607.

Ver, conjug. : 251, 255, tableau p 124.

Verbe (le); conjugaison : 192-263. — Emploi des temps et des modes : 509-549. — Accord du verbe : 550 557. — Aspects de l'action : 581-617. — Tournures affectives : 627 632. — Verbes unipersonnels : 633-644. — Tournures impersonnelles : 650-664. — Verbes passifs : 665-671. — Verbes réfléchis et pronominaux : 672-682.

Vestir, intransitif : 678.

Visto, empl. prépositionnel : 871.

Voici, voilà : 646-649.

Volver a : 611 *a*; **volverse** : 578 *b*.

Vos, vosotros, emploi : 121, 131.

Votre : 113, 115, 116 ; correspondant à *Ud, Uds :* 117.

Vous : 118, 121, 126, 127; rendu par **vos** : 121; — par **vosotros** : 131 ; — par **Ud, Uds** : 132 ; employé comme régime impersonnel : 664.

Vuelta a devant infinitif : 622.

Vuesencia : 132.

Vu que : 949.

X

X, prononciation : 3; dans les formes archaïques : 33.

Y

Y, orthographe : 13, 14.

Y, pron et adverbe : 448, 449.

Y, conjonction : 327, 990.

Ya : 271; son rôle dans l'affirmation : 649, 684; **ya que** : 949; **ya... ya** : 993.

Yacer, conjug. : 258.

Yacuanto, archaïsme : 166.

Yaqué, archaïsme : 166.

Y todo, à valeur concessive : 988.

Z

Z, prononciation : 3; orthographe : 12, 17.

Zutano : 164.

TABLE DES MATIÈRES

PRÉFACE V

LIVRE I

Phonétique et Vocabulaire

CHAPITRE I. — Lecture : L'alphabet espagnol. 1
La liaison des mots 4
L'accent tonique. 5

CHAPITRE II. — Orthographe 8

CHAPITRE III. — Le vocabulaire 13

CHAPITRE IV. — Caractères phonétiques du Castillan :
Les voyelles latines 19
Les consonnes 22
Quelques cas particuliers de phonétique castillane. 24

CHAPITRE V. — Développement du vocabulaire.
Dérivation : les suffixes espagnols 26
Diminutifs, augmentatifs, péjoratifs 31
Composition 36
Mots composés 39

LIVRE II

Morphologie

CHAPITRE I. — Le nombre 41
Formation du pluriel (*noms et adjectifs*). 42

CHAPITRE II. — Le genre 45
Formation du féminin 48

CHAPITRE III. — Degrés de signification des adjectifs :
Signification absolue. 51
Signification relative 52

CHAPITRE IV. — Les articles : l'article défini 54
L'article indéfini. 55

CHAPITRE V. — Les démonstratifs 56

CHAPITRE VI. — Les possessifs 58

Chapitre VII. — Le pronom personnel 60

Chapitre VIII. — Les pronoms relatifs 68
Les pronoms interrogatifs. 69

Chapitre IX. — Les indéfinis : Partitifs 71
Quantitatifs 72
Collectifs et distributifs 73
Qualitatifs. 74

Chapitre X. — La numération : adjectifs numéraux cardinaux . . . 78
Les ordinaux 80

Chapitre XI. — L'apocope. 83
Le neutre et l'article *lo* 84

Chapitre XII. — Le verbe : la conjugaison régulière 87
Rapports constants entre certaines formes 91
Remarques sur quelques temps de l'espagnol 93
Modalités de la conjugaison 94
Tableau de la conjugaison régulière *(cantar, comer, subir)*. . . 97
Auxiliaires *(haber, ser, estar)* 100

Chapitre XIII. — Remarques sur l'accentuation. 103
Modifications orthographiques 104

Chapitre XIV. — Les verbes irréguliers 108
1re classe *(contar, mover ; cerrar, perder)* 109
2me classe *(pedir)*. 112
3me classe *(sentir)* 113
4me classe *(conocer)* 117
5me classe *(construir)* 118
Irrégularités diverses 119
Verbes défectifs 123
Tableau récapitulatif 124

Chapitre XV. — L'adverbe. Adverbes de lieu 127
Adverbes de temps 128
Adverbes de manière 131
Adverbes de quantité 134
Adverbes d'affirmation, négation, doute 137

Chapitre XVI. — La préposition 141

Chapitre XVII. — La conjonction 146

Chapitre XVIII. — L'interjection 151

LIVRE III

Syntaxe

Chapitre I. — L'article défini. Emplois de l'article particuliers à l'espagnol 155
Omission de l'article défini. 158
Emploi pronominal de l'article défini 160

Chapitre II. — Le partitif et l'indéfini 163
Constructions sans l'article indéfini. 166

CHAPITRE III. — Les démonstratifs 171
Les possessifs. 172
Double détermination 173
Détermination et qualification de plusieurs noms consécutifs. . . 174

CHAPITRE IV. — Accord de genre et de nombre 175
Cas particuliers d'accord et de construction. 176

CHAPITRE V. — Compléments d'adjectifs. 179
Compléments de noms 182
Les noms en apposition 184

CHAPITRE VI. — Place de l'adjectif 185

CHAPITRE VII. — Les pronoms personnels 190
Les pronoms-adverbes *en*, *y* 198

CHAPITRE VIII. — Les pronoms relatifs. 201
Combinaisons de déterminatifs et de relatifs 204

CHAPITRE IX. — Valeurs diverses de quelques indéfinis. 206

CHAPITRE X. — Emploi adverbial de l'adjectif. 217

CHAPITRE XI. — Le verbe. Valeur générale des temps et des modes personnels 221

CHAPITRE XII. — Modes impersonnels. L'infinitif.. 225
L'infinitif substantivé 226
Le gérondif 231
Le participe passé 234

CHAPITRE XIII. — Accord du verbe 239

CHAPITRE XIV. — Les verbes auxiliaires : Haber. 243
Ser 244
Estar. 245
Comment choisir entre *ser* et *estar* 250

CHAPITRE XV. — L'aspect de l'action dans son exécution 253
L'action exécutée. 254
L'action à exécuter. 256
L'obligation personnelle. 258
Autres aspects de l'action à forme spéciale 261

CHAPITRE XVI. — Remplacement de l'Indicatif par des formes impersonnelles 266

CHAPITRE XVII. — Les tournures affectives. 270
Verbes unipersonnels 272

CHAPITRE XVIII. — La phrase impersonnelle. Traduction de *on*. . . 277
La phrase passive. 282

CHAPITRE XIX. — Verbes réfléchis et pronominaux. 285

CHAPITRE XX. — Aspects subjectifs de la phrase :
Nuancement et renforcement de l'affirmation. 291
La négation. 292
L'interrogation 295
L'exclamation. 297
La conjecture et le doute 301
Ordres et prières. 303

CHAPITRE XXI. — Ordre des mots dans la proposition. 308
Pronoms personnels compléments 312

CHAPITRE XXII. — Le complément direct. 315

CHAPITRE XXIII. — Compléments indirects 326
Compléments de cause 334
Le complément d'agent des tournures passives 336
Compléments de manière 337

CHAPITRE XXIV. — Compléments de lieu 339
Compléments de temps. 344
Formules interrogatives correspondant aux circonstances de l'action 348

CHAPITRE XXV. — Circonstances rendues par les modes impersonnels.
L'infinitif précédé de préposition 351
Le gérondif. 356
La proposition participe. 359

CHAPITRE XXVI. — La proposition relative. Emploi des pronoms relatifs 361
Traduction de *dont*. 365
Traduction de l'adverbe relatif *où*. 367

CHAPITRE XXVII. — Constructions avec *tanto* et *cuanto* 370
Compléments de comparaison renfermant un verbe. 372
Modismes construits avec *quiera*. 373
Traduction des locutions *c'est... qui, c'est... que* 375

CHAPITRE XXVIII. — Propositions subordonnées :
La subordonnée complétive 377
Emploi du mode 378

CHAPITRE XXIX. — Subordonnées temporelles. 384
Futur et conditionnel d'éventualité. 389

CHAPITRE XXX — Propositions causales. 391
Propositions finales. 396
Propositions consécutives. 397

CHAPITRE XXXI. — La phrase conditionnelle :
Cas de la condition réalisable. 399
Cas de la condition irréalisable ou hypothétique 400
Expression de la conclusion 403
Propositions restrictives 405
Propositions concessives 406

CHAPITRE XXXII. — Coordination.
Conjonctions copulatives 410
Conjonctions disjonctives et alternatives 411
Conjonctions adversatives 413
Valeur spéciale de quelques conjonctions 415

INDEX ALPHABÉTIQUE 417

TABLE DES MATIÈRES 431

OUVRAGES A CONSULTER

a/ pour l'espagnol ancien et moderne :

REAL ACADEMIA ESPAÑOLA. — *Diccionario de Autoridades*, 1726-1739.
Diccionario de la lengua española.
Gramática de la lengua castellana, Perlado Paez, Madrid.

A. BELLO. — *Gramática de la lengua castellana*, con notas de José Rufino Cuervo ; Roger et Chernoviz, éditeur, Paris.

E. BOURCIEZ. — *Eléments de lingüistique romane*, 2e édition, Klincksieck, éd. Paris, 1923.

J. CEJADOR. — *La lengua de Cervantes*, Madrid, 1906.

J. R. CUERVO. — *Apuntaciones críticas al lenguaje bogotano*, 6e édition, Roger et Chernoviz, Paris, 1914.
Diccionario de construcción y regimen, Roger et Chernoviz, Paris, 1893, 2 vol.

F. HANSSEN. — *Gramática histórica de la lengua castellana*, Max Niemayer, Halle, 1913.

R. LAPESA. — *Historia de la lengua española*, Escelices, Madrid, 1942.

W. MEYER-LÜBKE. — *Grammaire des langues romanes*, trad de F. Rabiet et A. Doutrepont, Paris 1890-1900.
Introducción al estudio de la lingüística romance, versión española, con notas y adiciones de A. Castro, Madrid, 1926.

R. MENÉNDEZ PIDAL. — *Cantar de Mio Cid. Gramática y vocabulario*, Madrid, 1911.
Manuel de gramática histórica española, 6e édition, Espasa-Calpe, Madrid, 1941.
Origenes del español, Hernando, Madrid, 1926.

T. NAVARRO TOMÁS. — *Manual de pronunciación española*, Hernando, Madrid, 1918.

E. ZEROLO. — *Diccionario enciclopédico de la lengua castellana*, 3 vol. Garnier, Paris

b/ pour l'espagnol d'Amérique :

J. RUFINO CUERVO. — *Apuntaciones criticas al lenguaje bogotano*, 6e édition, Roger et Chernoviz, Paris, 1914.

AURELIO M. ESPINOSA. — *Estudios sobre el español de Nuevo Méjico*, Buenos-Aires, 1930.

ELEUTERIO F. TISCORNIA. — *La lengua de « Martín Fierro »*, Buenos-Aires, 1930.

MIGUEL DE TORO. — *L'évolution de la langue espagnole en Argentine*, Larousse, Paris, 1932.

Achevé d'imprimer en avril 1992
N° d'édition 0032-20 / N° d'impression L 40126
Dépôt légal avril 1992
Imprimé en France